우리가 몰랐던
고구려사

우리가 몰랐던
고구려사

초판 1쇄 인쇄 2024년 9월 25일
초판 1쇄 발행 2024년 10월 01일

지은이 정재수

펴낸곳 신아출판사
펴낸이 서정환
편집인 이종호
편집디자인 심재진, 정육남

출판등록 제465-1984-000004호
주소 전북 전주시 완산구 공북 1길 16(태평동 251-30)
전화 (063) 275-4000·0484
팩스 (063) 274-3131
이메일 sina321@hanmail.net
인쇄·제본 신아문예사

ISBN 979-11-94198-46-8 03910
값 33,000원

우리가 몰랐던
고구려사

정재수 지음

신아출판사

[서문]

우리가 몰랐던 고구려사를 찾아서

고구려사에서 가장 잘못 이해되고 있는 부분은 크게 세 가지로 정리할 수 있다. 첫째는 왕도의 위치 문제다. 고구려 출발의 기준점인 초도 흘승골성을 비롯하여 이후 천도하는 왕도의 소재지가 대부분 길림성 환인현과 집안현 일대로 비정되고 있다. 둘째는 고구려의 강역 문제다. 고구려는 초기 대무신왕 시기 중국 하북성 북경 일대를 점령하며, 태조왕 시기 후한의 침입에 대비하여 서쪽 변방의 요서지역에 10개 성을 쌓는다. 당시 고구려와 중원왕조의 경계는 지금의 중국 요녕성과 하북성을 나누는 연산燕山(옌산)산맥이다. 그러나 현재의 고구려 강역지도는 고구려와 중원왕조의 경계를 연산산맥에서 동쪽으로 300여㎞ 떨어진 요녕성 요하遼河일대로 설정하고 있다. 셋째는 고분의 무덤주인 문제다. 길림성 집안현과 북한 평양 일대에 소재한 수많은 고구려 고분 중에서 왕릉급으로 분류된 무덤의 주인공을 명확히 특정하지 못하고 있다.

8·15 광복이후 우리 역사학계의 고구려사 연구는 매우 제한적이라고 할 수 있다. 옛 고구려 강역이 모두 중국과 북한에 속하기 때문이다. 그래서 우리 연구는 과거 일제 식민사학자들이 만들어 놓은 틀에 의존하였고, 그 틀은 현재까지도 큰 변화없이 유지되고 있다. 그러다 보니 명쾌하게 설명하지 못하는 문제들이 존재한다. 정리하면 이렇다.

① 고구려는 해씨왕조인가? 고씨왕조인가?

② 초도 흘승골성은 환인 오녀산성인가? 북진 의무려산인가?

③ 고구려 추모(주몽)신화가 북부여 동명신화를 차용한 이유는?

④ 『삼국사기』가 한의 낙랑군 위치를 한반도로 설정한 이유는?

⑤ 태조왕의 시호 태조는 건국시조의 시호인가?

⑥ 동천왕, 중천왕, 서천왕, 미천왕 등이 천川자 시호를 쓴 이유는?

⑦ 국내성은 Capital City인가? Necro Polis인가?

⑧ 『삼국사기』가 《광개토왕릉비》 정복사업을 기록하지 않은 이유는?

⑨ 《광개토왕릉비》에 등장하는 한반도에 존재한 왜의 실체는?

⑩ 장수왕의 천도지 평양은 평안도 평양인가? 요녕성 요양인가?

이들 문제는 전적으로 『삼국사기』 기록의 한계다. 특히 『삼국사기』는 춘추필법으로 무장된 중국사서 기록을 상당부분 인용한다. 그래서 우리 고구려사는 중국 편향적으로 기술된다. 어찌 『삼국사기』〈고구려본기〉를 정통 고구려 역사서라 감히 말할 수 있겠는가?

남당필사본은 일제강점기 남당南堂 박창화朴昌和(1889~1962) 선생이 일본 왕실 도서관(서릉부)에서 필사해온 우리 삼국의 역사서다. 고구려는 『고구려사략』,『고구려사초』,『고구려사』,『본기신편열전』,『유기추모경』 등이고, 백제는 『백제왕기』,『백제서기』 등이며, 신라는 『신라사초』,『위화진경』,『화랑세기』,『상장돈장』 등이다. 이들 기록은 이름만 전하는 고구려의 『유기』, 백제의 『서기』, 신라의 『국사』 등의 일부로 추정된다. 특히 남당필사본 기록은 『삼국사기』와는 비교가 안될 정도로 기록 자체가 방대하며 내용 또한 놀라울 정도로 상세하다.

남당필사본 고구려사 기록은 제임스웹 우주망원경^{James Webb Space Telescope}(*적외선 영역)으로 고구려 역사의 심연을 깊이있게 살펴보는 것과 같다. 『삼국사기』〈고구려본기〉가 기존의 허블 우주망원경^{Hubble Space Telescope}(*가시광선 영역)으로 본 역사 기록이라면 해상도가 10배 뛰어난 제임스웹 우주망원경은 남당필사본 기록인 셈이다.

특히 남당필사본 고구려사 기록은 크게 「왕기^{王紀}」계열과 「제기^{帝紀}」계열로 나눈다. 「왕기」계열은 '○○王'으로 표기된 원판본이고, 「제기」계열은 '○○帝'로 표기된 개정판본이다. 장수왕 시기 황제국을 선포하며 기존의 「왕기」계열을 「제기」계열로 재편찬한다.

지금까지 고구려사는 고려의 김부식이 『삼국사기』〈고구려본기〉로 정리한 이래로 조선의 『동국통감』(서거정)과 『해동역사』(한치윤)를 거치며 일제강점기에 이른다. 특히 일제 식민사학자들은 「삼국사기초기불신론」의 해괴한 논리를 내세워 삼국사를 축소시킨다. 고구려 왕통은 시조 추모왕부터 10대 산상왕까지(前37~227), 백제 왕통은 시조 온조왕부터 12대 계왕까지(前18~346), 신라 왕통은 시조 박혁거세부터 16대 흘해왕까지(前57~356)를 부정한다. 참으로 어처구니 없는 난도질이며 괘심하기 짝이 없는 패악질이다. 그러나 8.15 광복이후 우리 역사학계의 노력으로 「삼국사기초기불신론」은 폐기된다. 그럼에도 일제 식민사학자들이 남긴 그늘은 여전히 존재한다. 대표적인 예가 고구려 초도 홀승골성을 비롯한 이후 천도한 여러 왕도가 첩첩산중의 길림성 환인현과 집안현 일대에 쑤셔 박혀 있다. 통탄할 노릇이다.

본 책『우리가 몰랐던 고구려사』는 「한국판 고구려사」(season Ⅱ)다. 8.15 광복이후 정립된 20세기 「한국판 고구려사」(season Ⅰ)을 한 단계 업그레이드한 21세기 고구려사다. 방대한 남당필사본 기록의 면밀한 접근과 해석을 통해『삼국사기』가 담아내지 못한 수많은 사건과 인물의 실체를 재정립하였다.

본 책은 크게 7장으로 구성하였다. 고구려의 건국에서 멸망에 이르는 흥망성쇠의 과정이다. 또한 각 장은 여러 소제목들로 분리하여 정리하였다. 또한 문헌기록 원문(한자 포함)을 대부분 인용하여 근거를 명확히 제시함은 물론 과거형이 아닌 현재형의 문체를 사용하여 현장감을 더했다. 특히 마지막 부록에는 남당필사본 기록에 의거하여 길림성 집안현과 북한 평양 일대의 주요 고구려 무덤들의 주인공을 특정하여 담았다. 아울러 광개토왕과 장수왕 부문은 절판된『새로쓰는 광개토왕과 장수왕』(2022년, 이석연·정재수 공저)을 상당부분 인용하였음을 밝힌다.

끝으로 출판사 관계자에게 깊은 감사의 말을 드리며, 독자 여러분을 심연의 우주 속에 펼쳐진 새로운 고구려사에 정중히 초대한다.

| 왕조(시조) 계통도 |

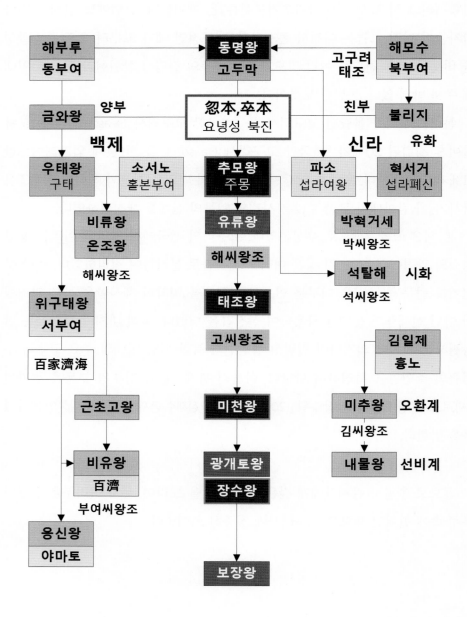

| 왕통(왕력) 계보도 |

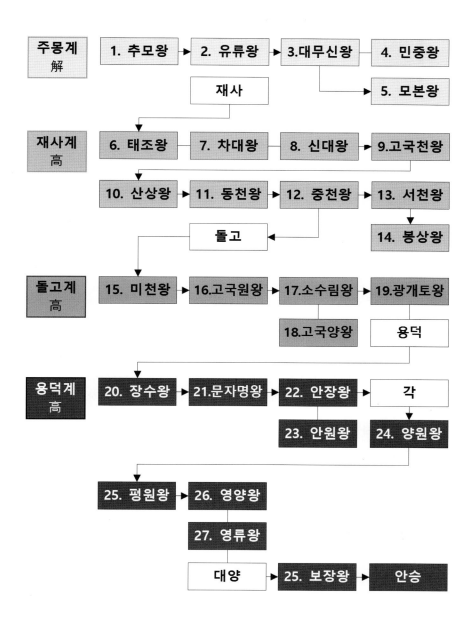

주몽계 解

1. 추모왕 → 2. 유류왕 → 3.대무신왕 → 4. 민중왕
→ 5. 모본왕

재사

재사계 高

6. 태조왕 → 7. 차대왕 → 8. 신대왕 → 9.고국천왕

10. 산상왕 → 11. 동천왕 → 12. 중천왕 → 13. 서천왕

14. 봉상왕

돌고

돌고계 高

15. 미천왕 → 16.고국원왕 → 17.소수림왕 → 19.광개토왕

18.고국양왕

용덕

용덕계 高

20. 장수왕 → 21.문자명왕 → 22. 안장왕 → 각

23. 안원왕

24. 양원왕

25. 평원왕 → 26. 영양왕

27. 영류왕

대양 → 25. 보장왕 → 안승

차례

1 건국과 국통의 계승

1 건국과 국통의 계승

| 고구려 발상지 흘승골성의 불편한 족쇄 |

▲《광개토왕릉비》

《광개토왕릉비》에 따르면 추모(주몽)가 고구려를 건국하면서 처음 도읍으로 삼은 곳은 '홀본서성산忽本西城山'이다. 『삼국사기』가 말하는 '흘승골성紇升骨城'이다. 우리는 중국 요녕성 환인의 오녀산성을 흘승골성으로 알고 있다. 또한 그렇게 믿는다.

근거없는 오녀산성의 비정

오녀산성은 고려 때의 우라(오로)산성이다. 그런데 어떤 문헌 기록에도 오녀산성이 옛날 고구려의 흘승골성이라는 내용이 나오지 않는다. 유감스럽게도 처음 오녀산성을 비정한 사람은 일제 식민사학자 도리이 류조鳥居龍藏다. 류조의 비정은 달리 근거가 있는 것이 아니다. 특히 류조는 흘승골성뿐만 아니라 이후 천도하는 위나암성, 환도성 등을 모두 국내성(통구성)이 있는 길림성 집안현 일대로 몰아넣는다. 이는 마치 대한민국 수도가 서울이 아닌 첩첩산중의 강원도 평창 정도에 있는 꼴이다. 또한 이후 천도지 역시 주변을 맴돌았다는 얘기가 된다. 소가 웃을 일이다.

도리이 류조(1870~1953)는 **동아시아 인류 및 민속학을 연구한 일제 식민사학자**다. 전하는 바에 따르면 류조는 고대민족의 민속학을 연구하기 위해 만주일대를 여행하다 길림성 환인현 일대를 고구려 건국지로 설정하고 우연히 오녀산성을 찾아내어 흘승골성으로 비정한다. 이어 남쪽으로 내려오면서 길림성 집안현의 통구성을 국내성으로 비정한다. 또한 통구성 위쪽의 산성자산(山城子山)에서 산성을 발견하고 이를 위나암성과 환도성으로 비정한다. 류조는 **흘승골성을 비롯하여 고구려 수도를 모두 첩첩산중 만주 집안현 일대에 쑤셔 박은 장본인**이다.

흘승골성, 요녕성 북진 의무려산

흘승골성은 지금의 요녕성 북진北鎭(베이전) 의무려산醫巫閭山이다. 북진은 고구려 모체인 홀본(졸본)국이 소재한 지역으로 요녕성 동북東北평원을 남북으로 가로지르는 요하遼河의 서쪽에 위치한다. 의무려산은 '상처받은 영혼을 치료하는 산'으로 옛적에 백악산으로 불린 우리 민족의 혼이 깃든 영산이다. 《광개토왕릉비》가 기록한 홀본서성산이다.

의무려산을 비정한 기록은 우리 문헌에 정확히 나온다. 『삼국유사』는 요遼대의 의주醫州 지역으로, 『삼국사기』는 북진 의무려산을 구체적으로 지목한다. 현재 의무려산에는 흘승골성으로 추정되는 고려산성이 있다. 특히 조선중기 유학자 허목許穆은 '진산 의무려산 아래 고구려 주몽씨가 졸본부여에 도읍하였다.'고 설명한다.

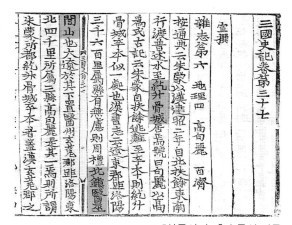

▲『삼국사기』흘승골성 기록

『유기추모경』(남당필사본)의 **흘승골성 유래.** '임오(前39년) 7월, … 이에 앞서 졸본에는 뛰어난 암말이 있는데, 숫말이 없어 교호하지 못하다가 동성으로 가보니, 동쪽에서 흑말이 찾아와 서로 좋아하여 망아지를 낳았다. **그곳 사람들이 이를 기이하게 여겨 동성을 흘승골성이라 불렀다.** 이때에 이르러 상(주몽)이 후(소서노)와 더불어 합근하니 나라사람은 하늘이 정한 일이라 하였다. **흘승골은 서로 올라타는 곡(골)이다.**'(壬午 七月 … 先是 卒本有駿牝 無牡不與常牡交之 至于東城 有黑驪自東而來 交之生駒故 居人異之名東城曰紇升骨城矣 至是 上與后合졸于此 故國人以爲天定 紇升骨者交騰谷也)

오녀산성 비정은 추악한 족쇄

흘승골성 위치 비정은 고구려 역사의 첫 단추를 꿰는 매우 엄중한 문제다. 흘승골성이 의무려산 고려산성이면 고구려 출발이 대륙 요하 서쪽이며, 오녀산성이면 한반도 북부의 압록강 중류지역이 된다.

▲ 흘승골성 비정 [고려산성 : 오녀산성]

만약 지금처럼 오녀산성을 고집한다면 우리 민족의 국통인 고구려가 저 광활한 대륙을 지배하고 통치한 위대한 역사유산은 제자리를 찾지 못할 것이며 종국에는 중국에 흡수되고 말 것이다.

오녀산성(五女山城)은 중국 요녕성 본계시 환인현에 소재한 해발 800m의 오녀산에 위치한 테뫼식의 고구려 산성이다. 산 정상 분지는 남북길이 1,500m, 동서너비 300m로 성 둘레는 8㎞다. 중국이 여러 차례 발굴조사 하였으며, 건물지, 초소, 전망대 등 주로 군사관련 유적과 시설을 확인한다. 축성 시기는 2~3세기다.

일제의 오녀산성 비정은 아무런 근거가 없는 추악한 족쇄다. 지금이라도 당장 풀어야한다. 더 이상 부끄러운 역사를 연장해서는 안된다.

어찌 식민사학을 붙들고 있으면서 동북공정만을 탓할 수 있겠는가?

| 홀본, 또 다른 이름 졸본과 일본 |

고구려 건국신화를 보면 졸본국이 나온다. 졸본국은 열국列國 many nations시대 북부여 제후국 중의 하나로 북부여를 대표한다. 오늘날로 치자면 북부여는 대한민국이고 졸본국은 서울특별시에 해당한다. 다른 제후국은 각 도와 같다. 졸본국은 고구려의 모체다. 추모가 동부여를 탈출하여 졸본국으로 건너와 당시 졸본국 왕 연타발의 딸 소서노와 정략 결혼을 성사시키며 고구려가 출발한다. 그런데 《광개토왕릉비》는 졸본이 아닌 홀본이다.

홀본, 북부여 도성이 소재한 지역

『삼국사기』를 비롯한 문헌기록 모두가 졸본卒本으로 쓴다. 한자 卒은 '갑자기, 돌연히'라는 뜻이 있어 忽과도 같다. 다만 卒은 졸병의 의미를 내포하고 있어 졸본은 '졸병의 본거지'로도 읽혀진다. 다소 불편한 표현이다. 특히 卒에는 '죽는다'는 뜻이 있어 하필이면 처음 개국하는 고구려가 卒을 썼는지 의구심마저 든다.

忽은 우리말 고을, 마을을 나타내는 '골'과도 같다. 홀본忽本은 '마을의 본거지'로 도성을 의미한다. 홀본은 북부여 도성의 소재지를 가리키는 명칭이기도 한다.

홀본은 광명의 근원지, 해본 또는 일본

원래 忽에는 우리말 해의 음이 있다. 홀본은 해본이다. 특히 해는 刧계/갈와 음이 같으며 契계로도 쓴다. 『계림유사雞林類事』에 나오는 고려방언은 일日을 계契로 표기한다. 日과 契는 우리말 해다. 따라서 해본은 일본이기도 한다. 결국 홀본, 해본, 일본은 모두 다 같은 말이다. '해(광명)의 근원지'를 나타낸다.

『계림유사』는 고려에 사신으로 왔던 북송의 손목(孫穆)이 12세기 초(1103년)에 편찬한 책이다. 고려어 355개 어휘의 발음을 한문으로 음차하여 기록하고 있다. 이 중 해는 '일왈항(日曰姮)' 달은 '월왈계(月曰契)'로 표기한다. 姮과 契를 서로 바꾸어 잘못 기록한 듯하다. '日曰契', '月曰姮'다. 해(日)는 契고, 달(月)은 姮이다. 또한 '항(姮)'도 '달(姮)'의 오기로 보인다. 참고로 하늘(天)은 한날(漢捺), 구름(雲)은 굴림(屈林), 바람(風)은 발람(孛纜)이다.

▲ 忽本, 卒本, 日本

오늘날 닛뽄nippon으로 읽는 일본 日本은 '해가 뜨는 곳'을 가리키는 말이다. 『삼국사기』〈신라본기〉에 왜국이 일본으로 국호를 변경한 때가 나온다. 670년(신라 문무왕)이다. 이 시기는 백제(660년)와 고구려(668년)가 멸망한 직후다. 이때 수많은 백제와 고구려 유민이 한반도를 떠나 일본열도로 건너간다. 이들 유민이 본향을 상징하는 홀본(해본) 이름을 가지고 간 것으로 추정된다. 요행이 일본열도는 동쪽의 해 뜨는 곳이어서 자연스레 일본이 된다.

'일본' 국호의 사용은 701년 다이호오(大寶)율령 제정부터다. 그런데 『삼국사기』〈신라본기〉는 670년(문무10)으로 나온다. '왜국이 국호를 일본으로 바꿨다. 스스로 말하길 해 뜨는 곳과 가까운 곳에 있어 그리 이름하였다.'(倭國更號日本 自言近日所出以爲名) 670년은 『구당서』 동이 전에도 나오는 년도다. 이는 일본이 정식 국호로 제정되기 40여 년 전부터 이미 사용되어졌음을 의미한다.

홀본忽本. 우리는 졸본卒本으로 쓰고 일본은 일본日本으로 쓴다.

| 국호 고구려의 뜻 |

우리는 고구려하면 왕족 고^高씨의 고구려를 연상한다. 그러나 정작 고구려는 해^解씨로 출발한 왕조여서 고씨의 고구려가 적절한 판단인지 는 다소 의문이다.

한(漢) 현도군 고구려현

일반적으로 '고구려'는 '크다', '높다'는 뜻의 '高'='大'자와 '句麗'의 합성어로 이해한다. 고구려어로 성^城은 구루^{溝漊}, 홀^忽을 가리킨다. 또한 홀은 읍^邑, 동^洞, 곡^谷 등을 나타내는 고을과도 통한다. 구려의 어원은 고 을, 성과 연결된다. 따라서 고구려는 '큰 고을', '높은 성'을 뜻한다.

> 몽골고원 오르혼(Orkhon)강 기슭에서 발견된 《고돌궐비(古突闕碑)》는 고구려를 배크
> 리(Bokli)로 기록한다. 돌궐어의 B음과 M음은 상호 전환이 될 수 있어 배크리는 매크
> 리(Mokli)이다. 또한 **범어잡명**(梵語雜名)과 **돈황문서**(敦煌文書)에는 고구려를 **무구리**(畝
> 久理, Muglig)로 쓴다. 모두 **맥구려(貊句麗)** 즉 '**맥족**(貊族)**의 구려**'를 나타낸다.

고구려 명칭이 처음 언급된 문헌은 『한서』〈지리지〉다. 한무제가 원 봉4년(前107년) 설치한 현도군의 속현인 고구려^{高句麗}현, 상은태^{上殷台}현, 서개마^{西蓋馬}현 등 3개 속현 중의 하나라는 기록이다.(玄菟郡 武帝元封四年 開 高句驪 上殷台 西蓋馬) 이를 근거로 중국은 고구려 국호가 현도군의 고구 려현에서 따왔다고 주장한다.

그런데 『유기추모경』에는 前22년(추모16) 추모왕이 부위염을 보내 한 漢의 구리성^{九里城}을 빼앗아 구려^{句麗}현을 설치한 것으로 나온다.(扶尉厭伐 九里城拔之置句麗縣) 이는 구려현 명칭이 한의 고구려현에서 따온 것이라 볼 수 있다. 그러나 고구려 명칭은 前37년 추모왕이 나라를 건국하면서

정한 국호다. 따라서 한의 고구려현을 고구려 국호와 직접적으로 연관 짓는 것은 다소 무리한 해석이다. 특히 『한서』〈지리지〉는 고구려현을 한^漢의 왕망^{王莽}(新, 8~23)이 하구려현으로 명칭을 바꿔 유주(하북성 베이징)에 속하게 했다고 기록한다.(高句驪 莽曰下句驪 属幽州) 이 또한 한의 고구려현 명칭 변경일 뿐이지 고구려 국호와는 무관하다. 결과적으로 고구려 국호가 한의 현도군 고구려현에서 따왔다는 중국의 주장은 지나친 논리의 비약이자 왜곡이다.

고구려는 새로운 광명사상 창조

그런데 『유기추모경』은 고구려를 다르게 설명한다. 추모왕 원년(前37년)이다.

단공이 한소, 정공, 마려, 협보, 길사 등과 함께 의논하여 국호를 정하였다. 마려가 아뢰길 "신이 듣기엔 옛 사람이 산을 나라로 삼은 것은 하늘이 자시에 열리고 땅은 축시에 열리며 사람은 인시에 태어났기 때문입니다. 축인은 간방으로 산이고 문이며, 문이 나라가 되었음은 혈에서 살았던 까닭입니다. 부여는 '장차 밝아 옴'에서 음을 따고 '문을 형상하는 나무'의 글자입니다. 지금 부여의 운수가 다하였으니 마땅히 음은 혈에서 취하고, 뜻은 '발을 말아 올려 빛을 받아들임'에서 취하면 좋겠습니다. '발^麗을 높이 걸어 올림^{高勾}'은 '밝은 빛을 받아들이는 것'을 뜻하며, '구려^{句麗}'는 '혈'의 음이니 마땅히 고구려^{高句麗}로 국호를 정하면 장차 흑말이 흑승하는 상서로움이 있을 것이옵니다."하니 상이 기뻐하며 그 말을 따랐다. 한소가 아뢰길 "부여는 좋은 벼^{佳禾}를 이름으로 삼으니 민(백성)이 스스로 먹을 것은 족하지만 몽매함을 면치 못했습니다. 지금 밝음을 받아들이는 것으로 이름하였으니 민이 장차 스스로 밝아지기에 족할 것이옵니다. 마땅히 동작^{東作}을 보태시어 민이 힘쓰게 하시옵소서."하였다.

丹公與漢素鄭共馬黎陜父吉士等議定國號 馬黎奏曰 臣聞上古之人以山爲國者

地闢於丑而人生於寅故也 丑寅爲艮山也門也門 是爲國者居于穴也 夫餘取音
于將曙 而象其門木之字也 今夫餘之運盡矣 當取音于穴而取義於捲簾而納明
可也 高勾其麗者納明之義也 勾麗者穴之音也 當以高勾麗爲號 況有黑驪 訖升
之瑞乎 上嘉之遂用其言 漢素曰 夫餘以佳禾爲號故 其民足以自食 然未免蒙昧.
今以納明爲號則民將足以自明 宜加東作而勸民也

　　인용문이 길고 내용 또한 다소 생소하다. 다시 한 번 읽어보길 권한
다. 정리하면 이렇다. 부여는 '장차 밝아 옴.'에서 음을 땄으나 이제 그
운수를 다하여 '밝은 빛을 받아들인다.'는 뜻의 '고구高勾'와 '혈'의 음인
'구려句麗'를 결합한 '고구려高句麗'를 국호로 정한다. 부여와 고구려 공히
광명을 나타낸다. 다만 부여는 현상을 중시한 수동적 표현이라면 고구
려는 구체적 실체를 가진 능동적 표현이다.

『사기』〈열전〉 사마상여 편에 **하나의 줄기에 이삭이 여섯 개
달린 벼**를 '**좋은**(상서로운) **벼**' 즉 '**도**(䆃)'라 칭한 기록이 있다
(䆃一莖六穗於庖). 이는 『유기추모경』의 '**부여는 좋은**(상서로
운) **벼에서 이름하였다**'(夫餘以佳禾爲號)는 기록과 일맥 상통
한다. '䆃(道+禾)'와 '佳+禾'는 같은 의미다. **이삭이 여섯 개
달린 상서로운 벼가 바로 부여의 이름이다.**

　　국호 고구려는 고구려인이 지향하는 이상세계를 담고 있다. 바로 광
명사상이다. 이는 고구려뿐만 아니라 우리민족 전체를 관통하는 대표
적인 사상체계다. 예를 들어 단군조선은 '조광선수지지朝光先受之地' 즉
'아침 햇살을 가장 먼저 받는 땅'이며 고구려의 뒤를 이은 발해渤海(대진국)
는 '해가 뜨는 동방의 땅'이다.

　　고구려는 광명세계를 재창조하겠다는 고구려인의 꿈과 이상을 담은
소중한 국호다.

| 고구려 수도 변천 과정의 새로운 이해 |

『삼국사기』〈지리지〉가 정리한 고구려 수도의 변천 과정이다.

> 주몽이 흘승골성에 도성을 세운 때(前37년)로부터 40년이 지나서 유류왕 22
> 년(3년)에 도성을 국내성[혹은 위나암성이라 하고 혹은 불이성이라고도 한
> 다.]으로 옮겼다. … 국내에 도성을 정한 지 425년이 지난 장수왕 15년(427
> 년)에 평양으로 도성을 옮겼고, 평양에서 156년이 지난 평원왕 28년(586년)에
> 장안성으로 도성을 옮겼으며, 장안성에서 83년이 지난 보장왕 27년(668년)에
> 멸망하였다.
>
> 朱蒙立都紇升骨城 歷四十年 孺留王二十二年 移都國內城 [或云尉那巖城 或云
> 不而城] … 都國內 歷四百二十五年 長壽王十五年 移都平壤 歷一百五十六年
> 平原王二十八年 移都長安城 歷八十三年 寶臧王二十七年而滅

시조 주몽(추모)왕의 흘승골성→유류왕의 국내성(위나암성)→장수왕의
평양→평원왕의 장안성 순이다. 다만 〈본기〉 기록에는 산상왕이 209년
(산상13) 천도한 환도성과 동천왕이 247년(동천21) 천도한 평양성이 추가되
어 나온다. 따라서 〈지리지〉와 〈본기〉 기록을 접목하여 시기별로 정리
하면 고구려 수도는 흘승골성→국내 위나암성→환도성→평양성→평양
→장안성 순이다.

> **불이성**(不而城)**은 부여성**(夫餘城)**을 말한다.** 국내지역은 북부여 직할지로 북부여 도성
> 이 소재한 곳이다. 그래서 위나암성이 북부여 도성인 부여성이 된다.

기존의 수도 변천 과정

현재 고구려 수도 소재지의 통설은 일제 식민사학자 도리이 류조鳥居
龍藏의 비정에서 출발한다. 류조는 추모왕의 흘승골성을 요녕성 본계시

환인현의 오녀산성으로, 유류왕의 위나암성을 길림성 집안현의 통구성 (국내성)으로, 산상왕의 환도성을 통구성 바로 뒤쪽의 산성자산성(환도산성)으로 각각 비정한다. 적어도 류조는 흘승골성, 위나암성, 환도성 등 초기 고구려 수도 3개를 모두 한인현과 집안현에 쑤셔 박는다. 8·15 광복 이후 류조의 비정을 이병도 등이 비판없이 받아들이며 고구려 초기 수도의 소재지는 류조의 비정이 불변의 정설로 굳어진다. 특히 이병도는 동천왕의 수도 평양성을 평안북도 강계로 비정한다. 이병도의 비정은 류조와 마찬가지로 달리 근거가 있는 것은 아니다. 그저 국내성과 평양(북한 평양시) 사이의 위치와 거리 등을 고려하여 설정한 결과다. 강계 비정은 아예 문헌 기록에 나오지 않는다. 또한 이병도는 고국원왕이 342년 축성한 국

▲ 기존 고구려 수도 변천과정

내성을 유류왕의 국내 위나암성으로 이해하고 다시금 강계(*이병도 평양)에서 국내성(집안 통구성)으로 천도했다고 주장한다. 이후 장수왕이 국내성에서 평양으로 천도한 것으로 본다.

정리하면 이렇다. 흘승골성(환인 오녀산성)→국내 위나암성(집안 통구성)→환도성(집안 산성자산성)→평양성(평북 강계)→국내성(집안 통구성)→평양(평양 대성구역)→장안성(평양 중심구역) 순이다. 한마디로 고구려는 건국이후 길림성 집안현을 중심으로 주변일대에서 왔다갔다하다가 마지막에 한반도 평양으로 수도를 옮긴다. 이의 순서와 비정은 현재 학계의 불문율이며 우리 또한 이를 비판없이 받아들이고 있다.

새로운 수도 변천 과정 이해

　　그러나 현재 우리가 알고 있는 고구려 수도 변천 과정은 순서와 위치 비정을 다시 해야한다. 우선 추모왕의 최초 수도 흘승골성은 요녕성 북진 의무려산이다.(『삼국사기』) 또한 고구려 건국 당시 2개의 수도를 동시에 운영된다. 동도는 옛 홀본국 도성인 흘승골성(요녕성 북진)이며 서도는 옛 황룡국 도성(요녕성 부신)이다.(『고구려사략』) 유류왕이 천도한 위나암성(요녕성 철령)은 국내(북부여 직할지)지역에 소재한 옛 북부여 수도 불이성(부여성)인 북도다.(『고구려사략』) 산상왕이 천도한 환도성은 옛 환나국의 수도(요녕성 해성)며 남도에 해당한다.(『삼국유사』, 『고구려사략』) 또한 동천왕이 천도한 평양성은 옛 낙랑국의 수도(요녕성 요양)며(『고구려사략』) 단군조선(고조선)의 평양이기도 한다.(『삼국사기』) 이처럼 고구려 수도는 장수왕이 한반도 평양으로 천도하기까지 요하를 가운데 두고 대규모 평야지대(*동북평원)의 좌, 우에 위치한다. 좌측에는 동도 흘승골성과 서도, 우측에는 북도 위나암성과 남도 환도성 그리고 중앙에는 평양성이 각각 소재한다. 특히 『고구려사략』은 장수왕 당시 5개의 수도가 동시에 운영되고 있음을 명확히 기록하고 있다.

> 『고구려사략』〈장수대제기〉. '7년(420년) 갑인 4월, 5도(五都)에 4학(四學)을 세웠다.'(七年 甲寅 四月 立四學于五都). 장수왕의 평양 천도 이전에 존재한 5도다.

　　고구려는 비록 수도를 옮기더라도 이전 수도가 고구려 강역 내에 속할 때는 여전히 수도로써의 기능을 유지한다. 적어도 고구려는 이전 수도를 완전히 폐쇄하지 않고 거점별 별도別都 형태로 재활용한다. 특히 고구려를 계승한 발해의 경우도 이와 유사한 형태로 수도가 운용된다. 발해는 처음 동모산을 시작으로 중경현덕부, 상경용천부, 동경용원부로 이동하며, 다시 상경용천부로 이전한다. 중경, 상경, 동경 등은 방위를 가리키는 수도명이다. 고구려의 수도체제가 발해의 수도체제로 계승된다. 발해의 뒤를 이은 거란족의 요遼와 여진족의 금金도 마찬가지다.

> 요(遼) 수도는 **중경대정부, 동경요양부, 서경대동부, 남경석진부, 상경임황부** 등이며,
> 금(金) 수도는 **상경회령부, 중도대흥부, 남경개봉부, 채주**(임시수도) 등이다.

또한 장수왕이 한반도 평양으로 천도를 단행하기 앞서 거주한 주도
主都는 북도인 국내 위나암성(요녕성 철령)이다. 이병도 등이 지적한 고국원
왕의 국내성(길림성 집안)이 결코 아니다. 이병도의 오류는 국내 위나암성
과 국내성을 동일한 장소로 이해한 점이다. 특히 고국원왕의 국내성은
결코 수도가 된 적이 없다.

정리하면 이렇다. 고구려 수도는 흘승골성(요녕성 북진 의무려산)→국내
위나암성(요녕성 철령)→환도성(요녕성 해성)→평양성(요녕성 요양)→국내 위나암
성→평양(평양 대성구역)→장안성(평양 중심구역) 순이다.

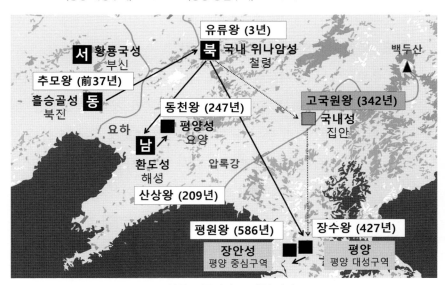

▲ 신규 고구려 수도 변천 과정

고구려 수도 변천 과정은 반드시 재정립해야 한다.

| 시조 주몽의 이름에 얽힌 비밀 |

▲ 무용총 수렵도 [길림성 집안]

고구려 시조는 주몽^{朱蒙}이다.『삼국사기』설명에 따르면 주몽은 '활을 잘 쏘는 사람'을 가리키는 부여 말(언어)이다. 현대 우리 속어에 제비가 있다. 여성을 잘 꼬시는 얍삽한 남성을 빗대어 이르는 비칭이다. 마찬가지로 주몽은 당시 부여사회에서 흔히 쓰는 말이다. 활을 잘 쏘는 사람은 모두 주몽이다. 주몽의 실제 이름은 무엇일까?『삼국사기』는 주몽의 또 다른 이름을 소개한다. 추모^{鄒牟} 또는 상해^{象解}다. 둘 중의 하나가 실제 이름일 가능성이 높다.

추모, 북방민족의 왕호 선우와 동일

먼저 추모^{鄒牟}다.《광개토왕릉비》도 주몽이 아닌 추모로 쓴다. 북방기마족인 흉노는 왕을 선우^{單于}라 칭한다. 선우는 '천자^{天子}'의 뜻이다. 그런데『유기추모경』은 선우와 추모가 같다고 설명한다. 당시 여러 사람이 선우에 대^{大}자를 붙여 '대선우'라 칭할 것을 건의하자, 주몽은 "선우는 곧 추모다. 같은 말이며 글자만 다를 뿐이다. 선우는 하늘로 여김이고, 추모는 신으로 여김이다. 신이 곧 하

▲ '天子單于'명문 수막새 [몽골]

늘이다. 어찌 선우라야만 된단 말이냐?"(單于卽鄒牟也 同語而異字 彼以爲天此以爲神 神卽天也 何必單于然後可乎)고 반문한다. 추모는 고구려 건국시조에게만 붙여진 특별 칭호다. 훗날 시조의 칭호가 시조의 이름으로 변화한 경우다.

상해, 태양을 뜻하는 본명

다음은 상해象解다. 『삼국사기』 건국신화에 따르면 주몽의 생부는 북부여 건국시조 해모수解慕漱의 아들을 지칭한 인물이다.(自稱天帝子解慕漱) 『태백일사』에는 북부여왕족 출신 옥저후沃沮侯 불리지弗離支로 나온다.

> 『태백일사』〈고구려국본기〉. '고리군왕 고진은 해모수의 둘째 아들이다. 옥저후 불리지는 고진의 손자다. 모두 도적 위만을 토벌한 공로로 봉함을 받았다. 불리지는 일찍이 **서압록(서요하)을 지나다가 하백의 딸 유화를 만나 장가들어 고주몽을 낳았다.**'(槀離郡王解慕漱之二子也 沃沮侯弗離支高辰之孫也 皆以討賊滿功得封也 弗離支嘗過西鴨綠 遇河伯女柳花 悅而娶之生高朱蒙)

주몽의 생모는 유화柳花부인이다. 남편 불리지(자칭 해모수)가 사망하자 유화부인은 주몽을 임신한 상태에서 동부여 금와왕에게 일신을 의탁(재가)한다. 그런데 『유기추모경』에 흥미로운 기록이 있다. '금와왕이 크게 기뻐하며 추모를 아들로 삼고 이름을 상해象解라 하니 해日와 같다는 뜻이다.'(蛙王大喜 取之爲子 名以象解 如日之義) 상해는 태양을 뜻하는 주몽의 본명이다. 북부여 건국시조 해모수(해씨)의 혈통계보를 강조한 이름이다.

『유기추모경』의 또 다른 해석

그런데 『유기추모경』은 주몽을 다른 각도로 설명한다. 추모의 말이다.

> 짐은 해시에 태어났고 하늘은 자시에 열린다. 날이 새려면 그 산은 검은 빛玄蒙으로 휩싸이니 바로 전욱顓頊이고 날이 밝으려면 그 산은 자색 빛紫蒙으로 휩싸이니 바로 언황偃皇이다. 날이 다시금 훤해지면 그 산은 붉은 빛朱蒙으로 휩싸이게 되니 짐의 징조다. 응당 추모를 주몽으로 하고 동명을 연호로 삼음이 좋겠다.
> 朕生于亥而天開于子 日之將曙也 其山玄蒙顓頊是也 日之將明也 其山紫蒙偃皇是也 日之初明也 其山朱蒙乃朕之兆也 當以鄒牟爲朱蒙 而以東明爲年號可也

▲ 玄蒙, 紫蒙, 朱蒙 모식도

주몽은 '날이 밝으면 태양이 온 산을 비추는 것'을 말한다. 태양이 현몽玄蒙에서 자몽紫蒙을 거쳐 주몽朱蒙으로 점차 밝아짐을 뜻한다. 추모왕이 전욱顓頊제(오제의 하나)와 서언徐偃왕(중원을 지배한 동이출신)의 계보를 이어받아 북방을 다스린다는 의미다. 주몽의 태양은 아직 뜨지 않은 전욱의 태양(현몽), 이제 막 뜨려는 서언의 태양(자몽)을 지나 중천에 높이 솟은 최고의 붉은 태양(주몽)이다.

승자가 선택한 고구려 시조 이름

그렇다면 『삼국사기』는 추모와 상해를 놔두고 군이 흔한 말인 주몽을 썼을까? 『삼국사기』 원사료는 삼국통합(통일)시기 편찬한 『삼국사』가 기초다. 『삼국사』는 한반도의 최종 승자인 신라인이 정리한 삼국 역사서다. 승자는 역사기록에서도 여전히 승자다. 패자인 고구려 시조의 여러 이름 중 하나를 선택하여 기록화는 것도 승자의 몫이다. 물론 고구려인 스스로 시조의 다양한 이름을 함께 사용하였을 개연성도 존재한다.

주몽은 활을 잘 쏘았기 때문에 붙여진 이름이다. 주몽은 별명이며 상해가 본명이다. 추모는 건국시조 왕의 특별 칭호다.

| 추모신화가 동명신화를 차용한 이유 |

시조 주몽을 『삼국사기』는 동명성왕^{東明聖王}, 《광개토왕릉비》는 추모왕^{鄒牟王}으로 쓴다. 동명성왕이 추모왕이다. 추모는 고구려 시조에게만 붙여진 특별 왕호다. 흉노의 왕호 선우^{單于}와 같으며, 둘 다 천자^{天子}의 뜻이다. 추모왕은 고구려 시조의 왕호가 이름으로 변화한 특별한 경우다. 동명성왕은 또 어떻게 해서 붙여졌을까?

추모신화와 동명신화는 다르다

고구려 건국신화는 「추모신화」다. 신화 내용을 보면 추모(주몽)는 하늘의 기운을 받아 알에서 태어나며 가축우리의 돼지와 말이 어린 추모를 해치지 않고 보호한다. 또한 탈출하는 과정에서 물고기와 자라의 도움을 받아 강을 건넌다. 그런데 이 내용은 『후한서』〈동이열전〉 부여 편에도 똑같이 나온다. 「동명신화」다. 다만 두 신화의 차이점은 두 사람 모두 강을 건너면서 추모는 강을 향해 황천의 아들이라 외치고 동명은 별다른 외침 없이 활을 강에 내리친다.

『후한서』 기록의 주인공은 고구려 주몽이 아닌 북부여 동명왕이다. 다시 말해 고구려 「추모신화」가 북부여 「동명신화」를 차용한다. 동명왕은 누구일까? 북부여 5대 천제^{天帝} 고두막^{高豆莫}이다. 몽골 왕의 칭호인 칸^汗(한)을 붙여 고두막한으로 부른다. 「동명신화」에 따르면 색리국^{索離國} 출신 고두막한은 남쪽으로 내려와 북부여 동명왕이 된다.

색리국은 고리국(槀離國), 탁리국(橐離國)이라고도 한다. 前5세기~前2세기에 걸쳐 만주 송화강 북쪽에 존재한 나라로 이해하나, 동(東)몽골 바이칼호 근처의 코리국(kohri)으로 보기도 한다. 몽골 징기스칸의 후예인 **부리야트**(buriyats)족의 구전에 따르면 바이칼호 일대는 코리국 발원지로서 **아주 옛날 부족의 한 일파가 동쪽으로 건너가 부여, 고구려의 뿌리가 되었다**고 전한다. 『몽골비사』에는 **징기스칸 시조모인 알랑고아가 고구려 시조 고주몽**(코릴라르타이 메르겐)**의 딸로 나온다**

동명왕, 한의 현도군 축출한 영웅

고구려가 「동명신화」를 차용한 이유는 무엇일까? 동명왕은 당대 최고의 영웅이다. 고두막은 前108년 홀본으로 내려와 북부여 천제에 즉위하며 스스로를 '동명東明'이라 칭한다. 『북부여기』(범장 찬술) 5세 단군 고두막 기록이다.

▲ 바이칼 부리야트족 전사

계유원년(前108년) 북부여 단군 고우루 재위 13년이다. 제(고두막)는 사람됨이 호걸스럽고 준수하며 용병을 잘 하였다. 북부여가 약해지고 한漢의 도적이 강성해지는 것을 보고 분하게 여겨 나라를 구할 뜻이 세웠다. 이때에 이르러 졸본에서 즉위하고 스스로 동명이라 불렀다. 혹은 고열가의 후손이라고도 한다.

癸酉元年 是爲檀君高于婁十三年 帝爲人豪俊 善用兵 嘗見北夫餘衰 漢寇熾盛 慨然有濟世之志 至是 卽位於 卒本 自號東明 或云高列加之後也

이어 동명왕 고두막은 前86년 한漢의 현도군을 서쪽으로 몰아내고 옛 고조선(단군조선) 영토인 지금의 요하일대 동북평원을 모두 차지한다.

한무제는 前108년 낙랑군, 임둔군, 진번군을 설치하고 이듬해인 前107년 현도군을 설치한다. 진번군과 임둔군은 前82년 낙랑군과 현도군에 합쳐지고, **현도군은 前75년 동명제**(북부여 고두막한)**에 의해 서쪽으로 축출**된다.

주몽이 홀본을 기반으로 고구려를 건국할 당시(前37년) 동명왕은 이미 과거의 사람이다. 그럼에도 당시 주변 사람에게 있어 동명왕은 여전히 살아있는 전설적 영웅이다. 당연히 「동명신화」는 고구려 건국의 명분과 북부여 계승의 정통성을 확보할 수 있는 중요한 소재다. 그래서 고구려 건국신화는 「동명신화」를 차용한다.

고구려, 북부여 역사를 품다

1922년 중국 하남성 낙양 북망산에서 발견된 《천남산묘지명》은 동명과 주몽을 명확히 구분한다. '옛날에 동명은 하늘의 기운에 감응되어 사천을 넘어 나라를 열었고, 주몽은 광명으로 잉태되어 패수에 임하여 도읍을 열었다.'(昔者 東明感氣踰凝川而啓國 朱蒙孕日臨凟水而開都) 동명은 나라를 연 계국啓國자고 주몽은 도읍을 연 개도開都자다. 마찬가지로 《광개토왕릉비》도 주몽(추모)을 건국建國자로 쓰지

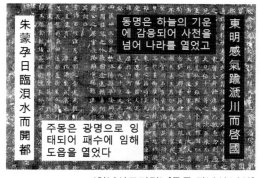

▲ 《천남산묘지명》 [중국 하남성 낙양]

않는다. 창기創基(창업의 기초)를 닦았다고만 기록한다.(惟昔始祖鄒牟王之創基也)

천남산(泉南山)은 천(연)개소문의 셋째 아들이다. 묘지명의 글자크기는 1.5㎝며 대략 1행 29자로 전체는 28행이다. 천남산의 출신, 관직, 품계 및 당에 봉사한 행적 등을 담고 있다. 묘지명은 천남산의 아들 광부(光富)가 지었으며 글씨를 쓴 사람은 밝혀져 있지 않다. 서체는 해서로 남북조시대의 필치가 드러나 있다.

고구려 건국신화의 「동명신화」 차용은 단순히 북부여 계승차원을 넘어선다. 고구려는 잃어버린 북부여 180년 역사 전체를 가져간다. 『삼성기』(안함로 찬술) 상 편에는 북부여 건국시조 해모수를 고구려 태조로 받들어 제사지낸 기록도 나온다. 다시 말해 고구려의 출발은 주몽이 아닌 해모수로부터 시작한다.

『삼성기』상 편. '계해년(前58년) 겨울 10월에 이르러 고추모가 역시 천제의 아들로서 북부여를 계승하여 일어났다. 단군의 옛 법을 회복하고 해모수를 태조로 받들어 제사 지내며 처음 연호를 다물이라 정하니 이분이 곧 고구려의 시조다.'(癸亥冬十月 高鄒牟 亦以天帝之子 繼北夫餘而興 復檀君舊章 祠解慕漱爲太祖 始建元爲多勿 是爲高句麗始祖也)

특히 『삼국사기』 보장왕(28대) 기록에는 고구려 역사기간이 7백년이 아닌 9백년이라는 내용이 있다. 『고구려비기』를 인용한 기록이다. 이는 고구려가 공식적으로 북부여 역사기간 180년을 포함한 사실을 증언한다.

『삼국사기』 보장왕. '…그리고 『고구려비기』에는 '9백년이 되기 전에 마땅히 80세 대 장이 멸망시킨다.'라는 말이 있는데 고씨가 한(漢) 때 나라를 세워 지금 9백년이 되었 고 이적의 나이가 80세입니다.'(… 且高句麗秘記曰 不及九百年 當有八十大將 滅之 高氏自 漢有國 今九百年 勣年八十矣)

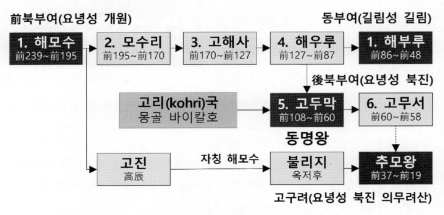

▲ 북부여와 추모왕의 연결 계보도

고구려 건국신화에는 우리 역사에서 잘려나간 북부여 역사가 고스란히 담겨 있다.

| 추모왕 북부여 제후국 병합 |

고대 왕조국가에서 건국초기 최대 목표는 영토 확장이다. 일정의 땅을 확보하지 않으면 미래는 보장되지 않는다. 영토 확장 방법은 크게 두 가지다. 하나는 힘의 우위를 기반으로 하는 군사적 정복인 하드적 방법이며, 또 하나는 혼인 등을 통해 결합하는 소프트적 방법이다. 고구려는 두 가지 방법을 병행하여 영토 확장을 꾀한다. 소프트적 방법의 대표적인 경우가 홀본국 출신의 소서노와의 혼인이다. 추모왕은 소서노와의 혼인을 통해 홀본국을 모체로 고구려를 건국한다.

당시 대륙 동북방은 북부여가 와해되며 연맹체를 구성하는 여러 나라가 하나 둘 독자노선을 취하며 난립하는 소위 열국시대다. 『삼국사기』 시조 추모왕(동명성왕) 편에 비류국, 행인국, 북옥저 등 3개 열국이 나온다. 그런데 이들 열국은 추모왕이 직접 군사를 보내 정벌한다.

비류국, 단군조선 계승의 혈통문제

첫째 비류국沸流國이다. 고구려 북동쪽에 위치한 지금의 요녕성 흑산현 동북쪽지역에 소재한다. 당시 왕은 송양松讓이다. 『삼국사기』를 보면 추모왕은 고구려 건국 직후 송양왕을 찾아간다. 송양왕은 일찍이 군자君子를 만난 적이 없다며 추모왕의 존재를 부정한다. 이에 추모왕은 천제天帝(북부여 왕호)의 아들임을 밝히고 비류국이 고구려의 속국이 될 것을 요구한다. 결국 두 사람은 활쏘기로 승부를 가린다. 추모왕은 前38년(추모2) '여름6월, 송양이 나라를 바치며 항복해오자 그 땅을 다물도로 삼고 송양을 군주에 봉하였다. 고구려 말에 옛 땅을 회복하는 것을 다물이라 하기에 이름으로 삼았다.'(夏六月 松讓以國來降 以其地爲多勿都 封松讓爲主 麗語謂復舊土爲多勿故以名焉)

『고구려사략』은 '다물은 고향의 뜻으로 해모수의 땅이다.'(多勿故鄕之意 解慕漱之地也)
라고 소개한다. 비류국은 옛 북부여 땅이다. 『유기추모경』 기록에 따르면 추모왕은 비
류국을 정벌하고 그 땅을 탕동(湯東), 탕서(湯西), 탕북(湯北) 등 세 군으로 나누며 송양
왕을 다물후로 삼는다. 또한 북부여의 건국시조 해모수 천제의 압록행궁이 탕동 땅에
있어서 추모왕이 북부여 옛 땅의 일부(비류국)를 되찾은 것이라고 부연한다.

그런데 이 대목에서 꼭 집고 넘어가야 할 부분이 있다. 송양왕이 처
음 언급한 군자^{君子}의 실체다. 일반적으로 군자는 '학식과 덕행이 높은
사람'을 가리킨다. 그러나 여기서의 군자는 '단군의 아들(자손)'을 지칭한
다. 『고구려사략』은 이때 송양왕이 '망령되게도 선족^{仙族}(선인왕검의 후손)을
칭했다.'(妄稱仙族)고 기록한다. 다시 말해 추모왕은 비류국 송양왕과 단
군조선(고조선) 계승의 혈통문제를 놓고 다툰다.

행인국, 북부여 계승의 정통성문제

둘째 행인국^{荇人國}이다. 추모왕은 前32년(추모6) 오이와 부분노를 보내
행인국을 정벌한다. 행인국은 고구려의 북서쪽에 위치한다. 지금의 중
국 내몽골자치구 적봉^{赤峰}시 동쪽의 노로아호산^{奴魯兒虎山} 주변 일대다.
노로아호산은 '어리석은 호랑이가 사람이 되기 위해 노력한 산'의 뜻이
다. 이는 단군왕검의 탄생신화에 등장하는 사람이 되지 못한 호랑이를
연상시킨다.

『유기추모경』에 행인국 왕의 이름이 나온다. 해존^{解存}과 해문^{解文}이다.
둘 다 북부여 시조 해모수와 성씨가 같다. 또한 왕호도 천제^{天帝}를 쓴다.
행인국은 고구려가 건국되기 이전에 해모수의 직계후손이 세운 나라다.

뒤늦게 북부여 계승을 기치로 건국한 추모왕의 고구려로서는 행인
국 존재 자체가 부담일 수밖에 없다. 하늘에 두 개의 해가 있을 수 없는
이치다. 결국 추모왕의 행인국 정벌은 북부여 계승의 정통성을 재확립
하는 과정에서 흡수한다.

북옥저, 말갈(북갈)집단의 제압

셋째 북옥저^{北沃沮}다. 추모왕은 前28년(추모10) 부위염을 보내 북옥저를 정벌한다. 북옥저는 지금의 요녕성 심양^{瀋陽}(선양) 일대에 소재한다. 다만 당시 북옥저가 국가체제를 갖춘 집단인지는 확실치 않다. 추모왕은 동부여(길림성 길림)를 탈출하여 홀본국으로 건너오는 과정에서 여러 차례 말갈(북갈)을 만난다. 북옥저는 말갈집단과 관계가 깊다.

『삼국사기』 기록 외의 열국

그렇다면 열국은 앞의 3개 소국 말고 어떤 나라들이 있을까? 『고구려사략』에는 개마국, 구다국, 낙랑국, 비리국, 섭라국, 순노국, 자몽국, 환나국, 황룡국 등이 줄줄이 나온다. 모두 고구려(홀본국)를 중심으로 한 주변 열국이다.

추모왕은 이들과 혼인 또는 교류를 통해 점진적으로 고구려의 영향력을 확대하며 영토를 넓힌다. 이들 열국은 대부분 추모왕 시기에 병합되나 일부는 계속해서 독립 체제를 유지하며 대무신왕(3대) 때에 이르러 개마국과 구다국을 마지막으로 모두 고구려에 흡수된다.

▲ 북부여 제후국(열국)

이 중 낙랑국은 남옥저 땅인 지금의 요하 동쪽 요녕성 요양^{遼陽}(라오양)
일대에 소재한다. 요양은 『삼국사기』가 '선인왕검(단군왕검)이 살던 집'(仙
人王儉之宅)으로 소개한 옛 고조선의 수도 평양(왕검성)이며 훗날 동천왕(11
대)이 천도한 평양성이다. 당시 낙랑국 왕은 시길^{柴吉}이다. 참고로 시길의
낙랑국은 대무신왕(3대) 때인 32년(대무신15) 고구려의 공격을 받고 멸망한
다. '호동왕자와 낙랑공주' 설화의 배경이 되는 최리^{崔理}의 낙랑국이다.
『고구려사략』은 이때에 이르러 낙랑국이 '시길로부터 4대 80여 년 만에
나라의 문을 닫았다.'(樂浪自柴吉 四世八十餘年 而國除)고 기록한다.

▲ 북부여 열국의 한반도 후국

한 가지 특이한 점은 이 시기 열국 중 일
부는 한반도로 이동하여 새로운 거점을 마
련한다. 한반도 북쪽지방에는 평북지역의
황룡국(용성국), 함북지역(*개마고원 개마국에서
유래)의 개마국, 함남지역(백두산 남쪽)의 행인
국, 동해 북쪽연안의 동옥저 등이다. 또한
한반도 서남쪽지방에는 전북지역의 비리
국이 있다.

결과적으로 추모왕의 초기 고구려가 비
교적 손쉽게 영토를 확장하며 급성장할 수
있는 이유는 열국이 모두 북부여 제후국이
기 때문이다. 이로 인해 열국은 북부여 계승을 천명한 신생국 고구려를
중심으로 재편된다. 물론 고구려가 강력한 구심력을 발휘할 수 있는 힘
의 원천은 추모왕의 혈통이 절대적인 배경이다.

추모왕의 죽음

추모왕은 前19년(추모19) 4월에 사망하며 9월에 장사지낸다. 나이 40세다. 『고구려사략』〈추모대제기〉다.

19년(前19년) 임인 9월, 대행(추모왕)을 용산에 장사지냈다. 춘추 40세다. 순장을 금하라고 유명하였다. 『선기』에 이르길 '상이 재위를 좋아하지 않아 태자에게 나라를 다스리라 명하고 황룡이 오자 하늘로 올라갔다. 남기고 간 옥편(채찍)이 있는 곳이 용산릉이 되었다'고 전한다.

十九年 壬寅 九月 葬大行于龍山 春秋四十 以遺命禁殉葬 仙記曰 上不樂居位 命太子治國 來黃龍而上天 遺棄玉鞭處 爲龍山陵云

추모왕의 장지는 용산龍山이다. 용산은 어디며, 용산릉은 어느 무덤일까? 현재로서는 쉬이 위치도 유적(무덤)도 가늠할 수 없다. 다만 당시 수도가 흘승골성(요녕성 북진 의무려산)인 점을 감안하면 용산은 의무려산으로 이해되며 용산릉 또한 북진北鎮 주변에 있을 것으로 조심스레 추정해 본다.

『고구려사략』편찬자의 추모왕 사론(史論). '논하길 동명(東明)은 세상에 다시없는 뛰어난 왕이었다. 나이 40세 이전에 동토를 석권하여 7백년의 기초를 열었으니 가히 성인이라 할 만하다. 후세의 아골타(阿骨打, 금태조 완안아골타)나 홀필열(忽必烈, 원세조 쿠빌라이)도 미치지 못하는 곳이 있었다. 다만 아직 속하지 못한 미개척지가 남아 있었다. 처음에 후비(后妃) 제도가 맑지 않아 후세까지 폐단을 끼쳤고 나라를 창업하는 것이 급하였기에 자신의 수명을 극복하지 못한 것이 참으로 애석하도다.'(論曰 東明以不世出之英主 年未四十 席卷東土 開七百年之基 可謂聖矣 後之阿骨打忽必烈亦有所不及处矣 但其尙屬未開之 初后妃之制未爽 胎弊於後 急於創業 未克其壽 惜矣)

추모왕의 무덤은 어디에 있을까?

| 추모왕의 생모 유화부인 |

『삼국사기』 건국신화를 보면 추모왕의 생모 유화부인은 하백^{河伯}의 딸로 나온다. 하백은 수신^{水神}을 가리킨다. 수신은 여성의 상징으로 천신^{天神}인 남성과 결합하는 형태로 신화체계가 만들어진다. 추모왕은 자칭 해모수의 아들인 북부여 왕족출신 옥저후 불리지와 하백의 딸 유화부인 사이에서 태어난다.

하백, 곤연지역 씨족장 옥두진

『유기추모경』에 유화부인의 가계가 나온다. 아버지는 곤연^{鯤淵}의 씨

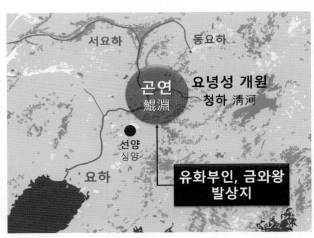

▲ 유화부인 발상지 [요녕성 개원]

족장인 청하백^{淸河伯} 옥두진^{屋斗辰}이다. 『삼국사기』의 하백은 청하백을 말한다. 곤연은 지금의 요녕성 개원^{開原} 일대로 청하^{淸河}가 흐르는 지역이다. 또한 『삼국사기』 건국신화에 나오는 동부여 금와왕_(2대)의 발상지이기도 한다. 옥두진은 호인^{好人}이라는 여성을 통해 딸 셋을 낳는다. 옥유화^{柳花}, 옥훤화^{萱花}, 옥위화^{葦花}다. 이 중 첫째 딸 옥유화가 바로 추모왕의 생모 유화부인이다.

> 동부여 금와왕은 곤연(鯤淵)의 큰 돌을 깨고 나온 난생신화와 유사한 독특한 신화를 가진다. 이는 **천신족인 북부여출신의 해부루왕과 지신족인 금와왕이 결합하는 과정**으로 이해한다. **금와왕은 혈통상으로 해부루왕과 무관**하다.

유화부인은 추모왕을 임신한 상태에서 남편 불리지가 사망하는 바람에 동부여 금와왕에게 일신을 의탁한다. 그리고 추모왕을 낳은 후 금와왕에게 재가한다. 이는 추모왕이 금와왕의 아들 대소에게 핍박을 받고 동부여를 탈출할 때 유화부인이 추모왕을 따라가지 못한 이유이

▲ 금와왕(난생신화) 우표

기도 하다. 유화부인은 금와왕과 사이에서 해불解弗, 해화解花, 해주解朱, 해소解素, 해만解万 등 추모왕의 이복동생들을 줄줄이 낳는다.

신라 화랑의 기원인 선도(仙徒)의 계보를 정리한 『위화진경』(남당필사본)에는 유화부인과 금와왕 사이에서 태어난 또 한 명의 아들이 나온다. **월나국**(月奈國,전남 영암)**을 건국한 시조 백토**(白兎)다. 월나국은 마한연맹체 소속이 아닌 별도의 한반도 남해안의 고대 소국으로 **섬진강문화권을 형성한 포상8국의 시초**다.

부여신으로 추앙된 유화부인

유화부인은 백제 시조 온조(비류 포함)의 어머니인 소서노召西奴와 신라 시조 박혁거세의 어머니 파소婆蘇와는 전혀 다르다. 두 사람은 전면에 나서 적극적으로 시조를 이끌며 건국을 주도했다면 유화부인은 후면에서 묵묵히 시조를 격려한 경우다. 추모왕에게 활쏘기를 가르치고 말을 골라주며 곡식을 건네주고 또한 동부여를 떠나 다른 곳으로 가서 나라를 창업하라고 독려한다. 추모왕의 추동推動에는 유화부인의 탁월한 지혜와 가르침이 바탕이다. 『북사』 고구려 전이다.

신묘가 두 곳에 있는데, 하나는 **부여신으로 나무를 깎아 부인상을 만들고,** 또 하나는 **고등신으로 시조인 부여신의 아들**이다. 모두 관청을 설치하여 사람을 보내 지키게 하니 **대개 하백의 딸과 주몽**이라고 한다.

有神廟二所 一曰夫餘神 刻木作婦人像 二曰高登神 云是始祖夫餘神之子 竝置官司 遣人守護 蓋河伯女朱蒙云

▲ 국동대혈 [길림성 집안 하해방촌]

▲ 고구려 여인 벽화 [일본 다카마쓰총]

유화부인은 사후 아들 추모왕과 함께 부여신^{夫餘神}과 고등신^{高登神}으로 추앙된다. 유화부인은 고구려왕실의 상징이자 고구려사회의 정신적 지주로 승화된다.

유화부인은 前24년(추모14) 동부여에서 사망한다. 『삼국사기』는 8월 금와왕이 태후의 예로써 장사지냈다고만 기록하여 사망사유를 밝히지 않고 있으나, 『유기추모경』은 유화부인이 7월 7일 밤 복어 알을 먹고 자살하며 이를 애통해 한 금와왕이 10일 동안 식음을 전폐했다고 전한다. 유화부인은 왜 자살하였을까? 덧붙여 기록은 그녀가 자살하기 2개월 전인 5월에 금와왕의 아들 대소에게 겁탈당한 사실도 소개한다. 이에 유화부인은 분한 마음을 다스리지 못해 병이 나고 또한 한 달 후 태기마저 생기자 스스로 목숨을 끊는다. 나이 51세다.

유화부인은 카톨릭의 성모 마리아와 같은 존재다.

| 고명세자가 된 유류왕 |

翩翩黃鳥	훨훨 나는 저 꾀꼬리
雌雄相依	암수 서로 정답구나.
念我之獨	외로워라 이 내 몸은
誰其與歸	뉘와 함께 돌아갈꼬.

유류왕(2대)의 대표 상품은 '황조가黃鳥歌'다. 우리나라 최초의 서정시인 황조가는 화희禾姬와 치희雉姬, 두 왕후의 갈등을 해결하지 못한 유류왕의 애달픈 심정을 담고 있다.

황조가는 고구려초기 정치세력간의 권력다툼을 배경으로 한다. **화희(골천 출신)와 치희(한족 출신)의 다툼은 토착세력과 외래세력간의 권력싸움이다.** 황조가는 왕권을 강화시키려다 좌절한 유리왕의 심정을 함축적으로 표현한 서정시다.

《광개토왕릉비》의 고명세자 유류왕

『삼국사기』를 보면 유류왕의 즉위전사即位前史 기록이 유난히 많다. 시조 추모왕의 첫째 아들이며 전처 예禮씨(호예) 부인의 소생이라는 사실, 추모왕이 동부여에서 증표證票(부러진 칼)를 남겨 유류왕이 이를 가지고 고구려로 찾아온 점 그리고 태자에 봉해져 정식으로 왕위를 승계한 내용 등이다.

통상적으로 『삼국사기』는 왕의 즉위전사는 간략히 서술한다. 왕의 이름이 무엇이며 누구의 몇 째 아들이고 성품은 어떠하다는 식이다. 그런데 유류왕의 경우는 시조 추모왕의 즉위전사인 건국신화(추모신화) 못지않게 상당한 지면을 할애한다. 매우 이례적이다.

무슨 이유일까? 유류왕의 왕위승계가 불안정하다는 것을 반증한다. 특히 《광개토왕릉비》는 유류왕을 '고명세자顧命世子'로 기록한다. 고명은

▲《광개토왕릉비》

왕이 임종 직전에 신하에게 뒷일을 부탁하며 남기는 말이다. 유명遺命, 유훈遺訓이라고도 한다. 고명세자는 유훈으로 지명된 후계자를 말한다. 다시 말해 유류왕은 추모왕이 죽기직전까지 공식적으로 태자에 책봉되지 못한다.

당시 태자는 유류가 아닌 비류다.(召西奴立朱蒙爲王 而沸流爲太子 溫祚爲王子-『백제서기』) 추모왕은 홀본국 왕녀 소서노와 정략결혼을 통해 고구려를 건국한다. 소서노의 홀본국이 고구려의 모체다. 비류(소서노 前남편 우태 아들)의 태자 책봉은 추모왕이 소서노와 고구려 건국을 놓고 벌인 일종의 딜deal이다. 그런데 추모왕의 직계혈통인 유류가 고구려를 찾아오면서 상황이 급변한다. 추모왕은 비류를 제쳐놓고 유류를 후계자로 삼기 원한다.『삼국사기』는 추모왕이 사망하기 6개월 전에 유류를 태자에 책봉한 것으로 나온다. 그러나『고구려사략』은 유류의 태자 책봉에 반발한 소서노가 크게 화를 내고 본거지인 우양牛壤으로 가버려 추모왕이 이를 근심하여 병을 얻었다고 전한다.(上與禮氏類利謁神隧 會群臣議正胤 皇后大怒與仇都仇賁等退居牛壤 上憂恨添病秘之) 결국 유류의 태자 책봉은 소서노의 승인을 받지 못하여 미완으로 끝난다. 그래서 유류왕은《광개토왕릉비》의 고명세자가 된다.

고구려 3분할 통치와 소서노의 한반도 남하

추모왕 사후 태자 비류는 고구려 왕이 되지 못한다. 대신 추모왕의 의지대로 유류가 후계자 고명을 받아 前19년 왕위를 잇는다. 다만『고구려사략』은 유류왕이 소서노를 위로하기 위해 즉위직후(前17년)에 비류, 온조와 함께 고구려를 3분할 통치한 사실을 전한다. 유류왕은 소서노와 함께 수도 흘승골성紇升骨城을 중심으로 소노부, 황룡국, 행인국, 구다국,

비리국 등을 담당하고, 비류는 미추홀^{彌鄒忽}을 도읍으로 순노부, 절노부
를 담당하며, 온조는 우양^{牛壤}을 도읍으로 관노부, 계루부를 담당한다.

『고구려사략』〈광명대
제기〉. '3년(前17년) 정
월, 순노와 불노는 비
류에게 다스리게 하고
도읍을 미추홀로, 관노
와 계루는 온조에게 다
스리게 하고 도읍을 우
양으로 하였으며, 연노
와 황룡과 행인과 구다
와 비리는 왕과 소황후
(소서노)와 함께 다스리
도록 하여 소황후의 마
음을 위로하였다.'(三年
甲辰 正月 以順奴艴奴爲
沸流治都彌鄒忽 以灌奴桂妻爲溫祚治都牛壤 涓奴黃龍荇荼卑離上與召皇后治之 以慰召后之心)

그러나 유류왕의 3분할 통치체제는 오래가지 못하고 갑자기 중단된
다. 소서노는 고구려를 떠나기로 결정한다. 이유는 당시의 정치상황 때
문이다. 소서노의 홀본계는 유류왕의 동부여계에게 밀려 정치적 입지
가 극도로 위축된다.

결국 소서노는 고구려에서의 꿈과 삶을 모두 포기한다. 그리고 아들
비류와 온조를 데리고 한반도로 남하하여 백제를 건국한다.

비류의 미추홀은 지금의 요녕성 철령(鐵嶺) 지역이다. 비류는 한반도로 남하할 때 미
추홀 지명을 함께 가져온다. 한반도 미추홀은 지금의 충남 아산 인주면 밀두리다.

《광개토왕릉비》의 '顧命世子儒留王' 일곱 글자에는 백제 건국을 촉
발시킨 비밀이 오롯이 담겨 있다.

| 유류왕의 국내 위나암성 천도 |

고구려 초기도읍 중 유류왕이 천도한 위나암성^{尉那巖城}은 소재지 자체가 불분명하다. 가장 큰 이유는 일제 식민사학자 도리이 류조^{鳥居龍藏}가 길림성 집안현의 평지성 통구성을 국내성으로, 바로 북쪽의 산성자산의 산성을 위나암성을 비정해 놓았기 때문이다. 특히 훗날 산상왕(10대)이 천도한 환도성^{丸都城} 또한 동일 장소로 비정하여 위나암성이 환도성이 되는 웃지 못할 역사를 강요받고 있다.

> 중국은 동북공정을 진행하면서 **길림성 집안현의 산성자산을 환도산으로 이름을 고친다.** 우리 학계가 산성자산성을 환도성으로 비정했기 때문이다. 안타깝게도 동북공정의 상당부분의 근거는 우리 스스로가 제공하고 있다. **일제 식민사학이 중국 동북공정으로 변화만 했을 뿐이다.**

위나암성, 요녕성 철령지역

『삼국사기』는 유류왕이 3년(유류22)에 '국내로 도읍을 옮기고 위나암성을 쌓았다.'(王遷都於國內 築尉那巖城)로 기록한다. 국내지역의 위나암성이 유류왕의 천도지다.

국내는 국외의 반대말이다. 나라의 안쪽을 가리킨다. 『삼국사기』의 국내는 북부여 천제(왕)의 직할지를 말한다. 북부여의 영역은 천제가 직접 통치하는 직할지와 여러 제후가 간접 통치하는 관할지로 나뉜다.

그렇다면 국내는 어느 지역을 말할까? 『고구려사략』은 국내를 명확히 설명한다. 웅심, 합환, 위나암 등 3개 지역이다.

먼저 웅심^{熊心}이다. 웅심은 유화부인의 출생지다. 웅심산성모(유화부인)의 고택이 있는 곳으로 지금의 요녕성 개원^{開原}(카이위안)이다. 동요하의 지류인 청하^{淸河}가 흐르며 유화부인 아버지 옥두진^{屋斗辰}은 청하지역의 제후(수장)인 청하백清河伯이다.

　다음은 합환合歡이다. 합환은 남녀가 만나 사랑을 나눈 장소다. 지금의 요녕성 철령 은주구銀州區(인저우구)다. 추모왕이 동부여를 탈출하여 홀본국으로 건너오기 전에 후원세력으로 확보한 옛 순노국이다. 합환은 유화부인이 해모수를 만나 추모왕을 임신한 장소인 까닭에 붙여진 이름이다.

　마지막으로 위나암尉那岩이다. 『고구려사략』에 따르면 위나암은 북부여 건국시조 해모수의 압록행궁이 있던 곳이며, 또한 추모왕이 송양의 비류국을 정복하고 설치한 3개 군(탕동/탕서/탕남) 중 하나인 탕동湯東지역이다. 지금의 요녕성 철령鐵嶺(테링)일대다. 바로 유류왕이 천도한 국내의 위나암성으로 명명한 장소다.

> 위나암성은 요녕성 철령 동남쪽에 소재한 최진보산성(崔陣堡山城)이 유력하다. 포곡식 산성인 최진보산성은 전체 성벽길이가 5.2㎞에 달하는 고구려 산성이다. 주변 일대는 산지로 둘러져 있고 남쪽은 요하지류인 범하(汎河)가 접해있다. 범하 건너편 남쪽지대는 대규모 평지(송요 대평원)다.

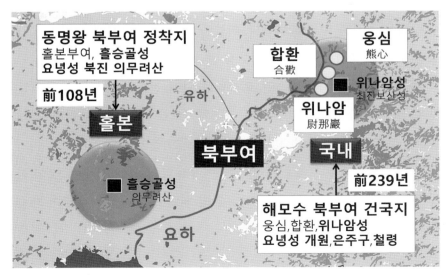

▲ 홀본과 국내(웅심, 합환, 위나암)

위나암성 천도는 북부여 계승의 재확립과정

『삼국사기』에 위나암성 천도 배경이 나온다. 설지薛攴가 돼지를 쫓다가 국내지역에 들어가 지세를 살피고 '산수가 깊고 험한데다 땅이 오곡을 키우기가 알맞아 도읍을 옮기면 백성에게는 이득이 되고 전쟁의 걱정도 없다.'(見其山水深險 地宜五穀 … 王若移都 則不唯民利之無窮 又可免兵革之患也)고 유류왕에게 보고한다. 이후 유류왕은 위중림과 위나암 지역을 직접 찾아가 사냥을 하며 천도 결심을 굳힌다.

그러나 이는 어디까지나 표면적 이유다. 당시 유류왕은 대내외적으로 천도할 명분을 충분히 가지고 있다. 내적으로는 재위초기 소서노(비류/온조)의 홀본계를 제거하면서 비류국 송양의 딸을 왕후로 맞이하며 비류계와 손을 잡는다. 그러나 점차적으로 비류계의 입김이 강화되자 유류왕은 비류계 견제의 필요를 느낀다. 외적으로는 동부여와의 대결에서 우위를 점한다. 유류왕은 동부여가 강대한 것을 꺼려 도절都切태자를 인질로 보내는데 도절태자가 두려워하여 가지 않는다. 이에 동부여 대소왕(3대)은 5만 군사를 이끌고 고구려를 침략하나 뜻밖에도 큰 눈을 만나 수많은 군사를 잃고 후퇴한다. 하늘이 도운 탓에 유류왕은 적어도 대소왕에 대해서만큼은 자신감을 갖게 된다.

결국 유류왕은 내대외적인 요건들로 인해 천도의 필요를 요구받던 차에 설지薛攴의 보고를 명분삼아 국내지역으로 천도를 단행한다. 특히 위나암성은 옛 북부여의 직할지다. 비록 추모왕의 고구려가 북부여의 제후국인 홀본국을 모체로 출범하지만 유류왕에 의해 북부여 옛 직할지 영역에 직접 뿌리를 내린다. 유류왕의 위나암성 천도는 북부여 계승을 재확립하는 과정이다.

유류왕의 위나암성은 요녕성 철령 일대다.

| 개국공신 협보의 행방 |

고구려 개국공신은 7명이다. 오이, 마려, 협보, 부분노 등 4명은 추모왕이 동부여를 탈출할 때 처음부터 동행하며, 재사, 무골, 묵거 등 3명은 중간에 합류한다. 특히『고구려사략』은 이들을 '四豪三賢' 즉 '4명의 호걸과 3명의 현자'로 표기한다. 추모왕의 고구려 건국에 절대적으로 기여한 공신들이다.

고구려에서 쫓겨난 협보

四豪의 한 사람인 협보陝父에 대한 기록이 『삼국사기』에 나온다. 협보는 유류왕에게 직언을 했다가 고구려에서 쫓겨난다. 때는 국내 위나암성으로 천도한 직후인 3년(유류22)이다. 유류왕이 도성을 비우고 사냥에 몰두하자 협보는 직언을 한다. 이에 유류왕은 협보를 처음 만나면서부터 마음속에 쌓인 것이 있었던 터라 이를 명분삼아 협보의 대보大輔(국무총리) 관직을 박탈한다. 한마디로 유류왕은 협보가 자신을 어린애 취급했다는 괘심죄를 적용한다. 『삼국사기』는 협보가 유류왕의 처분에 분개하여 남한南韓으로 갔다고 한다.(陝父憤去之南韓) 이에 반해『고구려사략』은 협보가 조그만 배를 타고 바다를 통해 신라로 들어갔다고 기록한다.(陝父以瓢浮海入新羅)『삼국사기』의 남한이『고구려사략』의 신라다.

일본열도 다파나국의 시조

그런데『태백일사』에는 협보의 행적을 다르게 소개한다. 협보는 신라로 들어 간 것이 아니라 일본열도에 도착하여 다파나국多婆那國을 건국한다. 협보는 다파나국의 건국시조다. 다파나국은 고대 일본의 소국으로 지금의 혼슈섬 교토^{京都}부와 효고^{兵庫}현, 오사카^{大阪}부 일부에 소재
한다. 또한 신라 석씨왕조 시조 석탈해의 출신지로 기록된 나라다.

무슨 사연일까? 사실 협보와 석탈해는 혈연적 특수관계다. 협보의
처는 낙랑왕 시길^{柴吉}의 딸 시화^{柴花}며, 시화의 언니 시작^{柴鵲}은 추모왕의
후궁이다. 시작은 추모왕의 아들 작^鵲태자를 낳는다. 작태자가 바로 석
탈해로 협보의 처조카다. 이후 석탈해는 4년(유류23) 이모부 협보를 뒤쫓
아 일본열도로 건너갔다가 다시 경주로 들어와 사로국을 건국하며 석
씨왕조 시조가 된다.

협보, 백인 계통의 혈통

▲ 각저총 시름도의 서역인 [길림성 집안]

『유기추모경』에 협보에 대한 흥미
로운 기록이 있다. '황오(前43년) 5월 …
유자가 말하길 "협보가 8세로 능히 글
을 깨쳤으니 원컨대 추모의 신하로 삼으
시지요"하였다. 그 어미도 거듭 아이(협
보)를 칭찬하니 노랑머리에 하얀 피부였
다.'(黃虎 五月 … 有子曰陜父八歲能解文願
爲鄒牟臣 其母再贊兒 黃頭而雪膚) 협보의
모계는 서역인 출신이다. 러시아계 백인(*코카서스 인종) 혈통이다.

신라 박씨왕조 일성왕(7대)과 아달라왕(8대)은 부자지간이다. 그런데 두 왕의 용모가
특이하다. **일성왕은 백옥처럼 하얀 피부며, 아달라왕은 얼굴 생김이 기이할 정도로
코가 오뚝하다. 전형적인 백인의 모습**이다. 두 왕에게 백인형질을 준 사람은 **협보의
증손녀 이리생(伊利生)**이다.

협보는 전화위복을 이룬 대표적인 사례다. 또한 공식적으로 신라왕
실에 백인형질을 제공한 인물이다.

| 왕망이 착각한 구려와 고구려 |

『후한서』〈동이열전〉 고구려 편에 한漢 왕망王莽이 고구려 유류왕을 하구려후下句麗侯로 칭한 기록이 있다. 그것도 왕이 아닌 후侯(제후)다. 이 내용은 『삼국지 위서』〈동이열전〉 고구려 편에도 나오며, 우리 문헌인 『삼국사기』에도 나온다. 『삼국사기』가 『후한서』 기록을 차용한다.

고구려, 한(漢)과 한판 붙다

『후한서』 기록을 정리하면 이렇다. 때는 12년(유류31)이다. 왕망이 흉노를 칠 목적으로 고구려 군사를 강압적으로 징발한다. 그런데 고구려 군사들이 도망하여 오히려 한의 군현들을 노략질한다. 이에 왕망은 요서대윤 전담田譚을 보내 추격하나 전담은 역으로 고구려 군사에게 살해당한다. 화가 잔뜩 난 왕망은 추가로 엄우嚴尤를 보내고 엄우는 당시 고구려 군사를 이끌던 추騶를 만나 목을 베어 장안으로 보낸다. 이후 왕망은 고구려왕을 하구려후로 고쳐 부르고 이를 천하에 선포한다.(更名高王 爲下句麗侯 布告天下)

다만 『삼국사기』 기록은 『후한서』와 약간의 차이를 보인다. 목이 베인 고구려측 인사는 추騶가 아닌 연비延丕다.

『후한서』 기록은 지극히 대륙 편향적이다. 존화양이尊華攘夷의 춘추필법에 따른 왜곡된 역사의 표본이다. 좀 더 사실적으로 순화하면 이렇다. 왕망이 흉노를 공격할 목적으로 고구려 군사들에게 협조를 요청한다. 그런데 대우가 신통치 않자 고구려 군사들이 일종의 시위示威를 일으키고 이를 진압하기 위해 파견된 전담이 오히려 살해당한다. 이에 왕망은 추가적으로 엄우를 보내 고구려 군사들과 협상을 진행한다. 그러나 협상이 불발되며 고구려의 추(또는 연비)가 연우에게 잡혀 목이 베이는 참사가 발생한다.

> 춘추필법(春秋筆法)은 **존화양이**(尊華攘夷-중화를 높이고 이족은 깎아내린다), **상내약외**(詳內略外-중원역사는 상세히 외국역사는 간단히), **위국휘치**(爲國諱恥-나라를 위해 중국의 수치를 숨긴다) 등으로 기술한 대륙중심의 역사기록 원칙이다.

　추는 누구일까?『삼국지 위서』는 '구려후句麗侯 추駒'로 표기한다. 추는 구려후의 관직을 가진 자로 유류왕이 동부여에서 고구려로 건너올 때 동행한 3명(옥지,구추,도조) 측근 중 한 사람인 구추句鄒로 추정된다. 따라서 구려후는 한의 관직이 아닌 고구려의 관직이다. 정확히 표현하면 구려후는 고구려 구려현句麗縣의 수장이다.『유기추모경』에 따르면 추모왕은 前22년(추모16) 8월, 부위염을 보내 구리성九里城을 빼앗아 구려현句麗縣을 설치한다.(扶尉厭伐九里城拔之置句麗縣)

　구려현은『한서』〈지리지〉현도군 조에도 나온다. 현도군의 3개 속현은 서개마현, 상은태현, 고구려현 등이다. 바로 현도군의 고구려현이 고구려의 구려현이다. 현도군 위치는 지금의 하북성 승덕承德(청더)일대다.

▲ 고구려 구려현과 한의 현도군 충돌

> 『한서』〈지리지〉 현도군 설명. '무제 원봉4년(前107년)에 설치하였다. 고구려현은 왕망이 하구려로 고쳤으며 유주에 속한다.'(武帝元封四年開 高句驪 莽曰下句驪. 屬幽州)

결과적으로 이 사건은 후한의 현도군과 국경을 맞대고 있는 고구려 변방인 구려현에서 벌어진 일이다. 유류왕과는 아무런 관계가 없는 사건이며 말 그대로 변방에서 일어난 불상사 정도다.

왕망의 어슬픈 착각과 기록의 와전

문제는 이 사건을 대하는 왕망의 태도다. 왕망은 일개 고구려 변방의 수장인 구려후 구추를 죽인 사건을 두고 마치 고구려 전체를 이긴 것처럼 단단히 착각을 한다. 그래서 고구려를 하구려로 낮춰 부른다. 이로 인해 유류왕은 하구려의 왕도 아닌 후侯로 전락하는 셈이다. 덧붙여 『후한서』는 '이때에 고구려는 후국侯國이 되었다.'(當此時爲侯國)고 적는다. 고구려가 한의 제후국이 되었다는 설명이다.

> 『삼국지 위서』 집해. '정겸(丁謙)이 말하길 조선사를 살펴보니 이 사건은 고구려 태조 동명왕의 아들 유리왕(유류왕) 때의 일이다. 사(史)에 이르길 당초 한(漢)의 왕망이 고구려에서 징병하자 유리왕이 불응하고는 선비에게 항복하고 한(漢)의 변경을 침범하였다. 그러한즉 잠시 징병에 응했다가 되돌아 새(塞) 바깥으로 달아난 것은 바로 선비와 연합하여 세운 계책이다. 다만 엄우(嚴尤)가 유인하여 목을 벤 구려후 추(騶)는 **고구려왕이 아니라 응당 군대를 지휘하던 관원(統兵之員)이었을 것이다.**'

그러나 유류왕이 한을 천자국으로 인정하고 스스로 한의 제후국이 된 역사는 아예 존재하지 않는다. 하다못해 유류왕이 한에 사신을 파견한 기록도 없다. 하구려, 하구려후, 후국 등은 왕망의 일방적인 조치며 착각이다. 물론 왕망의 입장에서 보면 유류왕의 측근 중의 측근인 구추를 죽였으니 유류왕과 동일시 할 수도 있다. 그렇다고 고구려 전체를 싸잡아 비하한 왕망의 태도는 착각을 넘어 도리도 모르는 참으로 어처구니없는 처사다.

『삼국지 위서』〈동이전〉 고구려. '후한 광무제 건무8년(32년, 대무신15)에 고구려 왕이 사신을 보내어 조공하면서 비로소 왕의 칭호를 사용하게 되었다.'(建武八年 高句驪遣使 朝貢 光武復其王號)

『고구려사략』의 사건 내막

그런데 『고구려사략』은 이 사건을 전혀 다르게 설명한다.

한인 전담이 색두(선비)와 서로 싸우다가 구추에게 도움을 청하였다. **구추가 연비를 보내서 전담을 쳐서 죽었다. 엄우가 와서 도적질하기에 엄우의 장졸 2천여를 사로잡았다.** 노획한 말과 병장기는 셀 수가 없었으며 인과(인장) 12개와 넓힌 땅이 7백여 리였다.

漢人田譚與索頭相爭 請救於勾鄒 勾鄒使延丕擊譚殺之 嚴尤來寇 虜其將卒 二千餘 馬仗無數 印顆十二 拓地七百餘里

『후한서』가 힘주어 강조하는 왕망이 보낸 엄우가 고구려의 구추(또는 연비)를 목 베었다는 내용 자체가 아예 없다. 또한 엄우가 도적질을 자행하기에 고구려는 연우의 장졸 2천여를 사로잡고 오히려 한漢의 7백여 리 땅을 추가로 확보한다. 『고구려사략』은 한의 어정쩡한 승리가 아닌 고구려의 일방적인 승리로 설명한다.

『후한서』 기록은 엄우가 왕망에게 거짓 보고한 내용을 기록하였을 개연성이 크다. 설사 엄우는 고구려의 구추나 연비를 목 베진 못하였더라도 대신 고구려 장수급 인물을 목베어 왕망에게 보내면서 자신의 패배를 승리로 둔갑시켜 보고했을 개연성이 크기 때문이다. 엄우의 보고만 받고 이를 철석같이 믿은 왕망은 한껏 고무되어 하구려, 하구려후, 후국 등의 조치를 취한 것은 아닐까?

우리는 중국기록을 있는 그대로 받아들여 해석하려는 경향이 있다. 전후맥락을 따져보면 기록의 사실성은 얼마든지 감별해 낼 수 있다.

중국기록도 엄밀히 따져 역사적 사실여부를 가려야 한다.

| 불운한 유류왕의 왕자들 |

유류왕은 송후^{宋后}를 통해 4명의 왕자를 얻는다. 도절^{都切}, 해명^{解明}, 무휼^{無恤}, 해색주^{解色朱} 등이다. 송후는 추모왕이 고구려 건국직후 가장 먼저 병합한 비류국 송양왕의 딸이다. 유류왕은 즉위초기 소서노(비류,온조)의 홀본계를 제거하기 위해 비류계와 손을 잡으면서 송후를 맞이한다.

『고구려사략』에 따르면 비류국 송양왕의 딸은 3명이다. 첫째는 송화(松花), 둘째는 이송후(二松后), 셋째는 소송후(小松后)다. 송화는 추모왕의 후궁이며, 이송후는 유류왕의 왕후로 『삼국사기』가 송후로 기록한 유류왕의 정비다. 소송후는 유류왕의 아들 대무신왕의 유모다.

해명태자 자결의 속사정

해명은 도절태자가 병사^{病死}하는 바람에 태자가 된다. 그러나 해명태자는 6년째가 되던 해에 갑자기 죽음을 맞이한다. 아버지 유류왕으로부터 자결을 명받고 이에 따른다. 내용은 이렇다. 유류왕은 위나암성으로 천도하며 해명태자는 이전 수도인 흘승골성에 남겨둔다. 이때 황룡국 왕이 해명태자를 찾아와 어 활을 건네며 기세를 시험한다. 해명태자는 고구려 태자의 위엄을 보이기 위해 활을 부러뜨리고 이를 불쾌히 여긴 황룡국 왕은 위나암성에 있는 유류왕에게 알린다. 그리고 유류왕은 '너는 나를 따르지 않고 힘센 것을 믿고 이웃 나라와 원한을 맺었으니 자식 된 도리가 이와 같을 수 있으냐?'(汝不我隨 而恃剛力 結怨於隣國 爲子之道 其若是乎)고 책망하며 칼을 보내 자결을 명한다. 한 마디로 해명태자의 행위는 외교에 해를 가한 것이니 자식된 도리가 아니라는 설명이다. 특히 『삼국사기』 편찬자는 이를 두고 해명태자가 불효한 탓이며 유류왕이 잘못 가르친 탓이라고 사론^{史論}을 덧붙인다. 유교적 관점에서 유류왕이나 해명태자 둘 다 잘못했다는 양비론이다.

> 『삼국사기』유류왕 사론(史論). '효자가 부모를 섬길 때는 마땅히 곁을 떠나지 않고 효를 다하여야 한다. … 해명이 별도에 있으면서 용맹을 좋아한다고 이름이 났으니 죄를 얻게 된 것은 당연하다 할 수 있다. 또 전하는 말에 '자식을 사랑하거든 의로운 방도로 가르쳐서 사악한 길로 들어가지 않도록 하여야 한다.'고 들었다. 지금 **왕은 처음부터 미리 가르치지 않다가 죄악을 짓게 되자 몹시 미워하여 죽이고 말았다. 이는 아비가 아비답지 못하였고 자식이 자식답지 못한 것이라고 할 수 있다.'**(論曰 孝子之事親也 當不離左右以致孝 解明在於別都 以好勇聞 其於得罪也 宜矣 又聞之 傳曰 愛子敎之以義方 弗納於邪 今王 始未嘗敎之 及其惡成 疾之已甚 殺之而後已 可謂父不父 子不子矣)

　　그런데 『고구려사략』은 유류왕의 책망을 다르게 기술한다. "진공주를 아끼지 않음은 부모를 거역함이요, 나라의 노신을 모욕함은 사직을 가벼이 여김이요, 후궁들과 교통함은 음란할 징조다. 사는 것이 죽는 것만 못하겠다."(不愛珍女 違父母也 侮辱國老 輕社稷也 交通後宮 淫亂之兆也 寧其生不若死) 진珍공주는 해명태자비며 노신은 황룡국 왕인 고구려 개국공신 오이烏伊를 말한다. 『고구려사략』은 해명태자의 여자문제와 노신(오이)을 모욕한 것으로 나온다. 유교적 관념과는 거리가 멀다. 어느 기록이 맞을까?

> 『삼국사기』유류왕. '마침내 **해명태자는 여진의 동쪽 벌판에서 창을 땅에 꽂아두고 말을 타고 달려 그 창에 찔려 죽었다. 나이 21세.** 태자의 예로써 동원에 장사지내고 사당을 세웠다. 창원이라 부른다.'(乃往礪津東原 以槍揷地 走馬觸之而死 時年 二十一歲 以太子禮 葬於東原立廟 號其地爲槍原)

해명태자 죽음의 실체적 접근

　　역사적 진실은 유류왕이 해명태자에게 자결을 명하고 해명태자는 아버지 유류왕의 명을 거부하지 않고 따른 점이다. 그러나 역사적 사실을 다를 수 있다. 특히 사서 기록의 인용문은 시대의 필요에 의해 얼마든지 각색될 수 있다. 그럼에도 활 하나 부러뜨렸다고 해서 자식을 죽인 유류왕의 태도는 쉽게 이해되지 않는다. 다른 이유가 있을까?

해명태자의 죽음은 유류왕의 권력에 대한 집착이 불러온 참사다. 유류왕은 아버지 추모왕의 후계자 선택을 받았을 뿐이다. 상대적으로 고구려내의 권력기반은 취약하다. 이런 까닭에 어렵게 즉위한 유류왕은 소서노의 홀본계를 제거하기 위해 송양왕의 비류계과 손을 잡는다. 또한 비류계를 견제하기 위해 위나암성 천도를 단행한다. 해명태자의 지지세력은 바로 비류계다.

그래서 유류왕은 위나암성 천도를 단행하면서 해명태자를 옛 도성인 흘승골성에 남겨놓는다. 시조 추모왕의 도읍지 흘승골성을 지킨다는 명분이지만 내심은 아들 해명태자를 경계하는 일종의 억류 조치다. 유류왕은 해명태자가 얼마든지 비류계를 등에 업고 자신의 왕위를 넘볼 수 있다고 판단한다. 그런데 때마침 황룡국 왕 오이와의 사소한 갈등이 불

▲ 무용총 기마인물 모사도 [길림성 집안]

거지자 유류왕은 기다렸다는 듯이 해명태자의 자결을 명한다.

권력은 부자지간에도 결코 나눌 수 없다. 불변의 진리다.

| 여율과 해술태자 |

　　『북사』 고구려 전에 고구려 초기 왕력이 나온다. 추모(주몽)→여달^{閭達} (여해)→여율^{如栗}→막래^{莫來} 순이다. 『수서』, 『위서』에도 동일한 내용이 확인된다. 다만 마지막 막래를 추모왕의 손자로 기록한다. 이를 『삼국사기』 왕력과 비교하면 여달은 유류왕(2대)이고, 마지막 막래는 추모왕의 손자인 대무신왕(3대) 무휼이다. 따라서 막래(무휼) 앞의 여율의 존재가 애매해진다. 여율은 누구일까?

『북사』 고구려 전. '주몽이 부여에 있을 때 아내가 아이를 뱄는데 주몽이 달아난 뒤에 아들을 얻었다. 처음에는 이름을 여해라고 하였다. **여해는 커서 주몽이 왕이 된 사실을 알고 어머니(예씨)와 함께 주몽을 찾아갔다. 주몽은 여달이라 새로이 이름 짓고 나랏일을 맡겼다.** 여달이 죽자 아들 여율이 섰다. 여율이 죽자 아들 막래가 섰다. 이어 부여를 아울렀다.'(其在夫餘妻懷孕 朱蒙逃後生子 始閭諧 及長知朱蒙爲國王 即與母亡歸之 名曰閭達委之國事 朱蒙死 子如栗立 如栗死 子莫來立 乃幷夫餘)

유류왕의 또 다른 아들 해술태자

　　『삼국사기』 유류왕 기록에 여진^{如津}이란 이름의 왕자가 물에 빠져 죽는다. 또한 뒤늦게 시신을 찾아 '예^禮'로써 장사지낸다.(王子如津 溺水死 王哀慟 使人求屍不得 後沸流人祭須得之 以聞遂以禮葬於王骨嶺) 일개 왕자를 예로써 장사지낸 기록은 이 부분이 유일하다. 특별한 존재임을 암시한다. 그런데 『고구려사략』은 이때 빠져 죽은 왕자가 여진이 아니라 또 다른 왕자 해술^{解術}로 기록한다. 빠져 죽은 장소는 여진^{如津} 왕자의 이름과 같은 여진^{礪津}이다.(解術溺死礪津 祭須尋其尸 葬王骨岺) 따라서 원래 여진이라는 이름의 왕자는 없는데 『삼국사기』가 여진 앞에 해술의 이름을 빠뜨리는 바람에 엉뚱한 해석이 만들어 진다.

『삼국사기』 기록을 준용하여 여진(如津)을 중국기록의 여율(如栗)로 보는 견해도 있다. '진(津)'과 '율(律)'의 한자가 비슷한 점을 착안하여 중국사서가 '율'의 음을 차용하여 '律'을 동음의 '栗'로 고쳐 표기한 것으로 보는 해석이다.

해술은 누구일까? 해술의 정보가 『본기신편열전』(남당필사본 고구려사) 해술태자 편에 상세히 나온다.

해술解術태자는 화禾태후의 소생이다. 성격은 온화하고 인자하며 효성이 지극하여 마치 부녀같았다. **해명解明이 죽자 명왕**(유류왕)**은 해술을 태자로 삼아서 화태후를 위로하였다.** 군신들이 인군의 자질이 없다며 폐할 것을 간하니 화씨 무리들이 이를 불쾌히 여겨 해술에게 사졸을 길러서 병권을 장악하라고 설득하였다. 해술이 "해명은 용감하고 도절은 인자함에도 부왕이 허용하지 않았다. 하물며 나의 어머니는 미천하여 핍박을 당할 것인데 어찌 태자를 바라겠는가?" 말하며 결국 듣지 않았다. **무휼無恤이 태자가 되어 병권을 장악하자 해술의 수하들이 날로 무휼에게 달라 붙였다.** … 이때에 이르러 무휼은 해술을 존대하였으나 해술이 연장자여서 무휼 밑에 들어가는 것을 수치스럽게 여겼다. 그리하여 **여진礪津에 가서 해명에게 제사지내고 물속으로 뛰어들어 죽었다.**

解術太子禾太后出也 性溫仁至孝 有如婦女 解明沒 明王亦以解術爲太子 慰禾太后之心 群臣以其無人君之狀 諫止之 禾氏之黨不快 設解術養士執兵 解術曰 雖以解明之勇都切之仁不容於父王 況我母微而行薄 安敢望太子乎 遂不聽 及無恤爲太子 而執兵權 手下之人日歸于無恤 … 至是無恤尊大解術 年長而伏其下恥之 而往礪津 祭解明 而投水死

해술은 유류왕의 또 다른 왕후인 골천 출신 화禾후(*〈황조가〉 주인공)가 낳은 아들이다. 해명태자가 유류왕의 명을 받고 여진礪津에서 자결하자 유류왕은 대신 해술을 태자에 책봉한다. 그러나 송양왕 딸인 송宋후의 소생인 어린 무휼이 해술태자를 밀어내고 새로이 태자가 되며 병권마저 장악하자 해술의 수하들이 모두 무휼 쪽에 달라붙는다. 이에 해술은 무휼 밑에 들어가는 것을 수치스럽게 여겨 먼저 죽은 해명태자가 자결한 여진을 찾아가 자신도 물속에 몸을 던져 생을 마감한다.

해술태자, 역사기록의 희생양

해술태자 죽음은 당시 고구려 지배층간의 권력싸움이 만든 결과물이다. 유류왕은 앞서 비류계를 등에 업고 있는 송후(송양왕 딸) 소생의 해명태자를 제거한다. 그리고 비류계가 아닌 골천 출신의 화후 소생인 해술태자를 선택한다. 그러나 유류왕은 비류계를 제어하지 못한다. 비류계는 병권을 장악하며 송후 소생의 또 다른 아들 무휼을 전면에 내세우고 유류왕과 해술태자를 압박한다. 결국 해술태자는 탄핵을 당하여 물러나고 비류계의 무휼이 태자가 된다. 이에 해술태자는 자신의 한계를 절감하고 스스로 목숨을 끊는다.

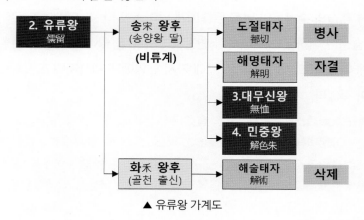

▲ 유류왕 가계도

그렇다면 『삼국사기』는 무슨 까닭으로 해술태자를 기록에서 삭제하였을까? 전적으로 유류왕의 뒤를 이은 대무신왕(3대) 무휼에 대한 배려 때문이다.

중국사서의 여율은 역사기록의 희생양인 해술태자다.

| 동부여를 멸망시킨 대무신왕 |

고구려 왕들 중에 유일하게 '大'자를 붙인 왕이 있다. 3대 대무신왕^{大武神王}이다. 특히 '武神'은 '전쟁의 신'을 가리킨다. 우리는 고구려 정복군주로 광개토왕을 가장 먼저 떠올린다. 그러나 대무신왕은 고구려 초기 강역을 광개토왕보다 훨씬 넓게 확장시킨 무서운 정복군주다. 특히 《광개토왕릉비》는 대무신왕이 왕업을 계승 발전시켜 광개토왕이 이를 이어받 았다고 기록한다.(大朱留王紹承基業)

▲《광개토왕릉비》

원래 대무신왕은 왕이 될 위치가 아니다. 유류왕의 첫째 도절^{都切}태자가 병사하고 둘째 해명^{解明}태자와 셋째 해술^{解術} 태자가 자결하면서 넷째 무휼^{無恤} 대무신왕이 왕위를 잇는다. 『삼국사 기』는 '태어나면서 총명하고 지혜로우며 장성해서는 호걸의 풍모와 큰 지 략을 지녔다.'(生而聰慧 壯而雄傑有大略)고 대무신왕을 평한다.

동부여 멸망, 대소왕이 아니다

정복군주 대무신왕의 실체를 단적으로 보여준 사건이 동부여 멸망 이다. 때는 대무신왕 초기인 20년(대무신3)이다. 『삼국사기』에 멸망 과정 이 상세히 나온다. 발단은 동부여 대소왕(3대)이 대무신왕에게 보낸 머리 는 하나이고 몸통이 둘인 붉은 까마귀에 대한 해석이다. 대소왕은 동부 여가 고구려를 합칠 징조로 여겨 까마귀를 보내는데 고구려는 원래 까 마귀는 검은색으로 북방의 색깔인데 붉은색으로 변한 것은 장차 고구 려가 동부여를 흡수할 것이라는 해석은 내놓는다. 이에 대무신왕은 확 신에 차서 이듬해인 21년(대무신4) 전격적으로 동부여를 공격한다. 장군

괴유^{怪由}가 대소왕의 목을 베며 전투는 고구려의 승리로 끝나고 동부여는 멸망한다.

그러나 목 베인 대소왕의 존재는 다소 의문이다. 대소왕이 너무 고령이기 때문이다. 대소왕은 동부여 금와왕의 직계아들로 시조 추모왕의 이복형이다. 대무신왕에게는 큰 할아버지뻘이다. 특히 추모왕이 태어난 해가 前57년이니 대소왕은 그 이전이다. 이를 감안하면 목 베일 당시 대소왕의 나이는 최소 80세 전후다.

그런데 『고구려사략』은 목 베인 동부여 왕이 대소왕이 아닌 대불^{帶弗}왕으로 소개한다. 대불왕은 대소왕의 형인 대백^{帶伯}의 아들이다. 대소왕의 큰 조카다. 특히 『고구려사략』은 이 사건이 발생하기 6년 전인 14년(유류33)에 대소왕이 사망한 것으로 나온다. '대불이 대소를 죽이고 스스로 위에 올랐다. 대불의 대백의 아들이다. 금와의 아들이라고도 한다.'(帶弗殺帶素而自立 弗帶伯之子一作金蛙子) 다시 말해 대불왕은 대소왕을 죽이고 왕위를 찬탈한다. 따라서 『고구려사략』 기록이 맞다면 붉은 까마귀를 대무신왕에게 보낸 사람은 대소왕이 아니라 대불왕이다. 또한 목베인 왕도 대불왕이다.

> 『유기추모경』에 따르면 동부여 금와왕은 시조 **해부루의 딸 해영**(解英)**왕후**를 통해 대백(帶伯), 대소(帶素), 대중(帶仲), 대현(帶玄), 대황(帶黃), 대적(帶赤), 대청(帶靑) 등 7명을, **추모왕의 어머니 유화부인**을 통해 해불(解弗), 해화(解花), 해주(解朱), 해백(解百), 해소(解素), 해만(解万) 등 6명을 얻는다. 또한 금와왕은 **을씨**(乙氏)**부인**을 통해 백제 시조 비류와 온조의 생부인 우태(優台)를 얻는다.

시조 추모왕의 해묵은 감정을 반영

그렇다면 『삼국사기』는 대불왕을 대소왕으로 기록하였을까? 이는 고구려왕실의 대소왕에 대한 해묵은 감정이 반영된 결과다. 대소왕은 태자로 있으면서 이복동생 추모왕의 재능과 능력을 시기한다. 결국 추모왕은 대소왕의 압박을 견디지 못하여 동부여를 탈출한다. 이 사실을 잘 알고 있는 고구려왕실은 어떻게든 시조 추모왕을 괴롭힌 대소왕을 폄하할 수밖에 없다.『삼국사기』기록만 놓고 본다면 대소왕은 붉은 까마귀를 대무신왕에게 보낸 우매함과 또한 동부여의 명줄을 끊은 장본인이다. 동부여 멸망의 모든 책임을 뒤집어 쓴 우둔한 군주다.

『고구려사략』〈대무신제기〉. '부여태사 왕문이 죽었다. 가순과 부담 등이 반란을 일으켜 상이 송보와 락기를 보내어 이를 평정하고 여주 고야를 잡아 후로 삼았다. **동부여 47개 나라는 모두 고구려 땅이 되었다. 해부루로부터 금와, 대소, 고야를 거쳐 4대 110년을 이어오다가 나라가 통째로 고구려에 넘어갔다.** 중간에 대불이 19년간 왕위를 훔쳤다.'(夫餘太師王文卒 加順富覃等作亂 上遣松宝絡寄定其亂而擒其女主高耶爲后 東夫餘四十七國皆爲國土 自解夫妻歷金蛙素高耶四世百十年而國除 中間帶弗竊位十九年) 동부여는 **대불왕 이후에도 51까지 계속 유지**된다.

　　대무신왕의 동부여 정벌은 나름 시사점이 크다. 당시 고구려는 만주 대륙을 놓고 동부여와 쌍벽을 이루며 북부여 계승의 적통을 놓고 자웅을 겨룬다. 동부여 멸망은 고구려가 북부여의 진정한 계승자임을 만천하에 선포한 위대한 사건이다.

끊임없는 생명력, 부여의 분화

　　동부여를 멸망시킨 고구려는 북부여 계승자의 본류로 자리잡는다. 그러나 북부여의 지류는 계속해서 분화한다. 동부여 멸망이후 대소왕의 조카(*해소 아들 산해)가 갈사수를 중심으로 '갈사부여曷思夫餘'를 세운다. 또한 부여왕의 종제(*갈사부여 종제 낙문)가 동부여인 1만을 데리고 고구려에 투항하자 대무신왕은 이들을 연나부에 살게 한다. '연나부여椽那夫餘'라 한다. 이후에도 북부여의 지류는 계속 이어진다. 120년 경에 대륙 요서지방에 북부여 왕족출신 위구태尉仇台(*백제 세 번째 시조)가 등장하여 '서부여西夫餘'를 세운다. 훗날 서부여의 한 부류는 한반도로 건너가 백제왕실을 접수하며, 백제 성왕(26대) 시기에 '남부여^{南夫餘}'로 국호를 바꾼다. 마지막으로 '두막루^{豆莫婁}'가 있다. 부여유민이 400년 경에 세운 나라로 지금의 흑룡강성 하얼빈에 소재한다. 726년 발해 무왕(2대)에게 멸망당한다.

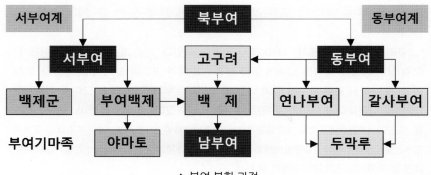

▲ 부여 분화 과정

우리 민족의 역사는 부여의 역사라고 단정해도 부족하지 않다. 단군조선(고조선)이 뿌리라면 부여는 나무기둥에 해당한다. 큰 줄기는 고구려와 백제며 또한 신라다. 신라의 건국시조 박혁거세를 낳은 파소^{婆蘇}부인은 북부여 왕녀(5대 천제 고두막한 딸) 출신이다. 또한 한 줄기는 일본 고대국가 '야마토^{大倭/大和}'를 창업한 세력집단이다. 이들은 부여기마족으로 표현된 부여의 한 부류다.

> 부여는 단군조선(고조선)의 계승자로 '天子(하늘의 아들)'의 선민의식을 갖고 있는 세력집단이다. 이들은 국가(왕조)를 직접 창업하여 시스템을 만들고 운영해본 노하우(know-how)가 있다. 부여의 왕족집단은 대륙 동북방과 한반도, 그리고 멀리 일본열도에 이르기까지 시간과 장소를 바꿔가며 끊임없이 왕조를 만들고 역사와 문화를 꽃 피운다.

고대 동아시아는 모두 부여의 역사다.

| 베이징을 점령한 대무신왕 |

대무신왕의 정복사업 중에 지금의 중국 수도인 베이징北京을 점령한 사건이 있다. 『후한서』〈동이열전〉 고구려 편에 나온다. 대무신왕은 당시 한漢의 군현인 우북평右北平, 어양漁陽, 상곡上谷, 태원太原 등을 점령한다. 이들 지역은 모두 베이징 주변으로 우북평은 베이징 동쪽, 어양은 베이징 일대, 상곡은 베이징 북쪽, 태원은 베이징 서쪽에 해당한다.

> 베이징은 원(元) 세조(3대) **쿠빌라이(忽必烈)가** 몽골고원의 카라코람에서 하북지방으로 수도를 옮기면서 본격적으로 개발된다. 그 이전은 거란족이 세운 요(遼)의 남경석진부(연경)며, 또한 여진족이 세운 금(金)의 중도대흥부다. 오늘의 수도 모습은 원을 북쪽으로 몰아내고 새로 들어선 한족의 명(明)에 의해 확대 조성된다. **베이징은 한족이 아닌 북방민족인 거란, 여진, 몽골 등에 의해 개발된 도시다.**

베이징 점령 사건의 실상

『후한서』〈동이열전〉 고구려 편이다.

건무23년(47년) 겨울, 구려 잠지락의 대가 대승 등 1만여 구가 낙랑에 내속하였다. 건무25년(49년) 봄, **구려가 우북평, 어양, 상곡, 태원을 침략하여** 요동태수 제융이 은혜와 신의로 달래자 모두 돌아가 새(국경)에 머물렀다.
建武二十三年 冬 句驪蠶支落大加戴升等萬餘口詣樂浪內屬. 二十五年 春 句驪寇右北平漁陽上谷太原 而遼東太守祭肜以恩信招之 皆復款塞

발단은 고구려 잠지락蠶支落부 대승戴升의 배반이다. 47년 고구려인 1만여를 이끌고 후한의 낙랑군에 투항하며 망명한다. 이에 대무신왕은 2년 후인 49년 후한의 요동군인 우북평, 어양, 상곡, 태원 등을 공격하자 요동태수 제융祭肜(*『삼국사기』 채동蔡肜)이 은혜와 신의로 달래서 고구려는 물러난다.

▲ 대무신왕 베이징일대 점령

기록의 전후 맥락이 매끄럽지 못하며 사건의 연결성이 어설프다. 그런데 『고구려사략』은 이를 명쾌히 설명한다. 잠지락부 대승은 고구려가 병합한 옛 개마국 출신이다. 대승은 개마국 재건을 꾀하다 여의치 않자 무리를 이끌고 후한의 낙랑군으로 망명한다. 또한 대승은 적성^{赤城}, 잠지락^{蠶支落}, 하간^{河間} 등을 오가며 점차적으로 옛 개마국 땅을 잠식한다. 이에 대무신왕은 군사를 보내 대승을 무찌르고 목을 벤다. 또한 내친걸음으로 자몽왕 만리사고^{萬離斯古}와 섭득^{涉得}을 거느리고 친히 네 길로 나누어 우북평, 어양, 상곡, 태원 등을 공략하여 노리개, 비단, 진미 등 다수를 빼앗는다. 이때 요동태수 채동(제융)이 크게 두려워한 나머지 매년 조공하기로 약속하고 화친을 구걸하여서 대무신왕은 이를 받아들여 군사를 물린다.

『후한서』 기록의 문제점

『후한서』와 『고구려사략』 기록의 가장 큰 차이점은 베이징 일대를 점령한 대무신왕이 군사를 물린 사유에 대한 설명이다. 『후한서』는 요동태수 채동(제융)이 '은혜와 신의로 달래어'(以恩信招)고, 『고구려사략』은 채동이 '크게 두려워한 나머지 매년 조공하기로 약속하고 화친을 구걸하여'(大惧 約修年貢 乞和)다. 두 기록은 상반된 결과를 내놓는다. 어느 기록이 사실일까?

상식은 역사 해석에도 똑같이 적용된다. 패자인 후한이 승자인 고구려를 은혜와 신의로 달랬다는 표현은 어불성설이다. 패자는 당연히 승자에게 합당한 대가를 지불해야한다. 중국으로서는 고구려에 당한 수모를 감추고 싶었겠지만 전후 사정과 맥락을 추적하면 역사적 사실이 확연히 드러난다. 당연히 요동태수 채동은 대무신왕에게 화친을 구걸하였을 것이다. 그것도 매년 고구려에 조공을 바치겠다는 약속이 선행되었기에 대무신왕은 군사를 물린다.

특히 『고구려사략』은 대무신왕이 후한의 요동군을 공격할 때 자몽紫蒙국을 동원한 사실을 전한다. 자몽국은 추모왕이 고구려에 편입한 옛 북부여의 제후국이다. 선비족의 발원지로 대흥안령산맥의 동쪽인 노합하老哈河 주변일대에 소재한다. 적어도 당시에는 명백한 고구려의 속국이다.

▲ 자몽국 [내몽골자치구 적봉]

정복군주 대무신왕의 영토 확장

이 시기 대륙 동북방은 고구려가 후한의 군현들을 일방으로 밀어붙이는 형세다. 그만큼 고구려의 힘이 강하다. 이는 대무신왕의 영토 확장 능력이 뛰어나다는 반증이다. 이외에도 대무신왕은 주변국인 낙랑국, 개마국, 구다국 등을 병합한다. 특히 고구려와 마지막까지 경쟁관계였던 동부여를 정벌함으로써 고구려는 명실공히 대륙 동북방의 진정한 강자로 발돋움한다. 당시 대무신왕의 영토는 지금의 중국 요녕성을 중심으로 동쪽으로 길림성과 흑룡강성, 서쪽으로는 내몽골자치구와 하북성에 이른다.

참으로 방대한 영토다.

| 대무신왕이 정복한 낙랑국 |

낙랑국은 '호동왕자와 낙랑공주의 전설'의 무대가 되는 나라다. 특히 두 남녀의 애틋한 사랑은 낙랑공주가 자명고自鳴鼓를 찢는 배신행위로 낙랑국이 멸망하며 비극적인 종말을 맞는다. 때는 고구려 대무신왕(3대) 시기며, 낙랑국은 최리崔理왕이다.

낙랑국은 요녕성 요양일대

문제는 낙랑국의 위치다. 일제 식민사학자는 지금의 평안북도 평양으로 비정한다. 다만 낙랑국의 실체에 대해서는 이견이 있다. 과거에는 식민사학자의 주장을 좇아 한漢 낙랑군으로 보았으나 근자에는 별도의 낙랑국으로 보는 견해 또한 제기되고 있다. 그럼에도 여전히 낙랑국의 위치는 평양에 머물러 있다.

낙랑국은 정말로 평양에 위치한 걸까? 『삼국사기』가 남긴 단서는 오로지 옥저沃沮다. 호동왕자가 옥저를 유람하다 인접한 낙랑국에 잠입하는 장면에서 나온다. 학계는 지금의 함경북도 함흥일대를 옥저(동옥저)로 이해한다. 따라서 이를 적용하면 함흥과 평양은 수백Km 떨어져 있다. 인접이라는 표현이 무색할 정도로 너무 멀다. 그렇다면 낙랑국의 위치는 어디인가? 『고구려사략』은 옥저와 남옥저를 구분하여 표기한다. 옥저에는 최리의 낙랑국이 있다. 대무신왕은 먼저 옥저의 낙랑국을 공격한다. 최리왕은 급히 남옥저로 피신하고 이때 호동이 최리왕을 잡기 위해 남옥저로 잠입한다.

옥저는 함경북도 함흥이 아니라 요하 중류 동쪽에 위치한 요녕성 요양遼陽 일대다. 훗날 동천왕(11대)이 위魏 관구검毌丘儉의 침공을 받고 천도한 평양성平壤城이며, 고구려 말기에는 요동성遼東城으로 불린 곳이다. 또

한 옥저 북쪽에는 북옥저가
있다. 요녕성 심양瀋陽 일대다.
남옥저는 요양 남쪽인 요녕성
안산鞍山 일대다. 안산 남쪽 해
성海城은 훗날 산상왕(10대)이
천도한 환도성丸都城이다. 양만
춘이 당태종을 물리친 안시성
이 근처에 있다. 이처럼 고구

▲ 낙랑국 위치

려 초기에는 요하 동쪽의 평원을 따라 하류에는 남옥저, 중류에는 낙랑
국이 위치한 옥저, 상류에는 북옥저가 있다.

낙랑국 창업자, 남옥저 출신 시길

낙랑국은 한반도 평양이 아니다. 대륙의 요녕성 요양이다. 이는 초기
고구려의 위치를 통해서도 확인할 수 있다. 당시 고구려의 수도 위나암
성(요녕성 철령)을 감안하면 평양은 수천km 떨어진 곳이다. 또한 이는 초
기 고구려가 한반도 북부지역까지 장악한 꼴이다. 있을 수 없는 일이다.

특히 『고구려사략』은 최리의 낙랑국을 구체적으로 설명한다. 낙랑
국은 고구려 건국 이전에 남옥저(요녕성 안산) 출신 시길柴吉이 창업한 나라
로 이때(대무신왕)에 이르러 4대 80여 년 만에 문을 닫았다고 기록한다.(樂
浪自柴吉四八十餘年而國除)

낙랑국 멸망후 **낙랑유민은 동옥저**(함경도 함흥)**로 건너가 반란을** 꾀한다. 대무신왕은
어비신(菸卑神)을 보내 동옥저마저 정벌하고 고구려 해서군(海西郡)으로 삼는다. 또한
대무신왕은 남은 **낙랑유민을 환아**(桓阿,길림성 환인)**로 이동**시켜 살게 한다.(樂浪餘衆與
東沃沮反 遣將軍菸卑神伐東沃沮拔之爲海西郡 置樂浪餘衆于桓阿)

낙랑국의 위치 비정에는 일제 식민사학의 그늘이 짙게 배어있다.

| 호동왕자 죽음의 이면 |

대무신왕 때의 낙랑국樂浪國 멸망은 '호동왕자와 낙랑공주의 전설'에
잘 나타나 있다. 국적을 초월한 호동왕자와 낙랑공주의 애틋한 사랑은 전
설의 서막이다. 그러나 두 남녀의 사랑은 낙랑국 멸망이라는 역사적 흐름
에 막혀 비극으로 끝난다. 이때 자명고를 찢어 호동왕자와의 사랑을 선택
한 낙랑공주는 아버지 낙랑왕 최리崔理에게 조국을 배신한 죄로 죽임을 당
한다. 그런데 낙랑국 멸망 6개월 후 호동왕자마저 죽는다. 무슨 곡절일까?

자결을 선택한 호동왕자

호동好童은 대무신왕의 차비(둘째 비) 갈사曷思후의 소생이다. 얼굴이 곱
고 아름다워 아버지 대무신왕이 친히 지어준 이름이다. 한마디로 잘 생
긴 훈남이다. 당연히 뭇 여성들의 절대 호감이다. 그런데 당시 대무신왕
의 원비(첫째 비) 오烏왕후가 호동을 좋아하여 음행淫行하려는 사건이 발생
한다. 특히 오왕후는 자신의 뜻대로 되지 않자 거꾸로 호동이 음행하려
한다고 뒤집어 씌운다. 그런데 대무신왕이 사실여부를 가리는 과정에
서 갑자기 호동이 자결한다.

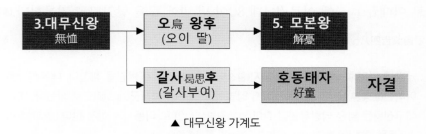

▲ 대무신왕 가계도

호동은 자신의 결백을 입증하지 않는다. 대신 다음의 말을 남기고
자결한다. "내가 이를 해명하면 어머니의 죄악이 드러나게 되어 아버지의

근심이 더하게 된다."(我若釋之 是顯母之惡 貽父王之憂) 호동의 말은『삼국사기』와『고구려사략』에 똑같이 나오는데『삼국사기』는 "어찌 이를 효라 할 수 있겠는가?"(可謂孝乎)라는 말을 덧붙인다. 그리고 고사에 비유하여 호동의 행동이 경솔했다고 사론史論을 남긴다.

> 『삼국사기』 대무신왕. '사관은 평한다. 왕이 참언(讒言)만 믿고 죄 없는 아들을 죽였으니 어질지 못함은 말할 것도 없다. 하지만 호동에게도 죄가 없는 것은 아니다. 왜 그런가? 자식이 아버지에게서 책망을 들었을 때에는 마땅히 순(舜)임금이 아버지 고수(瞽叟)에게 했던 것처럼 조금 때리면 맞고 많이 때리면 피하여 아버지가 불의에 빠지지 않게 하여야 할 것이다. **호동은 이러한 행동을 할 줄 모르고 죽지 않을 일로 죽었다. 이는 작은 일을 삼가는데 집착하여 대의에 어두운 것이다.** 옛날의 공자 신생(申生, 진 헌공의 아들, 헌공이 죽이려 하자 자살함)의 죽음에 비유할 만하다'. (*원문 생략)

『삼국사기』 기록의 민낯

　『삼국사기』가 덧붙인 효孝는 실제 호동의 말이 아니다. 이는『삼국사기』의 편집원칙(필법)을 가감 없이 보여주는 대목이다.『삼국사기』를 읽다보면 가끔 이런 부분이 툭 튀어나온다. 조선왕조는 최소 3번 정도『삼국사기』를 손본다. 이때 상당부분 기록이 유교적 관점에서 첨삭된다. 조선왕조가『삼국사기』기록에 가한 불편한 민낯이다.

　역사는 호동의 자결 배경을 오왕후와의 미숙한 스캔들에 초점을 맞춘다. 물론 이는 역사적 사실이다. 그럼에도 호동의 자살행위는 선뜻 이해하기 어렵다. 어찌 보면 호동은 오왕후와 엮긴 문제보다 조국을 배신하면서까지 사랑을 지킨 낙랑공주에 대한 미안함과 애틋함이 더 크게 작용하지는 않았을까?

　역사는 사람의 이야기다. 사람과 사람이 엮어내는 한편의 드라마다. 호동왕자와 낙랑공주의 미완의 사랑은 현재를 살고 있는 우리 청춘들의 슬픈 자화상이다.

| 삼국사기 최대의 미스터리 기록 |

『삼국사기』 대무신왕 기록이다.

> 27년(44년) 9월, 후한 광무제가 군사를 보내 바다를 건너와서 낙랑을 정벌하고 그 땅을 빼앗아 군현으로 삼았다. 살수 이남이 후한에 속하였다.
> 二十七年 秋九月 漢光武帝遣兵渡海 伐樂浪 取其地 爲郡縣 薩水已南屬漢

후한이 바다를 건너와 낙랑을 정벌하고 그 땅을 군현으로 삼아서 살수(청천강) 이남 즉 지금의 한반도 평안남도가 후한의 땅이 된 내용이다. 기록의 주체가 고구려가 아니라 후한이다. 마치 중국사서를 보고 있는 느낌이다. 때는 44년으로 후한 광무제(25~57) 시기다.

『삼국사기』 미스터리 기록

그런데 『삼국사기』가 자주 인용하는 『후한서』〈동이열전〉 고구려 편에는 이에 대한 기록 자체가 없다. 대신 유사한 내용이 『후한서』〈광무제본기〉에 나온다. '건무20년(44년) 가을, 동이한국이 무리를 이끌고 낙랑에 내부하였다.'(建武二十年 秋 東夷韓國 人率衆詣 樂浪內附) 발생년도 44년(건무20)은 『삼국사기』와 같다. 월(달)도 비슷하다. 마한(동이한국)의 일부 무리가 바다 건너 대륙 요서지방의 후한 낙랑군으로 망명한다.

> 『후한서』〈광무제본기〉에는 낙랑관련 기록이 3번(30년,44년,46년) 나온다. 장소는 모두 요서지역의 낙랑군이다. 광무제가 한반도 평안남도에 낙랑군을 설치했다는 기록은 어디에도 없다.

다시 말해 낙랑을 두고 『삼국사기』는 후한이 한반도로 건너오고, 『후한서』는 마한이 대륙으로 건너간다. 정반대다. 도대체 어느 기록이 사실일까?

　결론부터 말하면 『삼국사기』 기록은 만들어진 역사다. 만일 『삼국사기』 기록대로 후한이 바다를 건너와 한반도 평안도 지역에 낙랑군을 설치했다면 이처럼 중대한 역사를 중국사서가 빠뜨릴 이유가 없다. 『후한서』는 그런 역사가 없기에 기록 또한 남기지 않는다.

『삼국사기』 착각이 불러온 가공의 역사

　그렇다면 『삼국사기』는 무슨 이유로 이 기록을 만든 것일까? 답은 『삼국사기』 스스로 가지고 있다. 『삼국사기』는 고려 중기(1145년) 김부식과 10명의 편수관이 참여하여 편찬한 삼국의 역사서다. 당시 현존한 국내문헌과 중국문헌을 참조하지만 기본 틀은 삼국통합(통일)시대 만들어진 『삼국사』 기록이다. 『삼국사기』 편찬자 역시 한의 낙랑군을 잘 알고 있다. 위치도 한반도가 아닌 대륙이다. 그런데 문제가 발생한다. 『삼국사』를 보니 신라가 건국초기 낙랑을 적잖이 만나며 백제 또한 건국초기 낙랑과 접촉한 기록이 있다. 낙랑이 한반도에 없다면 설명할 수 없다.

> 신라는 건국초기 낙랑을 5번 만난다. 시조 혁거세 때 1번(前28년), 남해왕(2대) 때 2번(4년,14년), 유리왕(3대) 때 2번(36년,57년)이다. 당시 **신라가 만난 낙랑은 한반도 중부 지역에 소재한 중원왕조 진(秦)의 유민집단인 진한낙랑**이다.

　『삼국사기』 편찬자 입장에서 보면 낙랑은 반드시 한반도에 존재해야 한다. 다만 고구려 초기의 최리의 낙랑국으로 정할지 아니면 한의 낙랑군으로

▶ 낙랑과 낙랑군 기록 비교

정할 지가 문제다. 그런데『삼국사』를 보니 37년(대무신20) 초기 고구려가 낙랑국을 멸한 기록이 있고, 또한 같은 해인 37년(신라 유리14) 낙랑인 5천이 신라에 귀순한 기록도 있다.『삼국사기』편찬자는 낙랑국 멸망과 낙랑인 귀순이 하나로 연결된 사건이라 확신한다. 또한 앞서 언급한『후한서』〈광무제본기〉에는 44년 마한이 낙랑군에 내부^{귀附}(망명)한 기록도 있다. 따라서 마한이 바다건너 대륙 한의 낙랑군을 찾아가지 않고 한의 낙랑군이 한반도에 있다고 가정하면 모든 문제가 자연스레 연결되며 해결된다. 김부식과『삼국사기』편찬자는 한의 낙랑군이 한반도에 존재한다고 결론을 내린다. 다만 설치 시기는『후한서』〈광무제본기〉의 낙랑군 기록에 맞춰 44년으로 최종 정리한다.

김부식과『삼국사기』편찬자의 오류는 고구려 초기의 낙랑국과 신라, 백제 초기의 낙랑(진한낙랑)을 모두 한의 낙랑군으로 잘못 인식한 점이다. 더구나 대륙 요서지방 한의 낙랑군을 한반도 평안도의 낙랑으로 확정함에 따라 마치 한의 낙랑군이 한반도에 설치되었다는 얼토당토않은 기록이 만들어 진다.

낙랑군 위치비정의 현주소

요동설
(요하유역설)
북한학계 주장

요서설
(요서지역설)
일부 재야사학

한반도설
(대동강유역설)
남한학계 통설

◀ 낙랑군 위치 비정

낙랑군 위치비정은 문헌 기록에 근거하여 크게 3가지로 나눈다.「한반도설」,「요동설」,「요서설」등이다. 첫째「한반도설」은『삼국사기』를 비롯하여,『구당서』,『신당서』등에 고구려의 수도 평양에 낙랑군이 존재한다는 서술에 따른다. 둘째, 「요동설」은 『후한서』〈광무제본기〉의 주석에 '낙랑군은 옛 조선국이다. 요동에 있다.'(樂浪郡 故朝鮮國也 在遼東)는 기록에 근거한다. 셋째, 「요서설」은 『태강지리지』의 '낙랑군 수성현은 갈석산이 있고 장성이 시작된 곳이다.'(樂浪遂城縣有碣石山 長城所起)는 기록이다. 『진서』, 『사기』〈색은〉, 『통전』 등에도 비슷한 서술이 나온다. 갈석산과 만리장성의 동쪽 끝인 산해관이 중국 하북성 창려현昌黎縣에 소재하여서 이를 뒷받침한다.

1928년 중국 왕국량(王國良)의 저서 『중국장성연혁고』에 수록된 「진(秦)장성도」는 갈석산과 만리장성을 황해도까지 연결시켜 놓고 있다. 중국의 「동북공정」은 21세기 초(2002년)부터 시작된 것이 아니다. 중국의 한반도 범탈은 이미 백여 년 전인 20세기 초부터 시작된다.

낙랑군 위치문제는 조선에서도 논란이 벌어진 바 있다. 조선중기 한백겸과 조선후기 유득공, 정약용, 한진서 등은 낙랑군을 한반도 평양지역으로 비정한다. 이에 반해 실학자 이익과 박지원은 낙랑군이 요동에 있다고 본다. 신채호와 정인보도 이를 따른다.

그러나 일제강점기 식민사학자들이 한반도 평양지역에서 낙랑관련 유물을 집중 발굴(조작)하면서 「한반도설」이 굳어지며, 이후 이병도가 공식적으로 승계하면서 오늘에 이른다.

낙랑군은 어디에 소재할까? 대륙일까? 한반도일까?

| 한반도 낙랑과 낙랑유물 |

일제 식민사학자 세키노 타다시^{關野貞}의 일기^{日記}다.

> 대정7년(1918년) 3월 22일 맑음. 오전에 죽촌^{竹村}(타케무라)씨와 유리창^{琉璃廠}에 가서 골동품을 삼. 유리창의 골동품점에는 비교적 한^漢 대의 발굴물이 많고, 낙랑 출토류품은 대체로 모두 갖추어져 있기에 내가 적극적으로 그것들을 수집함.

일제강점기 세키노 타다시가 중국 베이징 유리창(*서울 인사동과 비슷) 거리에서 낙랑유물을 무차별로 수집한 기록이다.

세키노 타다시(關野貞,1867~1935)는 동경대 교수출신으로 한(漢) 낙랑군이 한반도에 설치되었다는 소위 「낙랑군 평양설」을 주장한다. 고구려 수도들이 만주 집안현 일대에 밀집되어 있다고 주장한 도리이 류조(鳥居龍藏), 고대 일본이 한반도 남부지방에 지배했다는 소위 「임나일본부설」을 주장한 쓰다 소우키지(津田左右吉)와 더불어 우리 고대사에 패악질을 가한 대표적인 일제 식민사학자다.

이해할 수 없는 낙랑유물

일제강점기 한반도 평양지역에서 적잖은 낙랑유물이 출토된다. 이 중 「낙랑봉니」와 《점제현신사비》는 출처 자체가 의심된다.

봉니^{封泥}는 고대에 문서나 귀중한 물건을 봉함할 때 사용되는 점토다. 「낙랑봉니」의 경우 일제 식민사학자들에 의해 평양일대 무덤에서 2백여 개를 발굴한 것으로 전

▲ 낙랑봉니 [1934년]

해진다. 한 두 개도 아니고 너무 많다. 봉니를 만드는 공장이 있는 것도 아닐진대 무덤을 발굴 할 때마다 계속 나왔다는 얘기다. 세키노 타다시가 베이징에서 수집한 유물들로 추정된다.

《점제현신사비》는 1914년 조선총독부 고적조사단이 평안남도 용강군에서 우연히 발견한다. 비문 중에 '秥蟬長(점제장)'의 한자가 나온다. 낙랑군 속현의 하나인 점제현의 현령으로 이해되어 붙여진 이름이다. 그런데 발굴 당시 비석 하단에 콘크리트가 묻어 있고, 비문 글자 중 일부는 마모되어 아예 없는데 어찌된 영문인지 탁본글씨는 존재한다. 위당 정인보는 비석이 작고 얇은 점, 테두리 바깥을 전혀 다듬지 않은 점, 비석 뒷면이 울퉁불퉁하여 암

▲《점제현신사비》 [1913년]

벽에서 떼어 낸 흔적이 고스란히 남아 있는 점, 모서리 글자들이 정교하게 떨어져 나간 점 등을 들어 조작된 것으로 결론을 내린다.

> 북한 사회과학원 고고학연구소는《점제현신사비》에 사용된 화강암을 핵분열 측정법에 의해 재질을 조사한 결과 발견된 장소에서 나오지 않는 화강암임을 확인한다. 또한 손보기는 **중국 요서지방 갈석산의 화강암과 재질이 같다는 연구결과**를 내놓는다.

유물 조작의 끝장판, 「낙랑목판」

1990년 7월, 북한 사회과학원은 평양 정백동 나무곽무덤(정백동364호분)에서 「낙랑목판」을 출토한다. 정식명칭은 「초원4년현별호구부목판」이다. 초원4년은 前25년에 해당한다. 초원初元은 중원왕조 전한前漢 효원제孝元帝(11대)의 연호다. 낙랑군의 속현별로 호구와 인구의 숫자가 상세히 기록되어 있다. 모두 25개 현에 43,845호, 285,506명이다.

과연 2천년 전에 오늘날과 같은 호구수와 인구수의 통계를 정밀하

▲ '낙랑군초원4년현별호구부' 목판

게 조사하여 산출한 것 자체도 놀라운 일이지만 목판의 상태가 양호해도 너무 양호하다. 통상적으로 무덤을 발굴하면 나무유물이 남아있는 경우가 극히 드물다. 이유는 공기접촉으로 세월을 이기지 못하고 모두 썩어버리기 때문이다. 특별히 목간이 발견되는 경우는 공기접촉이 완벽히 차단된 진흙뻘 속에서나 가능하다. 2천년을 견딘 나무의 상태라고 도저히 믿기지 않는다.

특히 목간은 '樂浪郡初元四年縣別戶口多少▨簿'라는 제목으로 시작한다. 번역하면 '낙랑군 초원4년(前45년) 현별縣別로 호구戶口의 다소多少를 (기록)한 부(문서)'다. 중간에 한자 '縣別(현별)'이 있다. '~別'은 접미사로 메이지明治유신 때 사용한 일본식 한자다. 이는 목간 유물이 위조품이라는 결정적 증거다. 목간은 북한이 조작한 것이 아니다. 일제 식민사학자들이 일제강점기에 만들어 묻어 둔 것을 북한 역사학계가 뒤늦게 발견한다. 북한으로써는 참 멋쩍게 된다.

> 문성대는 목간에 새겨진 한자의 서체가 한(漢) 대에 유행한 서체가 아니며, 설령 한(漢) 대에 작성된 문서라 하더라도 **현별(縣別)은 속현(屬縣)으로 써야한다고 봄**

한반도 낙랑은 중원왕조 진(秦), 한(漢)의 망명지

한반도 낙랑은 중원왕조가 설치한 낙랑군이 아니다. 진秦, 한漢 유민이 대륙의 난을 피하여 한반도로 들어와 정착한 일종의 망명촌이다. 또한 이들 망명객은 대륙에서 사용하던 명칭과 문물 그리고 무덤양식 등의 문화를 가지고 들어온다.

일제는 조선을 병합하면서 과거 임진왜란 때와는 근본적으로 다른 통치행태를 취한다. 단순 무력병합이 아닌 문화병합을 통한 영구적 지배를 꾀한다. 역사병합은 그 시작이다.

일제는 1925년 조선총독부 산하에 조선사편수회를 만들어 본격적으로 우리 역사를 축소, 왜곡한다. 이때 만들어진 것이 식민사관이다. 그 중에는 「타율성론」이 있다. 고대 한반도 남부는 일본이 임나일본부를 두어 지배하고, 한반도 북부는 중국이 낙랑군(한사군)을 설치하여

▲ 평양 정백동17호분 발굴 [1933년]

지배했기 때문에 조선민족은 원래부터 독자적인 발전을 해온 민족이 아니라 외세의 간섭과 압력에 의해 유지된 민족이라는 이론이다. 한반도 침탈의 정당성을 확보하기 위해 만들어진 허무맹랑한 논리다. 이를 뒷받침하기 위해서는 반드시 한반도 북부에 낙랑군이 존재해야 한다. 그래서 위조품을 만드는 천인공노할 짓을 저지른다.

한반도 낙랑유물 상당수는 일제 식민사학자의 조작된 유물이다.

| 민중왕과 석굴장 |

고구려의 대표적인 무덤양식은 돌무지무덤(적석총)이다. 돌무지무덤은 고국원왕(16대) 시기인 4세기 중반부터 집중적으로 조성된 무덤양식이다. 그 이전의 무덤양식은 대체적으로 흙무덤(봉토분)으로 이해한다. 그런데 초기 고구려 왕들 중에 특이하게 석굴장을 사용한 왕이 있다.

석굴장을 유언한 민중왕

민중왕(4대)은 이름이 해색주解色朱다. 유류왕(2대)의 막내 아들이며 또한 대무신왕(3대)의 동생이다. 재위기간은 5년으로 비교적 짧다.(62세 사망) 『삼국사기』다. '5년(48년) 왕이 훙하였다. 왕후와 군신들이 유명을 어기기 어려워 석굴에 장사지내고 호를 민중왕이라 하였다.'(五年 王薨 王后及 群臣 重違遺命 乃葬於石窟 號爲閔中王) 민중왕은 생전에 민중원에서 사냥을 하다 석굴을 보고 사후 별도의 능을 만들지 말고 석굴에 장사지내라 유명한다. 특히 기록의 '重違遺命' 표현은 민중왕의 석굴장이 당시 고구려 왕들이 사용한 장례법이 아닌 특별한 경우임을 시사한다.

석굴장은 옥저의 장례법과 유사

일반적으로 보편화된 장례법은 시신을 땅에 묻는 토장土葬이다. 지역적, 민족적 특성에 따라 불에 태우는 화장火葬, 물속에 안치하는 수장水葬, 새의 먹이가 되게 하는 조장鳥葬, 그리고 시신을 동굴 속에 방치하여 자연풍화작용을 이용하는 풍장風葬 등이 있다. 민중왕의 석굴장은 풍장에 속한다.

『삼국지 위서』 동이 전에 옥저의 장례풍속 골장骨葬이 나온다. 길이

10m 정도 되는 나무덧널^{木槨}의 한 쪽에 문을 달아 두고 가족이 죽으면 시신을 다른 곳에 임시로 매장하였다가 뼈만 추려서 덧널 안에 따로 보관하는 방식이다. 덧널은 일종의 가족공동묘다. 골장은 시신의 뼈만 따로 추스르니 풍장이며, 장소가 석굴이니 또한 석굴장이다.

> **옥저의 혼인풍속은 민며느리제**다. 여자의 나이 10살이 되면 남자와 혼인할 것을 약속하고 남편 될 사람이 여자를 자기 집으로 데려가 길러서 여자가 성숙하게 되면 다시 여자의 집으로 보내서 여자 집에서 요구하는 일정 금액의 돈을 지불하고 다시 여자를 되돌려 받는 제도다. 일종의 매매혼이다.

민중원은 요녕성 본계

민중왕이 석굴장을 통해 묻힌 장소인 민중원은 지금의 요녕성 본계^{本溪}(번시) 주변이다. 이 일대는 크고 작은 석굴이 적잖이 존재하여 과거 석굴장의 장례풍속이 행해진 지역이다. 고구려 초기 옥저(요녕성 요양)로 불린 곳으로 골장을 행한 동옥저(함경도 함흥)와 직간접적으로 연결된다.

▲ 민중원 [요녕성 본계]

우리는 안타깝게도 고국원왕(16대) 때부터 조성된 중국 길림성 집안현의 고구려무덤떼(통구고분군) 이전의 왕릉 소재지는 전혀 알지 못한다. 가장 큰 이유는 고구려의 최초 도읍지 홀승골성 비정을 잘못하는 바람에 왕릉들을 찾을 수 없다. 만주벌판 어딘 가에 묻혀있을 고구려 왕들에 대해 항상 죄송스럽고 송구하다. 우리는 선조의 무덤조차 찾지 못하는 참으로 못난 후손이다.

| 성에 집착한 최악의 폭군 모본왕 |

석인^{席人}은 방석 역할을 하는 사람 즉 인간방석(의자)을 말한다. 그런데 우리 역사에 석인을 둔 왕이 있다. 고구려 5대 모본왕이다. 특히 모본왕은 수많은 침신^{枕臣}까지 두고 오로지 성적 유희에만 왕의 권력을 사용한다. 한마디로 모본왕은 과도한 성적도착증^{性的倒錯症}의 결함을 가진 전형적인 폭군이다.

무분별한 성적 유희 행태

▲ 태갑고사 이윤

모본왕의 이름은 해우^{解憂}다. 아버지는 대무신왕(3대)이며 원비(첫째 비) 오^烏왕후의 소생이다. 원래 대무신왕의 태자는 차비(둘째 비-갈사후) 소생인 호동^{好童}인데 호동태자가 오왕후를 음행했다는 모함을 받고 자결하자 대무신왕은 어쩔 수 없이 해우를 태자에 봉한다. 그런데 해우는 태자가 되자마자 후궁들과 놀아나며 본성을 드러낸다. 이를 우려한 대무신왕은 해우가 아닌 동생 해색주^{解色朱}(민중왕)에게 왕위를 물려준다. 대신 '태갑고사^{太甲古事}'를 행하여 해우가 개과천선하면 그때 왕위를 물려줘라 유언한다.

> 태갑(太甲)은 중국 은(殷)왕조 3대왕 태종(太宗)의 이름이다. 태갑은 즉위후 법을 어기고 방탕 포악하게 생활하여 재상 이윤(伊尹)에 의해 쫓겨났다가 3년 뒤 자신의 잘못을 반성하자 이윤이 다시 맞이하여 복위시킨 데서 유래한 고사(故事)다.

『고구려사략』에 따르면 모본왕은 처음 7명의 후궁과는 별도로 민간의 여자 70명을 따로 뽑아 황음^{荒淫}하는 수준이나, 점차적으로 그 수를 늘려가며 종척^{宗戚}의 부인들까지 끌어들여 성적 유희를 즐긴다. 이때 조금이라도 움직이는 석인이나 침신은 가차 없이 죽인다. 급기야는 수많은 미소년까지 따로 뽑아 궁으로 불러들여 황음한다. 모본왕은 남녀를 가리지 않고 오로지 성적 유희에서만 몰두한다.

모본왕, 전형적인 자생적 폭군

폭군이 출현하기 위해서는 두 가지 요건이 필요하다. 하나는 국력이 절대적으로 강하여 외부로부터 일체의 위험이 없어야 하며, 또 하나는 내부에 적대적인 양대 정치세력이 존재하여 한 세력이 폭군을 감싸고 반대세력을 억압하는 경우다. 이 시기 고구려는 대무신왕의 영토 확장에 힘입어 대륙 동북방의 절대 강자로 부상한 상태여서 고구려를 넘볼만한 외부세력은 없다. 그렇다면 내부에서 원인을 찾아야 하나 이 또한 적대적인 양대 정치세력이 존재한 증거나 정황이 없다. 결국 모본왕은 자생적 폭군이며 어느 누구도 통제할 수 없는 무소불위의 폭주기관차다.

시작이 있으면 끝이 있는 것이 세상의 이치다. 역사이래로 폭군의 종말은 항상 비참하다. 모본왕 역시 석인을 죽인 일로 자신의 측근이자 침신인 두로^{杜魯}에게 살해당한다. 고구려 건국이후 처음으로 발생한 왕의 시해 사건이다.

> 민중왕과 모본왕의 시호는 장지 이름이다. 민중왕은 민중원(요녕성 본계)이고 모본왕은 모본원이다. 『고구려사략』에 따르면 **모본원은 추모왕이 동부여를 탈출하여 홀본으로 이동하던 중에 합류한 개국공신 재사, 무골, 묵거의 지배지역**이며, 웅심산성모(유화부인)의 고택이 있던 장소다. **청하(淸河)가 소재한 지금의 요녕성 개원(開原) 일대**로 추정된다.

적은 멀리 있는 게 아니다. 항상 측근을 조심해야 한다.

2 고씨왕조의 새출발

| 태조의 칭호 문제 |

우리는 '태조太祖'하면 건국시조를 먼저 떠올린다. 고려와 조선의 건국시조 왕건과 이성계를 태조라 칭했기 때문이다. 그런데 고구려는 추모왕이 건국시조임에도 불구하고 태조왕(6대)이 따로 있다. 고대 왕조국가에서 하나의 국가명칭을 두고 건국시조를 따로따로 설정하는 자체가 매우 이례적이다. 그렇다면 고구려는 추모왕의 고구려와 태조왕의 고구려로 이원화한 걸까?

중원왕조 태조 칭호의 고찰

중원왕조에서 왕의 시호(묘호)에 '조祖'를 붙인 것은 한漢의 건국자 유방을 '고조高祖'라 칭한 것이 처음이다. 이전에는 '제帝' 또는 '왕王'이며 중원을 최초로 통일한 진시황은 '황皇'을 쓴다. 이후 위촉오 삼국시대와 위진 남북조시대를 거쳐 중원을 재통일한 수隋 대까지도 '조'를 쓰지 않는다. 모두 '제'를 사용한다. 수를 이어받은 당唐 대부터 다시 '조'를 쓴다. 건국자 이연은 '고조'다. 또한 이때부터 왕의 시호에 '조祖'와 '종宗'을 본격적으로 도입한다.

> 사마천의 『사기』(漢 효문본기)에 祖와 宗의 시호를 붙이는 기준이 나온다. **祖는 덕업(德業)을 쌓은 왕**이며 **宗은 공업(功業)을 쌓은 왕**이다. 고려와 조선은 왕의 시호에 祖와 宗을 붙인다.

태조 시호를 처음 사용한 왕은 송宋(남송)의 건국자 조광윤이다. 이후 명明과 청淸의 건국자 주원장과 누루하치 역시 태조를 쓴다. 따라서 태조 칭호만 놓고 본다면 고구려가 중원왕조보다 무려 7백~8백년 앞서 먼저 사용한 셈이다. 고구려는 동아시아 고대국가들 중에서 태조 칭호를 처음으로 사용한 왕조다.

고구려 태조 칭호의 이해

태조왕의 이름^{字}은 궁^{宮}이다. 어릴 때 이름(아명)은 어수^{於漱}다. 태조는 사후의 시호로 이해된다. 그런데 단재 신채호는 『조선상고사』에서 '태조를 옛 사서에서는 시호^{諡號}라 하였으나 고구려는 시종 시법^{諡法}을 쓰지 않았으니 생시에 그 공업^{功業}을 예찬하여 태조^{太祖} 혹은 국조^{國祖}라 쓴 존호^{尊號}다.'고 설명한다. 태조는 사후의 시호뿐만 아니라 생전의 존호일 가능성 또한 존재한다. 이는 태조왕의 태조 칭호가 건국시조에게만 붙이는 시호가 아님을 부연한다. 적어도 고구려에서 사용한 태조는 일반적으로 왕의 시호에 붙이는 '조'와 종'의 개념과는 거리가 멀다. 특히 신채호의 지적처럼 고구려 역대 왕 중에서 '조'를 사용한 왕은 태조왕이 유일하다. 하다못해 건국시조인 추모왕마저 태조의 시호를 쓰지 않는다.

그렇다면 고구려의 태조는 무얼 의미할까? 태조는 한자 뜻 그대로 '큰 조상'을 가리킨다. 일반적으로 할아버지를 지칭하는 친족용어는 조부^{祖父}다. 조부는 대부^{大父}, 대고^{大考}, 왕부^{王父}, 조황^{祖皇} 등으로도 쓴다. 태조는 바로 태조황^{太祖皇}을 말한다. 『고구려사략』은 태조왕을 태조황제^{太祖皇帝}로 쓰고 있어 이를 뒷받침한다. 참고로 신라 선덕여왕(27대)은 생전에 '성조황고^{聖祖皇姑}'의 존호를 받는다. '성스러운^{聖} 여성^{姑} 조황^{祖皇}'이다. 고^{姑}는 여성일 경우 사용하며 남성은 고^{考}를 붙인다. 같은 맥락에서 고구려의 태조는 '태조황고^{太祖皇考}'의 줄임말이다.

태조는 건국시조의 시호가 아니다. '큰 조상'을 뜻하는 태조황^{太祖皇}이다.

| 왕력에서 빠진 신명왕 재사 |

『삼국사기』 기록을 보면 태조왕은 48년 출생하여 53년 7세에 즉위하고 53년부터 146년까지 94년간을 재위하며 165년 119세로 사망한다. 이는 상식을 뛰어넘는다. 그럼에도 『삼국사기』는 태조왕의 즉위시 나이와 사망시 나이를 꼬박꼬박 기록하고 있어 이를 사실로 인정하자니 의심을 지울 수 없고 또한 부정하자니 찜찜하다.

『삼국사기』 기년과 편년 설정의 오류

『삼국사기』는 이 시기 왕의 기년^{紀年}(00왕 00년)과 편년^{編年}(육십갑자 00년)을 잘못 설정한다. 특히 편년은 20년을 앞당겨 놓는다. 태조왕은 48년에 출생한 것이 아니라 68년에 출생한다. 또한 태조왕의 재위기간(기년)은 편년의 조정에 따라 94년간이 아니라 74년간이다. 더욱이 재위기간 74년도 온전히 태조왕 것이 아니다. 신명왕과 태조왕의 재위기간을 합쳐놓은 것이다. 실제 태조왕의 재위기간은 35년간(112~146)이다.

태조왕	『삼국사기』	『고구려사략』	
출생년도	48년	68년	
즉위년도	53년(7세)	112년(45세)	
재위기간	53년~146년 (94년간)	신명왕	73년~112년 (40년간)
		태조왕	112년~146년 (35년간)
사망년도	165년(119세)	165년(97세)	

※ 태조왕은 146년 동생 차대왕에게 왕위를 물려주고 19년간을 더 산다.

태조왕의 아버지 신명왕

신명^{神明}왕은 태조왕의 아버지다. 『삼국사기』가 유류왕_(2대)의 아들^子로 설정한 고추가 재사^{再思}다.(琉璃王子古鄒加再思) 그런데 『고구려사략』은 재사를 유류왕의 아들이 아닌 대무신왕의 별자^{別子}로 소개한다. 〈신명선제기〉다.

> 제의 휘(이름)는 재사 혹은 록신이다. 대무신제의 별자다. 어머니는 갈사태후며 그녀의 **아버지 해소는 유화부인 소생인 금와의 아들**이다.
> 帝諱再思又曰鹿臣 大武神帝別子也 母曰曷思太后 其父解素柳花夫人所生金蛙子也

별자는 그냥 아들로 길러진 경우를 말한다. 정식으로 입적된 양자보다 못하다. 재사는 대무신왕의 혈통이 아니다. 재사의 혈통은 어머니 갈사^{曷思}가 키^{key}를 쥐고 있다. 갈사는 추모왕의 어머니 유화부인이 동부여 금와왕에게 재가하여 낳은 아들 해소^{解素}의 딸이다. 그녀는 대무신왕의 차비_(둘째 비)가 되어 호동^{好童}을 낳는다. 그런데 재사와 호동은 포형제^{胞兄弟}다. 어머니는 같으나 아버지가 다르다. 재사의 아버지는 대무신왕이 아니다.

> 『고구려사략』〈신명선제기〉. '성품은 총명하고 슬기로워 어진 이를 좋아하고 선서를 읽고 의약에 통달하며 용병도 능하였다. 말솜씨가 좋으나 항상 아는 것이 없는 듯 말이 적고 태연하였다. 포형 호동이 명을 다하지 못하고 죽은 일을 슬퍼하였다. **민중제**(민중왕)**가** 붕하고 국인이 그를 위에 세우려 하자 고사하며 말하길 "적자가 있으니 감히 서자가 맡을 자리가 아니오."하고 어머니를 모시고 피해 달아나니 **모본**(모본왕)**이 그 뜻을 가상히 여겨 선왕에 봉하였다.**'(性聰悟好仁讀仙書通医薬又能用兵 善辯而常黙然如不知 哀其胞兄好童死於非命故也 閔中帝崩國人欲立之 固辞曰嫡子在 非庶子之所敢當也 遂奉母而走.慕本亦義其志封爲仙王)

그렇다면 재사의 아버지_(부계혈통)는 누구일까? 기록 자체가 남아 있지 않다. 하다못해 『고구려사략』조차도 일말의 단서도 남기지 않는다. 그럼에도 기록은 재사의 모계혈통_(갈사)을 추모왕의 모계혈통_(유화)과 명확히 연결시켜 놓는다. 이는 재사의 혈통이 시조 추모왕계열에 속한다는 사실을 강조한 것으로 보인다.

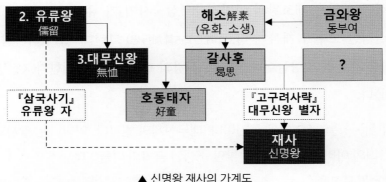

▲ 신명왕 재사의 가계도

왕력에서 빠진 신명왕

『삼국사기』는 무슨 연유로 신명왕을 뺀 것일까? 정확히 알 수 없다. 『삼국사기』가 의도적으로 뺀 것인지 아니면 『삼국사기』 원사료인 『삼국사』에서 빠진 것인지 분명하지 않다. 다만 어떤 경로에서 빠졌든 간에 이는 전적으로 태조왕을 우선시한 기록상의 배려다. 이런 까닭으로 신명왕의 재위기록은 모두 태조왕의 재위기록에 편입되며 신명왕 존재는 고구려 역사기록에서 아예 사라진다.

> 『삼국사기』는 태조왕을 국조왕(國祖王)으로도 표기한다. 그러나 **국조왕은 태조왕이 아니라 태조왕의 아버지 신명왕(재사)의 존호**다. 『고구려사략』〈장수대제기〉다. '16년 (429년) 정월, 상이 졸본으로 가서 동명성황을 추모대제로 유리명황을 광명대제로 주류신황을 대무신제로 **국조선황을 신명선제로** 태조상황을 태조황제로 존호하였다.'(十六年 己巳 正月 上如卒本 尊東明聖皇爲鄒牟大帝 琉璃明皇爲光明大帝 朱留神皇爲大武神帝 國祖仙皇爲神明仙帝 太祖上皇爲太祖皇帝)

결과적으로 『삼국사기』 태조왕의 비정상적인 기록은 모두 신명왕의 존재를 삭제하면서 어설프게 정리된 역사다.

역사기록에는 반드시 희생양이 존재한다.

| 《광개토왕릉비》의 해씨왕조 3대왕 정리 |

《광개토왕릉비》는 추모왕을 비롯한 초기 3대 왕의 역할을 명확히 기록한다. 1대 추모왕은 「創基」, 2대 유류왕은 「以道與治」, 3대 대주류(대무신)왕은 「紹承基業」이다. 무슨 의미를 담고 있을까?

시조 추모왕 등 3대왕의 역할

먼저 추모왕의 「創基」다. 創은 '만들다'고, 基는 '기초, 터전'이다. 創基는 '기초를 놓다. 터전을 만들다.' 정도로 읽혀진다. 일반적으로 창기(創基)를 '나라를 처음 세우다'의 창건(創建)으로 이해하고 건국(建國)(나라를 세우다) 또는 개국(開國)(나라를 열다)과 동일시하여 해석한다. 그러나 創基는 創建과 엄연히 다른 개념이며, 建國 또는 開國과도 거리가 멀다. 創基는 '나라의 기초를 만들다'는 창업(創業)의 의미고, 創建은 '나라를 설립한다'는 창립(創立)의 의미가 강하다. 추모왕은 창립(창건)자가 아닌 창업(창기)자에 가깝다.

▲《광개토왕릉비》

> 창기(創基)는 우리나라에서 잘 쓰지 않는 표현이다. 모두 창립(創立)으로 혼용해서 쓴다. **일본의 경우 창기와 창립을 분리해서 쓰는 경우가 종종 있다.** 예를 들어 우동가게를 처음 시작하는 개인사업자가 차츰 사업을 번창시켜 법인사업자로 전환할 경우 **개인사업자의 시작년도를 적용하면 '창기OO년'**, 법인사업자의 시작년도를 적용하면 **'창립OO년'으로 분류**한다.

다음은 유류왕의 「以道與治」다. '도(道)로써 (세상을) 다스리다.'로 번역한다. 이는 유류왕의 통치행위가 道를 기반으로 이루어진 사실을 설명한다. 유류왕은 군주정치의 덕목인 道를 확립한 왕으로 볼 수 있다.

　　그러나 『삼국사기』와 『고구려사략』이 기록한 유류왕의 치세를 살펴보면 **以道與治**와는 전혀 관계가 없다. 유류왕의 대표적인 치적은 위나암성 천도와 고구려 건국에 기여한 여러 정치세력의 통제다. 재위초기 유류왕은 강력한 경쟁세력인 홀본계(홀본국 소서노)인 비류^{沸流}와 온조^{溫祚}를 비류계(비류국 송양)와 결탁하여 퇴출시킨다. 이후 비류계와의 정치적 갈등을 일으키며 자신의 후계자를 연거푸 잃는다. 송화^{松花}왕후가 낳은 첫째 아들 도절^{都切}태자는 동부여로 보내져 병사^{病死}하고, 둘째 아들 해명^{解明}태자는 자결하며, 화^禾씨부인(골천계)이 낳은 셋째 아들 해술^{解術}태자는 스스로 물에 빠져 자살한다. 유류왕의 마지막 후계자는 송화왕후가 낳은 넷째 아들 무휼^{無恤}태자다. 바로 이 분이 유류왕의 뒤를 이은 대주류(대무신)왕이다.

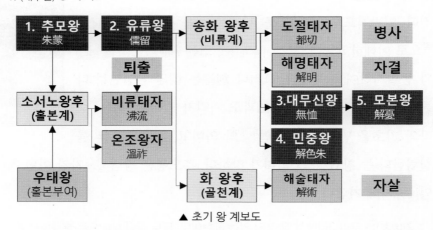

▲ 초기 왕 계보도

　　이처럼 유류왕의 치적에는 딱히 **以道與治**로 해석할 만한 내용이 없다. 그럼에도 《광개토왕릉비》가 유류왕의 역할을 **以道與治**로 규정했다면 그럴만한 이유가 있어야 한다. 혹여 유류왕의 정치세력 통제행위를 **以道與治**로 순화하여 표현한 것은 아닐까? 유류왕은 정치세력의 통제를 통해 자신의 왕위를 지키고 또한 자신의 직계혈통으로 왕통을 잇는 데 성공한다.

마지막으로 대주류왕(대무신왕)의 「紹承基業」이다. '기업을 이어받아 계승하다'로 번역한다. 基業은 '기초가 된 업'을 말한다. 앞서 언급한 추모왕의 創基와 유류왕의 以道與治가 바로 基業에 해당된다. 基業은 고구려의 기초체력과 같다. 紹承은 '이어받아 계승하다'이다. 이는 基業을 흔들림없이 계속 이어나갈 수 있는 추동력을 만들었다는 의미다.

대주류왕은 초기 고구려의 강역을 무섭게 확장시킨 정복군주다. 광개토왕의 정복사업은 과거 대주류왕이 확장시킨 영토를 다물多勿(다시 회복)하는 정도다. 대주류왕은 고구려 영토내의 마지막 북부여 제후국인 최리崔理의 낙랑국(요녕성 요양)을 병합하고, 동쪽으로 고구려가 적대적 경쟁관계인 동부여를 멸망시키며, 서쪽으로 한漢의 상곡上谷과 태원太原(베이징 일대)까지 정벌한다. 또한 남쪽으로는 압록강 이남의 살수(청천강)까지 영토를 확장하며 북쪽으로는 내몽골 남쪽에 이르는 실로 방대한 영토를 개척한다.

『고구려사략』 사론(史論). '대무는 용감하고 굳세며 심히 강하여 능히 대업을 이루었다. 광명(유류왕)의 뒤를 이은 후에 부여를 정벌하고 개마를 토벌하였다. 멀리는 상곡과 태원을 정벌하여 한인(漢人)의 간담을 서늘하게 하였다. 또한 효심과 우애가 깊었다. 다만 아들이 불초하여 동생에게 제위를 넘겼다. 대업의 큰 틀을 알고 있었다고 할 수 있다.'(大武 勇毅沈驇 能成大業 繼光明守成之後 征夫餘討盖馬 遠及上谷太原使 漢人膽寒 又 能孝友 見其子之不肯而傳于弟 可謂知大體)

紹承의 실체는 바로 대주류왕의 영토 확장을 말한다. 영토와 국민은 국가체제 형성의 필수 요건이다. 영토가 없는 국민이나 국민이 없는 영토는 존재할 수 없다. 특히 고대 왕조국가에 있어 영토 확보는 왕조의 흥망성쇠를 결정짓는 중요한 요소다. 따라서 紹承基業은 대주류왕이 영토 확장을 통해 왕조국가 고구려가 성장발전할 수 있는 영속성을 확보했다고 볼 수 있다.

시조 추모왕을 비롯한 3대 왕의 역할은 명확하다. 추모왕의 「創基」,

유류왕의 「以道與治」, 대주류왕의 「紹承基業」은 모두 왕조국가 고구려의 기초(터전)를 다지는 핵심가치들이다. 이를 오늘날의 건물 신축에 비유한다면 추모왕은 땅 주인이고 유류왕은 건축주며 대주류왕은 건물을 세운 시공사라 할 수 있다.

고씨왕조의 정통성 재확립

그렇다면《광개토왕릉비》는 초기 3대 왕의 역할을 기록으로 명문화한 것일까? 고구려는 시조 추모왕과 직계혈통인 유류왕, 대주류왕, 민중왕(4대), 모본왕(5대) 등 5대로 끝나며 추모왕계열의 해解씨왕조는 마감한다. 그리고 태조왕(6대)부터 고高씨왕조가 시작된다. 광개토왕 역시 태조왕의 직계혈통인 고씨다. 그런데 『고구려사략』은 고씨왕조 시조인 태조왕 조에 의미심장한 기록 하나를 남긴다.

▶ 『고구려사략』(三代) 표지

〈태조황제기〉다.

원년(112년) 임자 6월 … 『3대경』 57권을 완성하였다. 동명, 광명, 대무 등 3대의 성첩(그림책)이다. 선황(『삼국사기』 고추가 재사)께서 조서로써 이르길 "무릇 사람의 임금은 필히 대경이 있어야 한다. 경은 선행을 견주는 것이니 악행을 견줘서는 안된다. 악행을 저지르면 폐할 것이며 이를 내 자손들에게 알려라."하였다.

元年 壬子 六月 … 三代鏡五十七卷成 東明光明大武三代之聖繪也 仙皇詔曰 凡爲人君者 必有代鏡 鏡所以照善也 不可以照惡 惡者廢之 以戒吾子孫

고구려 최초 역사서인 『3대경三代鏡』의 편찬이다.

경(鏡)은 조선왕조의 실록(實錄)과 같다. 세종실록이 있듯이 **3대경은 '추모경', '유류경', '대주류경'을 말한다.** 또한 경(鏡)은 '거울'이다. **선대 역사를 후대의 사표(거울)로 삼겠다는 철학을 담은 명칭**이다. 고구려는 역사서 명칭조차 남다른 참으로 위대한 국가다.

태조왕은 고씨왕조를 출발시키며 이전 해씨왕조의 역사를 따로 정리한다. 『3대경』편찬은 《광개토왕릉비》가 정리한 3대 왕의 역할과 맥락을 같이한다. 특히 『고구려사략』찬술자는 '동명, 광명, 대무의 3대 치적을 일컬어 삼대경이라고 한다. 고구려 사람은 이를 정경으로 삼아 능히 7백년을 이어 나갔다.'(東明光明大武三代之治 謂之三代鏡 麗人以之爲政鏡 能傳七百年)고 평한다. 이는 태조왕의 고씨왕조가 추모왕의 해씨왕조가 만든 고구려의 기초 위에 성립된 사실을 부연한다. 또한 이는 고씨왕조 출발의 당위성과 정통성을 명문화한 경우이기도 하다.

《광개토왕릉비》는 3대 왕이 창업, 치업, 왕업의 기초를 만들었다고 기술한다. 이는 3대 왕이 구축해 놓은 왕조국가 틀을 기반으로 태조왕이 고구려를 새롭게 출발시켰다는 의미로 읽혀진다.

태조왕은 건국시조는 아니더라도 명백한 또 한 분의 시조다. 가장 큰 이유는 태조왕의 혈통이 건국시조 추모왕의 혈통과는

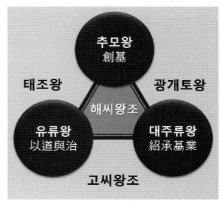

▲ 초기 3대 왕의 역할 도표

완전히 다르기 때문이다. 태조왕의 아버지는 동부여 계통인 재사再思다.

추모왕의 혈통은 해解씨계열이고 태조왕의 혈통은 고高씨계열이다.

| 요서지방 10성을 축성한 태조왕 |

『삼국사기』 태조왕 기록은 55년(태조3)부터 시작한다. 그런데 첫 기록이 눈에 확 들어온다. '3년(55년) 2월, 요서에 10성을 쌓아 한漢의 병사에 대비하였다.'(三年春二月 築遼西十城 以備漢兵) 태조왕은 요서지방에 한 둘도 아닌 무려 10성을 한꺼번에 축성한다.

고대 요동과 요서의 구분

이를 두고 이병도는 『삼국사기 역주』(을유문화사)에 아래와 같이 적는다. '여기 요서遼西는 의문이다. 이를 글자대로 한漢의 요서라면 이때 한의 군현이 엄연히 존재한 요동遼東지방을 지나 이곳에 10성을 쌓았다는 것이 되니 믿기 어렵다. 이는 필경 전성全盛시대의 사실을 잘못 이곳에 실은 것이 아니면 지명의 오기誤記일 것이다.' 한마디로 이병도는 태조왕이 요서지방에 쌓은 10성의 역사와 이를 증언한 『삼국사기』 기록을 부정한다.

『역주 삼국사기 주석편』(한국학중앙연구원) '요하(遼河) 서쪽지역을 요서라 칭하는데 중국 후한 대에는 이곳에 요서군(遼西郡)이 있었다. 이 시기에 고구려가 중간에 있는 요동군(遼東郡)을 넘어 요서지역까지 진출하여 이곳에 10성을 쌓았다는 것은 어떤 착오에 의한 것으로 생각된다.'

이병도의 착각이다. 현재의 요동, 요서 구분과 고대의 요동, 요서 구분을 잘못 이해해서 벌어진 해프닝이다. 현재와 같이 요하를 기준으로 동쪽은 요동, 서쪽은 요서로 구분한 것은 요遼대 부터다. 이전 구분은 현재의 요동과 요서 전체가 요동이고 그 서쪽이 요서다. 대략 지금의 난하와 연산산맥이 구분의 기준이다. 태조왕의 요서지방 10성 축성은 실제 역사다. 『삼국사기』 또한 그런 사실이 있기에 기록으로 남긴다. 다만

『삼국사기』가 10성을 구체적으로 명시하지 않은 점은 아쉬움이다.

『고구려사략』의 요서 10성

그런데 『고구려사략』은 요서 10성을 구체적으로 거명한다. 태조왕
이 아닌 대무신왕《대무신제기》 기록에 나
온다. 년도는 『삼국사기』와 같은 55년
(태조3, 대무신28)이다. '28년(55년) 2월, 개
마, 하성, 구리, 고현, 남구, 자몽, 구려,
거란, 하양, 서안평 등 10성을 쌓아 한과
선비에 대비하였다.'(二十八年 乙卯 二月
築盖馬開魯河城丘利高顯南口紫蒙句麗車
蘭河陽西安平等十城 以備漢及鮮卑) 이들
10성은 모두 고구려 서쪽 후한과의 접
경지역에 소재한 성들이다. 특히 요서
10성 중 마지막으로 언급된 서안평은
중요한 역사적 사실을 내포한다. 서안

▲『고구려사략』 요서 10성

평은 지금의 하북성 진황도秦皇島시 산해관이다. 진황도는 진시황의 행
궁이 있어 붙여진 이름이다. 산해관은 우리가 잘 아는 만리장성의 동쪽
끝이다.

> **학계는 서안평을 압록강 하류 북단인 지금의 요녕성 단동(丹東) 일대로 비정**한다. 이
> 비정은 초기 고구려 중심지(수도)를 길림성 집안일대로 비정하면서 발생한 오류다.
> 『요사지리지』는 요(遼)의 상경임황부(上京臨潢府)가 소재한 지금의 내몽골 파림좌기(巴
> 林左旗)를 서안평으로 기록한다.

이는 태조왕이 요서 10성을 쌓기 전에 서안평을 확보한 사실을 부연
한다. 원래 서안평(산해관) 일대는 한漢의 낙랑군 소재지다. 낙랑군은 서안

평 남쪽의 하북성 창려현(갈석산)에서 동북쪽으로 요녕성 호로도^{葫蘆島}시 이르는 기다란 해안지대다. 낙랑군 속현이 밀집된 지역이다. 태조왕의 서안평 축성은 적어도 당시 서안평 동북쪽 해안지대의 상당수 낙랑군 속현을 고구려가 이미 병합했음을 의미한다. 이로 인해 낙랑군은 서안 평 서남쪽 이남의 일부 속현만 남게 된다.

태조왕의 요서 10성은 일종의 네트워크^{network} 장성^{長城}이다. 적의 침투가 예상되는 접경지역 주요 거점에 그물망식으로 쌓는다. 특히 『고구려사략』은 요서 10성을 쌓은 이유를 명확히 밝힌다. 서쪽 후한뿐 아니라 북쪽 선비의 침략에도 대비한 축성이다. 적어도 당시 후한과 선비는 고구려 입장에서 보면 명백한 이민족이며 변방세력이다.

『태백일사』의 요서 10성

▲ 『태백일사』 요서 10성

그런데 태조왕의 요서 10성 축성기록이 『태백일사』〈고구려국본기〉에도 나온다. '『조대기』에 이르길 태조 융무3년(55년) 요서에 10성을 쌓아 한에 대비하였다.'(朝代記曰 太祖隆武三年 築遼西十城以備漢) 이어 10성의 명칭과 위치를 구체적으로 나열한다. 10성은 안시성, 석성, 건안성, 건흥성, 요동성, 풍성, 한성, 옥전보, 택성, 요택 등이다. 또한 융무5년(57년)에 추가하여 백암성과 용도성을 쌓는다.

10성은 이러하다. 첫째 **안시성**은 개평부 동북쪽 70리고, 둘째 **석성**은 건안 성 서쪽 50리며, 셋째 **건안**은 안시 남쪽 70리고, 넷째 **건흥**은 난하 서쪽이 며, 다섯째 **요동**은 창려 서남쪽 경계고, 여섯째 **풍성**은 안시 서북쪽 100리 며, 일곱째 **한성**은 풍성 남쪽 200리고, 여덟째 **옥전보**는 옛날의 요동국으로 한성 서남쪽 60리며, 아홉째 **택성**은 요택 서남쪽 50리고, 열째 **요택**은 황하 북류의 왼쪽 언덕에 있다. 5년(57년) 춘정월에 또 **백암성**과 **용도성**을 쌓았다.
十城 一曰安市在開平府東北七十里 二曰石城在建安西五十里 三曰建安在安 市南七十里 四曰建興在㶧河西 五曰遼東在昌黎西南境 六曰豊城在安市西北 一百里 七曰韓城在豊城南二百里 八曰玉田堡舊遼東國在韓城西南六十里 九 曰澤城在遼澤西南五十里 十曰遼澤 在黃河北流左岸 五年 春正月 又策白岩城 桶道城

　　『태백일사』가 기록한 요서 10성은 『고구려사략』의 요서 10성과는 완전히 다르다. 이들 위치는 당시 후한 요동군 지역으로 고구려 영역을 벗어난다. 갈석산이 소재한 지금의 하북성 난하灤河 하류에서 천진天津에 이르는 방대한 지역이다. 이 땅은 훗날 대방으로도 불린다. 더구나 남쪽 으로는 황하黃河 하류 북단에까지 이른다. 이는 태조왕이 후한 요동군을 몰아내고 이들 점령지에 그물코처럼 촘촘히 쌓은 성을 말한다.

요서 10성 축성의 실체

　　그렇다면 어느 기록이 역사적 사실일까? 둘 다 맞다. 다만 시기적으 로 차이가 난다. 『고구려사략』의 요서 10성은 55년(태조3) 서안평 동북쪽 해안지대의 낙랑군 속현을 흡수하며 북쪽의 자몽으로부터 남쪽의 서안 평에 이르는 축선을 따라 쌓은 성이다. 국경선에 쌓은 일종의 요새다. 이에 반해 『태백일사』의 요서 10성은 이후의 상황을 반영한다. 태조왕 은 105년(태조53,신명33) 낙랑군 남쪽의 요동군을 집중 공략하여 6성을 공 취한다. 백암, 장령, 도성, 문성, 장무, 둔유 등이다. 이들 6성은 요동군을 몰아내고 점령지에 쌓은 성이다. 『고구려사략』〈신명선제기〉다.

> 33년(105년) 을사 3월, 진북장군 마락이 개마의 여러 성을 고쳐 쌓고, 맥기병을 이끌고 **요동(군)을 정벌하여 백암, 장령, 도성, 문성, 장무, 둔유 등 6성을 취하였다.** 한인들은 크게 놀라며 황망해하자 요동태수 경기가 수비하며 우리 군사를 불러들여 싸웠다. 궁(태조왕)태자가 사자 목도루와 함께 경기병을 이끌고 적진 깊숙이 들어가 좌충우돌 부딪쳐 대파시켰다.
>
> 三十三年 乙巳 三月 鎭北將軍麻樂重修盖馬諸城 率貊騎伐遼東取白岩長岺菟城汶城章武屯有等六城 漢人大驚慌忙以耿虁爲守而來戰 宮太子與使者穆度婁率輕騎深入敵陣左右衝突大破之

　　태조왕의 요서 10성 축성은 당시 고구려와 후한과의 역학관계를 단적으로 보여준다. 고구려가 후한 낙랑군과 요동군을 일방으로 밀어붙이는 형국이다. 그만큼 태조왕의 고구려가 후한을 압도할 정도로 부쩍 힘이 강하다.

> 『태백일사』의 요서 10성(옛 요동군 지역)은 훗날 일부 성의 명칭이 다시 등장한다. 연개소문이 구축한 요하 동쪽의 천리장성에 포함된 **석성**(요녕성 무순), **요동성**(요녕성 요양), **백암성**(요녕성 등탑), **안시성**(요녕성 해성), **건안성**(요녕성 개주) 등이다. 혹여 옛 후한 요동군 지역에 구축한 고구려 성들을 소실하면서 아쉬움을 달래기 위해 부활시킨 화석화한 이름은 아닐까?

　　요서 10성 축성은 이민족 후한을 일방으로 밀어붙이며 이들의 침략을 효과적으로 방어하기 위해 중요 거점에 구축한 태조왕의 야심찬 프로젝트다.

| 러시아 하바롭스크를 순행한 태조왕 |

러시아 하바롭스크^{Khabarovsk} 지방은 아무르^{黑龍}강을 끼고 있는 광활한 극동 시베리아 대평원이다. 청은 1858년 아이훈^{愛琿}조약을 통해 아무르강 서쪽 땅과 1860년 베이징^{北京}조약을 통해 아무르강 동쪽 땅과 연해주^{沿海州}를 각각 러시아에 넘긴다.

조나국과 주나국 정복

태조왕이 하바롭스크 지방을 정복한 기록이 『삼국사기』에 나온다. 조나^{藻那}국과 주나^{朱那}국이다. 조나국은 72년_(태조20) 관나부 패자 달가^{達賈}를 보내 정복하고, 주나국은 74년_(태조22) 환나부 패자 설유^{薛儒}를 보내 정복한다. 두 소국은 옛 동부여의 제후국이다. 지금의 러시아 극동 하바롭스크^{Khabarovsk} 지방에 소재한다. 조나국은 아무르강 중류지역이고 주나국은 하류지역이다. 특히 주나국은 주변에 호수가 많아 호국^{湖國}으로 불린다.

그런데 『고구려사략』은 태조왕이 두 소국을 정복하는 것에 그치지 않고 직접 순행한 사실도 소개한다. 때는 98년_(태조46)이다. 태조왕은 먼저 책성^{柵城}_(길림성 훈춘)에 들른 후 북쪽으로 발걸음을 돌려 동해곡^{東海谷}에 다다른다. 동해곡은 아무르강 하류에 위치한 니항^{尼港}으로 불린 니콜라옙스크^{Nikolayevsk}다. 참으로 먼 곳까지 간다.

▲ 니항(니콜라옙스크) 전경

니항은 아무르강 하류와 오오츠크해와 만나는 어귀의 강변도시다. 1920년 신생국 소비에트연방의 붉은 군대가 일본군과 거류민 700여 명을 학살한 '니콜라옙스크 사건'은 너무나도 유명하다. 특히 **박(朴)일리아가 이끄는 한인 독립군 380명이 붉은 군대와 연합한 곳으로** 우리 독립운동사에도 매우 중요한 장소다.

▲ 태조왕 순행 경로

이때 태조왕은 동해곡의 망일령望日岺에 이르러 제후국인 관나貫那국(*아무르강 상류)뿐만 아니라 새로이 정복한 조나국, 주나국으로부터 공물을 받는다. 특히 주나국 인근 여러 섬의 추장들이 백곰과 물개를 태조왕에게 바친다. 여러 섬은 니콜라옙스크 북쪽에 위치한 오호츠크해 북서쪽 해안의 15개 섬으로 구성된 산타르Shantar제도다. 다만 『삼국사기』는 태조왕의 동해곡 순행은 쏙 빼고 책성 순행만을 기록한다. 이는 또 무슨 경우인지 도대체 이유를 모르겠다.

『고구려사략』〈신명선제기〉. '26년(98년) 무술 3월, **상이 동쪽으로 순행하여 책성 서쪽 계산에 이르러 흰 사슴을 잡았다.** 성으로 들어가 부로와 수리, 유도지사에게 연회를 베풀고 재물과 휴가를 차등 있게 주었으며 그들의 공적을 큰 바위에 새겼다. 10월, 돌아왔다. 이번 순행에서 **상은 멀리 동해곡 망일령에 이르러 호수의 장관을 보고, 조나, 주나, 관나의 공물도 받았다. 여러 섬의 추장들이 바친 백곰과 물개 또한 많았다.**'(二十六年戊戌 三月 上東巡至柵城西罽山獲白鹿 入城宴父老守吏有道之士賜物暇有差 紀功于大岩 十月 還是行上遠至東海谷 望日岺壯観湖 受藻那朱那貫那之貢 諸島酋之献白熊膃肭者亦多)

니콜라옙스크의 비정 근거

정말로 태조왕이 니콜라옙스크를 방문하였을까? 혹여 위치 비정이 잘못 된 것은 아닐까? 단서는 태조왕이 순행지 동해곡에 머무를 때 인근 여러 섬의 추장들이 바친 백곰과 물개다. 백곰은 북극곰^{Polar Bear}이다. 북극권과 툰드라지대에만 서식하는 동물이다.

『고구려사략』〈신명선제기〉. '30년(102년) 임인 정월, **고주리를 동해곡태수로 삼아 북해와 여러 섬의 추장을 제압하게 하였다.** 고주리는 고루의 손자이다. 본디 입이 무겁고 고지식하나 속은 깨끗하였다. **상이 동해곡을 지켜야 하겠기에 관리를 두려 하였는데 멀다하여 가려는 이가 없었다. 고주리가 자청해서 간 것이다.** 사람들 모두가 위험하다 하였다.'(三十年 壬寅 正月 以高朱利爲東海谷太守 使鎭北海及島酋 朱利高婁之孫也 質重似愚而內明 上以東海谷爲可守而設官遠無欲去朱利自請徃之 人皆危之)

그렇다면 태조왕은 무슨 연유로 니콜라옙스크까지 갔을까? 추가적인 기록이 없어 역사적 판단은 쉽지 않다. 다만 태조왕의 순행은 마치 숫사자가 자신의 영토에 오물을 뿌려 지배영역을 표시하는 행위와 비슷하다. 태조왕은 직접 니콜라옙스크를 방문하여 고구려 영토임을 만천하에 선포한다.

현재 이들 지역에는 퉁구스계통의 고대 종족이 현존한다. 관나국은 나나이^{Nanai(赫哲)}족, 조나국은 우데게 ^{Udege(兀狄哈)}족, 주나국은 길랴크^{Gilyak}족이다. 이 중 나나이족과 우데게족은 말갈의 후예로 본다.

▲ 퉁구스계 고대 종족

▲아무르강 유역 원주민

우리는 고구려 강역을 떠올릴 때면 으레 대륙 서쪽만을 생각하는 경향이 있다. 지금의 중국 하북성 어디까지가 고구려 영토였을까 하는 궁금증이다. 특히 대무신(대주류)왕이 베이징을 정벌한 역사가 있다하니 내심 통쾌하기도 하다. 그러나 대륙 동쪽의 고구려 강역에 대해서는 별로 관심을 기울이지 않는다. 이제는 한 번 정도 진중하게 따져볼 때가 아니겠는가!

『신라사초』〈소지명왕기〉. '임인9년(487년) 화토 정묘 12월, **구모국**(狗毛國) **사람이 찾아와서 방물을 바쳤다. 그 나라는 옥저의 북쪽 1만여 리에 있다. 여름에는 물고기와 풀을 먹고 겨울에는 짐승을 잡아먹는다. 눈으로 집을 짓고 개를 처로 여긴다. 날쌔고 사나운 자를 현인으로 삼는다. 비단과 곡식 종자를 주어 돌려보냈다.'**(狗毛國人來獻方物 其國在沃沮之北萬餘里 夏食魚草冬食獸肉 以雪爲家以狗爲妻 驃猂爲賢人 乃賜錦帛穀鍾以歸之) **신라**(소지왕)**를 방문한 **구모국**은 축치족으로 추정**된다.

러시아 하바롭스크 지방은 먼 훗날이라도 반드시 수복해야 할 우리 고구려의 영토다.

| 태조왕과 대륙에 등장한 마한의 실체 |

『삼국사기』 태조왕 기록에 한반도 마한이 대륙에 등장하는 사건이 나온다. 때는 121년이다. 태조왕은 부여 위구태^{尉仇台}와 요동지방에서 한판 붙는다. 요동전쟁이다. 태조왕은 예맥^{穢貊}과 함께 마한^{馬韓}을 동원하며, 위구태는 후한과 연합한다. 한반도 마한세력이 뜬금없이 대륙에 툭튀어 나온다. 전투결과는 고구려연합군(고구려-예맥-마한) 1만이 부여연합군(부여-후한) 2만에게 대패한다.

요동전쟁에 참여한 한반도 마한세력

이 내용은 『고구려사략』에 구체적으로 나온다. 〈태조황제기〉다.

요광이 구려거수 도리를 꼬드겨 현도도위로 삼고 비리의 반적 위구태와 모의하여 자몽고지를 회복하려고 천서에 새로이 현도부를 두고 그곳에 머물렀다. **상**(태조왕)**이 마한, 개마와 함께 기병 1만을 이끌고 천서를 공격하였으나 이기지 못하고 돌아왔다.**

姚光誘勾麗渠帥屠利爲玄菟都尉 與卑離反賊尉仇台 謀復紫蒙故地 新置玄菟府于川西而居之 上親率馬韓盖馬軍一萬騎 而攻川西 不克而還

전쟁의 발단은 후한 요광^{姚光}이 부여(대방부여) 위구태와 모의하여 자몽지역 회복을 꾀한 점이다. 이에 태조왕은 자몽지역을 지키기 위해 개마를 동원하며 또한 마한과 연합한다. 자몽은 지금의 내몽골자치구 적봉시 일대다.

자몽(紫蒙)국은 대흥안령산맥 동남단의 내몽골자치구 적봉시 일대에 소재한 선비계통의 북부여 제후국이다. 고구려 유류왕(2대) 때인 14년(유류33) 고구려에 멸망당한다. 『고구려사략』이다. '오이가 군대 2만을 이끌고 섭신(자몽왕)을 정벌하여 구려성을 빼앗고 섭신을 사로잡아 돌아왔다. 자몽땅 12읍국을 모두 평정하였다.'(烏伊領兵二萬 伐涉臣拔勾麗城 虜涉臣而歸 紫蒙十二國悉平)

개마는 『삼국사기』가 예맥^{穢貊}으로 표기한 집단으로 초기 고구려에 병합된 개마국을 가리킨다. 지금의 하북성 관성^{寬城}과 청룡^{靑龍}의 만주족자치현 일대에 소재한다. 실제 전투가 벌어진 장소 천서^{川西}는 지금의 하북성 난하 상류인 하북성 승덕^{承德}(청도) 정도로 추정된다.

> 『삼국사기』의 예맥은 『고구려사략』의 개마다. 개마는 고구려 대무신왕(3대) 때 패망하여 고구려에 흡수된다. 동일한 대상을 놓고 중국은 예맥으로 쓰고 고구려는 개마로 쓴다. 중국은 변방 지역의 일이기에 통속적으로 써온 예맥으로 기록하고 고구려는 이들과 오랜 기간 관계를 맺고 있어 정확한 이름을 쓴다. 『삼국사기』는 중국기록을 따른다.

요동전쟁은 이듬해인 122년으로 계속 이어진다. 121년이 1차 전쟁이라면 122년은 2차 전쟁이다. 『삼국사기』는 2차 전쟁도 고구려연합군이 패한 것으로 나오나, 『고구려사략』은 고구려연합군의 승리로 기록한다. 또한 2차의 고구려연합군은 1차의 마한과 개마(예맥)와 더불어 구다^{勾茶}가 추가된다. 구다국은 대릉하 하류인 지금의 요녕성 금주^{錦州}지역에 소재한다. 개마국과 마찬가지로 초기 고구려에 흡수된다.

▲ 요동전쟁(121년/122년) 전개 과정

한반도 마한세력은 전북지역 마한비리

이제 남은 세력은 마한이다. 마한의 실체는 앞의 『고구려사략』 기록
에 단서가 나온다. 위구태를 비리의 반적으로 규정한 대목이다.(卑離反賊

尉仇台) 비리국은 북부여의 옛 제후국인 요동비리

다. 지배영역은 북쪽으로 지금의 요녕성 건평建平
현이며 남쪽으로 지금의 요녕성 건창建昌현 주변
일대다. 특히 북쪽의 요녕성 건평현에는 「홍산紅
山문화」 후반기를 대표하는 우하량牛河梁유적이
소재한다. 여신묘의 여신상, 원형의 제단, 방형의
적석총 등이 확인된 유적으로 우리 민족의 시원
인 단군조선(고조선)문명과 깊은 연계성을 가진다.
요동비리는 고구려 추모왕 시기에 병합되며 당

▲ 우하량유적 [요녕성 건평현]

시는 서쪽의 현도군과 남쪽의 낙랑군에 접하며 고구려와 후한의 중간
지대를 점유한다.

특히 요동비리는 대륙 요동지방에 머무르지 않고 한반도에 새로운
거점을 마련한다. 『삼국지 위서』 동이
전에 나오는 마한연맹의 한반도 비리
국들이다. 비리(전북 군산), 여래비리(전북 익
산), 내리비(전북 완주), 벽비리(전북 김제), 고
비리(전북 부안), 초산도비리(전북 정읍), 모로
비리(전북 고창), 감해비리(충남 홍성) 등 8개
다. 감해비리를 제외하고 모두 전북지
역에 소재한다. 이들은 대륙 요동비리
의 후예들로 한반도로 건너와 마한의

▶ 한반도(전북) 마한비리 분포

비리국들(마한비리)로 거듭난다. 한마디로 전북지역은 한반도 마한비리의 거대도시^{megalopolis}다.

> 전북 군산일대의 속칭 말무덤(言塚)은 17개 지역에서 20여 기가 확인된다. 옛 마한(비리)의 지배자급 무덤이다. 대부분 단일고분으로 존재하나 군산 미륭동고분의 경우는 주구를 두른 묘역내에 조성한 다장묘. 무덤양식은 토광묘, 옹관묘 등 다양하다. 출토유물은 원저 단경호, 발형토기, 완 등의 토기류와 쇠손칼, 따비 등의 철기류다.

원래 위구태는 요동비리 출신이다. 고구려에 반발한 위구태는 따르는 무리를 이끌고 요동비리를 떠나 후한 낙랑군의 대방 땅에 새로운 본거지를 마련한다. 대방부여로 거듭나며 후한에 밀착한다. 이런 까닭으로 위구태는 비리의 반적으로 규정된다. 급기야 위구태가 후한과 연합하여 자몽지역 회복에 나서면서 적대감이 한층 더 고조된다. 결국 위구태의 행위에 반발한 한반도 마한비리는 바다건너 대륙 요동지방으로 건너가 태조왕과 연합하여 위구태 응징에 나선다.

이 대목에서 『삼국사기』는 태조왕이 114년(태조62) 8월~10월까지 3개월간 남해^{南海}를 순행한 사실을 전한다.(秋八月 王巡守南海 冬十月 至自南海) 남해는 말 그대로 고구려영역을 벗어나는 먼 남쪽 바다다. 3개월은 긴 시간이다. 태조왕은 전북지역까지 내려와 한반도 마한비리와 군사연합을 실현한다. 그 결실은 121년 요동전쟁에서 고구려가 연합한 마한의 실체로 드러난다.

대륙에 등장한 마한세력은 한반도 전북지역의 마한비리다.

| 차대왕의 시작과 끝 |

차대왕(7대)은 이름이 수성遂成이며 태조왕의 동복아우다. 재위기간은 146년에서 165년까지 20년간이다.『삼국사기』는 차대왕이 76세에 즉위하여 95세에 사망한 것으로 나온다. 고구려 왕들 중에서 가장 늦게 즉위한 경우다. 그러나『고구려사략』은 차대왕이 '성격이 음란하고 포악하며 술을 좋아하였다.'(性嗜淫虐好酒)고 적고 있어 과연 말로未老의 차대왕이 음란할 수 있는지 조차 의심이 간다.

차대왕의 76세 즉위는『삼국사기』가 태조왕 기년과 편년을 무리하게 설정하면서 발생한 착오다. 태조왕의 퇴위시 나이가『삼국사기』는 100세고『고구려사략』은 79세다. 21년 차이가 난다. 이를 차대왕에 적용하면 차대왕은 76세가 아닌 55세에 즉위하며 75세에 사망한다.

차대왕의 시작, 왕위승계 의문점

수성(차대왕)은 태조왕 재위후반기인 121년(태조69) 유주자사, 요동태수, 현도태수 등이 주축이 된 후한 지방연합군을 무찌르며 정계의 실력자로 급부상한다. 군국정사를 위임받아 태조왕을 대신하여 실질적인 왕권을 행사한다. 이에 부담을 느낀 태조왕은 123년(태조71) 자신의 측근인 목도루穆度樓와 고복장高福章을 각각 좌보, 우보로 삼아 정사에 참여시키며 수성을 견제한다. 문제는 그 이후에 발생한다.

수성의 측근들이 태조왕 폐위를 운운하며 수성을 꼬드긴다. 쿠데타를 일으키자고 설득한다. 그러나 수성은 결정을 못하며 망설이고 이를 눈치 챈 태조왕의 측근 고복장이 수성의 제거를 태조왕에게 건의한다. 이유는 수성이 왕이 되면 태조왕의 자손을 모두 죽일 것이라고 주장한다. 그러나 태조왕은 고복장의 건의를 받아주지 않는다.

태조왕은 146년(태조94) 12월, 전격적으로 수성에게 왕위를 넘긴다.

『삼국사기』는 태조왕이 '나는 너무 늙어 온갖 정사에 피로하다. 하늘의 운수가 너에게 있다. 안으로 국정에 참여하고 밖으로 군사를 총괄하며 오래도록 공적을 쌓아 신하와 백성의 여망을 채웠다. 내가 나라를 부탁함에 적임자를 얻은 것이다.'(吾旣老倦於萬機 天之曆數在汝躬 況汝內參國政外摠軍事久有社稷之功允塞臣民之望 吾所付託可謂得人)라고 말하며 양위한다. 그러나 『고구려사략』은 고복장이 수성의 주살誅殺을 건의하자 태조왕이 '형제가 서로 죽이는 일은 불가하다.'(兄弟不可相殘)며 양위의 뜻을 밝힌 것으로 나온다. 특히 수성이 '태조를 위협하여 양위를 받아 왕위를 득하였다.'(脅太祖讓位 得立)고 부연한다.

> 『고구려사략』〈태조황제기〉 35년(146년) 기록. '10월 고복장이 상께 수성을 주살하라 권하니, 상이 이르길 "형제가 서로를 죽이는 일은 불가하니 내가 곧 선위하겠네."라 하매 고복장이 아뢰길 "수성은 어질지 못하여 나라를 맡겨서 재앙을 잉태시킴은 불가하옵니다."라 하였다. 12월, **상이 수성에게 선위하고 골천별궁으로 물러나니 춘추 79세다.**'(十月 高福章勸上誅遂成 上日兄弟不可相殘.吾將禪位矣 福章日遂成不仁不可以委國而胎禍 十二月 上禪位于遂成 退去鶻川別宮 春秋七十九)

이는 태조왕의 양위가 수성에 의해 반강제적으로 이루어졌음을 강하게 시사한다. 특히 차대왕(수성)은 즉위하자마자 태조왕의 측근을 우선적으로 제거한다. 목도루를 죽이며 고복장은 자살한다. 또한 태조왕의 자손도 제거한다. 막근을 죽이며 막덕은 자살한다. 이 역시 태조왕으로부터 차대왕으로 이어지는 왕위승계가 비정상적임을 부연한다.

> 『삼국사기』는 태조왕의 자손에 대해 막근(莫勤)과 막덕(莫德) 두 사람만을 기록하나 『고구려사략』에는 6남 5녀의 실명이 나온다. 왕자는 **장자 통구(桶口)를 비롯하여 만륵(萬勒,막근), 대덕(大德), 막덕(莫德), 최덕(最德), 효덕(孝德)이고 공주는 진(眞), 원(元), 모원(慕元), 양덕(陽德), 모현(慕玄) 등이다.**

차대왕의 끝, 폐주(廢主)의 낙인

차대왕은 20년간(146~165)을 재위한다. 그런데『삼국사기』기록을 보면 재위초기 3년간 태조왕의 측근과 자손을 제거한 기록 말고 재위 17년간의 치세기록이 아예 없다. 대신 천문관측 기록으로 가득 채워 있다. 일식(3회)을 포함하여 오성과 객성, 그리고 혜성의 출현 등이다. 무슨 이유일까?

차대왕은 명림답부(明臨答夫)에게 살해당한다. 모본왕(5대)에 이어 두 번째로 발생한 왕의 시해사건이다.『삼국사기』다. '연나조의 명림답부가 백성이 고통을 참지 못하게 되자 왕을 살해하였다.'(椽那皂衣明臨答夫 因民不忍 弑王) 차대왕이 살해당한 이유는 백성의 고통이다.『삼국사기』는 고통의 실체를 설명하지 않으나『고구려사략』은 차대왕이 민간의 여성을 차출하여 희롱하고 욕보이는 음란행위를 저질렀다고 기록한다.(戱雪多選民女). 이는 백성에게 직접적인 고통을 안겨주는 행위다.

특히『고구려사략』은 차대왕을 폐주(廢主)로 규정한다. 대표적인 폐주는 조선의 연산군과 광해군이다. 두 왕은 군(君)으로 강등되어 사후에도 시호를 받지 못한다. 그럼에도『고구려사략』이 차대왕을 폐주로 규정한 부분은 또 다른 해석이 필요하다.

차대왕의 음란행위는 앞서 모본왕의 경우와 같다. 다만 모본왕의 음란행위는 차대왕을 훨씬 능가한다. 모본왕은 처음 왕실과 귀족여성으로 한정하다가 이후 점차로 민간 여성으로 대상을 확대한다. 그러나 차대왕은 민간 여성에 국한한다. 그럼에도 모본왕은 폐주로 규정하지 않는다. 차대왕이 폐주가 된 까닭은 순전히 명림답부때문이다.

명림답부는 차대왕을 시해한 공로로 훗날 국상(國相)의 관직에 오른다. 국상은 '일인지하만인지상'(一人之下萬人之上)의 고구려 최고 관직으로 지금의 국무총리에 해당한다. 오직 명림답부 한 사람을 위해 만든 특별 관직이다. 또한 명림답부는 국상에 오른 후에 신대왕(8대)을 대신하여 섭정까지 한다. 명림답부는 왕 위에 군림한 당대 최고의 권력자다. 따라서 명림답부가 차대왕을 시해한 행위는 정당성을 가져야한다. 차대왕이 폐주로 낙인찍힌 이유다.

『삼국사기』는 〈열전〉에 **명림답부를 충신으로 기록**한다. 역사는 승자의 기록이라 하지만 **군주를 시해한 신하를 어찌 충신이라 할 수 있는가?** 『고구려사략』도 명림답부에게 시해당한 차대왕을 폐주로 규정한다. 이유야 어찌 되었든 간에 안타까운 역사다.

『삼국사기』가 차대왕의 치세를 천문관측 기록으로 도배한 이유는 명약관화하다. 차대왕을 시해한 명림답부의 행위가 명분 없음을 나타낸다. 그래서 『삼국사기』는 차대왕의 치세기록을 모두 삭제한다. 만약 차대왕의 음란행위가 문제가 된다면 『삼국사기』 역시 『고구려사략』처럼 기록을 남겼을 것이다. 그러나 『삼국사기』는 차대왕의 음란행위는 기록하지 않고 대신 백성이 고통을 당한 것만을 기록한다. 이는 명림답부의 차대왕 살해가 명백한 쿠데타임을 나타낸다.

『삼국사기』는 차대왕을 '용감하고 굳세며 위엄이 있다.'(勇壯有威嚴)고 평한다. 『고구려사략』 또한 '용감하고 위엄이 있어서 군권을 장악하고 세운 공이 많다.'(勇而有威 秉軍立功雖多)고 적는다. 차대왕은 전투경험이 많고 사냥을 즐기는 전형적인 무인이다.

『고구려사략』〈폐주 차대제기〉. '7년(152년) 임진 4월, 왜산에서 사냥하며 민간에서 차출한 수많은 여인들을 희롱하고 욕보였다. 이때 놀이를 돕던 마정이 아뢰길 "동명께서는 세 가지 이유로 사냥을 하였습니다. **첫째는 하늘에 제사지내기 위함**이고 **둘째는 군사훈련**이며 **셋째는 어려운 백성들을 구휼하기 위함**입니다. 지금 농사철에 민간의 처와 딸을 빼앗아서 희롱하여 망령됨이 이와 같으니 대경(代鏡)에 어긋납니다."하니 폐주(차대왕)가 노하여 주인에게 짖는 개라면서 마정을 활로 쏘아 죽였다.'(七年 壬辰 四月 田倭山戲雪多選民女 助戲麻正諫曰東明之田有三一曰天二曰軍三曰賢 今以農時奪民妻女以戲誨如是非代鏡也 主怒以爲吠主之狗射殺之)

원래 고대 왕의 사냥행위는 단순한 놀음이 아니다. 전쟁준비를 동반한 군사훈련의 성격이 강한다. 차대왕은 즉위전에 후한과의 전투를 모두 승리로 이끈다. 역대 어느 왕보다 전투경험이 풍부하며 승리에 대한 자신감 또한 남다른 인물이다. 혹여 차대왕이 후한과의 전쟁준비를 강하게 추진하자 이에 반발한 세력이 명림답부를 앞세워 차대왕을 제거한 것은 아닐까? 물론 차대왕이 사냥터에서 민간의 여성을 차출하여 자신의 성욕을 채운 점은 오점이며 비판받아 마땅하다.

> 일반적으로 왕의 사냥은 '전렵'이라는 단어를 쓴다. 다만 한자는 田獵과 畋獵으로 구분한다. **田獵은 병사를 훈련시킬 목적으로 시행하는 군사용 목적의 사냥**이고, **畋獵은 순수한 사냥에 바탕을 둔 비군사용**(정치용) **목적의 사냥**이다.

참고로 『삼국사기』에 기록된 고구려 일식은 차대왕 시기 3회를 포함하여 6대 태조왕부터 13대 서천왕까지 총 10회가 나온다. 박창범(천문고고학자)교수의 연구에 따르면 고구려 일식의 최적 관측장소는 한반도 북부가 아닌 대륙 북방의 내몽골 지역에 가깝다. 이는 고구려 초기 활동무대를 증명하는 중요한 연구 결과다. 적어

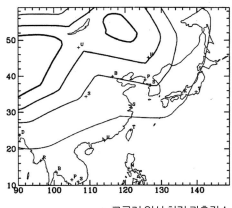

▲ 고구려 일식 최적 관측장소

도 초기 고구려는 수도를 포함한 중심지가 요하遼河 유역인 지금의 동북평원에 존재한 사실을 증거한다.

> 박창범 교수가 밝힌 **백제 일식의 최적관측장소는 한반도 경기기역이 아닌 발해만을 포함하는 대륙 요서지방**이다. 이는 백제의 주류세력이 대륙의 부여기마족임을 나타낸다. **신라의 경우 초기**(210년 이전)**는 대륙 양자강**(양쯔강) **유역이고 후기**(787년 이후)**는 한반도 남부지역**이다. 신라의 초기 일식기록은 대륙에서 가져온 기록이다.

차대왕의 시작과 끝은 쿠데타로 얼룩져 있다.

| 신대왕과 어머니 천화부인 |

　　신대왕(8대)은 명림답부가 차대왕을 시해하고 옹립한 왕이다. 이름은 백고伯固며 재위기간은 165년~179년까지 15년간이다. 『삼국사기』는 신대왕이 77세에 즉위한 것으로 설정한다. 그러나 이는 앞의 태조왕, 차대왕과 마찬가지로 편년을 21년 앞당겨서 발생한 오류다. 신대왕의 즉위시 나이는 56세다. 그럼에도 『고구려사략』은 신대왕의 출생년도를 121년이라고 설명한다. 이를 적용하면 신대왕은 56세가 아니라 45세에 즉위한다.

신대왕의 혈통문제

　　『삼국사기』는 신대왕을 태조왕의 계제季弟(막냇동생)로, 『고구려사략』은 태조왕의 별자別子로 설정한다. 『삼국사기』는 동생이고 『고구려사략』은 아들이다. 어느 기록이 맞을까? 둘 다 맞다. 이는 신대왕을 낳은 어머니 천화天花부인의 행로에 답이 있다. 상온尙溫의 딸인 천화는 처음 태조왕의 아버지인 신명왕(재사)의 후궁으로 들어와 신명왕이 아들 태조왕에게 왕위를 넘기고 물러나자 태조왕의 후궁이 된다. 신대왕 백고는 121년(태조10)에 출생한다. 이때는 신명왕이 왕위에서 물러난(112년) 이후다. 당시 천화는 신명왕의 후궁이자 동시에 태조왕의 후궁인 참으로 묘한 위치다. 그렇다면 백고의 아버지는 누구일까? 『고구려사략』은 태조왕에게 무게를 둔다.

　　그럼에도 『고구려사략』은 이율배반적이다. 이유는 백고를 태조왕의 별자로 기록하고 있기 때문이다. 일반적으로 별자는 후궁의 소생인 서자를 말하나 단지 아들로 길러진 경우다. 정식으로 입적된 양자만도 못하다. 특히 『삼국사기』는 태조왕의 동생으로 기록하여 백고가 신명왕(재사)의 아들임을 명확히 한 점 또한 간과하기 어렵다.

　　문제는 백고의 혈통문제가 차대왕 시기에 다시 불거진다. 또한 이는 차대왕이 명림답부에 살해당하는 직접적인 동기로 작용한다. 『고구려사략』〈신대제기〉다.

차대가 백고를 의심하며 상후(천화부인)에게 "백고가 누구의 아들이오?"라고 물으니 상후가 선제(태조왕)의 자식이라 답하며 속이자 차대가 화를 내며 "백고가 태어날 때 당신은 상황(신명왕)의 총애를 받던 후궁이었잖소. 어찌 백고가 선제의 자식이란 말이오?" 되물으며 상후를 멀리하고 급히 백고를 찾았다. 이에 상후가 명림답부에게 연통하여 도움을 청해놓고 차대에게 독이든 음식을 내었으나 차대가 이를 먹고도 죽지 않았다. **이어 명림답부가 장막으로 들어와 차대를 칼질하여 목졸라 죽였다.** 얘기가 밖으로 새나가지 않게 하고서 **차대의 심복들을 열흘에 걸쳐 계속 체포하여 마침내 모두 척살하였다.**

次大疑之問於尙后曰伯固誰子 后欺以爲仙帝出次大怒曰伯固生時汝爲上皇之寵后胡云仙帝出乎 遂與后相隔索伯固甚急 后乃通明臨答夫爲援進毒于次大毒而未薨 答夫乃入帳中刺脅殺之秘不發喪捕次大心腹壯士几十日而盡殺之

　　신대왕의 아버지가 누구인지는 오직 어머니인 천화부인만이 알 일이다. 지금이라면 DNA검사를 하여 진위여부를 가리면 그만이지만 당시로서는 어쩔 수 없는 일이다.

『고구려사략』〈태조황제기〉. '10년(신명49,태조10) 신유 정월, 궁인 천화가 아들 백고를 낳았다. 이에 앞서 상황(신명왕)이 꿈속에서 천화가 상(태조왕)과 화합하여 용을 낳는 것을 보았고 지금 그 응답이 온 것이라 여겨 이름을 백고라 하니 곧 '으뜸이 되어서 기필코 단단하게 된다.'는 뜻이다. 성장하여 어질고 현명하여 상황이 그렇게 이름 지으신 뜻을 어긴 바 없으니 훌륭하도다. 선황(신명왕)의 안목이라.'(十年 辛酉 正月 宮人天花生子伯固 先是上皇夢見天花與上合而生龍至是應焉 故日名以伯固乃覇必固之義也 長而仁賢不失上皇命名之意聖哉 仙皇之鑑.)

천화부인의 위험천만한 선택

　　백고의 혈통문제 파동은 백고가 차대왕의 뒤를 이어 즉위할 수밖에 없는 역사적 당위성을 만든다. 당시 백고는 왕위계승 서열과는 거리가 멀다. 형제상속은 매우 특수한 경우에만 이루어지며 왕통의 정통성은 장자상속이 우선이다. 살해된 차대왕의 자손은 당연히 제외되더라도 엄연히 태조왕의 직계자손이 살아있다. 그럼에도 백고는 어머니 천화부인의 선택아닌 선택으로 왕위를 물려받는다.

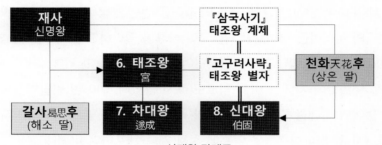

▲ 신대왕 관계도

　　『삼국사기』는 신대왕 백고를 '몸가짐과 태도가 바르고 성품이 인자하여 너그럽다.'(儀表英特 性仁恕)고 평한다. 또한 차대왕이 무도하여 신하와 백성으로부터 신망을 잃자 화가 자신에게 미칠까 두려워 산골로 숨었다고도 한다. 명림답부가 차대왕을 살해하고 자신을 옹립하려 하자 세 번이나 왕위를 사양한 후에 신하의 추대를 받아들였다고 적고 있다. 『삼국사기』는 신대왕의 즉위에 결정적인 기여를 한 어머니 천화부인의 역할에 대한 기록은 일체 남기지 않는다. 대신 신대왕의 왕으로서 자질과 겸손함으로 포장한다. 여성을 경시하는 유교주의사관이 남긴 그늘이다.

　　신대왕의 즉위에는 어머니 천화부인의 위험한 도박이 있다.

| 명림답부의 좌원대첩 |

명림답부는 차대왕을 살해하고 신대왕을 옹립한 인물이다. 차대왕을 살해할 당시 직책은 연나조의椽那皂衣다. 『고구려사략』은 연나궁椽那宮의 조의로 적는다. 연나궁은 신대왕의 어머니 천화부인이 기거한 처소며, 조의는 고구려 10관등 중 9등에 해당하는 말단 하급관리다. 연나조의는 연나궁의 집사 겸 사인使人(심부름꾼) 정도로 이해된다. 이는 명림답부가 천화(상태후)의 연통을 받고 급히 달려와 차대왕 처소에 난입하여 일거에 차대왕을 칼질하고 목 졸라 살해한 이유를 알 수 있다. 명림답부는 앞뒤 가리지 않고 오로지 주인인 상태후의 명을 따른다.

국상에 오른 명림답부

명림답부는 신대왕 즉위 2년(166년) 전격적으로 국상國相에 임명되며 작위는 패자沛者가 더해진다. 말단 하급관리가 하루아침에 최고 상급관리로 신분이 급상승한다. 『삼국사기』는 '좌·우보를 고쳐 국상으로 삼은 것은 여기에서 시작되었다.'(改左右輔爲國相 始於此)고 적는다. 국상은 명림답부 한 사람을 위해 만든 특별 관직이다. 또한 명림답부는 군권(내외병마)을 총괄하며 겸하여 양맥梁貊의 국사도 맡는다. 한마디로 신대왕과 상태후는 왕의 자리를 제외한 모든 권력과 권한을 명림답부에게 내어준다.

『고구려사략』〈신대제기〉. '2년(166년) 병오 정월, 답부에게 명을 내려 군권을 총괄하고 겸하여 양맥국의 모든 국사도 맡아보게 하였다. 지위는 3보와 나란하여도 3보의 권한이 모조리 명림답부에게 돌아간 것이다. 이것이 국상의 시작이다. 명림답부시절엔 보외태대가라 불렸고 을파소시절엔 국상이라 불렀다.'(二年 丙午 正月 命答夫總執兵馬之權兼統梁貊諸國事 位與三輔齊 三輔之權盡故於答夫 是乃國相之始 答夫時稱以輔外太大加 乙巴素時號以國相)

명림답부와 좌원대첩

명림답부는 172년(신대8) 벌어진 후한과의 전쟁에서 대승을 거둔다. 후한 군사를 고구려 내륙 깊숙이 끌어들여 청야淸野전술로 굶주리고 지치게 만든 다음 좌원坐原에서 몰살시킨다. 『삼국사기』는 〈고구려본기〉 신대왕 편과 〈열전〉 명림답부 전에 기록한다. 다만 명림답부의 무공武功에 초점을 맞추다보니 사건 실체가 다소 불명확하다. 고구려를 침범한 후한은 누구인지 또한 전쟁은 어떻게 전개되는지 등의 내용 자체가 아예 없다. 특히 이 사건은 중국사서에 일절 나오지 않는다. 후한이 대패한 전쟁이니만큼 중국입장에서 보면 숨기고 싶은 역사다.

그런데 『고구려사략』은 사건 전말을 상세히 전한다. 〈신대제기〉다.

8년(172년) 9월, 공손역, 경림, 교현 등이 색두(선비족)와 병력을 합쳐 쳐들어와서 구려, 개마 등을 노략하고 함락하였다. 화진은 구리로 물러나 하성을 지키고 명림답부는 남구로 가서 들판을 불태워 비워놓고 기다리니 적들은 불과 한 달도 안되어 먹을 것이 떨어져 물러났다. 이것은 소위 "군량을 천 리나 날라야 할 형세에선 오래 버티지 못한다."는 것이다. 이에 명림답부가 날쌘 기병 7천으로 추격하고 화진과 함께하여 좌원에서 적들을 대파시켰다. 말한 필도 살아서 돌아가지 못하였다. 이를 좌원대첩이라 한다.

八年 壬子 九月 公孫域耿臨喬玄等與索頭合兵 來寇句麗盖馬等城皆潰 禾晉自丘利退保城 答夫往南口淸野以待之不過旬月果飢而退 此所謂千里運糧勢不能久者也 乃以勁騎七千追擊之禾晉亦至合擊于坐原大破之 匹馬不得返 是謂坐原大捷

후한측은 공손역公孫域, 경림耿臨, 교현喬玄 등이다. 당시는 후한이 황건적의 난으로 급격히 붕괴하는 시기다. 공손역과 경림은 스스로 현도태수를 자칭한 인물이다. 교현은 '유주적幽州賊'으로 표기된 유주(베이징)지역 황건적의 수장급 인사다. 이들은 선비족(색두)과 연합하여 고구려를 침공한다. 개전초기는 고구려가 일방으로 밀린다. 접경지역의 구려

句麗와 개마蓋馬가 순차적으로 후한연합군에 떨어진다. 이에 고구려 화진禾晉은 구리丘利로 후퇴하여 하성河城 방어전을 준비한다. 이때 명림답부가 지원군을 이끌고 남구南口에 도착한다. 명림답부는 계속해서 들판을 불태우며 후한연합군을 내륙 깊숙이 끌어들인다. 보급로가 차단된 후한연합군은 굶주리고 지치며 결국 후퇴한다. 명림답부와 화진은 후한연합군을 협공하여 좌원에서 일거에 몰살시킨다. 말한 필도 살아 돌아가지 못한 완벽한 고구려의 대승이다. 그래서 「좌원대첩坐原大捷」이다.

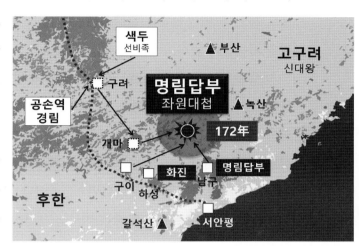

▲ 명림답부 좌원대첩

명림답부 죽음의 의문

　명림답부는 179년(신대15) 9월 사망한다. 『삼국사기』다. '국상 명림답부가 졸하니 나이 113세다. 왕은 몸소 가서 애통해 하고 7일간 조회를 열지 않았다. 예를 갖춰 질산에 장사지냈다.'(國相答夫卒 年百十三歲 王自臨慟 罷朝七日 乃以禮葬於質山) 그런데 『고구려사략』은 약간 다르게 기술한다. '양맥공 섭정 명림답부가 나이 52세에 갑자기 훙하였다. 양맥대왕부마도위의 예로 질산원에 장사지냈다.'(梁貊公摂政明臨答夫暴薨年五十二 葬以梁貊大王駙馬都尉之禮于質山園) 명림답부의 사망시 나이는 52세다. 『삼국사기』의 113세는 태조왕, 차대왕, 신대왕의 경우처럼 편년 설정을 잘못하여 발생한 오류다. 또한 두 기록은 명림답부 죽음에 대한 표현이 다르다. 『삼국사기』는 '卒(졸)'이고 『고구려사략』은 '薨(훙)'이다. 薨은 왕의 죽음에만 쓰는 용어다. 황제는 '崩(붕)'을 쓴다. 이는 명림답부의 살아생전 위상을 단적으로 보여준다. 명림답부는 명실공이 왕을 대신하여 섭정한 최고 권력자다. 특히 『고구려사략』은 薨자 앞에 '暴(폭-갑자기)'자를 별도로 붙인다. 명림답부는 한참 나이인 52세에 갑자기 사망한다. 암살당했을 가능성이 높다.

명림답부는 상태후(천화)의 총애에 힘입어 말단 하급관리(연나궁 조의)로 차대왕을 살해하고 신대왕을 옹립하며 166년(신대2) 일약 국상에 올라 최고 권력자가 된다. 신대왕을 대신한 섭정으로서 무소불위의 권력을 휘두른다. 그러나 명림답부는 왕실의 후계 문제에 휘말려 179년(신대15) 반대파에 의해 제거된다. 권불십년權不十年이다.

신대왕 역시 명림답부가 죽은 해(179년) 12월 사망한다. 〈신대제기〉다.

상(신대왕)이 서도 란궁에서 춘추 59세로 붕하여 고국곡에 장사지냈다. 상은 너그럽고 어질며 한인의 경적을 즐겨 듣고 스승을 두어 강설하였다. 성인의 다스림을 펼치고자 하였으나 권력(정사)을 상태후와 명림답부에게 위임한 까닭에 뜻을 이루지 못하고 끝나니 애석하도다.
上崩於西都鸞宮 春秋五十九 葬于故國谷 上寬厚好仁 喜聞漢人經籍 擇師而講 欲行聖人之治 而權委於尙太后明臨答夫故 不得如意而終 惜哉

신대왕은 명목상의 왕이다. 어머니 상태후와 명림답부에게 왕권을 빼앗겨 왕으로서 뜻과 포부를 제대로 펼쳐보지 못한다. 자신의 핏줄로 후사를 잇는 것으로 만족해야 한다.

명림답부는 왕족이 아닌 신하가 최고 권력자가 된 경우다.

| 고국천왕과 국상 을파소 |

고국천왕(9대)은 이름이 남무男武 혹은 이이모伊夷模며 신대왕의 둘째 아들이다. 어머니는 목도루의 딸인 목수례穆守禮다. 『삼국사기』는 '키는 9척 장신이고 모습과 자태는 웅위하며 힘은 능히 솥을 들어 올릴 만큼 세었다. 정사에 임하면 듣고 결단함에 있어 관대함과 엄격함이 적절하였다.'(身長九尺 姿表雄偉力能扛鼎 莅事聽斷寬猛得中)고 기록한다. 지덕체智德體를 모두 갖춘 훌륭한 군주다. 그러나 고국천왕은 원래 왕이 될 위치가 아니다. 따로 형이 있기 때문이다.

『삼국사기』 기록의 의문과 해석

『삼국사기』는 고국천왕의 형을 발기拔奇로 소개한다. '백고(신대왕)가 훙하자 국인이 첫째 발기가 어질지 못하다하여 공히 이이모를 왕으로 세웠다.'(固薨 國人以長子拔奇不肖 共立伊夷謨爲王) 또한 후한 헌제 건안(196~220)에 형 발기가 왕위에 오르지 못한 것을 원망하여 공손강에게 항복한 후 다시 돌아왔다고 부연하여 적는다. 이를 두고 이병도는 중국사서 『삼국지 위서』가 '발기를 장자로 이이모를 소자'(伯固死有二子 長子拔奇小子伊夷模)로 기록한 점에 착안하여 『삼국사기』가 기록한 발기를 고국천왕의 형으로 인정하되 대신 고국천왕의 이름 남모 혹은 이이모를 분리하여 남모는 고국천왕, 이이모는 산상왕(10대)이라고 주장한다. 학계 역시 이병도의 주장을 따른다.

『역주 삼국사기』(한국학중앙연구원). 『三國志』의 伊夷模는 山上王을 지칭한 것이다. 따라서 본서에서 고국천왕의 이름이 伊夷模라고 하는 一說을 든 것은 伯固(신대왕)가 죽고 두 아들 사이에 계승 분쟁이 있었다는 『三國志』의 기록을 의식하고 동시에 伯固 뒤에 故國川王이 즉위하였다는 국내 기록을 채택하면서 생긴 결과다.'

그러나 『삼국사기』의 설정도 이병도의 주장도 모두 틀리다. 발기는 고국천왕의 형이 아니라 동생이다. 또한 이이모는 산상왕이 아니라 고국천왕이 맞다. 산상왕의 이름은 연우延優다. 이는 『삼국사기』가 산상왕 즉위시 발기의 반란사건을 고국천왕 즉위시 사건으로 앞당겨 놓은 바람에 어처구니없는 역사가 만들어 진다. 또한 이병도는 한술 더 떠 고국천왕 이름 자체를 분리하는 해괴한 추론을 하게 된다.

고국천왕의 형 약부 현태자

고국천왕의 형은 약부若夫다. 『고구려사략』이 현玄태자로 기록한 인물이다.

> 제(고국천왕)의 형 현태자는 한갓 선하고 용이 없어서 신대(신대왕)가 제를 후사로 삼고자 하니 제는 형을 뛰어넘을 수 없다며 제나에 오래도록 머물렀다. 현태자가 "예로부터 현명한 이가 뒤를 잇는 것을 옳게 여겼다." 말하고 해산으로 선을 즐기러 가버려 부득이 지금에 이르러 서도 황단에서 즉위하였다.
> 帝兄玄太子徒善而無勇故 新大欲以帝爲嗣 帝以越兄爲不可而淹留提那 玄曰 從古賢者可嗣遂徃 海山爲樂仙 不得已 至是卽位於西都之皇檀

이 기록은 고국천왕의 형 현태자가 동생 고국천왕에게 태자자리를 물려주는 장면이다. 고국천왕의 즉위 정당성을 부여하다 보니 현태자가 일방으로 태자자리를 양보한 것으로 나온다.

그러나 고국천왕 남무가 형 현태자를 대신할 수 있었던 것은 전적으로 연나부를 대표하는 우于씨 귀족의 후원에 힘입은 바 크다. 우씨 귀족은 남무의 태자 책봉을 반대한 명림답부를 제거하기도 한다.

> 『삼국사기 역주』(이병도, 을유문화사) '이는 『三國志 魏志』 東夷傳 高句麗條에 '伯固死有二子 長子拔奇小子伊夷模'라 하였음에 의한 것이나, 伊夷模'에 관한 『魏志』v의 記事를 보면 그는 실상 山上王 延優에 당한 인물이어서 故國川王 男武의 一名이라고는 볼 수 없다. 이는 史記의 杜撰일 것이다.'

고국천왕은 즉위 이듬해인 180년(고국천2) 전격적으로 우소于素의 딸 우설于舌을 왕후에 봉한다. 또한 185년(고국천7) 장인 우소를 우보에, 우목于目을 중외대부에 각각 임명한다. 고국천왕은 자신의 후원세력으로 고구려 정계를 가득 채운다.

그런데 문제가 발생한다. 189년(고국천12) 우씨세력 일부가 고국천왕에게 반기를 든다. 어비류棻畀留와 좌가려左可慮가 우설왕후의 친척임을 내세워 권세를 믿고 다른 사람의 집과 땅을 빼앗는 등 심각한 민폐가 도를 넘는다. 이에 고국천왕은 이들을 소환하고 두 사람은 소환에 불응하며 군사반란을 일으킨다. 고국천왕은 도성 인근의 모든 병력을 끌어모아 반란군을 진압하고 좌가려와 어비류를 척살한다.

『고구려사략』〈고국천제기〉. '12년(190년) 경오 9월, 중외대부 관나패자 **어비류**와 평자 **좌가려** 등이 왕후(우설)의 친척이라하여 나라를 틀어쥐고 권력을 마음대로 휘두르며 자제들은 세력을 믿어 교만 사치하며 남을 약탈하고 집과 땅을 빼앗으니 국인이 원망하며 분하게 여겼다. 상이 노하여 이들을 주살하려하니 좌가려 등이 거짓조서를 꾸며 군사를 일으켰다. 장래를 예측하기 어려워 이들을 불러들였으나 들어오지 않았다. 13년(191년) 신미 2월, 상이 도성 인근의 모든 병력을 **서도로 불러들여 좌가려와 어비류를 친히 쳐서 주살하였다**.'(十二年 庚午 九月 中畏大夫貫那沛者棻畀留評者左可慮等以王后 親戚 執國權柄 子弟恃勢驕侈掠人 子女奪人田宅 國人怨憤 上怒欲誅之 左可慮等遂矯詔發兵 將 有不測招之 不來, 十三年 辛未 二月 上徵諸都畿兵于西都 親征左可慮棻畀留 誅之)

이 사건으로 고국천왕은 중요한 교훈을 얻는다. 외척인 우씨귀족뿐만 아니라 5부 귀족 전체를 견제할 새로운 대안세력을 찾는다. 이때 등용한 인물이 을파소乙巴素다. 고국천왕은 과거 아버지 신대왕이 명림답부에게 부여한 국상의 관직을 부활시켜 을파소를 임명한다. 『고구려사략』은 국상에 대해 '명림답부 시절엔 보외태대가라 불렀고 을파소 시절엔 국상이라 불렀다.'(答夫時稱以輔外太大加 乙巴素時號以國相)고 설명한다. 을파소는 실질적인 국상의 시초다.

국상 을파소의 등용

을파소는 진대법을 도입한 인물이다. 진대법은 흉년 또는 춘궁기에 농민에게 곡식을 빌려주고 수확기인 가을에 갚게 하는 일종의 구휼제도다. 『삼국사기』는 〈열전〉에 을파소 편을 따로 만들어 그의 공적을 높이 평가한다. 특히 〈열전〉에 나오는 을파소의 등장은 매우 극적이다. 처음에는 동부(소노부) 출신 안유晏留가 추천된다. 그런데 안유는 자신이 부족하다며 대신 시골(서압록곡 좌물촌)의 일개 촌부인 을파소를 추천한다. 그러나 을파소는 자신이 우둔하여 고국천왕의 엄명을 감당할 수 없다며 정중히 거절한다. 그럼에도 고국천왕은 사람을 보내 을파소를 모셔와 등용한다. 고국천왕이 을파소를 필요로 한 이유는 무엇일까?

당시 5부 귀족의 권력은 비대해질 대로 비대해진다. 우왕후 외척이 반란을 일으켜 감히 왕권에 도전할 정도다. 고국천왕으로서는 비대해진 귀족세력의 힘을 약화시킬 필요를 절감한다. 더 이상 방치하다가는 왕위마저 위태로울 수 있다.

고국천왕은 을파소를 국상에 임명하며 특별히 죽려지인竹呂之釰을 주어 부도不道한 자들을 주살하게 한다. 죽려지인은 즉결처분할 수 있는 대나무로 만든 생사여탈권의 증표다. 왕이 대권으로 행사하는 생사여탈권을 을파소에게 준다.

『고구려사략』〈고국천제기〉. '13년(191년) 신미 4월, 을파소를 국상이라는 3보(대보/좌보/우보)외의 장으로 삼고 죽려지인을 주어 부도한 자들을 주살하게 하였다. 이 시절 3보 자리는 모두 종척들이 차지하고 하는 일 없이 놀고먹는 까닭에 이렇게 새로운 인재를 발탁하여 국정을 바로잡은 것이다. 이에 종척, 총신, 행신들이 두려워 떨었다.'(十三年 辛未 四月 以乙巴素爲輔外之長 名曰國相 賜竹呂之釰以誅不道 時三輔皆以宗戚尸位素餐故有此新擧以匡政 於是宗戚寵倖之震惧)

을파소는 고국천왕의 기대에 부응한다. 백성을 수탈하는 부도덕한 자들을 찾아내어 주살하며 기존 지배세력을 제거하고 국정을 일신한다. 또한 국가시스템을 재정비하며 고구려사회에 일대 개혁의 새바람을 불어넣는다. 특히 진대법 도입은 가히 혁명적이다. 백성에 대한 인식의 대전환이다. 수탈의 대상이 아닌 지배세력과 동등한 구성체의 일원으로 백성의 위치가 자리매김한다.

『고구려사략』〈산상대제기〉. '을파소가 행한 칠정(七政) 즉 일곱 가지 정치의 도다. 첫째 **왕을 존중하고**(尊君), 둘째 **백성을 바로잡고**(正民), 셋째 **현명한 자를 기용하고**(用賢), 넷째 **가르쳐 기르고**(訓育), 다섯째 **인재를 양성하고**(養才), 여섯째 **농사와 사냥을 권하고**(農獵), 일곱째 **국경을 튼튼히 방비한다**(邊塞) 등이다.'(乙巴素行七政 一日尊君 二日正民 三日用賢 四日訓育 五日養才 六日農獵 七日邊塞)

고국천왕은 197년(고국천19) 사망하며 고국천故國川 언덕에 장사지낸다. 나이 43세. 천수를 다하지 못한다. 『고구려사략』 찬술자는 고국천왕을 '외모가 뛰어나고 용감하나 국정을 돌보기를 즐기지 않고 술과 성색에 빠져서 좋게 끝을 맺을 수 없으니 슬픈 일이다.'(帝以英勇之姿 不樂爲政 沈酒聲色 不能令終 惜哉)고 적는다. 고국천왕은 을파소에게 국정을 맡기고 현실정치에서 한발 물러나 유유자적한 삶을 산다.

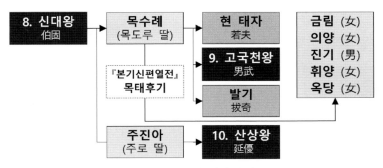

▲ 신대왕, 고국천왕, 산상왕 계보도

고국천왕의 을파소 등용은 기존 정치세력 변화와 국가시스템 재정비를 꾀한 일종의 승부수다.

| 형사취수의 표본 우왕후 |

「형사취수제兄死娶嫂制」는 형이 죽으면 동생이 형수와 혼인하여 함께 사는 제도다. 고대 북방 유목민족에게 널리 유행한 풍속이다. 인적·물적 손실을 방지하기 위한 문화적 속성에서 기인한다. 예를 들어 남편이 죽어 부인이 처가로 돌아가게 되면 경제적 손실이 뒤따른다. 이를 방지하기 위해 새 남편을 제공하여 본가 재산을 보호한다. 흉노의 경우는 아버지가 죽으면 아들이 생모를 제외한 나머지 첩들을 모두 자기 여자로 삼는다. 대상만 다를 뿐 여성을 하나의 재산으로 인식하고 상속범주에 포함시키는 행위는 같다. 이와 유사한 사례가 고구려왕실에도 있다. 형 고국천왕(9대)과 동생 산상왕(10대)의 왕후가 된 우설于吅이다. 우리는 이를 고구려 형사취수제의 표본으로 이해한다. 그러나 우왕후의 경우는 형사취수제와는 성격 자체가 다르다.

우왕후의 선택

▲ 고구려 왕족 여인 [수산리고분]

우왕후가 고국천왕과 산상왕의 왕후가 된 것은 맞다. 그러나 「형사취수제」처럼 동생 산상왕이 형수 우왕후를 승계한 것이 아니다. 반대로 우왕후가 산상왕을 선택한다. 우왕후는 남편 고국천왕이 갑자기 사망하자 후계문제를 고민하다 밤늦게 고국천왕의 동모제(신대왕 왕후 목수례 소생)인 적자嫡子 발기發岐를 찾아가 하룻밤을 보내자고 제안한다. 그러나 발기가 거부하며 문전박대하자 우왕후는 발걸음을 돌려 고국천왕의 이모제(신대왕 후궁 주로 소생)인 서자庶子

연우延優를 찾아가 하룻밤을 보낸다. 그리고 아침 일찍 왕궁으로 돌아와 산상왕(연우)을 즉위시킨다. 우왕후의 하룻밤 선택이 적자 발기와 서자 연우의 운명을 가른다.

『고구려사략』〈산상대제기〉 '제는 이름이 연우 또는 위거며 신대제의 별자다. 모친 주태후(주진아)의 꿈에 황룡이 자신의 몸을 둘둘 감고 교합하니 신대제가 그 꿈을 이상히 여겨 밤을 같이하고서 태어났다. 태어나자마자 사람을 쳐다보았고 총명하며 지혜로웠고 외모는 멋졌다. 우후(우설)가 제를 좋아하여 남몰래 상통하더니 고국천제가 붕하자 상을 숨기고 몰래 제를 궁중으로 맞아들여 거짓조서로 위에 세우고 고국천제의 죽음을 밖에 알렸다.'(帝諱延優 亦曰位居新大之別子也 母朱太后夢黃竜纏其身而交之 新大奇其夢而當夕生之 生而視人聰慧美容儀 于后愛之密相通及故國川崩 秘其喪而密迎帝于宮中 矯詔而立之然後發喪)

발기의 크나큰 과오

이후 상황이 『삼국사기』에 나온다. 발기는 자신의 왕위가 산상왕에게 넘어간 사실을 알고 군사를 이끌고 왕궁을 포위한다. 그러나 화살은 이미 시위를 떠난다. 국상 을파소가 왕위는 이미 산상왕으로 정해졌다며 오히려 발기의 행동을 반역행위로 간주하고 발기의 군사를 물리친다. 이에 발기는 왕위를 빼앗을 목적으로 대륙의 공손도公孫度세력을 끌어드린다. 그런데 공손도는 발기를 돕는 체하며 오히려 고구려 서쪽지방을 공략하여 자신의 영토로 삼는다. 공손도에게 배신당한 발기는 절치부심 왕위를 빼앗기 위해 노력하나 대세를 거스르지 못하고 결국은 자결한다.

공손씨정권은 후한 말기부터 삼국시대까지 요동지역에 근거지를 두고 활동한 공손씨 일족의 나라이다. 공손연 또는 동연이라고도 한다. 창업자 공손도는 후한의 요동태수로 있다가 189년 왕을 지칭하며 독립한다. 공손도, 공손강, 공손공, 공손연 등 4대에 걸쳐 이어오다 238년 위(魏) 사마의(司馬懿)에 의해 토벌되며 멸망한다.

　　발기의 실책은 왕위를 빼앗기 위해 너무 쉽게 공손도세력을 끌어들인 점이다. 물론 당시 공손도세력은 고구려 접경의 후한 현도군, 요동군, 낙랑군 등을 차지하고 부쩍 세력을 확장하는 시기다. 공손도세력의 힘은 발기로서는 거스를 수 없는 유혹이다. 그러나 결과적으로 외세를 끌어 들여 왕위를 찾겠다는 발기의 꿈은 한낱 물거품으로 끝난다.

　　이때 공손도세력에게 넘어간 지역은 개마, 구리, 하양, 도성, 둔유, 장령, 서안평, 평곽 등 8개다. 이들 지역은 과거 태조왕이 쌓은 요서 10성 일부와 이후 추가로 확보한 후한 요동군과 낙랑군 지역의 알토란 땅이다. 발기의 그릇된 판단으로 선조들이 힘들게 확보하고 지켜낸 소중한 고구려 요동과 요서지방 영토를 한 순간에 날려버린다. 참으로 어처구니없는 최악의 결과다.

『고구려사략』〈산상대제기〉. '발기는 두눌로 도망쳐 스스로 제위를 칭하고 공손도에게 도움을 요청하며 "소국은 불행합니다. 형이 죽자 형수가 가짜조서로 동생을 제위에 세웠습니다. 바라건대 대왕께서 저를 도와주시면 나라를 되찾아 보답하겠습니다."하였다. 이에 공손도가 "**고구려에선 증모처수(烝母妻嫂)하는 것은 평범한 일이고 지금 발기가 형수를 처로 삼지 못하여 동생에게 빼앗기고서 예법을 따지며 제위를 다투고 있다. 이때를 틈타 입으로는 발기를 돕는다며 기습하면 그 나라를 능히 빼앗을 수 있겠다.**"하자, 그의 아들이 "고구려엔 을파소라는 훌륭한 신하가 있어 방비가 튼튼하니 깊숙이 쳐들어가는 것은 온당치 않습니다. 발기의 군사들과 함께 서쪽 변방을 빼앗아서 차지함이 상책입니다." 하였다. **공손도가 이윽고 3만 군사로 발기를 돕는다며 개마(盖馬), 구리(丘利), 하양(河陽), 도성(菟城), 둔유(屯有), 장령(長岑), 서안평(西安平), 평곽(平郭) 등을 엄습하여 차지하고서 발기를 돕지 않으니 발기는 울분으로 등창이 났다.**'(岐走杜訥而自立 求救于公孫度曰 小國不幸兄死嫂姦矯詔立弟 願大王助我得國則必報 度曰 烝母妻嫂 句麗之常習 今發岐不得妻其嫂而見奪于其弟 格以禮者爭立也 乘此機會 聲言助岐而襲之 可得其國也 其小厥曰 麗有名臣乙巴素 不可深入而衝其備 宜與岐衆掠西邊而有之 上策也 度乃以兵三萬 聲言助岐 而奄有盖馬丘利河陽菟城屯有長岑西安平平郭等郡 而不助岐 岐憤而發疽)

▲ 공손씨에게 넘어간 고구려 영토

발기 또한 자신의 행위를 뒤늦게 후회한다. 『고구려사략』〈산상대제 기〉다.

원년(197년) 정축 9월, 계수가 두눌을 쳐서 빼앗으니 발기가 배천으로 패주하여 자기 아들 박고에게 "나는 적장자인데 우녀(우왕후)에게 속고 서얼(산상왕)에게 쫓겨났으며 나라 서쪽 땅 또한 공손도에게 빼앗겼다. 무슨 면목이 있어 눈뜨고 살겠느냐?" 말하고 칼로 목을 베었으나 박고가 구해서 죽지 않았다. 발기가 "곧 상처가 터질 것이니 어찌 죽지 않겠느냐?" 하고 큰물로 뛰어들었다. 추적하는 기마병이 도착했으나 이미 죽어 있었다.

元年 丁丑 九月 罽須伐杜訥 拔之 發岐敗走裵川 謂其子駮固曰 吾以嫡長爲于女所欺爲庶孼所逐 國之西界亦爲公孫之有 何面目立于世乎 遂自刎駮固救之 不死 岐曰 疽將發矣 不死 何爲 甮入海中 追騎至 已死矣

발기는 자신의 그릇된 행위를 목숨으로 대신한다. 물속에 몸을 던져 생을 마감한다.

자식을 낳지 못한 우왕후

우왕후는 산상왕 재위시절 권력을 오로지 한다. 그러나 하늘은 그녀에게 생산능력을 주지 않는다. 우왕후는 前남편 고국천왕의 자식도 새남편 산상왕의 자식도 낳지 못한다. 후계문제를 고심하던 산상왕은 우왕후 몰래 주통촌의 시골여인을 통해 자식을 얻는다. 산상왕의 뒤를 이은 동천왕(11대) 교체郊彘다.

우왕후는 234년(동천8) 사망한다. 산상왕이 227년 사망하니 우왕후는 새남편보다 7년을 더 산다. 우왕후는 자신이 행실이 바르지 못해 前남편 고국천왕을 지하에서 볼 면목이 없다며 새남편 산상왕 곁에 묻어 달라 유언한다. 유언은 지켜져 산상왕릉 곁에 우왕후를 장사지낸다. 그런데 『삼국사기』에 흥미로운 내용을 나온다. 무당의 현몽에 나타난 前남편 고국천왕이 자신을 배신하고 산상왕에게로 간 우왕후를 저주한다. 또한 자신의 무덤을 가리게 하여 우왕후의 접근을 막는다. 이 때문에 기록은 고국천왕릉 주변에 일곱 겹으로 소나무를 심었다고 전한다.(是用植松七重於陵前) 고국천왕과 산상왕은 사후에도 우왕후를 두고 다툼을 벌인셈이다.

> 우왕후의 유언과 고국천왕의 저주를 두고 **고국천왕이 자연사가 아닌 우왕후에 의해 타살되었다고 보는 견해도 있다.** 근거는 고국천왕이 젊은 나이(43세)에 사망한 점과 산상왕의 즉위전 기록에 나오듯이 고국천왕이 한밤중에 갑자기 사망하고 이후 우왕후가 하룻밤사이 산상왕에게 왕위를 잇게 한 점 등이다. 모든 것이 사전에 잘 짜여 진 각본대로 일사천리로 진행된다. 그래서 우왕후는 사후에 고국천왕이 아닌 산상왕을 선택할 수밖에 없으며 이를 두고 고국천왕이 우왕후를 저주했다고 보는 시각이다.

우왕후는 결코 형사취수제의 표본이 아니다. 권력을 위해 동생을 선택한 권력자의 표상이다.

| 산상왕이 천도한 환도성을 찾아서 |

산상왕(10대)은 이름이 연우延優 혹은 위궁位宮이며 고국천왕의 배다른 동생이다. 형수인 우왕후의 선택으로 고국천왕의 뒤를 이어 왕위를 잇는다. 재위기간은 197년~227년까지 31년간이다.

산상왕의 가장 큰 공적은 209년(산상13)에 단행한 환도성 천도다. 이는 고구려의 건국지인 첫 번째 수도 흘승골성과 유류왕이 천도한 두 번째 수도 위나암성에 이어 세 번째로 맞이하는 천도다.

『고구려사략』에 따르면 초기고구려 수도는 동서남북 4방위의 4개 수도가 동시에 병존한다. **동도(東都)는 추모왕의 건국지인 흘승골성**(요녕성 북진 의무려산)**이며, 서도(西都)는 옛 황룡국 도성**(요녕성 부신)**이다. 북도(北都)는 유류왕이 천도한 위나암성**(요녕성 철령)**이며, 남도(南都)는 산상왕이 천도한 환도성**(요녕성 해성)**이다.** 특히 당시 수도는 위나암성임에도 불구하고 이 시기 왕들은 주로 서도에 거주한다. 고국천왕과 산상왕은 서도에서 즉위식을 갖는다.

환도성의 잘못된 위치비정

중국 길림성 집안현에 환도산성丸都山城이 있다. 원래 명칭은 산성자산성山城子山城이다. '산성이 있는 산'이다 하여 붙여진 이름이다. 그런데 중국은 「동북공정」을 진행하면서 산성의 이름을 아예 바꾼다. 이유는 한국 학자들이 이 산성을 고구려 산상왕이 천도한 환도성으로 고증하였기 때문이다.

▲ 환도산성 표지석 [길림성 집안]

처음 산성자산성을 환도성으로 비정한 사람은 일제 식민사학자 도리이 류조鳥居龍藏다. 전하는 바에 따르면 일제강점기에 류조는 길림성 환인현 일대를 고구려 건국지로 설정하고 오녀산성을 찾아내어 홀승골성으로 비정한 후 남쪽으로 내려오다 길림성 집안현에서 통구성通溝城 찾아 국내성으로 비정한다. 그리고 유류왕이 천도한 위나암성과 산상왕이 천도한 환도성으로 비정할 만한 곳을 찾다가 요행히 통구성(국내성) 위쪽에서 산성자성을 발견하고 위나암성과 환도성을 동일한 장소로 비정한다.

　류조의 비정은 딱히 무슨 근거가 있는 것이 아니다. 더구나 류조는 첩첩산중의 압록강 중류 일대를 고구려의 수도들로 가득 채운다. 한마디로 고구려 중심지는 압록강 중류 일대에서 결코 벗어난 적이 없다는 얘기다. 이를 이병도가 계승하고 오늘의 우리 역사학계가 류조의 비정을 '신神의 비정'으로 받든다. 참으로 한심하지 짝이 없는 노릇이다.

환도성은 요녕성 해성의 안시성 주변

　환도성 위치는 우리 사서에 정확히 나온다. 『삼국유사』〈왕력〉의 '임인년(342년) 8월에 도읍을 안시성으로 옮기니 곧 환도성이다.'(壬寅 八月 移都安市城 卽丸都城)와 『삼국사기』〈잡지〉의 '안시성은 옛 안촌홀이다. 혹은 환도성이라고 한다.'(安市城 舊安寸忽 或云丸都城)는 기록이다. 『삼국유사』와 『삼국사기』 공히 훗날 양만춘이 당태종을 물리친 안시성을 환도성으로 설명한다.

　안시성은 어디일까? 안시성은 요하 하류 동쪽인 요녕성 해성海城 동남쪽의 영성자산성英城子山城이다. 『열하일기』가 비정한 개주蓋州(개평) 동북쪽 70리에 위치한 고구려 옛성古城이며, 『금사』〈지리

▲ 영성자산성 표지석 [요녕성 해성]

지>에 나오는 개주 동북쪽의 탕지보^{湯池堡}가 위치한 곳이다. 환도성은 요녕성 해성의 영성자산성(안시성)을 끼고 있는 평지성이다.

『고구려사략』에 환도성의 유래가 나온다. 〈산상대제기〉다.

13년(209년) 10월, 창남의 우산성으로 거처를 옮기고 그곳의 이름을 환도로 고쳤다. 이곳은 본래 계루의 도읍이다.
十三年 己丑 十月 移居于淌南牛山 改爲丸都 本桂婁之都也

환도성의 원래 이름은 우산성이다. 태조왕(6대)이 처음 쌓아 별궁(피서지)으로 삼은 성이다.(始築牛山城 以爲避暑之地) 환도로 이름을 바꾼 이유는 본래 계루^{桂婁}의 도읍이기 때문이다. 계루는 고구려 추모왕 시기에 흡수된 옛 환나국^{桓那國}의 여왕이다. 환나국은 요하 하류 동쪽인 지금의 요녕성 개주^{蓋州} 일대에 소재한 소국이다. 환나국을 계루라 칭한 이유는 고구려에 흡수될 당시 환나국 여왕의 이름이 계루이기 때문이다. 계루는 추모왕에게 환나국을 바치고 후궁이 된다. 이때 환나국 출신들이 대거 고구려에 편입되며 초기 5부족의 하나인 계루부로 성장한다.

『유기추모경』에 따르면 前36년(추모2) 추모왕이 환나국을 병합할 당시 주인은 여왕 계루(桂婁)다. 아버지는 황룡국 출신 계량(桂亮)이며 어머니는 선대 여왕 환숙(桓淑)이다. 당시 환나국은 구다국(句茶國-요녕성 금주)과 국경(요하 하류)을 맞대었는데 구나국 역시 여왕 섬니(閃尼)가 다스리는 여왕국이다. 둘 다 황룡국의 속국으로 있다가 추모왕 시기 고구려에 병합된다. 특히 계루가 추모왕에게 환나국을 바치고 후궁이 되자 구다국 섬니는 이를 맹비난하고 결국 추모왕과 섬니의 전쟁으로 이어진다. 안타깝게도 추모왕이 무척 아꼈던 계루는 이 전쟁에서 화살을 맞고 사망한다. 당시 나이 32세다. 계루부 명칭은 추모왕의 후궁이 된 계루여왕의 죽음을 안타까워하며 붙여준 이름이다.

환도성은 옛 환나국의 도성을 말한다. 태조왕 때는 우산성이며 산상왕 때는 천도하며 환도성으로 바꾸고 그리고 훗날 다시 안시성으로 개명된 지금의 요녕성 해성의 영성자산성이다.

단재 신채호는 『조선상고사』에서 환도성을 3개로 구분한다. **제1환도성은 요녕성 개주(개평), 제2환도성은 길림성 환인현의 안고성(安古城), 제3의 환도성은 길림성 집안현의 홍석정자산(紅石頂子山)이다.**

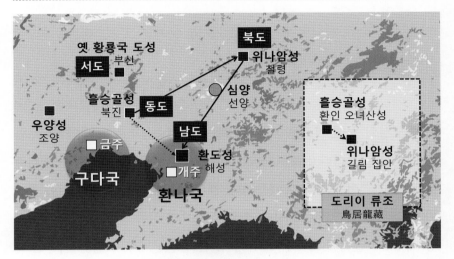

▲ 환도성 천도 관련 비교 지도

환도성 천도 사유

그렇다면 산상왕은 무슨 연유로 환도성으로 천도하였을까? 두 가지로 압축된다. 외적으로는 재위 초기 발기發岐의 난을 겪으며 공손도세력에게 요서와 요동지방 일부를 내주어 상대적으로 중원왕조의 위협이 커진 점이며, 내적으로는 산상왕을 옹립한 우왕후세력을 견제하기 위해서다. 산상왕은 계루부를 선택하며 지배계층의 교체를 꾀한다.

결국 산상왕의 환도성 천도는 외부의 위험을 제거하고 내부의 세력교체를 통해 자신만의 고구려를 만들기 위해 선택한 카드다.

지금도 환도성을 길림성 집안의 산성자산성이라고 한다. 개가 웃을일이다.

3 국내지역 천(川)자 왕들

동천왕과 수도 평양성

중천왕, 서천왕, 폐주 봉상왕

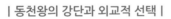

| 동천왕의 강단과 외교적 선택 |

　　동천왕(11대)은 동양^{東襄}왕이라고도 한다. 이름은 우위거^{憂位居}며, 어릴 때 이름은 교체^{郊彘}다.(東川王 或云東襄 諱憂位居 少名郊彘-『삼국사기』) 재위기간은 227년~248년까지 22년간이다. 산상왕의 아들로 19세에 즉위한다. 원래 동천왕은 혼외자다. 어머니는 궁궐 밖 주통촌 출신의 여성이다. 우왕후가 적자를 낳지 못하자 동천왕은 서자임에도 불구하고 왕위 계승의 유일 후보가 된다. 동천왕은 아버지 산상왕의 덕을 톡톡히 본다.

> 『고구려사략』〈동양대제기〉. '제는 처음 시호가 동천대왕이다. 휘호는 위궁 또는 우위거며 어릴 때 이름은 교체다. 산상대제의 장자며 모친 향부소후는 주통촌주 연노인의 딸이다.'(帝 初號東川大王 諱位宮亦作憂位居 小字曰郊彘 山上大帝之長子也 母香部小后 酒桶村主椽翁之女也) 동천왕은 초호가 동천, 재호가 동양이다. 『삼국사기』는 초호 천(川)자 왕을 재호 양(壤)자 왕으로도 쓴다. 중천왕은 중양, 서천왕은 서양이다. 川을 壤으로 바꾼 사유와 시기는 명확하지 않다.

　　산상왕은 환도성 천도를 단행하면서 관나부 출신인 우왕후 지지세력을 약화시키고 계루부 출신 고우루^{高優婁}를 국상에 앉히면서 친정체제를 강화한다. 동천왕은 아버지가 닦아놓은 정치기반을 그대로 물려받는다. 『고구려사략』은 동천왕이 용력과 담력이 크고 도량 또한 넓다고 평한다. 한마디로 동천왕은 강단^{剛斷}있는 군주다.

동천왕의 강단과 외교술

　　동천왕의 강단을 엿볼 수 있다는 사건이 하나 있다. 때는 236년(동천 10) 2월이다. 오^吳 사신 호위^{胡衛}가 환도성 궁궐에서 동천왕을 배알한다. 동천왕은 사신이 바친 예물을 유심히 살피더니 이내 눈살을 찌푸린다. 사신이 고개를 뻣뻣이 들고 뭐라 말하니 동천왕은 입술을 깨물고 묵묵히 듣기만 한다. 사신의 태도가 영 마음에 들지 않는다. 참으로 방자하지가 그지없다. 잠시 후 동천왕은 자리를 박차고 일어나 손가락으로 사신을 가리키며 "'너희 왕은 공손연에게는 후하더니 어찌 짐에게는 심히 야박한가?'하고 일갈한다. 사신은 잠시 머뭇거리더니 "예물은 배를 타고 오다가 풍랑을 만나 물에 빠뜨려 가져오지 못한 것이며 말씀은 공손연에게 했던 바와 같사옵니다." 고하며 머리를 조아린다. 동천왕이 "지난번에 왔던 사신이 짐을 속이더니 너 또한 짐을 속이려 드는구나!" 하며 사신을 옥에 가둬라 명한다. 『고구려사략』 기록을 근거하여 구성한 장면이다.

오 사신 호위는 무슨 연유로 동천왕을 찾아왔을까? 이 시기 중원은 후한이 망하고 삼국(위촉오, 220~280)시대가 막이 오른다. 220년(산상24) 후한 실권자 조조曹操가 사망하고 그의 아들 조비曹조가 후한 헌제獻帝를 폐위시키고 정식으로 낙양에서 위魏를 건국한다. 이듬해인 221년(산상25) 후한 황실의 후예인 유비劉備는 성도에서 촉한蜀漢을 건국하며, 양자강 중하류를 차지한 손권孫權 역시 229년(동천3) 건업(남경)에 오吳를 건국하면서 삼국은 본격적으로 패권경쟁에 돌입한다. 또한 삼국과는 별도로 대륙 동북방은 공손씨정권이 들어서며 4대째를 이어온다. 당시는 위와 오가 공손씨와 고구려를 자기편으로 끌어들이기 위해 치열한 외교전을 펼칠 때다.

먼저 외교전에 뛰어든 나라는 오다. 위를 견제코자 오는 231년(동천5) 공손씨에 화친을 제안하고 공손씨도 화답한다. 그런데 이듬해인 232년(동천6) 공손씨는 갑자기 태도를 바꿔 찾아온 오 사신을 죽여 시신을 위에 보낸다. 이때 살아남은 오 사신 일부가 고구려로 도망오고 동천왕은 이들이 무사히 오로 돌아갈 수 있도록 배편까지 마련해 준다.

그러나 고구려의 입장도 변한다. 233년(동천7) 위가 고구려에 사신을 파견한다. 두 나라가 연합하여 공손씨와 오를 멸하자는 동맹을 제안한다. 조건은 오 땅은 위가 갖고 공손씨 땅은 고구려가 갖는 점령지 분할이다. 동천왕은 위의 제안을 받아들여 군사동맹을 체결한다.

동천왕은 현실적인 판단을 한다. 오와 손잡고 공손씨와 위를 동시에 상대하기보다 위와 손잡고 공손씨를 멸하는 쪽을 선택한다. 특히 공손씨에게 빼앗긴 요동지방의 영토 회복은 너무나도 절실하다. 뒤늦게 이 사실을 알게 된 오는 236년(동천10) 2월 급히 사신을 파견하고 동천왕은 화친을 청한 오 사신 호위를 감옥에 가둬 자신의 의지를 명확히 한다.

오 사신 호위, 참수사건의 진실

그런데 억류 6개월째인 7월, 호위가 갑자기 목이 베어져 위로 보내진다. 『삼국사기』다. '10년(236년) 봄2월, 오왕 손권이 사신 호위를 보내 화친을 청하였다. 왕이 사신을 잡아두었다가 가을7월에 이르러 그의 목을 베어 위로 보냈다.'(十年 春二月 吳王孫權 遣使者胡衛通和 王留其使 至秋七月 斬之 傳首於魏)(『삼국지 위서』 기록 동일) 그런데 『고구려사략』은 다르게 설명한다. 동천왕이 오 사신 호위를 '현도에 안치시켰는데 호위가 도주하다 공손연에게 잡혀 죽었다.'(乃置玄菟监之 衛逃走爲淵所殺)고 기술한다.

어느 기록이 맞을까? 동천왕이 호위의 목을 베든 아니면 고구려를 탈출하다 공손씨에게 잡혀 목이 베이든 호위가 죽은 것은 부동의 사실이다. 또한 참수된 호위의 머리가 위에 전달된 것도 맞다. 다만 당시 정황으로 보아 동천왕이 6개월의 시차를 두고 굳이 호위를 죽이면서까지 오를 적으로 만들 역사적 근거가 전혀 없다. 오는 호위의 죽음을 두고 고구려에 어떤 항의나 군사적 행동을 취하지 않는다. 그러나 공손씨의 경우는 다르다. 고구려와 위가 군사동맹을 체결한 마당인지라 어떻게든 두 나라 사이를 이간질해야 하며 또한 위에 잘 보여야 할 입장이다. 그렇지 않고서는 위와 고구려의 협공을 막아 낼 수 없다. 『고구려사략』은 공손씨가 고구려를 탈출한 호위를 억류하고 있다가 때를 보아 참수한 머리를 위로 보낸 사실을 부연한다.

위의 배신과 동천왕의 서안평 수복

오 사신 참수사건 이듬해인 238년(동천12) 고구려는 위와 연합하여 공손씨 토벌에 나선다. 『고구려사략』〈동양대제기〉다.

> 12년(238년) 사마의가 사신을 보내와 함께 공손연을 토벌하자 청하니 상(동천왕)이 주희를 주부대가로 삼아 5천 군사로 남소에 출병하여 관망하고 성원하였다. 8월에 공손연을 멸한 사마의가 약속을 저버리고 교만방자하니 상이 노하여 절교하였다.
> 司馬懿遣使來請共滅淵賊 乃命朱希爲注簿大加 引五千兵出南蘇 觀望聲援 八月 滅淵,懿背約驕傲上怒絶之

동천왕은 5천 군사를 남소南蘇에 파병한다. 남소는 지금의 대릉하 하류의 요녕성 금주錦州다. 옛 고구려 제후국인 구다국의 도성이다. 이는 산상왕 때 발기의 난을 겪으면서 고구려 요동지방 영토 상당부분이 공손씨에 넘어간 사실을 증언한다. 고구려의 서남쪽 경계선이 서안평에서 서북쪽으로 남소 근처까지 밀린다. 위 사마의司馬懿는 4만 군사를 동원하여(『삼국지 위서』) 공손씨 본거지를 집중 공략한다. 그런데 동천왕의 5천 군사는 참전하지 않고 관망의 자세를 취한다. 이는 두 나라 사이의 사전 약속일 가능성이 크다. 위는 공손씨의 지배지역 일부를 고구려에 할양하는 조건으로 고구려군의 출병을 요구한 것으로 판단된다. 그러나 사마의가 약속을 깨는 바람에 두 나라의 동맹은 파기되고 동천왕은 절교를 선언한다.

사마의의 공격으로 공손씨정권은 막을 내린다. 『삼국지 위서』〈명제기〉다. '경초2년(238년) 8월, 사마선왕이 양평에서 공손연을 포위하여 요동군을 대파하고 공손연을 참수하여 그 머리를 수도로 보냈다. 해동의 모든

군이 평정되었다.'(景初二年 秋八月丙寅 司馬宣王圍公孫淵於襄平 大破之 傳
淵首於京都 海東諸郡平) 공손씨의 지배영역인 옛 후한의 3개군(요동군/현도
군/낙랑군)과 고구려가 공

손씨에게 빼앗긴 요서
지방이 통째로 위로 넘
어간다. 요서지방의 주
인은 공손씨에서 위로
바뀐다. 동천왕은 분개
한다. 그리고 4년 후인
242년(동천16) 전격적으
로 서안평(산해관)을 공격

▲ 서안평을 수복한 동천왕의 안평대전

하여 빼앗는다. 『삼국사기』는 단지 '왕이 장수를 보내 요동의 서안평을
습격하여 깨뜨렸다.'(王遣將 襲破遼東西安平)고만 기록한다. 그러나 『고구
려사략』은 「안평대전安平大戰」으로 적는다. 동천왕이 친히 군사 10만을
이끌고 서안평을 공략하여 사마의의 주력부대와 군사시설을 파괴하여
사마의의 고구려 침범 야욕을 꺾었다고 기록한다.

> 『고구려사략』〈동양대제기〉. '16년(242년)임술 5월, **상이 친히** 방축, 회고, 주희, 현, 목
> 장 등 **5도 장군을 직접 지휘하여 10만 군사를 이끌고 서안평을 공격하여 빼앗았다.**
> **이것은 안평대전이다.** 애초에 사마의가 요동을 빼앗고 이곳에다 자신의 주력을 옮겨
> 동쪽(고구려)을 도모하려 하였다. 이제 그 시설이 파괴해 버리니 생구(사람)와 진보가
> 모두 우리 것이 되었다.'(十六年壬戌 夏五月 上親率五道將軍方丑湏古朱希絃穆莨等引兵十萬
> 攻西安平拔之 是爲安平大戰 初懿拔遼東而移其主力于此欲東 至是其設破壞生口珍寶皆故于我)

동천왕의 서안평 점령은 고구려의 대승으로 끝난 수복전쟁이다.

| 관구검의 침공과 동천왕의 위기 |

동천왕 시기 고구려는 위魏 관구검毌丘儉으로부터 대규모 침공을 받는다. 이로 인해 수도 환도성이 함락되며 동천왕은 지금의 길림성 집안현까지 쫓기는 수모를 당한다. 이는 임진왜란 때 조선의 선조가 한양을 버리고 평안도 의주까지 몽진蒙塵(피난)한 사례와 유사하다. 고구려는 관구검의 침공으로 건국이후 최대의 위기를 맞는다. 적어도 지금까지 중원왕조와 대결하면서 고구려 수도가 함락되어 유린당한 적은 없다. 더구나 왕이 수도를 버리고 몽진한 예는 더더욱 없다.

돌이켜보면 고구려는 줄곧 이민족인 한漢 군현과의 대결에서 우위를 점하며 요동지방을 확보하고 굳건히 지킨다. 산상왕 시절 내분으로 인해 대륙 동북방에서 공손씨에게 요동지방 일부를 내준 정도다. 그러나 위의 사마의가 공손씨를 멸하면서 사태가 급변한다. 위는 고구려와 체결한 동맹약속을 깨고 오히려 고구려를 도모할 야욕을 드러낸다. 동천왕의 서안평 수복은 위의 콧대를 꺾은 상징적인 사건이다. 그러나 동천왕은 서안평 수복 때문에 관구검의 침공을 받는다.

> 『양서』 고구려 전. '사마의가 공손연을 토벌한 틈을 노려 고구려 왕이 장수를 보내 서안평을 습격하였기에 관구검이 침입해 온 것이다.'(司馬懿討公孫淵 王遣將 襲西安平 毌丘儉來侵) 중국사서 기록들의 표현은 거칠다. 항상 이런 식이다.

관구검의 침공 기록의 문제점

중국은 관구검의 고구려 침공사건을 여러 사서에 기록을 남긴다. 『삼국지 위서』를 비롯하여 『양서』, 『북사』 등이다. 『삼국사기』 역시 비교적 상세히 기록한다. 다만 내용 구성이 다소 엉성하여 왜곡된 측면이 적잖이 발견된다.

『삼국사기』 기록을 중심으로 정리하면 이렇다. 때는 246년(동천20) 8월이다. 유주(베이징)자사 관구검이 위군 1만을 이끌고 현도로 우회하여 고구려 북쪽 전선을 돌파한다. 동천왕은 2만 군사를 내어 관구검에 대적한다. 전투는 두 차례 벌어지며 고구려는 비류수 강가에서 위군 3천을 목베고 또 양맥에서 3천을 추가로 목벤다. 관구검은 두 번의 전투에서 6천의 병력을 잃는다. 그러나 곧바로 전세는 역전된다. 동천왕은 급히 철기군 5천을 투입하지만 관구검의 방진方陣전술에 말려들어 1만8천여의 사상자를 내고 압록원으로 후퇴한다. 그해(246년) 10월, 관구검은 고구려 수도 환도성을 함락하고 유린하며 내친걸음으로 부하장수 왕기를 보내 도망가는 동천왕을 추격한다. 동천왕은 남옥저로 피신한다. 여기까지가 『삼국사기』가 기록한 관구검 침공의 전반부다.

그런데 사건 전개과정을 찬찬히 살펴보면 일부 모순이 발견된다. 처음 위군 병력은 1만이며, 고구려는 2만이다. 두 번의 전투에서 위군은 6천의 병력을 손실하니 남은 군사는 4천이다. 이어 고구려는 추가로 5천을 투입한다. 아무리 관구검이 방진전술을 폈다 하지만 남은 4천으로 고구려군 2만5천을 상대하여 1만6천을 살상했다는 자체가 선뜻 이해하기 어렵다.

왜일까? 『삼국사기』 기록에 문제가 있다. 관구검 침공사건을 246년 한 해에 발생한 단일 사건으로 처리하면서 발생한 오류다. 중국사서는 246년 한 해가 아닌 244년(동천18)과 245년(동천19)로 나눈다. 그럼에도 『삼국사기』가 기록한 위군이 대패하여 6천의 병력손실을 입은 초기 전투내용은 아예 없다. 중원에 불리한 역사를 숨기고자 하는 '상내약외詳內略外'의 춘추필법이다. 의도적으로 중원의 패배를 삭제하여 역사를 감춘 경우다.

결과적으로 『삼국사기』와 중국사서 공히 문제가 있다. 『삼국사기』는 발생년도를 246년으로 고정시킨 점이며, 중국사서는 초기 전투에서 관구검이 대패한 사실을 삭제한 점이다.

『양서』 고구려 전. '정시5년(244년) 유주자사 관구검이 1만을 거느리고 현도로 나가 위궁(동천왕)을 쳤다. 위궁이 보기 2만을 거느리고 비류에서 맞서 싸웠다. **위궁이 패주하니 관구검군이 추격하여 현에 이르러 현거속마(懸車束馬)하여 환도산에 올라 그 도성을 도륙하고 1만급을 참획하였다.** 위궁은 홀로 처자식을 데리고 멀리 달아나 숨었다.'(正始五年 幽州刺史毌丘儉將萬人 出玄菟討位宮 位宮將步騎二萬人逆軍 大戰於沸流 位宮敗走 儉軍追至峴懸車束馬 登丸都山 屠其所都 斬首虜萬餘級 位宮單將妻息遠竄) 정시6년(245년) 관구검이 다시 고구려를 치니 위궁이 가벼운 차림으로 황급히 제가(諸加)를 거느린 채 옥저로 달아났다.'(正始六年 儉復討之 位宮輕將諸加奔沃沮)

『고구려사략』이 전하는 침공사건의 실체

　관구검 침공사건의 진실은 무엇일까? 『고구려사략』에 사건의 실체가 명확히 나온다. 동천왕이 위군을 패퇴시킨 내용은 전반부, 역으로 위군에 패한 내용은 후반부다.

　먼저 전반부는 244년(동천18) 7월에 발생한다. 관구검의 1차 침공이다. 〈동양대제기〉다.

18년(244년) 갑자 7월, 관구검이 현도를 침입해 노략하고 쳐들어오자 **상이 보기(보병,기병) 2만을 거느리고 비류수**沸流水 **위쪽에서 되받아쳐 크게 이기고 3천여 급을 베었다. 이를 비수대전**沸水大戰**이라고 한다.**
十八年 七月 毌丘儉入寇玄菟 上將步騎二萬 逆擊于沸流水上 大破之 斬首三千餘級 是謂沸水大戰

　『삼국사기』의 위군 3천을 참살한 비류수전투다. 비류수는 지금의 요양하遼陽河다. 요하와 병행하여 동북평원 서쪽을 남북으로 가로지르며 고구려 초기 추모왕이 병합한 송양의 비류국이 소재한 강이다.

　후반부는 246년(동천20) 8월에 발생한다. 관구검의 2차 침공이다. 1차 침공이후 2년 후다. 내용이 자못 길다. 〈동양대제기〉다.

20년(246년) 병인 추8월, 상이 주후, 엽비, 맥비 등과 함께 서천에서 군대를 사열하고 두눌원에서 사냥하였다. **관구검이 돌연 우회하여 쳐들어온다는 소식을 듣고 우근을 보내 맞서 싸웠다.** 우리는 수가 적고 적은 수가 많은데다가 예봉을 맞다보니 자못 어려움이 컸다. 상이 철기 5천을 추슬러 양구梁口 서쪽에서 적을 크게 깨뜨리니 획득한 병장기와 마필이 헤아릴 수 없이 많았다. 상이 주후와 함께 포로를 접수할 즈음 갑자기 관구검의 대군이 밀려와 우근이 이에 맞서 싸우다가 죽었다. **관구검이 방진을 펼치며 전진하니 위세가 파죽이고 또한 남쪽 통로도 빼앗겼다는 소식을 들어 상황이 녹녹치 않았다. 상은 1천 기병과 함께 급히 압록원으로 물러났다.** 주전이 이끄는 군사 역시 패하여 죽은 이가 1만이었다. 상은 옹구甕口로 동천東遷하였다.

二十年 丙寅 秋八月 上與酒后葉妃麥妃䓁閱兵于西川 而畋杜訥之原 忽聞毌賊迂佃而來 急于根䓁迎戰 我寡彼衆 且接其銳鋒 頗有難色 上乃抄鐵騎五千 衝其陣於梁口之西大破之 獲其兵仗馬匹無數 上與酒后受俘 毌之大軍又至 于根戰死 毌方陣而前 勢如破竹 又聞南路失守 且挾后妃不得如意 乃引勁騎千餘而退于鴨淥之原 朱全軍亦敗 死者萬人 上東遷甕口

　　정리하면 이렇다. 동천왕은 246년(동천20) 8월, 서천에서 군대를 사열하고 두눌원에서 사냥하다가 관구검의 침공 소식을 듣는다. 서천과 두눌원은 고구려 초기 황룡국이 소재한 지금의 요녕성 부신阜新(푸신)일대다. 서천은 부신을 가로지르는 지금의 서하西河며, 두눌원杜訥原은 부신에 소재한 옛 황룡국의 도성 주변이다. 관구검의 침공로는 1차 침공 때와 마찬가지로 북쪽 축선이다. 동천왕은 먼저 우근于根을 보내 맞서게 하나 전투상황이 심상치 않게 전개되자 친히 5천의 철기병을 이끌고 출병하여 양구梁口 서쪽에서 위군을 대패시킨다. 양구는 요하와 유하柳河가 분리되는 요녕성 신민新民이다. 양구 서쪽은 『삼국사기』의 위군 3천을 추가로 참살한 양맥곡梁貊谷이다.

　　그러나 양맥곡전투 승리의 기쁨도 잠시, 동천왕이 위군 포로를 접수

할 즈음 관구검의 대군이 밀려온다. 동천왕은 급히 우근于根으로 하여
금 막게 하나 우근이 전투 중에 사망하며 패배한다. 관구검은 기세를 몰
아 동천왕을 압박한다. 때마침 남쪽 축선이 뚫렸다는 소식을 접한 동천
왕은 혼란에 빠진다. 관구검은 북쪽 축선과 남쪽 축선을 동시에 공격하
는 이중전략을 편다. 동천왕은 하는 수 없이 주전朱全에게 주력군을 맡
겨 관구검을 막게 하고 자신은 1천 기병만을 이끌고 압록원으로 물러난
다. 압록원은 요하(압록수) 중류지역인 지금의 요녕성 요중진遼中鎭으로 추
정된다. 이어 주전의 주력군이 관구검의 방진전술에 말려들어 1만의 병
력손실을 입자 동천왕은 수도 환도성마저 포기하고 급히 동쪽 옹구甕口
로 피신하며 임시수도로 삼는다. 옹구는 압록강 하류 북쪽에 소재한 요
녕성 봉성鳳城의 봉황산鳳凰山산성으로 추정된다.

봉황산산성은 요동반도와 한반도를 연결
하는 교통의 중심지에 위치한 큰 규모의 고
구려 산성이다. 봉황산은 명(明)대부터 불러
진 이름으로 **원래 명칭은 검은 화강암 절벽
에서 따온 오골산(烏骨山)이다. 그런 연유로
고구려 후기에는 오골성으로 불려진다. 봉
황산산성은 우측 봉황산(오골산)과 좌측 고
려성자산을 감싼 포곡식의 넓은 분지성이**
다. 성벽은 돌로 쌓은 인공장벽이 86구간

(총 성벽길이 7,525m), 천연장벽이 87구간이다. 전체 성벽길이는 16㎞에 달하며 동, 남,
북의 3개 성문이 있다. 『요동지』 기록에는 10만 대군이 한꺼번에 숙영했다고 한다.

　다만 동천왕이 피신한 장소를 두고 『삼국사기』는 남옥저南沃沮, 중국
사서는 옥저沃沮로 쓴다. 옥저는 우리가 알고 있는 한반도 함흥지방의
옥저(동옥저)가 아니다. 『삼국사기』의 남옥저는 고구려 초기 남옥저로 불
린 수도 환도성 북쪽인 지금의 요녕성 안산鞍山 일대다.

▲ 관구검 침공과 동천왕 후퇴

관구검을 패퇴시킨 민병

이후 상황도 『고구려사략』에 상세히 나온다. 〈동양대제기〉다.

18년(244년) 10월, 관구검이 도성(환도성)으로 들어가 백성을 약탈하고 보물을 챙겼다. 이 소식을 들은 상은 통곡하며 목능의 말을 듣지 않은 것을 후회하니 맥비가 자기 고향으로 피신하기를 청하였다. 죽령에 이르니 거의 모든 군사를 잃었다. 동부 우태 밀우가 무사를 모아 힘껏 싸우고 상이 산골짜기로 들어가 흩어진 군졸을 모아 스스로를 지키니 상의 성덕을 흠모한 백성 모두가 죽기로 싸우고자 하였다. 왕기의 추병(추격병)은 우리의 전민田民(농부), 산척山尺(산사람)과 대치하였다. 적은 수가 많고 우리는 수가 적으며 쇠토막도 없어서 그 형세가 매우 위태하였다. 주사 유유가 거짓으로 항복하고 왕기를 음식으로 대접하며 숨겼던 칼로 찔러죽이고 여러 막장의 목을 베니 적은 혼란에 빠졌다. 이에 상이 민병民兵을 독려하여 왕기의 군대를 크게 무찔렀다.

十八年 十月 毋入都城 掠民收宝 上聞之 痛哭曰 恨不聽穆能之言 麥妃請奔其鄉 乃至竹嶺軍士殆盡 東部于台密友奮士力戰 上間行入山谷中 聚散卒自衛 百姓素慕聖德 皆願死戰 王頎追兵與田民山尺相持 敵衆我寡 且無寸鐵 勢其危急 廚使紐由詐降饋頎 隱刀刺殺之 斬其幕將數人 賊大乱 上遂督民兵 大破頎衆

동천왕은 관구검의 부하장수 왕기^{王頎}의 추격을 받는다. 임시수도 옹구를 떠나 다시 동쪽으로 피신한다. 동천왕은 죽령(파천령, 요녕성과 길림성의 경계)에 이르러 거의 모든 군사를 잃으며 최악의 상황을 맞는다. 이때 등장한 인물이 밀우^{密友}와 유유^{紐由}다. 밀우는 동부를 대표하는 귀족이고 유유는 주사^{廚使}(주방 하급관리)다. 특히 유유가 왕기에게 거짓 항복하고 음식을 대접하며 왕기와 수하 막장들을 살해하고 자신 또한 죽는다. 이로써 전세는 일거에 역전되며 동천왕은 왕기의 추격병을 물리치고 환도성으로 귀환한다.

특히 『고구려사략』은 중대한 사실을 전한다. 동천왕이 죽령까지 피신하며 모든 군사를 잃고 사면초가에 몰렸을 때 동천왕을 돕고 지킨 사람은 백성이다. 전민^{田民}, 산척^{山尺}으로 표기한 일반 백성이다. 평시에는 지배층의 수탈 대상인 백성이 국난의 전시에는 오히려 지배층을 보호하고 나라를 지킨다. 『고구려사략』은 이들을 '민병^{民兵}'으로 쓴다. 바로 의병^{義兵}이다.

> 밀유와 유유의 이야기는 『삼국사기』 기록에도 자세히 나온다. 다만 **두 사람의 활약상에 초점을 맞추다보니 다소 구어체 문장을 많이 기록한 점은 아쉽다.** 실질적으로 동천왕을 지키고 도운 민병(民兵)에 대한 이야기는 아예 없다.

관구검의 침공과 같은 수난사는 결코 반복되어서는 안된다.

| 《관구검기공비》의 비밀 |

　　《관구검기공비》는 위^魏 관구검이 고구려를 침공하여 강토를 유린한 아픈 역사의 상징물이다. 이를 증언하는 기록이 『양서』에 나온다. '관구검이 장군 왕기를 시켜 추격하고 옥저를 가로질러 천여 리를 가서 숙신의 남쪽 경계에 이르러 각석기공하였다.'(儉使將軍王頎追之 絶沃沮千餘里 到肅愼南界 刻石紀功) 각석기공^{刻石紀功}의 실체가 《관구검기공비》다.

> 우리 강토를 침범하여 치욕을 안겨준 외적(外賊)의 기공비는 3개가 있다. 위(魏)의 《관구검기공비》는 길림성 집안현에 있고, 당(唐)의 《유인원기공비》는 충남 부여에 있으며, 청(淸)의 《청태종공덕비》(삼전도비)는 서울 송파구에 있다.

《관구검기공비》의 재해석

　　일제강점기인 1906년 중국 길림성 판석령에서 석비 하나를 발견한다. 《관구검기공비》다. 석비는 좌측과 하단이 상당부분 잘려나가 실제 비문기록 전체를 가늠하기 어렵다. 현재 확인된 부분은 7행 정도다.

[1행] 正始三年高句驪反	정시3년 고구려가 반하여
[2행] 督七牙門討句驪五	7아문을 거느리고 구려를 토벌하다. 5년
[3행] 復遺寇六年五月旋	다시 노략질하다. 6년 5월 돌아오다.
[4행] 討寇將軍巍烏丸單于▨	**토구장군 외오환선우**▨
[5행] 威寇將軍都亭侯▨	위구장군 도정후▨
[6행] 行裨將軍領▨	행비장군 영▨
[7행] ▨裨將軍	▨비장군

　　※ 아문^{牙門}은 '병영의 군문^{軍門}'으로 각 병영을 이끄는 장수를 의미한다.

1~3행은 전쟁 현황이며, 4~7행은 참전 장수들의 군호다. 먼저 비석의 제작 시기다. 정시正始는 위魏 제왕 조방曹芳의 연호로 기간은 240년 ~249년이다. 따라서 정시3년은 242년에 해당한다. 고구려가 반反한 표현은 동천왕이 242년 서안평을 공격하여 수복한 사건을 말한다. 또한 정시5년과 6년은 각각 244년과 245년에 해당한다. 관구검이 두 차례 고구려를 침공한 사건이다. 따라서 《기공비》는 245년 5월경에 제작된 것으로 판단된다. 특히 관구검의 두 차례 침공년도에 대해서 『고구려사략』은 244년과 246년으로 기록하나 《기공비》는 244년과 245년이다. 비문의 신뢰성을 감안하면 『고구려사략』이 설정한 2차 침공년도 246년은 245년으로 조정해야 한다.

다음은 《기공비》의 제작자다. 《기공비》가 첫 번째(4행)로 언급한 장수 군호는 '토구장군 외오환선우'(討寇將軍巍烏丸單于)다. 이 사람이 《기공비》를 세운 인물로 추정된다. 누구일까? 관구검일까? 아니면 동천왕을 추격한 왕기일까? 둘 다 아니다. 관구검은 동천왕을 추격하지 않는다. 왕기 역시 당시 관작은 현도태수다. 따라서 《기공비》를 세운 장수는 전혀 다른 인물이다.

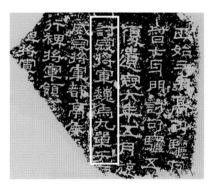

▲《관구검기공비》 탁본

토구장군은 위魏가 이민족 출신자에게만 수여하는 특별 군호다. 오환선우는 북방민족인 오환족의 왕(수장)을 가리킨다. '토구장군외오환선우'는 오환족의 수장 출신으로 위에 귀화하여 최고의 군호를 받은 인물이다. 그런데 『삼국지 위서』 관구검 편에 이 사람의 정보가 나온다. 237년 관구검에게 항복하여 위로 귀화한 우북평 오환선우 구루돈寇婁敦이다. 구루돈은 귀화 7년 후인 244년 관구검 군대의 일원이 되어 고구려 침공에 참전한다. 마찬가지로 구루돈을 제외한 나머지 장수 3명(5~7행)도 구루돈과 직간접적으로 연결되는 인물로 추정된다.

『삼국지 위서』 관구검 전. '경초원년(237년) 가을, 유주자사 관구검을 보내 중군을 이끌고 요동을 쳤다. 우북평 오환선우 구루돈과 요서 오환도독 솔중왕 호류섭은 예전에 원상을 따라 요서로 달아났는데 관구검 군대가 도착한다는 말을 듣고 5천여 무리를 이끌고 항복하였다. 구루돈이 동생 아라장 등을 대궐로 보내 조공하니 그 거수 30여를 왕에 봉하고 수레와 말, 증채를 각각 차등을 두어 하사하였다.'(景初元年 秋 遣幽州刺史毌丘儉率衆軍討遼東 右北平烏丸單于寇婁敦 遼西烏丸都督率衆王護留葉 昔隨袁尙奔遼西 聞儉軍至 率衆五千餘人降 寇婁敦遣弟阿羅槃等詣闕朝貢 封其渠帥三十餘爲王 賜輿馬繒采各有差)

《기공비》를 세운 인물은 관구검이 아니다. 관구검 군대의 일원으로 고구려 침공에 참전한 오환족 출신 구루돈이 세운 기공비다.

오환족 구루돈집단의 신라 남하

그런데 《기공비》를 세운 오환족 구루돈집단은 관구검이 패퇴할 때 위로 돌아가지 않는다. 일부가 한반도로 남하하여 엉뚱하게도 신라로 들어온다. 『북사』 신라 전이다.

혹은 위 장수 관구검이 고구려를 토벌하니 옥저로 도망갔다가 후에 고국^{故國}으로 돌아왔는데 남아있던 자들은 드디어 신라^{新羅}가 되었다. 또는 사로^{斯盧}라고도 한다. 이런 까닭에 화하^{華夏}인, 고구려인, 백제인이 뒤섞여 있다.
或稱 魏將毌丘儉討高麗破之 奔沃沮 其後復歸故國 有留者 遂爲新羅 亦曰斯盧 其人雜有華夏高麗百濟之屬

동천왕이 위의 추병을 격퇴하자 그 중 일부가 신라로 망명한다. 특히 『북사』 기록은 이들 출신을 위가 아닌 고국^{故國}으로 표기한다. 고국은 말 그대로 옛 나라다. 망명객 출신인 오환족의 나라다.

그렇다면 신라로 망명한 오환족은 어떻게 되었을까? 혹여 이들의 이후 행적에 대한 기록은 있을까? 당연히 있다. 『삼국사기』〈신라본기〉 첨해이사금이다. '2년(248년) 정월, 이찬 장훤長萱을 서불한으로 삼아 국정에 참여參시켰다. 2월, 고구려에 사신을 파견하여 화친을 맺었다.'(二年 春正月 以伊飡長萱 爲舒弗邯 以參國政 二月 遣使高句麗結和) 이는 신라역사의 한 획을 긋는 위대한 사건 기록이다. 당시 신라는 석씨왕조로 조분왕(11대)에서 첨해왕(12대)으로 왕권이 교체되는 시기

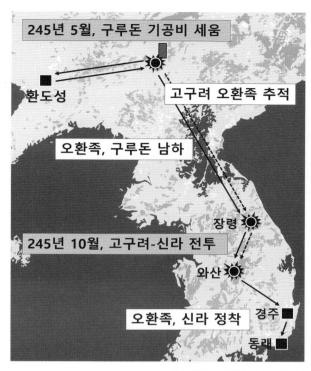

▲ 오환족 남하 과정과 신라 정착

다. 장훤長萱이 등장한다. 이전 〈신라본기〉 기록에 언급된 적이 없는 새로운 인물이다. 갑자기 출현하여 하루아침에 서불한(국무총리)에 임명되고 국정에 참여參한다. 특히 〈신라본기〉는 신하가 국정(나랏일)을 주관하게 될 때는 '위委'과 '참參'을 구분해서 쓴다. 委는 내부출신 인사를, 參은 외부출신 인사를 가리킨다. 장훤은 외부출신이다. 조분왕을 끌어내리고 첨해왕을 옹립한 막강한 실세다. 장훤이 바로 관구검 군대의 일원으로 고구려 침공에 참전하였다가 신라로 망명한 오환족 수장 구루돈이다. 이어 구루돈은 고구려에 사신을 파견하여 이제 자신이 신라의 지배세력이 되었음을 당당히 통보한다. 신라 김씨왕조를 개창한 미추왕(13대)은 장훤(구루돈)의 아들이다.

> 오환족 구루돈집단이 신라로 남하하는 과정에서 고구려와 신라는 처음으로 만난다.
> 『삼국사기』〈신라본기〉 조분왕. '16년(245년) 겨울10월, 고구려가 북쪽 변경에 침입하
> 였다. 석우로가 병사를 이끌고 나가 공격하였으나 이기지 못하고 물러나 마두책을 지
> 켰다.'(十六年 冬十月 高句麗侵北邊 于老將兵出擊之) 이 기록은 고구려가 최초로 신라를
> 공격한 사건이다. 때는 245년 10월이다. 오환족 구루돈집단이 《기공비》를 세운 시기
> 가 245년 5월이니 정확히 5개월이 지난 시점이다. 『고구려사략』은 고구려가 신라의
> 장령(소백산맥)과 와현(충북 보은)을 공격하자 석우로가 패하여 마두책으로 물러났다
> 고 기록한다. **오환족 구루돈집단이 남하하자 동천왕은 이들을 추격하며 신라의 국경
> 을 넘는다.**

　　참고로 이 시기인 3세기 중후반에 북방식 유물이 낙동강 하류지역
에서 갑자기 출현한다. 일반적으로 문화의

▲ 부산 북천동고분 금동관

전파는 시간을 두고 점진적으로 주변으로
확산되는 것이 보편적이다. 그러나 이 경우
는 특정 시기에 제한된 장소에서 그곳도 집
중적으로 나타나는 특징을 보인다. 대표적
인 유물이 부산 동래 복천동고분에서 출토
된 금동관이다. 신라 出자형 금관의 원형인
복천동 금동관(*보물1922호)은 오환족 계통
이 가져온 유물이다. 이들은 구루돈(장훤)계열과 함께 남하하였다가 일부
가 부산까지 내려와 정착한다. 이 외에도 도질陶質토기와 철제갑주, 마
구류 등도 출토되어 북방유목민족 문화가 한꺼번에 유입된 사실을 알
수 있다.

　　《관구검기공비》에는 신라 김씨왕조를 개창한 오환족 출신의 구루돈
집단이 있다.

| 동천왕의 수도 평양성 |

우리 역사학계가 언급 자체를 꺼려하는 고구려 수도가 하나 있다. 동천왕(11대)이 천도한 평양성平壤城이다. 이유는 평양성으로 비정할 만한 장소가 마땅치 않기 때문이다. 한반도에 평양平壤(평안남도)이 있다. 동천왕의 평양성과 이름이 같다. 그러나 한반도 평양은 동천왕 시기에 고구려 영토가 된 적이 없다. 먼 훗날 '한반도시대'를 개막한 미천왕(15대) 때에 비로소 고구려에 편입된다. 그렇다면 한반도 평양이 아닌 다른 곳에서 동천왕의 평양성을 찾아야한다.

평양성은 자강도 강계?

이병도는 자강도 강계를 평양성으로 추정한다. 근거는 환도성이 길림성 집안에 소재하고 또한 남쪽 한반도 평양에는 한의 낙랑군이 있기 때문에 동천왕의 평양성은 길림성 집안에서 한반도 평양으로 이어지는 라인line 상에 존재하는 것이 타당하다는 주장이다. 강계 비정은 학계의 통설이다.

그러나 이병도의 추정은 가정부터 잘못되었다. 일제 식민사학자의 주장인 길림성 집안현의 환도성(산성자산성) 비정과 한漢 낙랑군의 「한반도 평양설」을 무비판적으로 받아들인 까닭이다. 그래서 이병도는 오로지 지리적인 판단만을 가지고 강계로 설정한다. 그것도 명확한 비정이 아닌 막연한 추정이다. 결과적으로 이병도의 주장은 일제 식민사학을 맹종하여 만들어진 매우 고약한 허구일 뿐이다.

『삼국사기』의 평양성 천도 기록

『삼국사기』 동천왕이다. '21년(245년) 봄2월, (A) 왕은 환도성이 병란을 겪어 다시 도읍이 될 수 없다며 평양성을 쌓아 백성과 종묘사직을 옮겼다. (B) 평양은 본래 선인왕검의 집이다. 혹은 왕의 도읍은 왕험이라고 한다.'(二十一年 春二月 王以丸都城經亂不可復都 築平壤城移民及廟社 平壤者本仙人王儉之宅也 或云王之都王險) (A)는 평양성 천도 사실을, (B)는 평양성 소재지 설명이다. 김부식이 설명한 평양성은 두 곳이다. 선인왕검仙人王儉(고조선)이 살던 집(도읍)인 왕검王儉성과 또 하나의 도읍인 왕험王險성이다.

먼저 왕검성은 지금의 요녕성 요양遼陽을 말한다. 『요사』〈지리지〉다. '동경요양부는 본래 조선의 땅이다. … 북위 태무제가 사신을 보내 그곳 평양성에 머물렀는데 요의 동경은 이곳을 말한다. 당 고종이 고구려를 평정하고 이곳에 안동도호부를 설치였으며 후에 발해의 대씨가 차지하였다.'(東京遼陽府 本朝鮮之地 … 元魏太武遣使至其所居平壤城 遼東京本此 唐高宗平髙麗於此置安東都護府 後爲渤海大氏所有) 지금의 요녕성 요양은 과거 고조선의 도읍인 왕검성이며 또한 고구려 평양성이고 요의 동경요양부다.

다음 왕험성은 지금의 하북성 창려현을 말한다. 『한서』〈지리지〉요동군 편이다. '험독현은 조선왕 위만의 도읍이다. 물이 험한 곳에 의지하기에 험독이라고 한다.'(險瀆 朝鮮王滿都也依水險故曰險瀆)와 '왕험성은 낙랑군 패수의 동쪽에 있는데 이때부터 험독이라고 한다.'(王險城在樂浪郡 浿水之東 此自是險瀆也) 험독은 위만(조선)의 도읍인 왕험성이다. 특히 『사기』〈색은〉은 서광의 말을 인용하며 '창려에 험독현이 있다.'(徐廣曰 昌黎有險瀆縣也)고 적는다. 왕험성=험독=창려의 등식이 성립된다. 지금의 하북성 창려현은 과거 위만의 도읍인 왕험성이며 또한 한의 요동군 험독현이고 고구려의 평양성이다.

> 동천왕의 평양성은 이병도의 「강계설」 말고도 길림성 집안현 국내성 인근의 「통구설」과 평안남도 「평양설」 등이 있다. 전자는 일제 식민사학자와 중국학계의 주장이며 후자는 북한학계와 일부 국내학자의 주장이다.

동천왕의 평양성은 요녕성 요양

　　그렇다면 동천왕의 평양성은 고조선의 왕검성일까? 위만의 왕험성일까? 고조선의 왕검성이다. 지금의 요녕성 요양이다. 위만의 왕험성 하북성 창려현은 당시 위魏 사마의가 공손씨를 멸하고 확보한 위의 영역이다. 동천왕이 위의 영역에다가 수도를 옮길만한 역사적 근거가 전혀 없다. 더구나 환도성에서 남서쪽으로 수천리 떨어진 옛 위만의 왕험성으로 천도한다는 자체가 성립될 수가 없다. 다만 김부식이 왕검성과 왕험성을 동시에 언급한 것은 옛 고조선의 수도를 평양이라 불렀기 때문이다. 본래 평양은 특정 장소가 아닌 고조선의 수도를 가리키는 일반명사다. 고조선의 수도는 모두 평양이다.

　　동천왕의 평양성은 동천왕 당시 옛 고조선의 왕검성을 평양이라 불렀기에 자연스레 평양성 명칭을 사용한다. 이후 고구려는 장수왕 시기 한반도 평양으로 천도하면서 동천왕의 평양성(*《광개토왕릉비》 양평) 명칭을 요동성으로 바꾼다. 고구려 말

▲ 요동성 모형도 [중국, 요양박물관]

기 요동성은 명실공히 대륙 동북방의 중심으로 발돋움한다. 특히『삼국사기』는 요동성에 시조 추모(주몽)왕의 사당이 있다고 전한다. 한때 요동성이 고구려의 수도였다는 얘기다.

『삼국사기』보장왕 4년(645년) 기록. '요동성 안에는 주몽사당이 있다. 사당에는 쇠사슬 갑옷과 날카로운 창이 있는데 망령되게도 이전 연(燕)시대에 하늘이 내려준 것이라고 한다. 사태가 긴박해지자 미녀를 치장시켜 부신(추모왕을 지아비로 섬기는 여신)으로 삼았다. **무당이 말하길 "주몽께서 기뻐하시니 성은 반드시 온전할 것이다"**하였다.'(城有朱蒙祠 祠有鎖甲銛矛 妄言前燕世天所降 方圍急 飾美女以婦神 巫言 朱蒙悅 城必完)

　　요녕성 요양은 명明, 청淸대까지만 하더라도 고구려 왕궁터와 절터가 있으며 고구려 유민의 후예도 살았다고 전한다. 조선의 사신들이 남긴 『표해록』, 『조천록』, 『연행록』 등에 나온다. 특히 박지원은 『열하일기』에 요양이 고구려 평양성임을 강하게 시사하며 '고조선의 옛 강토는 싸워보지도 않고 저절로 줄어들었다.'고 한탄의 글을 남긴다.

　　동천왕의 평양성은 관구검의 침공으로 수도 환도성이 폐허가 되면서 어쩔 수 없이 선택한 평상시가 아닌 준전시 상황에서 이루어진 천도다. 당연히 환도성 주변에서 찾아야 하며 일부만 개축하면 당장 수도로써 기능을 발휘할 수 있는 장소이어야 한다. 그러한 측면에서 환도성에 인접한 북쪽의 옛 고조선 왕검성이 최적격이다.

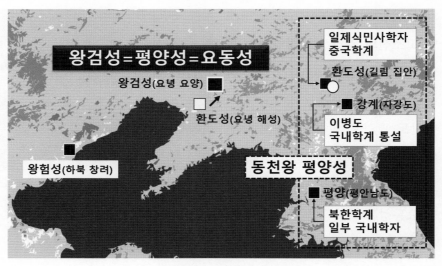

▲ 동천왕의 평양성과 기존 평양성 비정

　　우리의 역사해석은 여전히 일제 식민치하에 머물러 있다. 역사광복의 그날은 언제 올런지?

| 동천왕의 장지 시원 |

245년 관구검의 2차 침공을 물리친 동천왕은 247년(동천21) 전격적으로 수도를 평양성(요녕성 요양)으로 옮긴다. 그리고 이듬해인 248년(동천22) 40세로 사망한다. 천수를 다하지 못한 안타까움 죽음이다. 『삼국사기』는 동천왕의 사망 사실만을 전하나 『고구려사략』은 좀 더 상세하다. 〈동양대제기〉다. '22년(248년) 무진 9월, 상이 호천에서 사냥하고 주통릉을 찾아갔다가 감응되어 병이 들더니 말도 못하게 되어 붕하였다.'(二十二年 戊辰 九月 上畋于狐川 謁酒桶陵有感 而疾作不能言而崩) 동천왕은 급병이 걸려 갑자기 사망한다.

장지 시원

동천東川은 시호며 또한 장지 이름이다. 또한 이곳을 시원柴原이라고도 하는데 그 유래가 『삼국사기』에 나온다. 동천왕이 사망하자 모두 슬퍼하며 따라 죽는 자가 많아 이를 금지시켰음에도 불구하고 장례일에 이르러 동천왕의 무덤에 찾아와 자살하는 자가 많았다고 한다. 죽은 자 모두를 섶柴으로 덮어 주어 시원이다. 『고구려사략』도 시원을 설명한다. 〈동양대제기〉다.

22년(248년) 무진 9월, … 동천의 오양 산줄기에 장사지냈다. 이에 앞서, 상이 주후와 함께 이곳을 점지하였고, 지금 한 큰 무덤방에 여러 이실을 가지게 되었다. 연후가 뛰쳐나가 불살라 죽고 전황후, 잠후, 맥씨, 엽씨 등 모두가 불속으로 들어가고자 울부짖으면서 가슴을 치며 발을 굴렀다. 태자(중천왕)가 통공주, 요공주와 함께 모든 후들을 붙잡아 목숨을 건져냈다. 그러나 조정의 신하와 후궁, 그리고 민간 여성이 무덤 앞에서 순사함이 끊이지 않아 싸리섶으로 덮은 것이 끝이 없어 사람들이 그곳을 시원이라 하였다. 백성들이 이를 노래하길 "다정했던 천자가 용이 되니 무덤 앞 싸리 섶 모두가 흰 눈밭과 같구나."하였다.

二十二年 戊辰 九月 … 葬于東川烏壤之岡 先是 上與酒后占此地至是 同壙異室 淵后赴燒而殉 鱣皇后蚕皇后麥氏葉氏等皆欲赴火號泣擗踊 太子與桶公主 要公主扶諸后救之 然朝士後宮民女之殉于陵前者不絶掩柴相連 人以爲柴原 百姓歌之曰 多情天子化爲龍 陵前掩柴總天花

당시 자살한 사람은 신하와 후궁, 그리고 민간의 여성들이다.

동천왕의 무덤 추정

동천왕의 무덤 시원은 지금의 요녕성 철령鐵嶺시 은주구銀州區를 가로

▲ 동천왕의 무덤 시하보고분 [요녕성 철령]

지르는 시하柴河강변 일대로 추정된다.(*시하는 시원에서 유래) 추정되는 무덤은 요녕성 개원開原시 고산진靠山鎭 시하보촌에서 서쪽으로 1㎞ 지점에 위치한 「시하보柴河堡고분」이다. 고분의 전체 면적은 1,500㎡(≒455평)으로 무덤 조성에 사용된 석재들과 토기편, 석부 등이 발견된 고구려 무덤이다.

> 시하보고분 동남쪽 3㎞ 지점에 위치한 남구(南溝)고분은 20기의 돌무지무덤이 집산된 고분군이다. 동천왕을 따라 순사한 사람들의 무덤떼로 추정된다.

동천왕의 무덤은 요녕성 개원의 「시하보柴河堡고분」이 유력하다.

| 중천왕과 신라 옥모여왕 |

중천왕(12대)은 이름이 연불然弗이며 재위기간은 248년~270년까지 23년간이다. 동천왕의 장자長子며, 어머니는 명림전明臨鱣(명림식부 딸)이다. 모처럼 장자승계가 이루어진다. 243년(동천17) 태자가 되며 248년 아버지 동천왕이 사망하자 25세 나이로 즉위한다. 그런데 곧바로 왕권의 도전을 받는다.

예물과 사구의 반란사건

동생 예물預物과 사구奢勾가 군사반란을 일으킨다. 『고구려사략』〈중천대제기〉다. '원년(248년) 11월, 상의 동생 예물과 사구 등이 선제(동천왕)가 짐독으로 독살되었다는 주장을 퍼뜨리며 군사를 일으켜 궁궐을 범하자 관군이 이를 격파하였다. 상이 명을 내려 예물과 사구를 해치지 말라 하였으나 끝내 빗발치는 화살에 맞아 죽었다. 처자들을 면죄하고 두 사람을 후하게 묻어주었다.'(元年 戊辰 十一月 王弟預物奢勾等揚言鴆帝之 說而發兵犯闕官軍擊破之 上命勿害預物奢勾竟死於乱矢之下 赦其妻子而厚葬之) 명분은 아버지 동천왕의 죽음에 대한 의심이다. 동천왕이 실제 짐독鴆毒으로 독살되었는지는 불분명하다. 다만 『고구려사략』은 추가하여 '예물과 사구의 반란은 불륜에서 나온 것이다.'(預物奢勾之乱出於不倫)라 적고 있어 중천왕과 두 동생 간에 여성문제가 개입되어 있음을 시사한다. 아버지 동천왕의 독살 운운은 단지 반란의 명분일 뿐이다.

중천왕은 두 동생이 지지세력을 동원하여 궁궐을 범하자 이들을 격퇴한다. 기록은 두 동생이 전투 중에 유시流矢에 맞아 죽었다하나 『삼국사기』는 중천왕이 두 동생을 사로잡아 복주伏誅(목을 벰)한 것으로 나온다.

짐독은 짐새의 독이다. 짐새는 중국 화남지방(광동성)에 서식했다고 전해지는 독사만 먹고 사는 전설 속에 등장하는 새다. **중원왕조에도 짐독을 암살수단으로 사용한 사례**가 더러 있다. 『사기』에는 여불위가 짐독을 마셔 죽고, 『한서』에는 한고조 유방의 왕후 여씨가 조왕을 짐독으로 죽인다. 『후한서』에는 영기가 황제를 짐독으로 죽이고, 『삼국지 위서』에는 동탁이 황제를 시해하고 왕후를 짐독으로 죽인다.

관나부인 수장사건

　　예물과 사구의 반란사건은 표면적으로는 중천왕과 동생들 간의 왕권다툼이나 실상은 5부 귀족세력간의 권력싸움이다. 중천왕이 즉위하면서 귀족세력의 판도가 절노부에 집중된다. 중천왕은 절노부 출신 연掾씨를 왕후로 맞아들이며 또한 절노부 출신 외삼촌 명림어수를 국상에 임명한다.

『삼국사기』는 중천왕의 왕후로 연(掾)씨 한 사람만을 기록하나, 『고구려사략』에는 3명의 왕후가 나온다. **상왕후는 여동생 요(夒)공주, 중왕후는 목잠(穆蚕), 하왕후는 연엽(掾葉)이다.** 하왕후 연엽이 바로 『삼국사기』의 연씨 왕후다.

　　절노부가 왕실과 조정의 권력을 동시에 장악하고 독주체제를 구축한다. 당연히 다른 귀족세력이 반발한다. 그리고 두 동생을 앞세워 권력탈취를 꾀하지만 실패한다. 대대적인 숙청작업이 이루어진다. 그러나 아이러니컬하게도 반란사건은 승자인 중천왕이 되레 독배를 마시는 결과를 낳는다.

　　중천왕은 명목상의 왕으로 전락한다. 250년(중천3) 국상 명림어수에게 내외병마의 군권을 넘긴다. 당시 중천왕의 처지를 가늠할 수 있는 상징적인 사건이 있다. 후궁 관나貫那부인의 수장사건이다. 『삼국사기』에 내막이 나온다. 관나부인은 얼굴이 아름답고 머리카락 길이가 아홉 자가 되어 중천왕의 사랑을 독차지한다. 왕후 연撈씨(연엽)가 관나부인을 시기하고 질투하는데 어느 날 중천왕이 사냥에서 돌아오니 관나부인이 왕후 연씨가 자신을 주머니(포대자루)에 넣어 물속에 던져 죽이려한다고 알린다. 그런데 사실 여부를 확인하는 과정에서 관나부인의 거짓이 드러나고 중천왕은 되레 관나부인을 물속에 던져 수장시킨다.

관나부인 수장사건은 왕실 여성들간의 시기와 질투심이 배경이다. 그러나 당시 절노부의 막강한 권력을 감안하면 중천왕의 행위는 자위적 판단보다는 절노부의 압박이 강하게 작용한 것을 알 수 있다. 『삼국사기』를 보면 중천왕의 사냥기록이 여러 번 나온다. 절노부에 권력을 빼앗긴 중천왕으로서는 사냥만이 유일한 낙이다.

신라 옥모여왕과의 인연

『고구려사략』에 매우 흥미로운 내용이 나온다. 중천왕과 신라 옥모여왕이 부부의 연을 맺는다.『삼국사기』가 기록하지 않은 내용이다.

옥모玉帽는 누구일까? 신라 김씨왕조 시조 미추왕(13대)의 아버지로 설정된 김구도金仇道의 딸이다. 처음 벌휴왕(9대-석씨왕조)의 태자 골정骨正의 비가 되어 신라왕실의 일원이 된다. 조분왕(11대)과 첨해왕(12대)을 낳으며 또한 직접 옹립하며 왕실권력의 중심에 선다.『신라사초』는 옥모를 여왕으로 기록한다. 이는 신라왕실의 독특한 통치시스템에 기인한다. 고구려와 백제는 남왕중심의 단일 지배체제라면 신라는 남왕과 여왕의 공동 지배체제다.『삼국사기』는 이성二聖(2명 성인),『신라사초』는 '이성치국二聖治國'의 표현을 쓴다. 남왕과 여왕은 동등한 권력의 주체로서 신라사회를 공동 통치한다.

중천왕과 신라 옥모여왕과의 첫 만남은 252년(중천5)이다. 관나부인 수장사건이 발생한 이듬해다. 〈중천대제기〉다.

10월, 첨해(첨해왕)가 옥모와 함께 국경을 찾아와 래조하였다. 상이 전태후, 월정과 함께 강변에서 이들을 맞이하여 사흘간 크게 연회를 열었다. 옥모에게 치렁치렁한 담비가죽 옷과 금팔찌, 옥귀고리, 향합, 진주머리장식, 백옥목걸이, 백마 등 4십여 가지를 선물하였다. … 상은 옥모를 태후의 예로 받들며 후궁으로 삼고자 하였으나 전태후가 시샘하여 그리하지는 못하였다. 첨해가 돌아가려하자 상이 옥모의 손을 부여잡고 눈물을 보이며 친히 부축하여 수레에 오르게 하였다. 이윽고 **죽령 땅을 하사하니 돌려보낸 이가 8천여 호**다. 세세도록 형제국이 되기로 하고 이를 철권(쇠판)에 새겼다.

十月 沾解與其玉帽來朝于境上 上與鱸后月精迎于河 上大宴三日 賜玉帽貂裘金釧碑磲香盒眞珠項飾珂勒白馬等四十餘事 … 上以太后尊敬之欲納後宮鱸后妬之不得 沾解將故上握手泣別親扶玉帽上車 遂賜竹岑之地而故羅 人故化者 八千餘戶 世爲兄弟之國 書于鐵券

　　고구려 중천왕과 신라 옥모여왕은 국경회담을 연다. 장소는 남한강 상류인 충북 단양으로 추정된다. 신라에 넘긴 죽령은 문경새재, 추풍령과 함께 충북 단양에서 경북 영주를 잇는 소백산맥의 3대 고개 중 하나다. 중천왕은 첫 만남에서 옥모여왕에게 반하며 깊은 호감을 갖는다.

　　『고구려사략』은 이후의 상황도 전한다. 중천왕은 옥모여왕에게 수차례 서신과 선물을 보내며 옥모여왕 역시 서신으로 답하며 두 사람의 관계가 급속도로 가까워진다. 급기야 256년(중천9) 옥모여왕은 중천왕의 아들 달가達賈를 낳는다. 달가는 훗날 고구려 왕이 된 을불(미천왕)의 할아버지다. 또한 259년(중천12) 중천왕은 옥모여왕의 아들 첨해왕(12대)에게 「신라국황제동해대왕우위대장군」의 관작으로 주며 옥모여왕은 중천왕의 딸 운雲을 낳는다. 특히 『고구려사략』은 신라 김씨왕조 시조인 미추왕(13대)이 고구려에 가있는 옥모여왕에게 왕위승계 허락을 구하는 장면도 나온다. 이때 중천왕은 첨해왕의 관작을 미추왕에게 수여한다.

『고구려사략』〈중천대제기〉. '14년(261년) 신사, 12월 28일에 첨해가 갑자기 죽어 조분의 사위 미추를 세우니 옥모의 동생이다. … 상이 이윽고 명림어윤으로 하여금 칙명을 받들고 **신라로 가서 미추를 「신라국황제동해대왕우위대장군」에 봉하고 금은으로 만든 인장과 포와 면을 하사하니 이날이 바로 임오년(262년) 1월 25일이다.'**(十四年 辛巳 十二月二十八日 沾解暴殂 助賁婿味鄒立玉帽之弟也 … 上乃使明臨於潤 奉勅往羅 封味鄒爲新羅國皇帝東海大王右衛大將軍 賜金銀印褒冕 此乃壬午正月二十五日也)

　　특히 262년(중천15) 중천왕은 옥모여왕을 위해 계림모성사^{鷄林聖母祠}를 세우고 열 폭의 옥모상 초상화를 사당에 걸며 신라 김씨왕조의 6대 조상인 알지, 세한, 아도, 수류, 욱보, 구도 등을 제사지낸다. 구도는 옥모여왕의 아버지다. 이에 화답하듯 옥모여왕은 졸본(홀본)의 동명왕(추모왕) 사당을 직접 찾아가서 제사지낸다. 이때 중천왕의 아들 단^檀을 낳는다. 이처럼 옥모여왕은 고구려와 신라를 오고가며 중천왕과 깊은 관계를 맺는다.

　　『고구려사략』〈중천대제기〉는 신라의 〈옥모여왕기〉라고 해도 과언이 아닐 정도로 중천왕과 옥모여왕의 열애기로 가득 채워져 있다. 그렇다면 『삼국사기』는 두 사람의 이야기를 모두 뺐을까? 가장 큰 이유는 당시 신라가 고구려의 속국으로 비춰지는 것과 신라왕실의 중심인 옥모여왕의 중천왕과 염문^{艶聞}이 무척이나 부담스러웠을 것이다. 두 사람의 관계는 이집트의 클레오파트라여왕이 로마의 카이사르와 안토니우스를 받아들인 경우와 비슷하다. 옥모여왕은 신라판 클레오파트라인 셈이다.

▲ 클레오파트라 [이집트 지폐]

　　중천왕과 신라 옥모여왕의 로맨스는 『삼국사기』가 기록하지 않은 위대한 러브스토리다.

| 평안남도 남포 감신총의 인물상 |

▲ 감신총 위치

「감신총龕神塚」은 평안남도 남포시 와우도구역 신령리에 소재한 고구려 무덤이다. 1913년 일제가 처음 조사하며 「대연화총大蓮華塚」으로 불리다가 앞방 감실龕室의 신상형神像形 인물로 인해 감신총으로 고쳐 부른다. 무덤양식은 돌방흙무지벽화무덤으로 널길→감龕이 딸린 앞방→이음길→널방의 두칸방무덤이다.

▲ 앞방 내부 투시도 [조선고적도보]

앞방은 장방형(2.42×1.51m)으로 좌우벽에 따로 감龕을 설치하였다. 천장은 위로 갈수록 안으로 줄어드는 활꺽임식穹窿式으로 맨 위에 판돌板石을 얹었다. 널방은 정방형(2.73×2.73m)이며 천장은 앞방과 마찬가지로 활꺽임에 삼각형 받침돌을 2중으로 얹은 삼각고임이다.

벽화는 아쉽게도 백회를 바른 벽면에 그린 탓에 대부분 떨어져 나가 부분적으로만 남아 있다. 우선 앞방과 널방의 벽의 각 모서리마다 기둥과 두공抖拱을 그려 무덤칸 안을 지상건물처럼 장식하였다. 앞방 벽면에는 고취악대와 남녀시중꾼, 천장에는 봉황새, 불꽃무늬 등을 그렸으며 널방 벽면에는 사냥장면과 봉황새, 구름, 천장에는 불꽃무늬를 그렸다.

특히 관심을 끄는 부분은 앞방 좌우 감실내에 그린 인물상이다. 왼

쪽(서벽) 감실 뒷벽에는 얼굴이 떨어져
나가 알 수 없으나 남성으로 추정되
는 인물의 좌상이 있다. 남성상의 뒷
배경은 '王'자 문양을 촘촘이 새긴 그
림과 그 하단 좌우에 2명의 시종이
남성상을 보좌하고 있다. 오른쪽(동벽)
감실 뒷벽에는 온화한 얼굴에 백랍
관을 쓴 여성의 좌상이 있다. 여성상

▲ 감신총 감실의 인물상 (좌:남성, 우:여성)

의 뒷배경은 'S'자의 변형구름을 촘촘히 새긴 그림과 남성상의 경우와
마찬가지로 그 하단 좌우에 2명의 시종이 역시 여성상을 보좌하고 있
다. 또한 공통적으로 두 남녀 인물상은 역삼각형의 나무 등받침대를 하
고 있으며 불교의 부처상에서 흔히 볼 수 있는 연화대좌蓮華臺座(연꽃문양
좌대)에 앉아 있다.

　일반적으로 두 남녀 인물상을 무덤주인으로 이해한다. 그러나 앞방
의 두 인물상은 결코 무덤주인이 될 수 없다. 이유는 널방에 무덤주인의
좌상을 그려 넣고 앞방에는 무덤주인의 특성을 보여주는 생활상을 담
는 통상의 벽화 배치 방식에 어울리지 않기 때문이다. 만약 기존의 해석
대로 두 인물상이 무덤주인이라면 앞방이 아닌 널방에 인물화를 그려
야 하며 또한 따로 감실을 만들어 인물상을 보호할 필요도 없다.

　그렇다면 두 인물상은 누구일까? 대관절 누구이기에 따로 감실까지
만들어 특별히 보호한 것일까? 감실총 인물상은 고구려와 신라 왕실의
공통분모인 고구려 중천왕과 신라 옥모玉帽여왕의 인물상이다. 왼쪽 감
실의 남성(*얼굴부분 박락)은 중천왕이고 오른쪽 감실의 여성은 옥모여왕
이다. 『고구려사략』은 중천왕과 옥모여왕의 신상이 광개토왕 당시까지
도 존재하였음을 언급한다.

『고구려사략』〈영락대제기〉. '14년(404년) 갑진 5월, … 천성이 사람을 보내 아뢰길 "금년 2월에 보금(신라 실성왕)의 조상사당을 배알하고 **동명단상과 중천·옥모상도 만들어 궁중에 두고 보금과 함께 아침저녁으로 참배하며 성상을 위해 빌고 있습니다.**"하였다.'(十四年 甲辰 五月 … 天星遣使來言 是年二月 謁其祖廟 而創東明檀像及中川玉帽像于宮中 與宝金朝夕拜之以禱聖躬云)

감신총 무덤주인은 중천·옥모상과 직간접적으로 관계된 인물이다. 다만 무덤주인의 신분이 중천·옥모 계열의 후손인지 아니면 중천·옥모상의 보호와 관리를 담당한 관료인지는 명확하지 않다. 그럼에도 자신의 무덤에 중천·옥모상을 가지고 갈 정도로 고구려사회에서 중요한 위치를 점한 인물임에는 틀림없다.

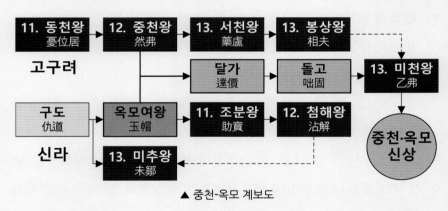

▲ 중천-옥모 계보도

감신총의 조성 시기는 무덤양식 등을 고려하면 대략 5세기 전반으로 이해한다. 아마도 무덤주인은 장수왕의 평양 천도(427년)이후 이곳에 정착하여 사망한 것으로 보인다.

「감신총」의 인물상은 중천왕과 옥모여왕이다.

| 서천왕의 출신 계보 이해 |

서천왕(13대)은 이름이 약우^{若友} 또는 약로^{藥盧}며 중천왕의 둘째 아들이다. 『삼국사기』는 '성격이 총명하고 어질어서 국인이 사랑하고 존경하였다.'(性聰悟而仁 國人愛敬之)고 평한다.

서천왕이 둘째 아들(二子)가 된 이유

『삼국사기』는 통상적으로 둘째 아들을 표기할 때 '차자^{次子}'를 쓰는데 서천왕의 경우는 '이자^{二子}'를 쓴다. 중천왕 가계에 특수한 상황이 존재함을 암시한다. 중천왕의 첫째 아들은 누구일까?

『삼국사기』는 이름조차 밝히고 않는다. 『고구려사략』〈중천대제기〉다.

8년(255년) 정월, 약우를 정윤(태자)으로 삼고 동궁에 관리를 배치하였다. 나이는 16세다. 준수하고 인후하여 많은 사람의 기대를 받았다. 통공주 소생인 문부태자가 약우보다 나이가 많지만 상의 속내를 알아 스스로를 감추고 양위하였다.
八年 乙亥 春正月 以太子若友爲正胤置東宮官寮 年十六 俊秀仁厚衆望蔚然 桶公主所生門夫太子 長于若友而知上之意 自晦以讓位

중천왕의 첫째 아들은 통^桶공주 소생인 문부^{門夫}다. 당시는 공식 후계자인 태자다. 통공주는 중천왕의 아버지인 산상왕의 딸이다. 중천왕은 동생 통공주를 통해 문부를 얻는다. 다만 통공주가 중천왕의 왕후나 후궁이 된 기록이 없어 문부는 혼외자일 가능성이 높다. 이에 반해 둘째 약우는 절노부 출신의 왕후 연씨(연엽)가 낳은 아들이다. 약우는 비록 둘째지만 정실 소생이다. 통상적으로 『삼국사기』가 정실 소생을 표기할 때는 '적자^{嫡子}'를 쓴다. 그럼에도 약우는 '이자^{二子}'를 쓴다. 이는 첫째 문

부의 모친 통공주가 왕족인 까닭에 둘째 약우는 정실왕후의 소생임에
도 불구하고 적자 또는 차자를 쓰지 못한다.

　　문부가 태자자리를 약우에게 양보한 이유도 재해석해야한다. 『고구
려사략』은 문부가 아버지 중천왕의 속내를 알아차리고 양보한 것으로
기록한다. 중천왕의 속내는 문부태자가 절노부에 굴복하는 것이다. 당
시 절노부의 힘은 태자까지도 교체할 정도로 막강하다.

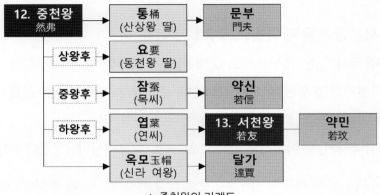

▲ 중천왕의 가계도

　　서천왕은 즉위하자마자 서부 대사자 우수于漱의 딸을 왕후로 맞이한
다. 서부는 소노부다. 서천왕은 자신의 후원세력인 절노부(남부)를 제쳐
두고 소노부 출신의 왕후를 얻는다. 절노부를 견제하기 위한 선택이다.

　　서천왕의 이자二子 표기는 모후가 왕족이 아닌 귀족 출신이기 때문
이다.

| 서천왕과 달가, 돌고 부자 |

서천왕은 270년~292년까지 23년간을 재위한다. 재위기간 중 주요 치적은 숙신肅愼 정벌과 서부여西夫餘 복국復國 지원이다. 그런데 두 사건에는 아버지 중천왕과 인연을 맺은 신라 옥모여왕의 직계후손이 깊숙이 개입된다.

숙신을 정복한 달가

먼저 숙신 정복이다. 『삼국사기』다.

> 11년(280년) 10월, 숙신이 침범하여 변방의 백성을 해쳤다. … 왕이 동생 달가를 보내 숙신을 정벌하였다. 달가가 기이한 계략으로 적을 엄습하여 **단로성을 빼앗고 추장을 죽였으며 주민 6백여 가를 부여 남쪽 오천으로 옮기고 항복한 부락 6~7곳은 부용하게 하였다. 왕이 크게 기뻐하여 달가를 안국군에 봉하고 내외병마사를 맡게 하였다.** 겸하여 양맥과 숙신의 부락을 다스리게 하였다.
>
> 十一年 冬十月 肅愼來侵 屠害邊氓 … 遣達賈往伐之 達賈出奇掩擊 拔檀盧城 殺酋長 遷六百餘家於夫餘南烏川 降部落六七所 以爲附庸 王大悅 封達賈爲安國君 知內外兵馬事 兼統梁貊肅愼諸部落

숙신을 정벌한 사람은 달가達賈다. 달가는 아버지 중천왕이 신라 옥모여왕과 인연을 맺어 낳은 아들로 서천왕의 이복동생이다. 달가는 숙신의 본거지인 단로성檀盧城을 공취하고 숙신 주민 6백여 가를 오천烏川으로 이주시킨다. 단로성의 정확한 위치는 알 수 없으나 '檀(박달나무)'은 박달나무 분포지역과 연관된다. 박달나무는 중국 동북부 및 러시아 연해주 우수리지역에 집중 분포한 점을 감안하면 지금의 중국 길림성 송원^{松原}정도로 추정된다. 오천은 요녕성 철령을 가로지르는 시하^{柴河}의 상류지역이다. 시하는 동천왕의 무덤인 시원^{柴原} 즉 오양^{烏陽} 산줄기가 있는 강이다.

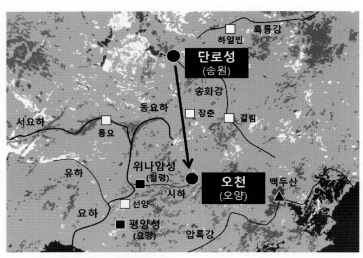

▲ 달가의 숙신 정벌과 숙신 주민 이주

특히 눈에 띠는 내용은 숙신 주민을 이주시킨 점이다. 통상적으로 정복자의 피정복민 이주정책은 두 가지를 목적으로 한다. 피정복민의 본거지를 없애 집단 저항을 억제하는 것과 피정복민의 노동력을 활용하여 미개척지를 개발하는 것이다. 예를 들어 신라는 금관가야(경남 김해)를 멸한 후 수많은 가야인을 전혀 연고가 없는 충북 충주지방으로 대거 이주시킨다. 고구려 남진에 대응한 일종의 총알받이로 가야인을 활용한다. 외람되게도 충주지방은 이때부터 가야인에 의해 본격적으로 개발된다. 현대의 경우도 유사한 사례가 있다. 소련의 스탈린은 극동의 조선족을 수만리 떨어진 중앙아시아 카자흐스탄으로 전격 이주시킨다. 카자흐스탄을 개발하기 위한 목적이지만 조선족의 터전 자체를 없애버려 추후 발생할지도 모를 집단적 반발을 무마시키기 위한 조치다. 고구려의 숙신 주민 이주 또한 같은 맥락으로 이해된다.

달가는 숙신 정벌 공로로 안국군에 봉해지며 군권을 총괄하는 내외병마사가 된다. 또한 양맥과 숙신 두 지역을 다스릴 수 있는 권한까지 부여받는다.

서부여 복국을 지원한 돌고

다음은 서부여^{西夫餘} 복국^{復國} 지원이다. 서부여는 북부여 왕족 출신 위구태가 건국한 나라다. 위구태는 122년(태조70) 요동전쟁에서 고구려 태조왕에게 패해 본거지를 서자몽(내몽골자치구 다룬현)으로 옮겨 서부여를 출범시킨다. 이후 후손집단이 남하하여 대방세력(하북성 당산)과 녹산세력 (요령성 건창현 백랑산)으로 각각 분화되며 정착하는데 이때 녹산세력이 모용 선비로부터 집중 공격을 받아 무너진다.

『고구려사략』〈서천대제기〉다.

> 16년(285년) 을사 춘정월, 비리왕 의려가 모용외에게 패하여 자살하고 그 자 제들이 돌고에게 도망해오니 왕이 명을 내려 양을 나눠주고 편히 살게 하였 다. 18년(287년) 정미 정월, 돌고를 양맥교위로 삼았다. 비리왕 의라가 서진 가침과 함께 모용외를 쳐서 손정을 참하고 옛 땅을 되찾았다. 돌고에게 도움 을 요청한 까닭에 맥군을 보내 도와주었다.
>
> 十六年 乙巳 春正月 卑離王依慮爲慕容廆所敗而自殺 其屬來奔于咄固 命賜羊 安之. 十八年 丁未 正月 咄固爲梁貊校尉 卑離依羅與晋賈沈伐廆 斬孫丁而復 其旧地 請援於咄固 故遣貊助之

때는 285년(서천16)이다. 서부여(비리,녹산세력) 의려^{依慮}왕이 모용외의 공 격을 받아 패하며 자살하고 그 아들 의라^{依羅}가 고구려 양맥지역으로 피 신해와 도움을 요청한다. 서천왕은 돌고^{咄固}로 하여금 이들을 돕게 하고 이후 의라가 서진의 군사지원을 받아 복국할 때 직접 군사를 보낸다.

돌고는 누구일까? 달가의 아들이다. 돌고가 서부여의 복국에 결정 적인 기여를 한다. 그런데 이 기록은 『진서』에도 나온다. 내용은 『고구 려사략』가 별반 차이는 없으나 『진서』는 고구려가 지원한 내용은 모 두 빼고 오로지 서진의 공으로만 기록한다. 전형적인 춘추필법이다. 특 히 『진서』는 의라가 도망한 곳을 양맥이 아닌 옥저^{沃沮}로 적는다. 학계

▲ 돌고의 서부여 복국 지원

는 옥저를 함경북도 함흥지역의 동옥저로 이해한다. 명백한 오류다. 정말로 동옥저라면 의라는 고구려 내륙을 횡단하여 수천리 떨어진 동해 끝으로 가야한다. 당시 비행기가 있는 것도 아니고 성립될 수 없는 이동이다. 『진서』의 옥저는 『고구려사략』의 양맥을 가리킨다. 고구려 건국초기 추모왕에게 병합된 북옥저(요녕성 심양)가 양맥 동쪽에 위치한다. 『진서』의 옥저는 북옥저를 말한다.

　　신라 옥모여왕의 소생인 달가와 아들 돌고는 280년(서천11) 숙신 정복과 285년(서천16) 서부여 복국 지원을 통해 서천왕의 후반기를 이끄는 강력한 세력으로 부상한다. 그러나 이로 인해 두 부자는 오히려 목숨마저 잃는 롤러코스트를 타게 된다. 서천왕은 재위 23년째인 292년 52세로 사망하며 서천원西川原에 장사지낸다. 시호는 직전 두 왕(동천왕/중천왕)과 마찬가지로 장지의 이름을 딴다.

> 서천왕의 죽음을 두고 『삼국사기』는 '훙(薨)', 『고구려사략』은 '폭붕(暴崩)'을 쓴다. 薨은 단순한 왕의 죽음이고, 暴崩은 황제가 급사하는 경우다. 황제의 시해(弑害)를 표현하는 필법이다. **서천왕은 우왕후에 의해 살해되었을 개연성이 크다.**

　　서천왕의 무덤이 있는 서천원은 어디일까?

| 폐주가 된 봉상왕의 불명예 |

폐주廢主는 왕위에서 쫓겨난 군주를 말한다. 대표적인 폐주는 조선의 연산군과 광해군이다. 두 왕은 각각 중종반정과 인조반정을 통해 강제로 폐위된다. 그런데 고구려 왕들 중에도 폐주가 된 왕이 있다. 봉상왕 (14대)이다.

달가와 돌고의 예정된 운명

봉상왕의 이름은 상부相夫 혹은 삽시루歃矢婁며 초호初號는 치갈雉葛이다. 재위기간은 292년~300년까지 9년간이다. 서천왕의 장자長子며 어머니는 우于(우수 딸)왕후다. 봉상왕은 정실소생의 적장자다. 『삼국사기』는 '어려서부터 교만하고 방탕하며 의심과 시기심이 많았다.'(幼驕逸多疑忌)고 평한다. 왕의 재목감이 못 된다는 의미다. 특히 『고구려사략』은 '서천왕이 오래도록 나라를 물려줄 생각이 없었으나 갑자기 붕하자 우왕후가 거짓조서를 꾸며 봉상왕을 왕위에 세웠다.'(故西川帝久無傳國之志及其暴崩 于后矯詔立之)고 기록한다. 적장자인 봉상왕 말고도 서천왕의 뒤를 이을 만한 인물이 따로 있다는 얘기다. 누구일까?

달가達賈와 돌고咄高다. 달가는 봉상왕의 작은아버지로 서천왕의 이복동생이다. 어머니는 신라 출신 옥모玉帽여왕이다. 달가는 중천왕(12대)이 옥모와 인연을 맺어 낳은 아들로 신라왕실의 피가 흐른다. 달가는 서천왕 재위중반기인 280년(서천11) 숙신을 정벌한 공로로 안국군安國君에 봉해지며 또한 내외병마사(국방부장관)를 겸한다. 이후 달가는 군권을 총괄하며 이복형 서천왕을 적극 보좌한다. 돌고는 달가의 아들이다. 봉상왕의 입장에서 보면 사촌동생이다. 돌고는 봉상왕이 즉위하면서 태제

(태자)가 된다. 서천왕이 사망하자 우왕후와 달가는 봉상왕의 왕위와 돌고의 태자위를 놓고 딜^{deal}을 한다. 그런데 봉상왕은 곧바로 달가와 돌고 두 사람을 연거푸 죽인다. 달가는 본바탕이 다른 족속(신라 옥모여왕 아들)인 자가 군권을 훔쳤다는 반역죄를 덮어씌워 자결을 명한다. 이때 달가는 신라로 도망가지 않고 봉상왕의 명을 순순히 따른다. 〈봉상제기〉다.

원년(292년) 임자 3월, 조칙을 내려 이르길 "안국군 달가는 본바탕이 다른 족속이고 품계도 낮은데 감히 병권을 훔쳐 누차 위태로웠다. 짐이 몸소 그에게 사약을 내리고 그 집안을 몰수하겠다."하였다. 애초에 달가는 신하 선결이 치갈(봉상왕)을 제거하라고 권하여도 듣지 않고 지금에 와서 신하 이경이 다시금 신라로 도망할 것을 권하여도 아니 듣고 말하길 "나는 선제(서천왕)를 따라 죽을 것이야."하였다. 이윽고 조용히 자진하였다.

元年 壬子 三月 詔曰 安國君達賈 素以他族庸品 敢窃兵權累危 朕躬其賜死 籍其家 初達賈之臣仙潔勸除雉葛 而不聽 至是 其臣以竟又勸出奔新羅 而不聽 曰 吾欲殉先帝 遂從容而盡

이어 봉상왕은 달가의 아들 돌고도 죽인다. 왕위를 넘봤다는 죄목으로 사약을 내린다. 〈봉상제기〉다.

2년(293년) 계축 9월, 곡림지전 때에 돌고 역시 군대를 이끌고 와 싸워서 공을 세웠다. 그런 까닭에 여러 신하가 돌고의 작위와 식읍을 더해주길 청하자 원항이 나서 아뢰길 "돌고는 달가의 무리이니 그에게 날개를 달아 주어선 안됩니다. 이참에 조서를 기다리지 않고 스스로 찾아온 죄를 묻는 것이 마땅합니다. 왕위를 찬탈할 뜻이 있기에 거짓으로 모용외 토벌을 칭한 것이지 실은 은밀히 반역을 기도한 것입니다."하였다. 상이 이르길 "옳다."하고 사약을 내렸다.

二年 癸丑 九月 鵠林之戰 咄固亦引兵來戰有功 故群臣請加爵封邑 猿項曰 咄固達賈之黨也 不可成其翼 宜以此時罪不待詔而自來 以爲有篡逆之志故假稱討庬 而實自有密圖者也 上曰善 乃賜死

봉상왕은 재위초기 자신의 왕권을 위협할 만한 강력한 정적인 달가와 돌고 두 사람을 연거푸 제거한다.

국상 창조리의 쿠데타

이후 봉상왕은 자신의 후원세력인 소노부(서부)출신 국상 상루尙婁가 죽자 반대파 인물을 등용한다. 절노부(남부)출신 창조리倉助利를 국상에 임명한다. 창조리는 봉상왕이 발탁한 측근 중의 측근이다. 그런데 봉상왕과 창조리사이에 간격이 발생한다. 봉상왕은 계속된 흉년에도 불구하고 무리하게 궁궐 보수공사를 강행한다. 웅장하고 화려한 궁궐은 왕권의 상징이다. 이에 창조리는 백성의 원성이 높다는 이유를 들어 궁궐공사 중지를 건의하자 봉상왕은 창조리가 백성의 신망을 얻으려 한다며 불쾌감을 드러낸다. 결국 창조리는 여러 신료들과 결탁하여 사냥터에서 봉상왕을 감금하며 폐위시킨다. 『고구려사략』은 창조리의 쿠데타를 「을불반정乙弗反正」으로 규정한다.

지금까지 고구려는 3명의 왕이 신하에게 살해되거나 폐위당한다. 모본왕(5대)은 황음무도하다는 이유로 두로杜魯에게 살해당하며, 차대왕(7대)은 횡포와 학정을 일삼았다는 이유로 명림답부明臨答夫에게 피살된다. 그리고 봉상왕(14대)은 백성의 궁핍한 삶을 보살피지 않고 궁궐을 화려하게 꾸몄다는 이유로 창조리倉助利에게 폐위당한 후 자결한다. 이들 3명의 왕은 모두 자신의 측근에 의해 살해당하거나 폐위당한 공통점이 있다.

절대 권력자는 항상 측근을 조심해야 한다. 문득 측근 김재규에게 살해당한 박정희대통령이 떠오르는 이유는 무엇일까?

| 천(川)에 묻힌 왕들의 무덤 |

고구려는 유독 장지^{葬地} 이름을 왕명(시호)으로 정한 왕들이 많다. 9대 고국천왕부터 19대 광개토왕까지 11명이다. 이전 민중왕(4대,민중원)과 모본왕(5대,모본원)을 포함하면 총 13명이다. 고구려 왕 전체가 28명이니 13명은 46.4%에 해당한다. 절반 정도가 장지 이름을 왕명으로 사용한다.

천(川)에 묻힌 왕들

장지명 왕의 무덤은 고국원왕을 기준으로 전반기와 후반기로 나눌 수 있다. 후반기 왕의 무덤은 국내성 주변인 지금의 길림성 집안현 일대 무덤떼에 모두 소재한다. 고국원왕(16대), 고국양왕(18대), 광개토왕(19대) 등이다.(*17대 소수림왕 별도) 그러나 아쉽게도 전반기 왕의 무덤 소재지는 전혀 알지 못한다. 대략적인 위치마저도 가늠하지 못하는 안타까운 현실이다. 그러다보니 언급 자체를 꺼려하게 되고 오히려 금기시하는 경향 또한 강하다.

『삼국사기』와 『고구려사략』이 기록한 전반기 왕의 무덤이다.

대	왕	장지 (무덤명)		추정 위치
		『삼국사기』	『고구려사략』	
8	신대왕	고국곡	고국곡	청하(淸河)상류
9	고국천왕	고국천원	고국천	청하(淸河)중류
10	산상왕	산상릉	산상릉	안산(鞍山)
11	동천왕	시원	동천 오양 산줄기 (시원)	시하(柴河)
12	중천왕	중천원	중천원	청하(淸河)하류
13	서천왕	서천원	서천릉	왕하(王河)
14	봉상왕	봉상원	봉상원	등탑(燈塔)
15	미천왕	미천원	미천석굴	태자하(太子河)

우선 '천川'자로 끝나는 왕은 고국천왕(9대), 동천왕(11대), 중천왕(12대), 서천왕(13대), 미천왕(16대) 등 5명이다. 소규모 하천을 끼고 있는 무덤들로 추정된다.

① 고국천왕이다. 장지는 고국천故國川이다. 고국故國(옛 나라)은 북부여를 가리킨다. 옛 북부여 직할지를 나타내는 '국내國內'로 통칭된 요녕성 개원開原과 철령鐵嶺 일대다. 고국천은 요녕성 개원을 가로지르는 요하 지류인 청하淸河의 중류다. 청하는 시조 추모왕의 어머니 유화부인의 발원지로 유화(옥유화)부인의 아버지 옥두진屋斗辰이 다스린 지역이다. 옥두진은 청하의 제후인 청하백淸河伯이다. 이전 신대왕(8대)의 고국곡 역시 청하의 산골짜기(상류) 정도로 이해된다.

② 동천왕이다. 장지 동천東川은 시원柴原이다. 요녕성 철령 은주구銀州區를 가로지르는 요하 지류인 시하柴河다. 동천은 시하를 가리킨다.

③ 중천왕이다. 장지 중천中川은 고국천왕의 고국천인 청하의 하류다. 청하의 남쪽 땅은 중中청하로 불린다. 중천은 중청하를 가리킨다.

④ 서천왕이다. 장지 서천西川은 요녕성 개원 서쪽의 요하 지류인 왕하王河다.

⑤ 미천왕이다. 장지 미천美川은 요녕성 요양과 본계本溪(본시)를 가로지르는 태자하太子河다. 특히 본계 일대는 유난히 석굴이 많다. 『고구려사략』은 미천왕을 미천석굴美川石窟에 장사지냈다고 기록하고 있어 이를 뒷받침한다. 또한 본계는 이전 민중왕(4대)의 장지인 민중원이 소재한 지역이기도 한다. 민중왕 역시 석굴에 장사지낸다.

> 『고구려사략』〈미천대제기〉. '장례는 마땅히 **검소하게 치를 것이며 옥관과 금곽은 쓰지 말라**. 귀한 물건을 함께 묻으면 도둑이 파헤치게 된다. 네 어미(주왕후)의 고향 산수가 좋다하니 마땅히 **나를 미천석굴(美川石窟)에 장사**하고 네 어미가 나를 따라오거든 함께 묻어라 이르고 숨을 거두었다. 춘추 54세다.'(葬宜儉實 無爲玉棺金椁 埋以珍玩 使盜掘之.汝母鄕之山水甚好 宜葬我於美川石窟 待汝母之從我而合封 戒畢而崩 春秋五十四)

이상과 같이 고국천왕, 동천왕, 중천왕, 서천왕의 무덤은 수도 위나 암성(북도)이 위치한 국내지역에 소재한다.(*미천왕 제외)

그러나 산상왕(10대)과 봉상왕(4대)은 다르다. 두 왕은 '川'자를 붙이지 않는다. 하천 근처에 무덤을 쓰지 않은 것으로 판단된다. 산상왕의 산상 릉은 산상왕이 천도한 환도성(요녕성 해성) 북쪽인 요녕성 안산^{鞍山} 일대가 유력하다. 또한 봉상왕의 봉산^{峰上}원은 당시 수도인 평양성(요녕성 요양) 북 쪽의 요녕성 등탑^{燈塔}으로 추정된다. 봉상왕은 국상 창조리에 의해 실각 된다. 이런 까닭으로 국내지역의 '川'에 묻히지 못한다.

▲ 장지명 왕의 무덤 추정 위치

장지 이름을 왕명에 사용한 이유

일반적으로 장지 왕명은 망자^{亡者}의 땅에 대한 지배권을 부여하는 행 위로 이해한다. 망자는 죽어서도 땅의 지배권을 영속적으로 갖는다. 그 러나 이 경우는 다르다. 국내지역(옛 북부여 직할지)의 특수성이 반영된 장지 왕명으로 보아야 한다. 국내는 고구려 왕들에게 있어 본향과 같은 곳이다. 고구려 왕가의 발원지다. 따라서 사후 가장 신성한 장소인 국내지역에 묻히는 것은 왕들만이 가질 수 있는 일종의 특권이다.

특히 '川'자의 사용은 또 다른 해석이 요구된다. 단순히 하천만을 가리키는 것이 아니다. 밤하늘의 은하수는 별의 하천이다. 혹여 동서를 가로지르는 은하수를 빗대어 동천, 중천, 서천이라 이름을 붙이진 않았을까? 하늘의 별천을 지상의 하천으로 구현한 고구려인의 하늘숭배사상을 집약한 이름이다. 우리는 죽음을 가리켜 '하늘로 돌아간다.'는 표현을 쓴다. 죽어서 갈 수 있는 하늘이라면 지상의 무덤 또한 하늘과 별반 다르지 않을 것이다.

고구려인의 하늘숭배는 우리의 상상너머에 존재한다. 조선 초기에 제작된 「천상열차분야지도」는 대동강에서 발견된 고구려 천문도를 베낀 것으로 알려져 있다. 또한 일본 기토라北浦고분(나라현 이스카촌 소재)의 천장벽화의 천문도 역시 한반도 평양에서 관찰한 고구려 천문도를 그대로 옮겨 놓은 것이다. 고구려는 삼국 중 유일하게 천문도를 남긴 위대한 나라다.

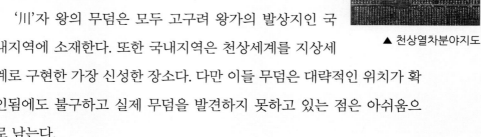

▲ 천상열차분야지도

'川'자 왕의 무덤은 모두 고구려 왕가의 발상지인 국내지역에 소재한다. 또한 국내지역은 천상세계를 지상세계로 구현한 가장 신성한 장소다. 다만 이들 무덤은 대략적인 위치가 확인됨에도 불구하고 실제 무덤을 발견하지 못하고 있는 점은 아쉬움으로 남는다.

이제는 중국의 협조를 받아 이들 무덤을 찾아야 한다. 우리 고고학의 분발을 진심으로 기대한다.

4 중시조 미천왕과 계승자

미천왕, 고국원왕의 서벌남정

소수림왕, 고국양왕의 선택

| 미천왕의 혈통 계보 |

▲『삼국사기』 미천왕 즉위전사

고구려 왕들 중에 드라마틱한 삶을 산 왕이 있다. 미천왕(15대)이다. 『삼국사기』 미천왕 즉위전사에 상세히 나온다. 미천왕은 아버지 돌고乭固가 봉상왕(14대)에게 죽임을 당하자 무작정 도망친다. 처음에는 품팔이를 하다가 주인이 힘들게 하자 그만두고 이후 소금장수가 되어 전국을 떠돌며 힘겨운 삶을 산다. 일반적으로 고난과 역경을 이겨내고 어렵게 즉위한 왕은 온실 속의 화초마냥 순탄히 자라 즉위한 왕과는 현저한 차이를 보인다. 미천왕은 고난을 경험하며 왕의 재목으로 철저히 단련된다. 역사는 소금장수 미천왕을 선택한다. 창조리가 봉상왕을 폐위시키는 「을불반정乙弗反正」을 일으켜 미천왕을 옹립한다.

『고구려사략』《미천대제기》. '이때 창조리는 곧 왕을 폐하고 새 왕을 세우려 하던 참이었다. **왕손이면서도 검약하고 인자하여 조부(서천왕)의 뒤를 이을만하다 여겨 신하를 보내서 맞아들이게 하였다.** 을불이 말하길 "저는 야인이지 왕손이 아닙니다."하니 소우 등이 선결의 집에 모셔가 군신의 예를 행하고 오맥남 집으로 맞아들였다. 9월, 후산 북녘에서 사냥하다가 창조리가 무리에게 이르길 "나와 뜻을 같이 하는 분은 나를 따라 하시오." 하며 부들잎을 모자에 꽂으니 모두가 부들잎을 모자에 꽂았다. 이윽고 **창조리가 말하길 "지금의 주상(봉상왕)은 무도하오. 을불대왕(미천왕)께서 덕이 있으니 추대하려 하오이다."**하자 무리가 크게 기뻐하며 손뼉치고 발을 굴렀다. 이에 을불을 맞아들여 새수(옥쇄)를 바치고 봉상제를 행궁에 가두었다.'(時倉助利將行廢立 以王孫儉約仁慈可以嗣祖 遣臣等迎之 乙弗曰 予野人非王孫也 蕭友等引至仙潔家 行君臣之禮 迎入于烏陌南家 九月 畋于候山之陰 助利謂衆曰 與我同志者 効我 乃以芦葉挿冠 衆皆挿之 乃謂衆曰 今主上無道 乙弗大王有德 願其戴之 衆大喜抃躍 乃迎乙弗上璽綬 幽烽上帝于行宮守之)

미천왕은 고씨왕조 중시조

　　미천왕의 이름은 을불^{乙弗}이다. 어머니는 국상 을파소의 증손녀인 을^{乙}씨다. 미천왕은 부계혈통이 아닌 모계혈통의 성씨를 따른다. 원래 을불의 어머니 을씨는 서천왕의 차비^{次妃}(둘째 비)다. 그런데 을씨가 돌고와 은밀히 사통하여 을불을 낳는다. 이에 서천왕은 하늘이 정한 일이라며 을씨를 돌고의 처로 삼게 하고 을불의 이름을 지어준다. 을불이 모계혈통의 성씨를 따른 것은 전적으로 서천왕의 괘씸죄가 작용한 결과다. 이는 을불이 고구려왕실의 일원으로 받아들여지지 않은 사실을 부연한다. 특히 을불의 부계혈통에는 신라왕실의 피가 흐른다. 할아버지 달가는 중천왕이 신라 옥모여왕을 통해 낳은 아들이며, 아버지 돌고 역시 마찬가지다.

▲ 미천왕(을불) 계보도

　　미천왕의 또 다른 시호는 호양^{好壤}이다.(一云 好壤王-『삼국사기』) 호양은 이전 동천왕을 동양^{東壤}, 중천왕을 중양^{中壤}, 서천왕을 서양^{西壤}으로 쓴 경우와 같다. 천^{川}자를 양^{壤}자로 바꾼다. 다만 미천왕은 미양^{美壤}을 쓰지 않고 호양^{好壤}을 쓴다. 이는 광개토왕부터 사용한 호태왕^{好太王}의 칭호와 직접 연결된다. 호양은 광개토왕계열이 미천왕을 고씨왕조 중시조로 정리하며 붙인 시호다.

　　미천왕은 혈통의 한계를 극복한 고씨왕조의 중시조다.

| 서벌남정 정책의 성공 |

　　미천왕은 왕성한 정복활동을 벌인 군주다. 「서벌남정^{西伐南征}」은 재위
기간(300~331) 내내 일관되게 추진한 정책이다. 서쪽을 토벌하고 남쪽을
정복하는 적극적인 군사활동이다.

「서벌남정」의 남정정책

　　남정^{南征}정책은 상당한 성과를 거두며 한반도 북부지역을 고구려 영
토로 편입한다. 이를 계기로 고구려는 한반도에 대해 본격적으로 관심
을 갖기 시작한다. 그런데 이 대목에서 『삼국사기』는 미스터리한 기록
을 남긴다. 한반도에 소재한 소위 중원의 낙랑군과 대방군을 축출(?)했
다고 한다. 서진의 낙랑군과 공손씨정권의 대방군이다.

> 『삼국사기』 미천왕. '14년(313년) 겨울10월, 낙랑군을 침범하여 남녀 2천여를 사로잡
> 았다.'(十四年 冬十月 侵樂浪郡 虜獲男女二千餘口) '15년(314년) 가을9월, 남쪽으로 대방군
> 을 침공하였다.'(十五年 秋九月 南侵帶方郡)

　　『고구려사략』은 미천왕이 정복한 한반도 북부세력의 실체를 명확히
설명한다. 자술^{子術}의 낙랑국과 공손소^{公孫沼}의 대방국이다.

　　먼저 자술의 낙랑국 정복이다. 『고구려사략』〈미천대제기〉이다.

> 9년(308년) 무진 5월, 조문, 뉴벽, 부협, 고식 등에게 낙랑을 쳐라 명하여 그
> 군들을 빼앗고 남녀 3백을 사로잡았다. 낙랑왕 자술이 아들 자룡을 보내 신
> 하를 칭하며 말과 토산물 12가지를 바치고 화친을 청하니 선방이 동생 선담
> 으로 하여금 자술의 딸과 혼인하여 2개 군의 주인이 되었다.
>
> 九年 戊辰 五月 命祖文紐碧芙莢高植等伐樂浪拔其郡虜男女三百人 樂浪王子述
> 遣其子龍稱臣貢馬及其土物十二而請和 仙方使其弟淡娶子述女 以爲二郡之主

14년(313년) 계유 10월, 선방이 낙랑왕 자술과 살천원에서 만나 사냥하였다. 자술이 선방의 정예기병이 많음을 보고 도망치려 하자 선방이 뒤쫓아 가서 자술을 사로잡았다. 조문, 뉴벽 등은 물가의 모든 읍을 평정하고 **창역은 교위부를 깨뜨려 교위와 관속 7인을 사로잡았다. 장막사는 낙랑성을 습격하여 남녀 생구 2천여를 붙잡았다. 선방을 낙랑왕으로 삼고 작위를 태공으로 올려주어 낙랑무리를 지키게 하였다.**

十四年 癸酉 十月 仙方與樂浪王子述會獵于薩川原 子述見仙方之精騎甚多欲退之 仙方追而擒之又使祖文紐碧等進攻海濱諸邑平之 倉覓破校尉府而虜校尉屬國等七人献之 長莫思襲破樂浪城虜男女二千餘口献之 以仙方爲樂浪王進爵太公以鎮其衆

　　자술의 낙랑국 기원은 명확하지 않다. 대무신왕(3대) 때인 54년(대무신27) 고구려에 정복된 '호동왕자와 낙랑공주' 설화의 배경이 된 최리崔理 낙랑국(요령성 요양)의 한반도 후국後國인지 아니면 중원 진秦, 한漢 왕조의 망명객 후손의 별국別國인지 불분명하다. 다만 당시 자술의 낙랑국은 읍과 군을 둔 엄연한 국가체제 집단이다.

　　『고구려사략』은 미천왕의 낙랑국 정복이 두 차례에 걸쳐 이루어진 사실을 증언한다. 308년(미천9) 낙랑국의 일부 군을 정벌하고 이어 313년(미천14) 남은 읍과 군을 모두 정복하며 수도 낙랑성마저 함락시킨다. 이로 인해 자술의 낙랑국은 멸망하며 미천왕의 공신 선방仙方이 낙랑왕을 승계한다. 특히 기록은 낙랑국을 정복하면서 교위부校尉府를 없애고 관속을 사로잡았다고 적는다. 교위부는 서진西晉(265~316, 사마염)이 낙랑국에 파견한 연락관청이다. 미천왕은 이들마저 모두 없애며 낙랑국 땅을 고구려 영토에 편입한다.

교위부(校尉府)는 동이(東夷)교위부를 말한다. **중원왕조의 동쪽 군현을 지원하기 위해 만든 일종의 연락관청**이다. 위(魏)때 설치된 동이교위부는 서진(西晉)이 들어서면서 명맥만을 유지하다 낙랑국 멸망과 함께 소멸된다.

다음은 공손소의 대방국 정복이다. 『고구려사략』〈미천대제기〉이다.

> 15년(314년) 갑술 추9월, 선방(낙랑왕)이 조문 등을 보내 **대방을 쳐서 잠성과 제해 등 2개 성을 빼앗고 포로들을 잡아** 바쳤다.
>
> 十五年 甲戌 秋九月 仙方遣祖文等伐帶方 取岑城提奚二城献俘

대방국은 공손씨정권(공손연)의 후손집단이 한반도 황해도지역에 세운 일종의 후국^{後國}이다. 공손씨정권은 후한 말 혼란기를 틈타 삼국(위/촉/오)과는 별도로 대륙 동북방의 장악한 군벌정권이다. 189년 공손도에 의해 설립된 공손씨정권은 이후 공손강, 공손공, 공손연으로 이어지며 238년 위 사마의^{司馬懿}에게 멸망당한다. 4대 50년(189~238)간이다. 이때 공손씨정권의 공손소가 유민을 이끌고 황해도지역으로 건너와 대방국을 건국한다. 한반도에 대방 명칭이 처음으로 생겨난다.

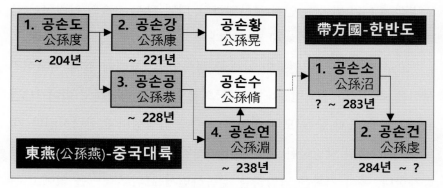

▲ 대륙 공손연과 한반도 대방국 관계도

당시 대방국왕은 공손건(공손소 아들)이다. 공손건의 대방국이 미천왕의 공격을 받고 멸망한다. 특히 고구려가 함락한 잠성^{岑城}과 제해^{提奚} 2개 성은 과거 공손씨정권이 낙랑군의 속현 일부를 떼어내어 대륙 요서지방 이남에 설치한 대방군의 속현(잠성현/제해현) 명칭이다. 공손소가 한반도로 망명하여 대방국을 세우면서 이들 대방군 속현 명칭도 가져온다.

> 대방군은 209년 공손씨정권의 공손강(2대)이 후한 낙랑군의 속현 일부를 떼어내어
> **둔유현**(하북성 창려현) 이남의 황무지에 설치한 공손씨정권의 군현이다.(公孫康分屯有
> 縣以南荒地爲帶方郡-『삼국지 위서』) **대방군 속현은 대방, 소명, 열구, 잠성, 함자, 해명,
> 제해 등 7개 현**이다.

미천왕의 남정정책은 한반도 북부지역을 차지하고 있는 중원왕조 유민집단(낙랑국/대방국)을 모두 흡수하는 성과를 거둔다. 또한 이들 대륙 출신 유민을 모두 고구려인으로 편입한다. 다만 이로 인해 고구려는 백제와 국경을 직접 맞대게 되며 본격적인 영토분쟁을 시작한다.

「서벌남정」의 서벌정책

미천왕은 대륙의 서벌西伐정책도 왕성히 전개한다. 302년(미천3) 미천왕을 친히 군사를 이끌고 서진西晉(사마염)의 현도군을 공격하여 현도태수의 목을 베고 8천을 사로잡아 평양으로 이전시키며(王率兵三萬 侵玄菟郡 虜獲八千人 移之平壤-『삼국사기』), 311년(미천12) 서안평을 공격하여 빼앗는다.

> 『고구려사략』〈미천대제기〉. '16년(315년) 을해 춘2월, 방부, 송거, 고식 등이 **현도성을
> 빼앗아 수장 왕애 등 30인의 목을 베고 보화 또한 모두 빼앗았다.** 방부를 진서대장군
> 현도태수 평해공으로 삼고 최체, 양화, 말갈부, 장령 땅도 겸해서 다스리게 하였다.'(十
> 六年 乙亥 春二月 方夫松巨高植等拔玄菟城斬其守將王曖等三十人盡獲其宝貨 以方夫爲鎭西太
> 將軍玄菟太守平海公兼領最麂陽化鞨部長嶺之地)

그러나 서벌정책은 곧바로 한계를 드러낸다. 미천왕은 급성장하는 모용선비慕容鮮卑를 제어하지 못한다. 이때 고구려는 서진의 평주자사 최비崔毖의 망명사건에 엮이어 요동과 요서지방 상당 부분을 모용선비에게 내준다.(319년) 특히 미천왕은 모용선비와는 이익을 다투며 싸우지 말라고 유언한다.

▲ 우산하3319호분(최비 무덤) [길림성 집안]

『고구려사략』〈미천대제기〉. '32년(331년) 신묘 2월, 상은 병이 악화되자 태자를 불러 면전에 다가서게 하고 신검을 넘겨주며 이르길 "봉상(봉상왕)이 무도하여 차자(둘째 아들)인 내가 제위를 얻었다. 네가 비록 내 뒤를 잇게 되었으나 무도하면 나라를 잃을 뿐 아니라 네 몸 또한 보존키 어려울 것이다. 종척의 기대를 저버리지 말고 군대와 백성의 노여움도 키우지 마라. 네 어미와 더불어 정사를 살필 것이나 여인네는 사사로움에 치우침이 있어 실정할 수 있으니 너는 응당 중심을 잡고 올곧게 하여라. 모용집안과는 서로 이익을 다투지 말며 성을 튼튼히 하고 경계를 지켜라.'(三十二年 辛卯 二月 上疾篤召太子至前授神釰曰 烽上無道吾以次子得位 汝雖継我無道則不徒失國亦難保身 無失宗戚之望而興軍民之怒 與汝母并政婦人多偏私易失汝宜執中得正 勿與慕容爭利固城守界)

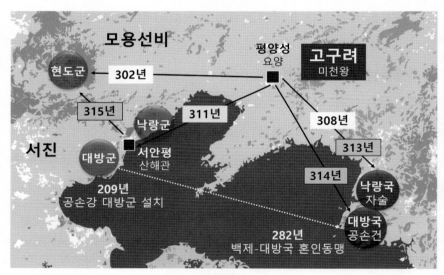

▲ 미천왕 서벌남정 정리

　　우리는 미천왕을 한반도시대를 개막한 왕으로 평가한다. 일견 옳은 말이다. 그러나 이를 뒤집어 보면 대륙지향의 고구려가 한반도지향의 고구려로 변화한 사실을 담고 있다.

　　참으로 불편한 역사해석이다.

| 고국원왕의 출신계보 |

고국원왕(16대)의 이름은 사유^{斯由}다. 쇠^{釗}, 유^{劉}, 주유극^{朱留克}이라고도 한다. 재위기간은 331년~371년까지 41년간이다. 아버지는 미천왕이다. 『삼국사기』는 미천왕과의 관계를 별도로 밝히고 있지 않으나 『고구려사략』에는 미천왕의 셋째 아들로 나온다. 어머니는 왕후 주^{周}씨다.

주왕후의 출신

고국원왕의 아버지 미천왕은 왕자만 7명을 둔다. 첫째 아들은 소후 창^{倉}씨(창조리 딸)가 낳은 충^{忠}이며, 둘째 아들은 소후 초^{草}씨가 낳은 인^{仁}이다. 고국원왕 쇠^{釗}는 왕후 주^{周}씨의 첫 번째 소생으로 셋째 아들이다. 주왕후는 고국원왕뿐만 아니라 무^{武}, 민^{玟}, 득^{得}, 석^{錫} 등을 순차적으로 낳는다. 그리고 늘그막에 소후 우^{于}씨를 통해 일곱째 아들 림^{琳}을 얻는다.

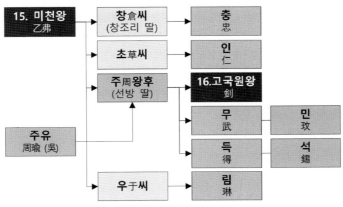

▲ 미천왕 가계도

그런데 왕후 주씨의 출신 기록이 『고구려사략』에 나온다. 〈고국원제기〉다. '모친 태후 주^{周}씨는 태보 선방의 딸이다. 선방의 선대는 오^{吳}사람으로 동천조에 래조하여 공주와 혼인하여 마산에서 살며 여러 대를 선인

仙人의 직분을 맡았다. 선방은 미천조의 공신으로 딸을 후궁에 바치니 왕을 낳은 것이다.'(母太后周氏太輔仙方之女 其先吳人也 東川朝來朝尙公主居馬山世守仙人之職 方以美川朝功臣納女于後宮而生王) 왕후 주씨는 오吳 출신 선방仙方의 딸이다. 또한 『고구려사략』은 추가하여 그녀의 이름이 거지居知며 미천왕이 주씨 성을 하사한 사실도 밝힌다.(以仙方女居知爲小后 賜姓周氏)

▲ 주유 화상

주왕후의 선조는 오吳의 주유周瑜(공근)다. 적벽대전(208년)에서 조조의 위魏군을 화공으로 대파시킨 오의 명신名臣이다. 동천왕 시기 주유의 서손庶孫이 오의 사신단 일행으로 고구려에 왔다가 귀화한다. 이후 후손인 선방이 미천왕 옹립에 기여하며 태보에 임명된다. 이런 까닭에 미천왕은 선방의 딸을 왕후로 맞이하며 선조 주유의 성씨를 따라 주周씨를 하사한다.

> 주왕후의 아버지 **선방**(仙方)은 봉상왕을 제거하고 미천왕을 옹립한 일등공신이다. 선방의 아버지는 **선결**(仙潔)이며, 선결의 아버지는 **주선**(周仙). 주선이 바로 오의 명신 주유(周瑜)의 서손(庶孫)이다. 주선은 동천왕 시기인 238년 오 사신단 일행으로 처음 고구려를 방문한다. 사신단 대표 호위가 동천왕의 노여움을 사 현도에 유배될 때 주선은 고구려에 귀화하여 선결을 낳는다. **선결**은 안국군 달가(達賈)에 의해 기용되어 양맥과 숙신 정벌에 공을 세운다. 선결의 아들 선방은 봉상왕이 을불(미천왕)을 추적할 때 을불을 지원한 공로도 일등공신이 되며 태보에 오른다. 선방의 딸 주거지(周居知)는 아버지 후광으로 처음 미천왕의 소후가 된 후 고씨 성을 하사받고 왕후가 되며 옛 성씨인 주(周)씨를 물려받는다.

고국원왕은 오의 명신 주유의 피를 받는다. 『삼국사기』가 기록하지 않은 고구려왕실의 숨겨진 혈연이다.

| 고국원왕의 불운 |

고국원왕은 전투 중에 화살에 맞아 사망하는 불운을 겪는다. 그럼에도 고국원왕의 진짜 불운은 따로 있다. 고국원왕은 걸출한 경쟁자를 만나 자신의 목숨과 고구려의 운명을 송두리째 바꿔 놓는다.

경쟁자는 누구일까? 모용황慕容皝과 근초고왕(13대)이다. 두 사람은 당대의 영웅이다. 모용황(모용선비)은 대륙 동북방 일대에 전연前燕을 세워 거대국가로 성장시키며, 근초고왕은 백제 전성기를 이끈 정복군주다. 고국원왕의 불운은 두 영웅과 한 시대를 함께한 점이다.

> 전연(前燕)은 337년 모용황에 의해 건국된 후 370년 전진(前秦) 부견(苻堅)에게 멸망 당하기까지 33년간을 존속한 단명 왕조다. 그럼에도 **멸망당시 규모는 군(郡)이 157개고 호(戶)는 264만이며 인구는 999만이다.** 비록 짧은 기간이지만 중국 하북성 일대를 장악한 거대한 제국이다.

고국원왕의 아버지 미천왕은 서쪽을 토벌하고 남쪽을 정복하는 「서벌남정西伐南征」정책을 강력히 추진한다. 그 성과는 서쪽으로 대륙 동북방의 신흥강자인 모용선비의 공격을 억제하고, 남쪽으로 한반도 낙랑국과 대방국을 정복하며 백제와 국경을 맞대게 된다. 고국원왕은 아버지 유산인 서벌남정정책을 계승한다.

전연 모용황과의 대결

먼저 모용황과의 대결이다. 고국원왕은 재위전반기인 342년(고국원12) 모용황의 침공을 받는다. 이때 고국원왕은 중국의 전통적인 침공로인 북쪽 축선에 주력을 배치하여 방어선을 구축하는데 모용황은 남쪽 축선을 이용하여 고국원왕의 허를 찌른다.

『삼국사기』고국원왕. '12년(342년) 11월, 연왕 모용황이 강병 4만을 몸소 이끌고 남쪽 길로 진군하였다. 모용한과 모용패를 선봉으로 삼고 장사 왕우에게 1만5천을 주어 북쪽 길로 진군하여 침범하게 하였다. **왕은 아우 무에게 정예군사 5만을 이끌고 북쪽 길을 방어하게 하고 자신은 약한 병사를 거느리고 남쪽 길을 방어하였다.**'(十二年 十一月 皝自將勁兵四萬 出南道 以慕容翰慕容覇爲前鋒 別遣長史王寓等 將兵萬五千 出北道以來侵 王遣弟武 帥精兵五萬 拒北道 自帥羸兵 以備南道)

고국원왕의 남쪽 방어선이 힘없이 무너지고 북쪽 방어선의 주력군 마저 패배하자 고국원왕은 급히 후퇴한다. 승기를 잡은 모용황은 수도 환도성을 함락하고 고국원왕의 어머니 주周태후와 왕후를 포함하여 남녀 5만을 사로잡아 돌아간다. 특히 모용황은 미천왕릉을 파헤쳐 시신을 탈취하는 천인공노할 만행을 저지른다.

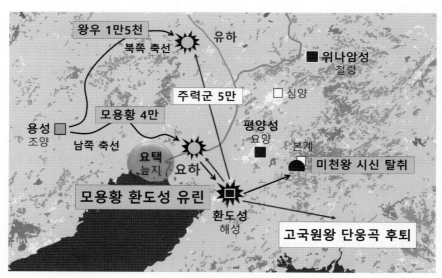

▲ 모용황의 고구려 침공

이후 고국원왕은 사신을 보내 미천왕의 시신과 왕후는 돌려받는다. 그러나 모용황은 주태후는 인질로 잡고 돌려보내지 않는다.

『고구려사략』〈고국원제기〉. '13년(343년) 계묘 봄2월, 왕의 동생 민을 모용황에게 보내서 진이한 물건 천여 개를 주니 모용황은 크게 기뻐하며 **재궁**(미천왕 시신)**과 왕후는 돌려보내고 주태후는 남아있게 하여 인질로 잡았다.**'(遣王弟玧于皝 賜以珍異千數 皝大喜 還梓宮及王后 而猶留周太后爲質) 이 기록은 『삼국사기』에도 나온다. 다만 『삼국사기』는 고국원왕이 천여 개의 진이한 물건을 모용황에게 보낸 행위를 두고 '사(賜-주다)'자가 아닌 '공(貢-바치다)'자를 쓴다.

백제 근초고왕 대결

다음은 백제 근초고왕과의 대결이다. 고국원왕은 재위후반기인 371년(고국원41) 근초고왕과 한판 붙는다. 당시 고국원왕은 모용황에게 당한 수모를 설욕하고자 서쪽(요동)에 군대를 집중하는데 근초고왕이 그 틈을 노려 고구려의 남쪽을 공격한다. 전투 장소는 평양성이다. 『삼국사기』다. '겨울10월, 백제왕이 병사 3만을 거느리고 평양성을 공격하였다. 왕이 병사를 이끌고 방어하다가 화살에 맞았다. 이달 23일 왕이 훙하였다.'(冬十月 百濟王帥兵三萬來攻平壤城 王出師拒之爲流矢所中 是月二十三日薨) 고국원왕은 전투 중에 날아온 화살에 맞아 사망한다.

『고구려사략』〈고국원제기〉. '41년(371년) 10월, 백제가 우리 군이 서쪽을 정벌한다는 소식을 듣고 그 허를 찔러 공격해왔다. … 대구수(근구수)가 북한성을 공격해 오자 우리 군은 한수에 복병을 깔아놓고 이들을 깰 무렵에 대초고(근초고) 또한 3만 정병을 이끌고 와서 아들을 도우니 대구수 군사의 사기가 크게 올랐다. … 상이 친히 4위군을 이끌고 달려가 앞장서서 장수와 군사를 독려하니 상하가 모두 따랐다. 이에 이르러 **한성의 서쪽 산에서 크게 싸웠는데 상이 화살 두 대를 맞았다. 하나는 어깨, 다른 하나는 가슴이다.** … 해명이 상을 은밀히 보호하여 **고상령으로 물려났으나 상이 극심한 고통 끝에 붕하였다.**'(四十一年 十月 百濟聞我移兵征西 欲勝虛來攻 … 大仇首來攻北漢城 我軍伏兵於漢水而大破之未幾 大肖古又引精兵三萬自來助其子 大仇首士氣大振 … 上自將四衛軍 躬詣陳前督勵將士 故上下昄之 至是 大戰于漢城西山 上中二流矢 一肩一胷 … 當解明密扈上 躬退至高相岺 痛極而崩)

평양성은 우리가 아는 지금의 평양이 아니다. 남평양이다. 황해도 재령 또는 서울 북한산성으로 추정된다.

▲ 고국원왕 사망장소

특히 『고구려사략』의 전투 장소는 평양성이 아닌 북한성이다. 또한 고국원왕의 사망 장소는 '한성의 서쪽 산'이다. 『삼국사기』의 평양성(남평양)은 서울 인근의 북한산성을 가리킬 공산이 크다.

남평양의 위치에 대해서는 2가지 설이 있다. 하나는 **황해도 재령 근처**다. 『고려사』〈지리지〉나 『동국여지승람』〈지지류〉에 재령의 지명이 한홀(漢忽) 또는 한성(漢城)으로 표기한 데 따른다. 또 하나는 지금의 **서울 부근의 북한산성**이다. 『삼국사기』〈지리지〉 한양군조에 '본래 고구려의 북한산군인데 일명 평양이라도 하였다.'와 『고려사』〈지리지〉에 '남평양이라고도 하였다.'는 기록에 근거한다.

　　고국원왕은 정치, 군사적 역량을 고루 갖춘 보기드문 군주다. 그러나 고국원왕이 맞닥뜨린 역사적 운명은 가혹하다. 선왕(미천왕)의 유지인 서벌남정정책이 고국원왕의 발목을 잡는다. 특히 두 마리 토끼라 할 수 있는 전연 모용황과 백제 근초고왕의 군사적 역량이 결코 고국원왕에게 뒤지지 않는다. 아쉽게도 고국원왕은 건국 이래 고구려가 확장해 놓은 대륙의 동북방 영토를 상당부분 소실한다. 또한 한반도 신흥강자로 떠오른 백제를 제압하지 못하고 자신의 목숨으로 대신한다. 고국원왕과 고구려로서는 피할 수 없는 운명이다.

　　고국원왕은 참으로 불운한 군주다.

| 국내성 천도의 의문과 진실 |

국내성^{國內城}은 길림성 집안현에 소재한
다. 중국명은 통구성^{通溝城}이다. 압록강 중류
의 집안분지 한복판에 위치한 평지성으로 네
모꼴 돌로 성벽을 쌓은 석축성이다. 성문 중
일부는 옹성^{甕城}이며 성벽을 따라 치^雉_(凸형)
를 설치한 전형적인 고구려성이다. 우리는

▲ 국내성 [조선고적도보]

국내성을 고국원왕_(16대)이 천도한 수도로 알고 있다. 또한 그렇게 믿는다.

국내성 천도의 의문

그런데 『삼국사기』 고국원왕 기록을 보면 국내성 축조 사실만 있을
뿐 천도한 기록은 없다. 마찬가지로 『고구려사략』도 국내성 축조 사실
만을 전한다.

아래는 『삼국사기』와 『고구려사략』 기록의 비교다.

년도	『삼국사기』 고국원왕	『고구려사략』 고국원제기
334년 [고국원4]	8월, 평양성을 증축하였다.	8월, 평양성을 증축하였다. 환도에 신궁^{新宮}을 쌓기 시작하였다.
338년 [고국원8]	-	8월, 동황성의 역졸 5천을 환도로 보내라 명하여 오룡궁^{五龍宮}을 수리하고, 낙랑인 2천, 대방인 1천, 부여인 2천으로 동황성을 수리하였다. 취불아불화^{毳芾阿佛和}에게 명하여 감독하였다.

340년 [고국원10]	-	7월, 환도 장안궁長安宮이 완성되어 주周태후의 행궁으로 삼았다.
342년 [고국원12]	2월, 환도성을 수리하고 또 국내성을 쌓았다. 8월, 환도성으로 이거移居하였다	2월, 재봉再逢에게 명하여 환도성을 수리하고 람국藍國에게 명하여 국내성을 쌓았다. 8월, 환도성으로 천도遷都하였다. 대략 서진西進하려는 뜻이다.
343년 [고국원13]	7월, 평양의 동황성으로 이거하였다.	7월, 동황성으로 이거하였다.

▲ 고국원왕 동선

　　당시 고구려 수도는 평양성(요녕성 요양)이다.『삼국사기』기록에 준하면 고국원왕은 평양성 증축(334년)→환도성 수리 및 이거, 국내성 축조(342년)→동황성 이거(343년)의 수순을 밟는다. 다만『고구려사략』은 환도성(요녕성 해성)을 수리하고 평양성에서 환도성으로 천도한 사실을 추가한다(342년). 동황성은 고국원왕이 임시 거처로 사용한 지금의 북한 평양시의 동쪽(또는 남쪽)지역에 소재한다.

> 동황성 위치에 대해『삼국사기』와『고구려사략』기록은 약간의 차이를 보인다.『삼국사기』는 '동황성은 지금의 서경(평양) 동쪽 목멱산에 있다.'(城在今西京東木覓山中)하고,『고구려사략』은 '동황성은 평양 남쪽에 있다. 본래 백제 땅으로 신라가 가까이 있던 까닭에 신라와 백제가 연이어 화친하면서도 이곳을 가지려 하였다. 왕은 이곳을 밀도로 삼고 튼튼히 하여 남쪽에 대비한 요충으로 삼고자 하였다.'(東黃城在平壤之南 本百濟之地 近于新羅 故羅濟連和而欲復此地 王欲以此爲密都 固其城池以 爲鎭南之衝)이다.『삼국사기』는 평양 동쪽 목멱산이고,『고구려사략』은 평양 남쪽이다. 특히『고구려사략』은 동황성을 고국원왕의 밀도(密都)로 설명한다.

고국원왕의 동선은 평양성→환도성→동황성 순이다. 국내성은 축조만 했을 뿐 고국원왕의 동선과는 무관하다. 따라서 국내성은 고구려의 수도가 아니다. 고국원왕은 국내성으로 천도한 사실도 실제 거주한 일도 없다.

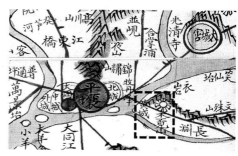

▲「동여도」의 목멱산과 황성

국내성을 축조한 이유

고국원왕은 342년(고국원12) 2월, 환도성을 수리하며 동시에 국내성을 축조한다. 그리고 6월에 평양성에서 환도성으로 이거(또는 천도)하며, 11월에 전연 모용황의 대대적인 침공을 받는다. 이때 수도 환도성이 함락되고 어머니 주周태후를 비롯하여 남녀 5만이 모용황에게 잡혀 전연으로 끌려간다. 환도성은 완전히 파괴되어 수도로서 기능을 상실한다.

따라서 만약 고국원왕이 국내성을 수도 예비용으로 축조했다면 마땅히 다음 천도 장소는 미땅히 국내성이어야 한다. 그러나 고국원왕의 선택은 국내성이 아닌 동황성이다. 이는 고국원왕의 국내성이 수도용이 아닌 다른 목적을 위해 축조된 사실을 설명한다.

국내성 기능과 역할

하해방무덤떼
(51 기)

산성자산성

산성하무덤떼
(1,582 기)

우산하무덤떼
(3,904 기)

만보정무덤떼
(1,516 기)

국내성

압록강

칠성산무덤떼
(1,708 기)

마선구무덤떼
(2,593 기)

통구고분군 : 11,354 기

▲ 길림성 집안현 고구려무덤떼(통구고분군) 분포

국내성이 소재한 집안현 일대는 대략 1만 여 기 이상의 크고 작은 고분이 밀집되어 있다. 고분의 밀집도가 유달리 높은 지역이다. 이는 집안현 일대가 중국 낙양의 북망산, 이집트 룩소르의 '왕가의 계곡Valley of the Kings'과 같은 아주 특별한 장소임을 나타낸다. 집안현 일대는 고구려 왕가(귀족 포함)의 묘역이다.

　국내는 나라의 경계선 안쪽을 포괄적으로 지칭한다. 그럼에도 국내를 집안현의 특정 공간으로 한정한다면 국내는 죽어서 가는 안전한 피난처shelter다. 매우 신성한 장소다.

　고구려는 왕가(귀족 포함)묘역을 관리하고 지키는 수묘인守墓人이 있다. 광개토왕의 경우만 330가家다.(*《광개토왕릉비》) 다른 왕들과 귀족까지 포함하면 수묘인 숫자는 상상을 초월할 정도로 많다. 이들 수묘인 역시 먹고 살 만한 공간이 필요하다. 국내성은 수묘인의 삶의 장소는 아니었을까?

　국내성이 고구려 수도가 아니라면 그 역할과 기능은 반드시 재검토해야 한다.

| 고국원왕의 연호 영화(永和) |

한반도 북서부지역에 「영화^{永和}」 연호 명문이 새겨진 고구려 무덤이 2개 있다. 황해도 안악에 소재한 「안악3호무덤」과 평안남도 평양의 역전에서 발굴된 「평양역벽돌무덤」이다. 또한 두 무덤의 명문에는 동^{佟/冬}씨 성을 가진 인물이 공통으로 나온다. 안악3호무덤은 동수^{冬壽}고, 평양역벽돌무덤은 동리^{佟利}다. 과연 두 무덤의 명문에 담긴 고구려 역사의 비밀코드는 무엇일까?

▲ 안악3호무덤과 평양역벽돌무덤

영화13년명 동수 묵서

「안악3호무덤」은 황해도 안악군에 소재한 「동수^{冬壽}묘」로도 불리는 돌방흙무지벽화무덤이다. 무덤은 남북 33m, 동서 30m 높이 6m로 고구려 무덤 중에서는 중형급에 해당하며 널길→앞방→이음길→널방의 두칸방무덤이다. 앞방 서쪽과 동쪽 벽면에

▲ 안악3호무덤 [황해 안악]

장하독^{帳下督}으로 표기된 인물화가 각각 그려져 있다.

이 중 서쪽 벽면의 인물화 윗부분에 7행 68자의 묵서명이 새겨 있다.

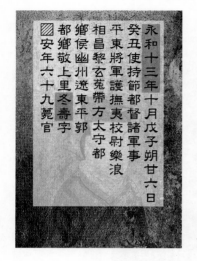

永和十三年 十月 戊子 朔廿日癸丑 使持節都督諸軍
事平東將軍 護撫夷校尉浪相 昌黎玄菟帶方太守 都
鄉侯幽州東平郭 都鄉敬上里冬壽字▨安年十九薨官
**영화13년 10월 무자일 초하룻날인 26일 계축에
사지절도독제군사 평동장군 호무이교위 낙랑상이
며 창려·현도·대방태수 도향후인 유주 요동(군) 평
곽(현) 도향 경상리 출신 동수는 이름이 ▨안인데
나이 69세로 벼슬하다 죽었다.**

▶ 영화13년 동수명 묵서

인물화의 주인공은 장하독 동수^{冬壽}다. 낙랑상과 도향후를 지낸 요동
군 평곽현 출신의 동수는 영화13년에 69세로 사망한다. 낙랑상^{樂浪相}은
낙랑에 파견된 왕의 대행자(전권대사)를 말하며 도향후^{都鄉侯}는 고구려 후
왕^{侯王}으로 동수는 자신의 출신지 후왕에 봉해진다.

▲ 장하독 동수와 곽충

동수는 누구일까?『삼국사기』기록에는 없지만
『진서』와『자치통감』등에 동수의 행적이 일부 나
온다. 다만 한자는 묵서명의 '冬壽'가 아닌 '佟壽'를
쓴다. 같은 사람이다. 동수는 원래 전연 모용황 밑
에서 사마^{司馬}의 관직을 받는다. 모용황의 동생 모
용인^{慕容仁}이 반란을 일으키자 이를 진압하러 갔다
가 패하여 오히려 모용인의 부하가 된다. 그 뒤 모
용황이 군대를 일으켜 모용인을 격파하자 고구려
로 망명한다.

『고구려사략』은 동수의 망명 사실을 전한다. 〈고
국원제기〉다.

6년(336년) 병신 춘정월, **모용황이** 창려에서 동쪽으로 얼음이 언 물을 건너 행군하여 **동생 모용인을 습격하여 평곽에서 잡아 죽이니 동수**佟壽**와 곽충**郭充 **등이 뉴벽에게로 도망쳐 왔다.**

六年 丙申 春正月 慕容皝昌黎東踐氷海而行軍 襲其弟仁于平郭殺之 佟壽郭充 等來奔于紐碧

동수는 336년 자신의 주군인 모용인이 모용황에게 잡혀 죽임을 당하자 곽충郭充과 함께 고구려로 망명한다. 이 기록은 안악3호무덤의 널방 안쪽 벽에 그려진 무덤주인에 대한 단서를 제공한다. 무덤주인은 바로 336년 모용황에게 잡혀 죽임을 당한 모용인이다. 또한

▲ 안악3호무덤 무덤주인 부부

묵서명이 있는 앞방 서쪽벽의 동수와 달리 동쪽벽의 또 한 명의 장하독 帳下督(측근)은 동수와 함께 고구려로 망명한 곽충임을 알 수 있다. 동수는 336년 곽충과 함께 고구려로 망명하며 주군인 모용인의 시신을 가져와 안악3호무덤을 만들고 안치한다. 그리고 동수 또한 사망하자 동수를 잘 아는 누군가가 안악3호무덤의 장하독 동수의 인물화에 동수가 고구려로 망명하며 받

▲ 안악3호무덤 동벽 부엌

은 낙랑상과 도향후의 관직과 함께 사망 사실을 묵서로 남긴다.

그런데 말이다. 동수가 사망한 '영화13년'은 몇 년도 일까?

영화9년명 동리 벽돌

▲ 평양역 벽돌무덤 [조선고적도보]

「평양역벽돌무덤」은 1932년 평양역 구내 철로 사이에서 발견된 벽돌로 돌방을 만든 한칸방무덤이다. 기념명 벽돌이 출토되어 「영화9년명 출토고분」 또는 「동리佟利묘」로 불린다. 무덤은 깊이 2.8m의 구덩이를 판 뒤 동서 1.8m, 남북 2.9m 장방형의 널방을 만들었다. 널방 바닥은 회반죽을 바르고 벽돌을 깔았으며, 널방 벽은 여러 벽돌을 가로쌓기 3단, 세로쌓기 1단을 반복적으로 사용하여 돌방벽을 만들고 벽돌간 틈새에 회반죽을 발랐다.

그런데 돌방벽의 벽돌에 명문이 새겨 있다. 모두 12자의 양각이다.

永和九年 三月十日 遼東韓玄菟太守領 佟利造
영화9년 3월 10일 요동·한·현도태수령 동리가 만들다.

◀ 영화9년 동리명 문자 전돌

무덤주인은 알 수 없으나 동리가 벽돌을 제작하여 무덤을 만든 것으로 추정된다.

동리佟利는 누구일까? 『고구려사략』에 동리의 기록이 나온다. 〈고국원제기〉다.

22년(352년) 임자 2월, 해발이 정남대장군이 되어 방식, 우신, 동리佟利 등을 이끌고 나가 대방을 정벌하고 그 왕 장보를 사로 잡았으며 근초고와 싸워 관미령에서 대파하고 3개 성을 쌓은 후 두 나라 남녀 1만을 사로잡아 돌아왔다.

二十二年 壬子 二月 以解發爲征南大將軍 率方式于莘佟利等 伐帶方虜其王張
保 與近肖古戰于關彌岑大破之 築三城 虜二國男女一萬人而返

동리^{佟利}는 352년 고국원왕이 대방(황해도 남부)과 백제 관미령(경기 파주
오두산성)를 공격할 때 정남대장군 해발^{解發}을 따라 전투에 참가하여 혁혁
한 공을 세운다.

벽돌 명문에는 동리의 출신지에 대한 기록은 없다. 어찌보면 당연하
다. 벽돌 크기의 한계가 있으니 모두 기록할 수는 없을 것이다. 다만 안악
3호무덤의 묵서에서 볼 수 있듯이 성씨가 동수와 마찬가지로 같은 '佟'
씨임을 감안하면 동리는 동수와 동향이며 또한 같은 혈족으로 보인다.

그렇다면 동리가 벽돌을 제작한 '영화9년'은 또 몇 년도 일까?

영화는 동진 연호?

일반적으로 영화^{永和}를 동진^{東晉}(317~419)의 연호로 이해한다. 가장 큰
이유는 동수가 망명해온 고국원왕 시기에 영화 연호를 사용한 중원왕
조가 동진이기 때문이다. 동진은 사마예^{司馬睿}가 양쯔강^{揚子江} 이남을 영
토로 삼아 건업^{建業}(남경)에 세운 한족 왕조다. 영화는 동진의 목제^{穆帝}가
사용한 연호로 기간은 345년~356년까지 12년간이다. 이를 근거로 동수
의 사망년도 '영화13년'을 357년으로, 동리의 벽돌 제작년도 '영화9년'
을 353년으로 본다.

그러나 이 해석은 오류다. 우선 동진의 영화 연호 사용기간은 12년간
으로 '영화13년'은 존재하지 않는다. 또한 전연^{前燕}에서 고구려로 망명
해 온 동수가 자신과 아무런 연고가 없는 동진^{東晉}의 연호를 쓴다는 설
정 자체가 받아들이기 어렵다. 굳이 간지 기년이 아닌 연호 기년을 써야
한다면 동수는 동진이 아닌 전연의 연호를 썼을 것이다. 동리도 마찬가

지다. 고국원왕 시기 전연의 연호는 모용준^{慕容儁}이 쓴 원새^{元璽}와 광수^光
^壽가 있다.

어느 학자의 동수 사망년도 '영화13년'에 대한 보충 설명이다. '영화
는 동진의 연호로서 12년으로 끝나고 승평^{升平} 연호로 바뀌었는데 묘지명
에서는 이전 연호를 그대로 쓰고 있으니 아마도 연호가 바뀌었다는 사실
을 몰랐던 모양이다.' 정말 그랬을까?

> 영화 연호를 사용한 중원왕조는 후한(後漢) 순제의 136년~141년이 효시다. 고국원왕
> 시기는 동진(東晉) 목제가 345년~356년, 광개토왕 시기는 후진(後秦) 요흥이 411년
> ~417년, 장수왕 시기는 북량(北凉) 저거목건이 433년~439년 등이다.

고국원왕의 연호 영화

그런데 『고구려사략』에 소름돋는 기록이 나온다. 〈고국원제기〉다.

25년(355년) 을묘 9월, 민을 전연에 보내 태후를 돌려보내라하니 모용준이
허락하였다. 태후와 민은 전연의 명산과 대원을 두루 돌아보고 12월에서야
돌아왔다. 모용준은 전중장군 도감을 시켜 호송하였는 바 상을 「정동대장군
영주자사낙랑군공」에 봉하고 「현도대왕」은 지난날과 같게 하였다. 또한 명
하여 "영화 연호를 쓰지 말 것이며 사사로이 왕을 봉하지 말라."하였다. 이에
상(고국원왕)이 이르길 "우리나라 역시 연호가 있는데 어찌 영화는 쓰지 말라
는 것이냐? 종척을 왕에 봉하는 것도 시조 때부터 해오던 일이니 하루아침
에 그만둘 수는 없다."하였다.
二十五年 乙卯 九月 遣玟于燕請太后儁許之 太后與玟周觀燕之名山大院而
十二月皈 儁以殿中將軍刀龕護送 而封上爲征東大將軍營州刺使樂浪郡公 玄
菟大王如故 命勿用永和年號而私自封王 上曰 我國亦有年號 何勿用永和 宗戚
封王已自始祖始不可猝廢

영화^{永和}는 고국원왕의 연호다. 그래서 망명객인 동수와 동리는 고국
원왕의 연호를 사용한다. 따라서 동수의 사망년도 '영화13년'은 고국원

왕 재위 13년인 343년이며, 동리의 벽돌 제작년도 '영화9년'은 339년
이다.

같은 혈족인 동수와 동리 두 사람은 전연에서 고구려로 건너온 망명
객이다. 고국원왕은 이들을 한반도 서북부지역(평안남도/황해도) 고구려 땅
에 살게하고 또한 '창려·현도·대방태수'와 '요동·한·현도태수령'의 관
직까지 하사한다. 그런 두 사람이 혹여 연호를 어디엔가 기록해야한다
면 고구려 왕의 연호를 사용하는 것은 당연한 상식일 것이다. 아무런 연
고가 없는 동진의 연호를 가져다 쓴다는 자체가 이치에 맞지 않다.

특히 주목해야할 부분은 영화^{永和}의 永(길 영)은 고국원
왕의 연호로만 끝나지 않고 계속 이어진 점이다. 광개토
왕(19대)의 연호 영락^{永樂}과 문자명왕(21대)의 연호 영강^{永康}
으로 계승된다.

고국원왕은 '천하의 으뜸국가' 즉 국강^{國罡}을 선포한
최초의 태왕이다.(*『삼국사기』국강상왕) 永자는 국강의 고구
려가 영속되길 바라는 염원을 담고 있다. 永和→永樂→
永康으로 이어지는 永자는 국강의 상징어다.

▲《광개토왕릉비》永樂

「영화^{永和}」는 천하의 으뜸국가 국강^{國罡}을 선포한 고국원왕의 연호다.

| 와신상담을 선택한 소수림왕 |

　　소수림왕(17대)은 이름이 구부丘夫다. 고국원왕(16대)의 아들이다. 재위기간은 371년~384년까지 14년간이다. 『삼국사기』는 소수림왕을 또한 소해주류小解朱留왕이라고도 기록한다. 『고구려사략』에 그 연유가 나온다. 어머니 해解태후가 대무신왕(3대-대해주류왕)을 꿈에 본 후 소수림왕을 낳는다.(母解太后 夢見大武帝 而生故也) 소수림왕은 대무신왕의 위대성을 계승한다.

소수림왕의 대표 치적

　　소수림왕의 아버지 고국원왕은 선왕(미천왕)의 유지인 서쪽을 토벌하고 남쪽을 정복하는 외부지향의 「서벌남정西伐南征」정책을 추진하다 좌초한다. 백제 근초고왕과의 전쟁 중에 화살에 맞아(*평양성 전투) 갑자기 사망한다.

　　『삼국사기』는 소수림왕이 '신체가 장대하고 웅대한 지략이 가졌다'(身長大有雄略)고 평한다. 소수림왕은 전형적인 무인의 기질을 타고난다. 소수림왕의 당면과업은 아버지 고국원왕에 대한 복수다. 왕 스스로 무인의 기질을 지녔으니 백제에 대한 보복전쟁은 당연한 수순이다. 그러나 소수림왕은 전혀 다른 길을 선택한다.

　　소수림왕의 대표 치적은 ①불교 도입, ②태학 설립, ③율령 반포 등이다. 이는 선대 미천왕과 고국원왕이 일관되게 추진한 서벌남정의 외부지향정책과는 전면 배치된다. 국가체제 정비를 꾀한 내부지향정책의 결과물이다. 모두 재위 초반기에 시행한다.

불교 도입의 속사정

　　372년(소수림2) 처음으로 불교를 도입한다. 불교를 전래한 왕조는 전진

前秦(저족, 부건)**이다. 당시 중원은 5호16국시대다.**

『삼국사기』 소수림왕	『고구려사략』 소수림대제기
2년(372년) 여름6월, 진(전진)왕 부건이 사신과 승려 순도順道를 파견하여 불상과 경문을 보내왔다. 二年 夏六月 秦王苻堅 遣使及浮屠順道 送佛像經文	2년(372년) 임신 6월, 진(전진)왕 부견이 **승려 순도順道를 보내와 상이 도성 밖까지 나아가 맞이하고 객사를 만들어 대접하였다.** 순도가 아뢰길 "진은 불(불교)로 흥하고, 연은 선(도교)으로 망하니 폐하께서 불법(불교)을 받아들여 믿으면 응당 천하의 왕이 될 것입니다."하였다. 상이 이르길 "신선은 조종들께서 받드는 바이며 불력 또한 매우 크니 이 또한 섬길 만한 것이구나."하고는 **순도를 왕사로 삼고 종실 자녀들에게 불경을 배우라 명하였다.** 二年 壬申 六月 秦王苻堅 遣僧順道 上迎于郊外 設舘待之 順道曰 秦以佛興 燕以仙亡 陛下亦崇信佛法 則可以王天下 上曰 神仙 祖宗之所尊也 然佛力洪大 則亦可奉之 乃以順道爲王師 命宗室子女受經

『삼국사기』는 전진의 순도順道가 고구려에 불교를 전래한 것으로만 기록하나 『고구려사략』은 당시 상황이 좀 더 구체적이다. 순도는 불교로 흥한 전진과 선도仙道(도교)로 망한 전연의 사례를 소수림왕에게 상기시키며 불교를 받아들이면 천하의 왕이 될 수 있다고 설득한다. 이에 소수림왕은 고구려의 고유신앙 신선도神仙道를 언급하며 불교 수용 의사를 밝힌다. 그리고 순도를 왕사王師로 삼고 먼저 종실자녀부터 불교를 믿게 한다. 특히 『고구려사략』은 불교 수용의 속사정을 설명한다.

하나는 고구려의 불교 전래가 반강제적으로 이루어진 점이다. 전진
은 370년 전연前燕(모용선비)을 무너뜨리고, 376년 전량前凉(한족)마저 병합
하며 하북지방 전체를 차지한다. 일시적이나마 양자강(양쯔강)을 경계로
북쪽에는 전진, 남쪽에는 동진이 들어서며 중원대륙을 양분한다. 고구
려로서는 전진의 급성장을 의식하지 않을 수 없다. 과거 위의 관구검과
전연의 모용황으로부터 호되게 당한 역사적 경험이 있기 때문이다. 이
는 마치 대항해시대에 유럽의 일부 국가가 천주교 선교사를 앞세우고
식민지 개척에 나선 경우와 유사한다. 소수림왕으로서는 본인의 의지
와 상관없이 전진의 뜻에 따라 불교를 수용한다. 또 하나는 소수림왕이
불교를 통해 내부 통제를 꾀한 점이다. 소수림왕의 당면과업은 서벌남
정의 후유증을 조기에 극복하는 것이다. 오랜 기간 지속된 전쟁으로 고
구려 지배층의 불만이 팽배하다. 불교는 이를 해소시킬 수 있는 최상의
카드며 돌파구다. 아래는 불교 도입 이후의 불사 창건에 관한 기록이다.

『삼국사기』 소수림왕	『고구려사략』 소수림대제기
5년(375년) 봄2월, 비로소 성문사省門寺를 창건하여 순도順道로 하여금 머무르게 하였다. 또한 이불란사伊弗蘭寺를 창건하여 아도阿道를 머무르게 하였다. 이것이 해동불법海東佛法의 시초다. 五年 春二月 始創省門寺 以置順道 又創伊弗蘭寺 以置阿道 此海東佛法之始	5년(375년) 을해 2월, 상원象院을 초문사肖門寺로 만들어 순도順道가 법法이 되게 하고, 또한 침태蔵胎를 이불란사伊弗蘭寺로 만들어 아도阿道가 법이 되게 하였다. 상은 왕사인 봉태와 절익 등이 후궁을 음란하게 만드는 것이 싫어서 외부에서 들여온 불법佛法으로 대원大院의 주主가 되게 하였다. 선인들은 불법의 맑고 깨끗함에 크게 놀랐다. 五年 乙亥 二月 以象院爲肖門寺 順道法之 蔵胎爲伊弗蘭寺 阿道法之 上厭王師封太折益等淫乱後宮 以外來之佛主此大院 以示淸淨可法 仙人大駭

　　소수림왕은 375년(소수림5) 최초 사찰인 성문사(또는 초문사)와 이불란사를 창건한다. 특히 당시 신선도를 이끌던 선인仙人들조차 불교의 교리를 긍정적으로 평가한 점이 눈에 띤다.

> 고구려 최초 사찰을 대해 『삼국사기』는 성문사(省門寺), 『고구려사략』은 초문사(肖門寺)다. 『삼국유사』는 『고구려사략』과 같은 초문사다. 省와 肖의 한자가 비슷하다. 『해동고승전』은 성문(省門)을 절로 만들었기에 초문사가 아닌 성문사로 불렀다고 그 유래를 설명한다.

태학 설립은 불교 수용의 연장

　　372년(소수림2) 불교 도입 직후 태학을 설립한다. 태학은 오늘날 대학과 같은 국립 교육기관이다.

『삼국사기』 소수림왕	『고구려사략』 소수림대제기
2년(372년) 가을6월, … 태학太學을 세워 자제들을 교육하였다. 二年 夏六月 … 立太學 教育子弟	2년(372년) 임신 9월, 순도가 상에게 고하길 "신이 폐하의 나라를 돌아보니 무武를 숭상하고 귀鬼를 섬기길 좋아하며 하민은 우매하고 대부는 황음합니다. 대학大學을 세워 문자와 예의를 가르치길 청하옵니다."하였다. 상이 이를 태후와 상의해보니 종척 대부분은 불편해하였다. 상은 부견이 전한 것이기에 잠시 시험케 하였다. 二年 壬申 九月 順道說上曰 臣觀陛下之國 尚武好鬼 下民多愚 大夫淫乱 請立大學以敎文字禮義 上與太后議之 宗戚多以爲不便 上以苻堅之送 姑試之

　　『삼국사기』는 소수림왕이 태학을 설립하여 자제를 교육시켰다고만 기록하나 『고구려사략』은 불교를 전래한 순도의 권고가 있음을 부연한

다. 『삼국사기』는 태학^{太學}이고, 『고구려사략』은 대학^{大學}이다. 두 명칭
의 옳고 그름을 따지는 것은 큰 의미가 없다. 둘 다 우리말로 같다. 다만
『고구려사략』은 태학의 설립을 두고 당시 지배층이 상당히 반발한 점
을 강조한다. 불교를 수용한 소수림왕에 대한 반발로 이해된다. 특히 기
록은 소수림왕이 시험 삼아 태학을 설치한 것으로 나온다.

율령 반포는 최초가 아니다

373년_(소수림3) 율령을 반포한다. 율^律은 형법, 령^令은 행정법이다.

『삼국사기』 소수림왕	『고구려사략』 소수림대제기
3년(373년), 처음으로 율령^{律令}을 반포하였다. 三年 始頒律令	3년(373년) 10월, 새로운 율령^{律令}을 반포하였다. 이에 앞서 국법이 크게 엄하여 죄지은 다수가 사형에 처해졌다. 미천^{美川}시절부터 새로운 법령에 섞어 시행하였고 선제_(고국원왕)는 「창번^{倉樊}의 율령」을 채택하였으나 여전히 죽음을 면치 못하였다. 상은 지극히 어질어 사람 살리기를 좋아하였다. 해명을 진^秦(전진)과 진^晉(동진)에 보내 그 나라 형정^{刑政}이 어떠한 가를 보고 와서 죽이거나 귀양 보내거나 곤장을 치거나 노비로 삼는 죄 300여 가지의 율령을 다듬었다. 三年 癸酉 十月 頒新律令 先是國法太嚴 犯罪者多死 自美川時雜用新法 先帝時用倉樊律 而猶未免死 上至仁好生 使解明往秦及晉 觀其刑政 而叛定律令 死流杖奴三百餘罪

『삼국사기』는 최초^始의 율령 반포로 소개하나 『고구려사략』은 새로
운^新 율령 반포로 설명한다. 『고구려사략』은 덧붙여 율령이 미천왕 때

에는 법령에 섞여 시행되고 고국원왕 때에는 노비관계 법령인 「창번倉樊의 율령」을 제정한 사실과 소수림왕이 기존의 율령이 매우 엄하여 죽임을 당하는 사람이 많아 이를 보완한 점을 명확히 한다.

창번(倉樊)은 봉상왕을 폐위시킨 국상 창조리의 후손이다. 『고구려사략』에 367년(고국원37) 창번이 정한 「노비 8등례」가 나온다. 노비에 관한 율령이다. 이에 따르면 노비는 출신별로 **산노**(産奴,노비 자식), **부노**(俘奴,전쟁 포로), **형노**(刑奴,범죄자)로 **구분하고 각각의 형편에 따라 1~8등급으로 나누며 등급에 맞게 업무를 부여한다.** 특히 노비가 공이 있으면 양민으로 환속하는 내용도 있다. 당시로서는 다소 파격적인 노비관리법령이다.

와신상담의 선택

소수림왕은 아버지 고국원왕에 대한 복수를 억누르고 대신 국가체제 정비에 힘쓴다. 이로 인해 서벌남정으로 방전된 고구려 국력은 소수림왕에 의해 상당부분 재충전된다. 결과적으로 소수림왕은 와신상담臥薪嘗膽을 선택한다. 자신이 직접 복수에 나서지 않고 후대의 몫으로 돌린다. 역사는 소수림왕이 키운 국력이 바탕이 되어 훗날 광개토왕에 의해 활짝 꽃을 피웠다고 기록한다.

▲ 臥薪嘗膽 [출처:바이두]

소수림왕은 때를 기다릴 줄 아는 불비불명不飛不鳴(『여씨춘추』)의 군주다.

| 징검다리 군주 고국양왕 |

고국양왕(18대)은 이름이 이련伊連 또는 어지지於只支며 소수림왕의 동생이다. 고국양왕은 일찍이 모용황의 침공 때(342년) 어머니 주周태후와 함께 전연으로 끌려가 온갖 고초를 겪는다. 이후 환국하여 형 소수림왕을 적극 보좌한다. 『삼국사기』는 소수림왕이 '후사가 없어 동생 이련이 즉위하였다.'(無嗣弟伊連卽位)고 기록한다. 그러나 이는 잘못이다.

소수림왕의 아들 담덕

소수림왕에게는 아들이 있다. 우리가 잘 아는 담덕談德(광개토왕)이다. 소수림왕 사망당시 담덕의 나이는 11세다. 왕위를 물려주기에는 너무 어리다. 그래서 소수림왕은 동생 고국양왕에게 왕위를 넘겨주는 조건으로 훗날 자신의 직계인 담덕이 왕위를 승계할 수 있도록 유언한다. 또한 소수림왕은 왕후 천강天罡을 고국양왕에게 넘겨주며 아들 담덕의 보호장치를 마련한다.

> 『고구려사략』〈고국양대제기〉. '**수림이 죽음을 앞두고 보검과 옥새를 넘겨주며 이르길** "중원의 나라들은 소란하나 오직 동방만은 점점 고요해지는구나. 이 모두 조상님의 음덕이다. **아우도 잘 지켜서 담덕에게 물려주게나.**"하니 상은 소리 없이 눈물 흘리며 받았다.'(獸林將崩 傳釖璽于帝曰 中國多乱唯東方稍安 乃祖蔭也 汝其善守以傳談德 上涕泣受之)『삼국사기』는 담덕을 고국양왕의 아들로 설정한다.

▲ 천추총 [길림성 집안]

고국양왕에게도 아들이 있다. 담윤談允이다. 『고구려사략』에 나온다. 고국양왕은 자신의 아들 담윤을 제쳐두고 형 소수림왕의 유언을 지킨다. 담덕은 386년(고국양3)

13세에 태자에 책봉되며 공식 후계자가 된다.

고국양왕의 재위기간 설정 오류

고국양왕은 384년~392년까지 9년간을 재위한다. 『삼국사기』가 설정한 재위기간이다. 그런데 《광개토왕릉비》를 보면 광개토왕의 즉위년은 392년이 아니라 391년(신묘년)이다. 1년이 빠르다. 무슨 경우인가?

『고구려사략』〈국양천왕기〉. '8년(391년) 7월, 왕이 태자에게 전위하였다. 스스로를 태상왕이라 하였다. 융복8년을 영락원년으로 삼고 천하에 대사면하였다.'(八年 七月 王傳位於太子 自稱太上王 以隆福八 年爲永樂元年 大赦天下) 고국양왕은 생전에 광개토왕에게 양위한다. 융복은 고국양왕의 연호다.

『삼국사기』는 고국양왕의 재위기간을 사망시점에 맞춘다. 고국양왕은 재위 8년째인 391년 광개토왕에게 왕위를 미리 넘기고 이듬해인 392년에 사망한다. 391년은 광개토왕의 나이 18세다. 고국양왕은 광개토왕이 왕위를 이어받을 수 있는 나이가 되었다고 판단하여 미리 양위한다.

고국양왕의 위대성

고국양왕의 선택은 고구려가 또 한 번 융성하는 기회로 이어진다. 만약 고국양왕이 혈통에 대한 개인적인 욕심을 부렸다면 고구려 역사는 왕실내의 골육상쟁사로 뒤바뀌고 광개토왕과 같은 걸출한 영웅은 결코 출현하지 못했을 것이다.

우리는 권력욕을 앞세워 쿠데타로 집권한 군주가 혹이라도 조그마한 치적을 쌓으면 그를 높게 평가한다. 그러나 역사는 쿠데타로 집권한 군주를 결코 위대하다고는 말하지 않는다.

고국양왕은 광개토왕에게 바톤baton을 넘겨주며 징검다리 소임을 다한 참으로 위대한 군주다.

| 《집안고구려비》와 《광개토왕릉비》의 상관성 |

2012년 7월, 중국 길림성 집안의 마선麻線향에서 비석 하나를 발견한다. 《집안고구려비》다. 높이 173cm 너비 60.6~66.5cm 두께 12.5~21cm 무게 464.5kg으로 직사각형(*상단부 좌우측 깨짐)의 비석이다. 비문은 10행으로 각 행마다 22자(*마지막행 20자)가 새겨 있다. 총 218자 중 마모가 심하여 최대 156자 정도만 판독이 가능하다.

▲ 《집안고구려비》 발견 장면 [2012년]

《광개토왕릉비》와의 유사성

▲ 《집안고구려비》, 《광개토왕릉비》 발견 장소

《집안고구려비》는 《광개토왕릉비》와 깊은 상관관계를 갖는다. 발견 지점은 《광개토왕릉비》와 동일한 장소인 길림성 집안이며, 특히 비문내용이 《광개토왕릉비》와 유사하기 때문이다.

《집안고구려비》는 크게 두 부문으로 구성된다. ①고구려 건국신화(1~2행), ②수묘인 관련(3~10행)이다. 이는 《광개토왕릉비》의 ㉮고구려 건국신화, ㉯광개토왕의 행장, ㉰광개토왕의 정복사업, ㉱수묘인 관련과 비교된다. 다만 차이가 있다면, 《집안고구려비》에는 《광개

토왕릉비》의 ⓓ, ⓔ은 없으며,《집안고구려비》의 ①, ②는 《광개토왕릉
비》의 ㉮, ㉣를 압축하고 있다. 한마디로 《집안고구려비》는 《광개토왕
릉비》의 축소판이다.

특히 《집안고구려비》와 《광개토
왕릉비》의 ㉮고구려 건국신화 부분에
는 공통으로 들어가는 문구가 있다.
추모왕의 역할에 관한 기록이다. '始
祖鄒牟王之創基也'. 이는 《집안고구
려비》와 《광개토왕릉비》가 동일한 계
통의 비석임을 보여주는 증거다.

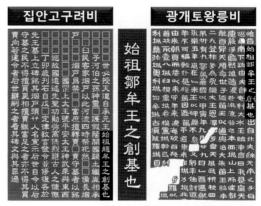

▲《집안고구려비》와《광개토왕릉비》

《집안고구려비》는 고국양왕의 공덕비

《집안고구려비》는 어느 왕의 비석일까? 《집안고구려비》 비문 기록
의 면밀한 검토를 통해 실체에 접근해본다.

첫째는 5행의 '國罡上太王'이다. 이 태왕은 다음 문구에서 확인된다.
'號平安太王' 즉 평안平安의 휘호를 쓴 태왕이다. 평안태왕은 광개토왕
을 말한다. 광개토왕은 즉위원년인 391년에 연호 영락永樂과 휘호 평안
平安을 제정하며 치세의 기본틀을 마련한다. 따라서 《집안고구려비》의
제작자는 광개토왕이며 제작 시기는 광개토왕 즉위원년(391년)임을 알
수 있다.

둘째는 7행 상단의 '▨▨▨丁卯歲刊石'이다. '~의 정묘 치세에 돌을
새기다'로 해석한다.(*돌에 새기다는 표현은 刊石보다 주로 刻石을 씀) 정묘丁卯년
은 언제일까? 《집안고구려비》가 391년(신묘년)에 세워진 점을 고려하면
정묘년은 그 이전의 367년일 수밖에 없다. 367년은 고국원왕 재위 37
년에 해당한다. 다시 말해 정묘년 간석의 대상은 광개토왕의 조왕祖王인

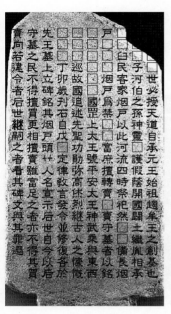

▲ 《집안고구려비》 비문

고국원왕이다.

특히 앞 문장 6행은 정묘년 간석의 배경을 기술한다. '巡故國追述先聖功勳弥高悠烈継古人之慷慨'이다. 해석하면 '고국故國을 순행하며 들으니 선성先聖의 공훈이 미고유열弥高悠烈하다 이야기하고 또한 옛 사람의 강개慷慨를 따라야 한다'이다. 선성先聖은 광개토왕의 선왕先王인 고국양왕을 가리킨다.

이는 광개토왕이 평안平安 휘호를 제정한 신묘년(391년) 그 해에 고국양왕의 장지를 알아보기 위해 고국원故國原을 방문한 사실을 설명한다. 따라서 고국원왕의 정묘(367년) 치세 간석은 고국양왕의 간석을 위한 하나의 선례임을 알 수 있다. 선례의 표현은 '丁卯歲刊石' 앞의 결자缺字에 담았을 것이다. 결자 ▨▨▨는 '例祖王' 정도로 읽혀지며 결자를 포함한 문장은 '例祖王丁卯歲刊石'이다. 즉 '조왕(고국원왕) 정묘 치세에 간석한 선례에 따라'다.

고국원왕의 '정묘 치세 간석'은 고국원왕이 사망(371년) 5년 전에 스스로 장지를 결정하고 간석을 세운 사실을 부연한다. 이는 **고국원왕이 생전에 수릉을 만들다가 민폐를 걱정하여 중지시킨 『고구려사략』 기록과도 정확히 일치한다.**

셋째는 7행의 '自戊▨定律教言發令'이다. '비로소 무▨년에 율을 정하고 교언하여 발령하다.'이다. 육십갑자 중 '戊'자로 시작하는 간지는 무자戊子, 무술戊戌, 무신戊申, 무오戊午 등이 있다. 무자년(388년)은 고국양왕 시기, 무술년(398년)과 무신년(408년)은 광개토왕 시기, 무오년(418년)은 장수왕 시기에 해당한다. 비문의 '戊▨'은 고국양왕 시기인 '무자년(388년)'을 말한다. 고국양왕은 생전에 연호 법령을 제정하고 왕의 교언으로 이를 발령한다.

넷째는 8행의 '先王墓上立碑銘其烟戶頭廿人名'이다. '선왕의 묘상에 비석을 세우고 그 연호두 20인의 이름을 새기다'이다. 이는 《집안고구려비》가 고국양왕의 능비임을 말하는 결정적인 증거다. 선왕先王은 바로 고국양왕이다. 특히 비문은 연호두 20인의 이름을 별도로 새겼다고 적고 있다. 연호두煙

▲ 천추총 연화문 수막새

戶頭는 연호(수묘인)의 수장頭으로 《광개토왕릉비》의 국연國煙과 같다. 특히 《광개토왕릉비》는 국연國煙과 간연看煙의 숫자 비율을 1:10으로 적시하고 있어 《집안고구려비》의 연호수는 국연(연호두) 20가, 간연 200가 등 총 220가家 임을 알 수 있다. 또한 이들은 《집안고구려비》와 《광개토왕릉비》가 공히 고구려 백성(내국민)을 말하는 구민臼民/舊民이다.

> 《집안고구려비》와 《광개토왕릉비》는 공히 수묘인 연호에 대해 상당한 분량을 할애한다. 특히 생전에 왕의 교언으로 연호 법령을 제정하고 이에 근거하여 연호를 둔 점은 주목해야 한다. 적어도 **당시 고국양왕과 광개토왕의 왕릉 보호 관리가 용이하지 않았다는 사실을 반증**한다. 이는 국내지역이 수도가 될 수 없는 가장 큰 이유 중의 하나다. 광개토왕의 부왕인 소수림왕의 경우는 『고구려사략』조차 수묘인 연호에 대한 언급이 전혀 없다. **소수림왕의 장지 소수림은 당시 수도인 위나암성**(요녕성 철령) 근처에 있기 때문이다.

마지막 다섯째는 3행에 언급된 연호煙戶의 임무다. '烟戶以此河流四時祭祀'이다. '연호는 이에 하류사시에 제사를 지낸다'이다. 하류사시河流四時는 사시사철로 봄·여름·가을·겨울 등 4계절이다. 이는 연호에 의해 매년 계절별로 4번에 걸쳐 제사를 지낸 사실을 부연한다.

『고구려사략』이 기록한 《집안고구려비》

그런데 『고구려사략』에 《집안고구려비》에 대한 기록이 명확히 나온다. 〈영락대제기〉다.

> 원년(391년) 6월, 대행(고국양왕)을 고국양에 장사지냈다. 순장과 진귀한 보물을 금하고 단지 연호(수묘인)를 두고 비석만을 세워 공덕을 기록하였다.
> 元年 六月 葬大行于故國壤 禁殉葬及珍宝 只置烟戸及碑以記功德

中 지안서 고구려 비석 발견

광개토대왕 비문 압축
고구려비로는 세번째
학계 "고고학적 대발견"

▲ 《집안고구려비》 발견기사 [세계일보, 2013년]

광개토왕은 391년 고국양왕을 장사지내며 단지 연호(수묘인)를 두고 비석만을 세운다. 이는 고국양왕의 연호가 고국양왕 시기 제정된 연호법령에 의거함을 말한다. 따라서 연호법령 제정 시기가 《집안고구려비》 기록의 무자년(388년)임을 다시 한 번 입증된다. 특히 『고구려사략』은 아예 광개토왕이 고국양왕의 비석(묘비)까지 세운 사실을 명확히 증언한다.

> 《집안고구려비》의 뒷면에도 글자가 새겨있을 것으로 추정된다. 다만 《집안고구려비》는 '연호두 20명의 이름을 새겼다'하고 『고구려사략』은 '공덕을 기록했다'고 적고 있어 이들 내용은 마멸된 뒷면에 새겨있을 것으로 추정된다.

《집안고구려비》는 고국양왕의 공덕비다.

| 서대총과 천추총의 무덤주인 |

통구고분군의 「마선구무덤
떼^{麻線溝墓區}」는 집안시 서쪽에
위치한 마선하가 압록강에 합
류하는 마선구 양안의 평지와
구릉지에 소재한다. 총 2,359기
가 분포하며 태왕릉이 소재한
「우산하무덤떼」 다음으로 규
모가 큰 무덤군이다. 다시 3개

▲ 「마선구무덤떼」 주요 무덤 분포

묘역으로 나누는데 마선향의 마선^{麻線}묘역, 홍성촌의 홍성^{紅星}묘역, 건강
촌의 건강^{建疆}묘역 등이다. 「마선구무덤떼」의 왕릉급 무덤은 5기 정도로
추정된다. 무덤 명칭이 부여된 서대총과 천추총을 비롯하여 마선구626
호분, 마선구2110호분, 마선구2378호분 등이다.

서대총^{西大塚}은 '서쪽에 높이 솟아 있는 큰 무덤'이어서 붙여진 이름
이며 천추총^{千秋塚}은 '千秋' 글자가 새겨진 전돌이 출토되어 붙어진 이름
이다. 일반적으로 서대총은 미천왕의 무덤, 천추총은 고국양왕의 무덤
으로 추정한다.

> 「마선구무덤떼」는 1966년 조사된 『통구고묘군도지 색인』에 따르면 총 2,516기다. 그
> 러나 1997년도 실측 보고서인 「통구고묘군」에는 총 2,374기로 파악되어 고분의 수가
> 줄어든 것을 알 수 있다. **현존하는** 1,639기 중 봉토석실분은 102기이며 **725기가 적
> 석총**이고 나머지 812기는 석실을 매장부로 한 소형 동실묘다.

서대총 무덤주인은 고국원왕

「서대총」(마선구500호분)은 마선묘역에 속하며 무덤양식은 계단돌방돌무지무덤이다. 밑면은 사다리꼴의 방형으로 한 변 길이가 평균 55m며 (남변 62m) 높이는 11m인 왕릉급의 대형고분이다.

무덤은 약간 비탈진 경사면의 황토층 위에 화강암, 사암, 석회암 등

▲ 서대총 전경

을 가공하여 계단을 쌓는다. 무덤 지면을 평탄하게 만들기 위해 계단 아래 기단부엔 거대한 석재를 층층이 쌓아 수평을 맞춘 듯 보인다. 계단 층수는 경사면의 가장 낮은 쪽 모서리가 11단이며 나머지 모서리의 계단 층수는 4~5단 정도로 추정된다. 특히 무덤정상부는 도굴로 추정되는 격심한 훼손으로 완전히 파헤쳐져 묘실(매장주체부) 자체가 소실되고 없다. 다만 소실되기 이전의 원래 묘실은 돌덧널石槨 또는 돌방石室으로 추정된다. 또한 서대총 남쪽 아래에는 묘설墓舌이 있다. 위에서 내려다 보면 마치 혓바닥처럼 불쑥 튀어나와 붙여진 이름이다. 묘설은 무덤정상부를 훼손하며 생긴 돌들을 옆에 옮겨 쌓은 것이다. 이밖에도 서대총에는 제대祭臺(제단)가 동쪽에 있으며 능원의 경계를 표시한 능장陵墻(담장)이 북쪽에 일부 남아 있다.

일반적으로 서대총의 무덤주인은 미천왕으로 본다. 이유는 『삼국사기』에 나오는 342년 전연의 모용황이 고구려를 침공하여 수도 환도성을 유린하고 미천왕릉을 파헤쳐 시신을 탈취한 사건에 따른다.

『삼국사기』 고국원왕. '12년(342년) 모용황이 한수의 말에 따라 **미천왕의 무덤을 파서 그 시신을 싣고** 궁궐 창고에서 대대로 이어져 내려온 보물을 훔쳤으며 남녀 5만여를 사로잡고 **궁실을 불태운 뒤에 환도성을 무너뜨리고 돌아갔다**.'(十二年 … 皝從之 發美川 王廟墓 載其尸 收其府庫累世之寶 虜男女五萬餘口 燒其宮室 毀丸都城而還)

서대총 출토품 중에는 무덤의 조성 시기를 알 수 있는 권운문圈雲紋 와당의 명문이 있다. 시계 반대방향으로 새긴 8자의 '**己丑年▨▨刊利作**'이다. 기축己丑년을 329년으로 이해하고 미천왕이 사망(331년)하기 3년 전에 미리 수릉壽陵(가묘)형태로 서대총를 만들었다고 보는 견해다.

▲ 기축년 명문 와당

그러나 서대총은 결코 미천왕릉이 될 수 없다. 모용황이 궁궐을 불태우며 유린한 고구려 수도 환도성丸都城의 위치가 잘못되었기 때문이다. 환도성은 현재 우리가 알고 있는 집안 국내성 위쪽의 산성자산성(환도산성)이 아니다. 산상왕이 209년 천도한 지금의 요녕성 해성海城이다.

따라서 모용황이 환도성을 유린하며 수백km 떨어진 길림성 집안까지 찾아가 미천왕릉(서대총)을 훼손하고 시신을 가져간다는 자체가 성립될 수 없다. 특히 『고구려사략』은 미천왕을 미천美川의 석굴石窟에

▲ 미천왕 시신 탈취 경로

장사지냈다고 분명히 적고 있다.

『고구려사략』〈미천대제기〉. '32년(331년) 신묘 2월, 상은 병이 위독해져 태자를 불러 면전에 다가서게 하고 신검을 건네며 이르길 "… 장례는 검소하고 실속있게 치를 것이며 옥관과 금곽을 쓰지 말라. 귀한 물건을 함께 묻으면 도둑들이 파헤치게 된다. 네 **어미 고향의 산수가 아주 좋으니 의당 나를 미천의 석굴에 장사지내고 네 어미가 나를 따라오거든 함께 묻어다오."** 타이르고 마침내 붕하였다. 춘추 54세.'(三十二年 辛卯 二月 上疾篤召太子至前 授神釰曰 … 葬宜儉實 無爲玉棺金槨 埋以珍玩使盜掘之 汝母鄕之山水甚好 宜葬我於美川石窟 待汝母之從我而合封 戒畢而崩 春秋五十四)

미천석굴(미천왕릉)은 지금의 요녕성 본계本溪다. 환도성이 소재한 요녕성 해성에서 동북쪽 수십㎞에 위치한다. 더구나 석굴무덤은 반개방적이다. 모용황이 미천왕의 시신을 탈취하는 데에 별다른 어려움은 없었을 것이다.

서대총은 누구의 무덤일까? 고국원왕의 무덤이다. 특히 막새기와 명문의 간지 기축년은 329년이 아니라 60년(육십갑자)을 더한 389년이다. 389년은 고국양왕 재위 5년에 해당한다. 막새기와는 고국양왕이 고국원왕의 무덤(서대총)을 재정비하면서 제작하여 사용한 것으로 추정된다.

그렇다면 서대총의 묘실이 소실될 정도로 심하게 훼손된 이유는 무엇일까? 『고구려사략』은 흥미로운 사실이 나온다. 〈고국원제기〉다.

40년(371년) 경오 10월 … (대행은) 고국원의 산천을 아꼈다. 수릉 만드는 일이 민폐라 여겨 그만두게 하였는 바 지금에 이르러 시신을 빈궁에 안치하고 고국원에 무덤을 만들었다. 태후가 옥관과 금곽을 쓰고 싶어하고 조왕(해현) 또한 찬동하여 산호와 상아 그리고 귀한 조가비를 구하였다. … 이때에 이르러 송호, 손긍 등 유생이 글을 올려 "옥관을 쓰면 대행의 검덕에 누가 되니 중지하소서." 아뢰었다. … 이듬해 임신년(372년) 2월 25일 고국원에 장사지냈다. 끝내 옥관과 금곽을 사용하였다. 춘추 61세다. 제는 후궁이 700인이며 황자는 258인이다.

四十年 庚午 十月 … 擬作壽陵而思民弊而止 至是權安於殯宮而營陵於故國原
太后欲用玉棺金椁祖王亦贊之 求珊瑚象牙宝貝爲之飾 … 至是儒生宋浩孫肯
等上書言 玉棺累於大行儉德而停之 … 以翌年壬申二月二十五日 葬于故國原
竟用玉棺金椁 春秋六十一 帝後宮七百人 皇子二百五十八人

　　기록은 몇 가지 중요한 정보를 담고 있다. 첫째는 고국원왕이 사후 자신이 묻힐 장지로 고국원을 지명한 점이다. 둘째는 고국원에 고국원왕의 수릉을 만들다가 민폐를 염려하여 중지시킨 점이다. 그래서 고국원왕릉은 사망 5개월만인 비교적 짧은 기간에 완성한다. 셋째는 무덤방에 시신의 안치를 위해 옥관과 금곽을 사용한 점이다. 특히 옥관의 장식품으로 산호와 상아 그리고 조가비를 왕실에서 특별히 구한 점이 눈이 띤다. 적어도 당시에는 매우 진귀하고 값비싼 물건들이다.

　　특히 기록은 '금관릉이라 칭한다. 영양왕 때에 말갈이 무덤을 파헤쳤다.'(稱以金棺陵 嬰陽時爲靺鞨所掘)고 주석을 단다. 고국원왕릉은 옥관과 금곽을 사용한 까닭에 금관릉으로 명명하며 이후 영양왕(26대) 때에 말갈에 의해 심하게 파헤쳐져 도굴된다. 영양왕의 재위기간은 590년 ~618년까지 29년간이다. 이 기간에 영양왕은 중원왕조 수隋의 쓰나마 공격을 막아내며 네 차례 고수高隋(고구려-수)전쟁을 모두 승리로 이끈다.

▲「고구려사략」〈고국원제기〉

아마도 고수전쟁기간 중에 고국원왕릉(서대총/금관릉)이 말갈에 의해 파헤쳐 도굴된 것으로 보인다. 처음 무덤이 조성된 해가 371년이니 대략 220년이 지난 시점에 고국원왕릉은 무참히 훼손되며 오늘의 모습을 하게 된다.

『고구려사략』〈영락대제기〉. '14년(404년) 갑진 정월, 해태후가 북도(위나암성)에서 붕하여 국원릉에 장사지냈다. 춘추 82세다.'(十四年 甲辰 正月 解太后崩於北都 葬于國原陵 春秋八十二) 광개토왕 시기 사망한 고국원왕의 왕후 해씨는 국원릉에 합장한다.

　「서대총」은 고국원왕의 무덤이다. 생전에 장지로 지목하여 수릉을 만들다가 중지한 후 다시금 재정비한 무덤이다. 이후 고수전쟁기간 중에 말갈에 의해 파괴된 뼈아픈 역사를 가지고 있는 집안 일대에 조성된 최초의 고구려 왕릉이다.

천추총 무덤주인은 고국양왕

▲ 천추총 전경

　「천추총」(마선구1000호분)은 한변 길이가 63m인 방형의 계단돌방돌무지무덤이다. 서대총과 마찬가지로 왕릉급의 대형무덤이다. 현재 천추총의 외형은 서대총보다는 양호하나 오랜 세월을 거치며 적잖이 훼손된다. 계단 층수는 10층 정도로 추정된다. 무덤은 먼저 지표면을 단단하게 다진 후 커다란 돌로 기단을 만든 후 기단 내부를 돌로 채우고 층단을 쌓는다. 무덤 정상부에는 태왕릉의 집모양돌덧널家形石槨과 비슷한 형태의 석재가 남아 있어 돌방石室의 존재가 확인된다.

　천추총의 무덤주인은 누구일까? 출토 유물에 단서가 있다.

　첫째는 '千秋萬歲永固'의 명문이 새겨진 벽돌(또는 전돌)이다. 풀이하면 '천년만년 영원토록 견고하소서'이다. 무덤이 훼손되거나 무너지지 않고 처음 모습 그대로 영원히 보존되길 바라는 일종의 염원念願을 새긴

문구다. 이는 천추총을 조성할 당시 이 일대에 대한 왕
실의 인식을 반영한다. 무덤의 보호와 관리가 용이하지
않기 때문이다.

> 천추총에서 출토된 벽돌에 새겨진 명문은 '千秋萬歲永固' 말고도
> '保固乾坤相畢'도 있다. '하늘과 땅이 다할 때까지 견고하게 유지
> 하소서' 정도로 해석된다. '千秋萬歲永固'와 같은 맥락이다.

▶ '千秋萬歲永固' 명문 벽돌

　둘째는 '▨未在永樂'이 새겨진 기와편이다. 영락永
樂은 광개토왕의 연호로 천추총 기와가 광개토왕 시기
에 제작된 사실을 부연한다. 영락 연간의 간지 '▨未'는
'을미乙未'와 '정미丁未'가 있다. 을미는 395년이며 정미
는 407년이다. 다만 기와편의 '未'자 앞의 깨진 글자 하
단부에 가로(─)획이 일부 확인되어 '乙'자일 가능성이
높다. 기와는 을미년인 395년에 제작한 것으로 천추총

▲ ▨未在永樂 명문 기와

이 광개토왕 이전에 재임한 왕의 무덤임을 나타낸다. 또한 기와 오른편
의 또 다른 명문 '樂浪趙將軍'은 실제 기와를 제작하여 천추총에 헌납
한 인물로 추정된다.

　셋째는 '井(우물 정)'자 또는 해시기호 '#'을 닮은
마름모꼴(◇) 격자살 문양이 새겨진 계단석이다.
격자살 문양은 '천하의 으뜸국가'를 나타내는 국
강國罡의 표식이다. 또한 격자살 문양은 고구려 태
왕의 상징이기도 한다. 격자살 문양의 전돌은 천
추총이 태왕의 무덤임을 실증하는 유물이다.

▲ 국강 표식 계단석

　이상의 3가지 유물을 종합적으로 고려하면 「천추총」은 고국양왕의
무덤일 수 밖에 없다.

『고구려사략』의 고국원 설명

서대총(고국원왕릉)과 천추총(고국양왕릉)이 소재한 「마선구무덤떼」는 고국원왕과 고국양왕 그리고 직계왕실 가족이 묻힌 무덤군이다. 「마선구

무덤떼」는 중앙을 남북으로 가로지르는 마선하를 기준으로 양분된다. 서쪽지역은 고국원이고 동쪽지역은 고국양이다. 이를 실증할 수 있는 근거가 〈영락대제기〉에 나온다. '12년(402년) 임인 6월, 또 고국원으로 가서 국원릉에 후연을 멸

▲ 고국원과 고국양의 구분

하겠다고 고하고 국양릉에 주기제를 올렸다.'(十二年 壬寅 六月 又如故國原 告滅燕于國原陵 行周紀祭于國襄陵) 광개토왕은 402년 고국원을 친히 찾아가 국원릉을 참배하고 이어 국양릉에 주기제周紀祭를 올린다. 국원릉(고국원왕)과 국양릉(고국양왕)은 지근거리에 서로 위치한다.

「서대총」은 고국원왕의 무덤이고 「천추총」은 고국양왕의 무덤이다.

| 마선구무덤떼의 왕릉급 무덤 |

「마선구무덤떼」에는 서대
총(고국원왕릉), 천추총(고국양왕릉)
말고도 왕릉급 무덤이 3개 더
있다. 마선구626호분, 마선구
2110호분, 마선구2378호분 등
이다. 모두 묘상건축물이 있는
계단돌방돌무지무덤이며, 무
덤 주변은 제대^{祭臺}, 능장^{陵墻}(담
장)을 포함한 능원^{陵園}을 갖추고 있다.

▲「마선구무덤떼」분포

마선구626호분은 고국원왕의 어머니 주태후

「마선구626호분」은 마선향 건강촌
북쪽 400m지점 산비탈에 소재한다. 무
덤은 한 변 길이가 평균 42m인 사다리
꼴 방형의 대형급(*남변 48m)이다.무덤
정상부에는 용석^{鎔石}과 다량의 기와편이
수습되어 묘상건축물이 있었을 것으로
추정된다. 제대시설은 무덤 동쪽 20m
지점에 위치한다.

▲ 마선구626호분 전경

마선구626호분은 종종 서대총과 비교된다. 무덤장소는 서대총(고국원왕
릉)과 마찬가지로 산비탈 외진 곳에 독립적으로 존재한다.(*서남쪽 650m지
점 서대총 위치) 무덤크기는 서대총보다는 다소 작지만 무덤양식과 형태는

동일하다. 다만 조성 시기는 서대총보다 다소 빠르다. 무덤주인은 고국원왕과 직접적으로 관련된 인물로 추정된다. 누구일까? 〈고국원제기〉다.

29년(359년) 기미 정월, 주태후가 춘추 69세에 붕하였다. 태후는 총민하고 지략이 있었으며 신선도를 좋아하였다. 큰 정사에 간예하였으나 큰 잘못을 범하진 않았다.

二十九年 己未 正月 周太后崩春秋六十九 后聰敏有智略好神仙 干預大政而不至大誤

무덤주인은 미천왕의 정실왕후이자 고국원왕의 어머니인 주周태후다. 주태후는 342년 전연 모용황이 고구려를 침공하여 수도 환도성을 유린하고 미천왕의 시신을 탈취할 때 모용황에게 사로잡혀 전연으로 끌려간다. 고국원왕은 송환을 요구하나 모용황은 미천왕의 시신은 돌려주고 주태후는 돌려보내지 않는다. 이후 주태후는 인질로 잡혀있다가 355년에 풀려나 고구려로 돌아온다. 그리고 4년 후인 359년(고국원29)에 사망한다.

마선구626호분의 무덤주인을 주태후로 보는 가장 큰 이유는 서대총(고국원왕릉)에 인접하고 있는 점과 무덤양식의 조성 시기가 서대총보다는 다소 빠른 점 등을 들 수 있다. 고국원왕은 사후 자신의 장지로 고국원을 선택하며 어머니 주태후를 자신보다 먼저 고국원에 장사지냈을 개연성이 높기 때문이다. 또한 마선구626호분의 무덤크기가 서대총보다는 다소 작은 점도 주태후의 무덤 가능성을 뒷받침한다.

마선구626호분은 미천왕과 주태후의 합장묘(어울무덤)일 가능성도 존재한다. 모용황으로부터 돌려받은 미천왕의 시신을 원래의 미천석굴(요녕성 본계)이 아닌 고국원에 따로 무덤을 조성했을 개연성도 있기 때문이다.

「마선구626호분」은 고국원왕의 어머니 주周태후의 무덤이다.

마선구2100호분은 고국원왕의 장인 해현

「마선구2100호분」은 마선향 홍성촌 남쪽 구릉지대에 위치한다. 마선하를 사이에 두고 동쪽 마선구626호분과 마주한다. 무덤은 한 변 길이가 평균 33m인 중형급이다. 현재 4단의 계단이 남아 있으며 무덤 상단과 네 경사면에는 기와편이 널려있어 묘상건

▲ 마선구2100호분 전경

축물의 존재가 확인된다. 무덤주변에는 제대시설 2개가 있으며 남쪽 200m 지점에 건축 유적도 존재한다. 집안일대 조성된 고구려 왕릉의 구비조건을 모두 갖추고 있다.

출토유물은 금기(보요장식), 도금기(마형/봉황 투조장식), 동기, 철기, 기와, 토기, 와당 등 다양하다. 출토품 중에는 무덤주인의 권위와 위상을 가늠해 볼 수 있는 상징적인 유물이 하나 있다. 쇠거울 철경^{鐵鏡}이다. 집안일대 무덤에서

▲ 철경(쇠거울)과 모사도

유일하게 나온 쇠거울은 무덤주인의 권위와 위상을 보여주는 상징적인 유물이다.

『고구려사략』에 추정되는 인물이 나온다. 〈소수림대제기〉다.

5년(375년) 을해 4월, 해현이 나이 73세에 죽어 조황의 예로 장사지냈다. 해현은 잘 생긴 탓에 총애를 받았고 바친 딸이 후가 되니 지위는 지극히 높아 더 이상 새로 만들 수가 없었다.

五年 乙亥 四月 解玄死年七十三以祖皇禮葬之 玄以美皃得幸納女配后 位極至尊無所建設

무덤주인은 고국원왕의 정실왕후 해^解씨의 아버지인 해현^{解玄}으로 추정된다. 해현은 고국원왕의 장인이자 소수림왕의 외조부로 고국원왕 치세에 태보(국무총리)를 지내며 외척권력의 정점을 찍는다. 이런 까닭에 『고구려사략』은 해현의 지위가 높을 대로 높아 더 이상 새로운 지위를 만들 수가 없다고 적는다. 해현의 마지막 지위는 조황^{祖皇}이다. 고구려 왕실이 최고로 받들고 예우한 작위다.

> 마선구2100호분은 소수림왕의 무덤으로 추정하는 견해가 있다. 그러나 소수림왕의 장지 소수림은 길림성 집안의 고국원이 아니다. 당시 위나암성이 있는 요녕성 철령 근처다. 『고구려사략』〈소수림대제기〉다. '14년(384년) 갑신 11월, 수림에서 사냥하다가 갑자기 몸이 심하게 아파 온탕에 들어갔다가 붕하였다. 춘추 46세다. 유조에 따라 소수림에 장사지냈다.'(十四年甲申 十一月 畋于獸林而不豫 入溫湯而崩 春秋四十六 依遺詔 葬于小獸林)

「마선구2100호분」은 고국원왕의 장인 조황^{祖皇} 해현^{解玄}의 무덤이다.

마선구2378호분은 고국양왕의 부인

▲ 마선구2378호분 전경

「마선구2378호분」은 마선향으로 들어가는 첫 들머리 언덕 위에 위치한다. 무덤은 동서 50m, 남북 25m의 장방형이며 높이는 2.5m다. 적잖은 기와편과 용석^{鎔石}이 수습되어 묘상건축물이 확인된다. 특히 무덤의 동쪽과 북쪽에는 3기의 무덤이 나란히 붙어 있다. 마선구2379호분, 마선구2380호분, 마선구2381호분이다. 이 중 마선구2380호분와 마선구2381호분은 규모가 크지 않으나 마선구2379호분은 규모도 크며 다량의 기와편을 발견하여 묘상건축물의 존재가 확인된다. 4기의 무덤은 한 세트로 무덤주인들 역

시 서로 밀접한 관계가 있는 인물들이다. 무덤주인은 고국양왕의 부인
들로 추정된다. 이유는 이들 무덤이 천추총(고국양왕릉)에 인접하고 평지
가 아닌 산비탈이라는 특수 지형에 조성된 점을 들 수 있다. 특히 천추
총 능원내에 딸린무덤陪塚이 일체 없는 점도 이들이 고국양왕 부인들의
무덤일 가능성을 뒷받침한다.

〈국양천왕기〉에 이들의 존재가 나온다. '2년(385년) 정월, 왕이 천강후
와 함께 조묘를 배알하였다. 천양을 좌소후에 천방을 우소후에 서산을 상
부인에 봉하였다.'(二年 正月 王與天罡后 謁祖廟 以天陽爲左小后 天房爲右小

后 西山爲上夫人) 천강天罡후,
천양天陽 좌소후, 천방天房 우
소후, 서산西山 상부인 등 4명
이다. 이 중 천강후는 광개토
왕을 낳은 소수림왕의 정후
로 동생 고국양왕이 형사취
수한 왕후다. 천강은 훗날 장
수왕 시기인 446년 92세로

▲ 고국양왕 부인 무덤

사망하여 광개토왕릉(태왕릉) 근처인 임강총(우산하34호분)에 따로 묻힌다.

4개 무덤 중 묘상건축물이 확인된 비교적 규모가 큰 마선구2378호
분과 마선구2379호분은 고국양왕의 좌·우 소후인 천양天陽과 천방天房
의 무덤으로 추정되며, 크기가 작은 마선구2380호분과 마선구2381호
분 중 하나는 상부인 서산西山의 무덤으로 보인다.

「마선구2378호분」 등 주변일대 4기의 무덤주인은 고국양왕 부인
들이다.

5 위대한 정복군주 광개토왕

| 광개토왕의 이름 담덕과 출생 계보 |

광개토왕(19대)의 이름은 담덕이다. 한자는 談(말씀 담)과 德(덕 덕)을 쓴다. '덕을 말하다.' 정도로 읽혀진다.

담덕은 복을 가져오는 천자의 덕

『고구려사략』〈소수림대제기〉에 담덕에 대한 설명이 나온다. 소수림왕은 담덕이 태어나자 복福이라 이름짓고 싶었는데 때마침 승려 아도阿道가 전진前秦에서 돌아와 "천자는 덕德을 말하지 이利를 말하지 않습니다. 덕을 말하면 복福은 저절로 내려옵니다."(天子談德而不談利談德則福自降)고 아뢰자 소수림왕은 이를 반겨 담덕으로 이름짓는다. 담덕은 '복을 가져오는 천자天子의 덕德'이다.

『삼국사기』는 광개토왕을 고국양왕의 아들子로 설정한다.(廣開土王 諱談德 故國壤王之子) 장자나 태자가 아닌 그냥 아들이다. 그런데 『고구려사략』은 광개토왕을 소수림왕의 차자次子로 설명한다. 또한 어머니는 연淵씨 천강天罡이다. 원래 소수림왕에게는 태자시절 또 다른 연燕씨를 통해 낳은 아들이 따로 있다. 장자長子 강岡이다.

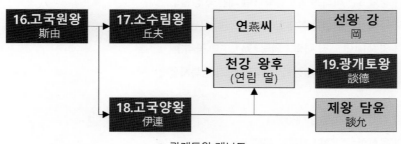

▲ 광개토왕 계보도

다만 광개토왕의 어머니 천강왕후는 소수림왕에 이어 고국양왕의 왕후가 된 까닭에 광개토왕을 고국양왕의 계보상 아들로 편입했을 가능성도 있다. 그래서 『삼국사기』는 그냥 고국양왕의 아들ᵌ로 기록한다.

소수림왕의 탁월한 선택

그런데 소수림왕은 장자 강岡을 제쳐두고 차자 담덕을 후계자로 선택한다. 『고구려사략』은 광개토왕이 '어렸어도 웅위하고 큰 무인의 기풍을 지녔다.'(幼而雄偉 有大武之風)고 평한다. 소수림왕은 광개토왕의 타고난 자질을 꿰뚫어 본다.

『고구려사략』〈고국양제기〉. '3년(386년) 병술 정월, 담덕태자를 정윤으로 삼고 동궁에 관료를 배치하며 비를 동궁대부에 봉하였다. 담덕은 나이 13세인데 능히 가마솥을 들어 올릴 정도로 힘이 세고 활도 잘 쏘며 무리를 능히 이끌었다. 선황의 장자 강 또한 현명하나 선황의 유지를 받들어 끝내 담덕을 태자로 세웠다.'(三年 丙戌 正月 以談德太子爲正胤 置東宮僚 以韜爲東宮大夫 談德年十三 力能扛鼎善射能御衆 先皇長子岡亦賢 以先皇遺詔 竟立談德)

특히 소수림왕은 죽기 직전 동생 고국양왕에게 왕위를 넘기며 훗날 아들 담덕이 성장하면 그때 왕위를 물려줘라 유언한다. 〈소수림대제기〉다.

수림이 죽음을 앞두고 보검과 옥새를 넘겨주며 이르길 "중원의 나라들은 소란하나 오직 동방만은 점점 고요해지는구나. 이 모두 조상님의 은덕이다. 아우도 잘 지켜서 담덕에게 물려주게나."하였다. 상은 소리없이 눈물만 흘리며 받았다.
獸林將崩 傳釖璽于帝曰 中國多乱唯東方稍安 乃祖蔭也 汝其善守以傳談德 上涕泣受

소수림왕의 유언은 지켜지고 고국양왕은 담덕이 18세가 되던 391년 전격적으로 왕위를 넘긴다.

이렇게 해서 우리 역사의 최고 정복군주 광개토왕은 아버지 소수림왕의 선택과 작은 아버지 고국양왕의 배려에 힘입어 탄생한다.

| 광개토왕 묘호의 이해 |

▲ 《광개토왕릉비》 묘호

광개토왕의 묘호^{廟號}는 '국강상광개토경평안호태왕'이다. 한자는 「國罡上廣開土境平安好太王」을 쓴다. 《광개토왕릉비》 비문에 나온다. 일반적으로 '국강상'은 광개토왕의 무덤이 소재한 장지^{葬地}의 이름, '광개토경평안'은 광개토왕의 외치와 내치의 업적을 기린 사후에 붙여진 시호^{諡號}, 그리고 '호태왕'은 광개토왕의 특별 왕호^{王號}로 이해한다.

「국강상」은 천하의 으뜸국가 고구려 왕

먼저 「國罡上」이다. 일반적으로 '罡(북두칠성 강)'자를 '언덕'을 뜻하는 岡 또는 崗으로 이해하고 國罡을 '나라의 언덕'으로 해석한다. 그런데 『고구려사략』은 다르게 설명한다. 광개토왕이 자신의 모후를 천강태왕^{天罡太王}, 자신은 국강태왕^{國罡太王}, 아들 탑^榻태자는 인강소왕^{人罡小王}에 봉한 기록이 있다. 〈국강호태왕기〉다.

> 영락20년(411년) 정월, 왕이 태후를 높여 천강태왕에, 스스로는 국강태왕에, 탑태자는 인강소왕에 봉하였다.
> 王尊太后爲天罡太王 自爲國罡太王 以榻太子爲人罡小王

천강, 국강, 인강의 천국인^{天國人}은 천지인^{天地人}에 대비된다. 罡은 북두칠성을 가리키며 으뜸(중심)을 뜻한다. 천강은 하늘의 으뜸, 국강은 나라의 으뜸, 인강은 사람의 으뜸이다. 國罡은 '천하의 으뜸국가'인 고구려를 말한다. 上은 왕을 나타내는 존칭이다. 『고구려사략』은 고구려 왕의 호칭을 일관되게 '上'으로 쓴다. 따라서 國罡上은 '천하의 으뜸국가를 다스리는 왕'이다. 광개토왕의 장지와는 아무런 관련이 없다.

『삼국사기』는 광개토왕의 조부 고국원왕을 국강상왕으로도 적는다.(故國原王 一云國罡上王) 이에 의거하여 '국원'과 '국강'을 동일한 개념으로 이해하고 둘 다 같은 장소를 나타내는 장지로 해석하기도 한다. 그러나 국원과 국강은 개념 자체가 다르다. 국원은 장지를 말하나 국강은 '천하의 으뜸국가'를 말한다. **국강 개념은 고국원왕 때에 처음 정립되어 손자인 광개토왕에게 계승된다.**

▶ 『삼국사기』 고국원왕 기록

「광개토경평안」은 광개토왕의 업적

　　다음은 「廣開土境平安」이다. 廣開土境(광개토경)은 '땅을 크게 넓혔다.'는 뜻으로 고구려 강역을 확장시킨 광개토왕의 업적이다. 平安(평안)은 한자 그대로 '걱정과 근심 없는 평화로움'이다. 나라와 백성을 평안하게 만든 치세의 표현이다. 그런데 중국 길림성 집안의 《모두루묘지명》은 '國罡上廣開土地好太聖王'으로, 경북 경주의 호우총 《호우명》은 '國罡上廣開土地好太王'으로 쓴다. 둘 다 평안의 글자가 빠진다. 이는 평안이

▲ 《모두루묘지명》 묵서

시호가 아닐 수도 있다는 의미다. 특히 『고구려사략』은 평안이 사후에 붙여진 시호가 아닌 생전의 휘호徽號로 설명한다.

『고구려사략』〈영락대제기〉. '영락원년(391년) 신묘 7월, 상이 군신에게 이르길 "지금 사해의 모든 나라들이 년호를 세우지 않은 곳이 없는데 유독 우리나라만이 없어온 지가 오래되었다. 마땅히 3대(추모/유류/대무신) 시절에 건원한 예를 살펴서 다시금 새 연호를 세워야겠다."하였다. 이 명에 따라 **춘태자가 호를 올리길 '영락'을 연호로 '평안'을 휘호로 삼자고 하니 상이 허락하였다.**'(永樂元年 辛卯 七月 上謂群臣曰 今四海諸國無不建元獨我國無此久矣 宜體三代建元之例更建新元 於是命 春太子上號乃以永樂爲年號平安爲徽號上可之)

광개토왕은 생전에 연호 영락^{永樂}태왕과 휘호 평안^{平安}태왕을 병행하여 사용한다. 영락은 평안과 같은 맥락이다. 그래서《모두루묘지명》과《호우명》에는 평안이 빠진다. 시호가 아니기 때문이다. 특히 『양서』는 광개토왕을 고구려왕 안^{安}으로 기록한다. 안은 평안의 휘호다.

> 『양서』〈열전〉제이. '모용수가 죽자 모용보가 위에 올랐으며 **고구려왕 안(安)을 평주목으로 삼아 요동과 대방 2국왕에 봉하였다.**'(垂死子寶立 以句麗王安爲平州牧 封遼東帶方二國王)

「호태왕」은 선교적 색채의 특별왕호

마지막으로 「好太王」이다. 好자는 태왕의 수식어 정도로만 이해한다. 왜 하필 '좋을 호'자를 붙였으며 또한 무슨 의미인지 전혀 해석하지 못한다. 그런데 『고구려사략』에 단서가 나온다. 광개토왕의 존호를 '호태왕명원도사(好太王明元道士)'로 정한 기록이다. 〈국강호태왕기〉다.

> 영락22년(412년) 임자 3월, 소마와 창명 등이 태후를 묘태왕현원부인에, **왕을 호태왕명원도사에**, 탑태자를 소명왕현명도사에 존하였다.
> 永樂二十二年 壬子 三月 蕭馬倉明等 尊太后爲妙太王玄元夫人 王爲好太王明元道士 榻太子爲小明王玄明道士

이는 당시의 시대적 상황을 반영한다. 불교를 믿던 중원왕조 전진^{前秦}은 망하고 선교^{仙敎}(도교)를 믿는 북위^{北魏}가 점차적으로 세력을 확장하는 시기다. 광개토왕은 이 점을 고려하여 아버지 소수림왕이 도입하여 정착시킨 불교를 다소 멀리하고 선교를 우대하는 정책으로 전환한다. 호태왕은 바로 선교적 색채의 특별 왕호다.

「국강상광개토경평안호태왕」은 단순한 묘호가 아니다. 「국강상」은 '나라의 으뜸'인 고구려를 다스리는 왕이다. 「광개토경」은 정복군주 광개토왕의 업적을 기린 사후의 시호며, 「평안」은 나라의 안녕과 백성의 삶을 평안케 하고자 하는 광개토왕의 정치적 지향점을 담은 생전의 휘호다. 또한 「호태왕」은 선교국가를 표방한 광개토왕의 의지가 표출된 왕호다.

　　참고로 광개토왕의 묘호를 고대 근동지방의 페르시아 제국을 건설한 다리우스^{Darius}대왕의 표현법으로 비문을 기록했다면 아래와 같을 것이다.

> 나는 담덕談德이다. 천자天子의 덕德을 말하는 왕 중의 왕이다. 천하天下의 으뜸국가 고구려의 태왕이다. 사해四海를 평정한 만방萬邦의 정복왕이며 백성을 평안히 다스린 위대한 호태왕이다. 구부丘夫의 적자嫡子이자 을불乙弗의 혈손血孫이며 국조왕國祖王 가문이다.

다리우스대왕의 베히스툰(Bisotun) 비문. '나는 다라야와우쉬(다리우스)다. 위대한 왕이며 왕 중의 왕이다. 페르시아 왕이며 만국의 왕이다. 비쉬타스파(히스타스페스)의 아들이자 아르샤마(아르사메스)의 손자며 하카마니시(아케메네스)가문이다.' 이란의 서쪽 케르만샤 지방에 있는 베히스툰산에서 100m 높이의 절벽 위 암반에 새겨져 있는 비문은 고대 페르시아어, 엘람어, 아카드어 등 3개 문자로 기록되어 있다.

　　광개토왕은 천하의 으뜸국가 고구려를 지배하고 다스린 왕 중의 왕이다.

| 광개토왕의 특별 문양 |

▲ 신라 호우총 청동호우 [경북 경주]

8.15 광복직후인 1946년 경북 경주 노서동의 신라고분(호우총)에서 아주 특별한 유물 하나를 출토한다. 청동으로 만든 호우^{壺杅}다. 그런데 호우 밑바닥에 '乙卯年國罡上廣開土地好太王壺杅十'의 16자 명문이 양각으로 새겨있다. 을묘년^{乙卯年}은 415년으로 광개토왕을 산릉(왕릉)에 장사지낸 해다. 호우는 412년에 사망한 광개토왕의 기제사^{忌祭祀}에 사용하기 위해 아들 장수왕이 특별히 제작한 제사용 그릇으로 추정된다. 그런데 명문 상단에 '#(올림표)'의 해시^{hash} 기호 또는 '井(우물 정)'자를 닮은 마름모꼴(◇) 격자살이 표기되어 있다. 이 문양은 무엇일까?

호우총(140호분) 무덤주인은 신라 내물왕의 아들이자 눌지왕의 동생인 **복호(卜好)왕자**와 광개토왕의 딸 **마련(馬連)공주** 사이에서 태어난 **보준(宝俊)**이다. 보준은 어머니 마련공주로부터 **광개토왕의 외손자 징표**로 광개토왕의 기제사(415년)에 사용된 청동호우를 물려받는다. 호우의 뚜껑 손잡이는 원형으로 고구려의 대표양식이다.

광개토왕의 고구려를 도식화

광개토왕의 묘호는 '國罡上廣開土境平安好太王'이다. 이 중 맨 앞부분의 國罡에 마름모꼴(◇) 격자살 문양의 단서가 있다. 國罡은 천하의

으뜸국가 고구려를 말한다. 호우 명문 상단의 마
름모꼴 격자살은 國罡을 도식화한 문양이다. 바
로 '천하의 으뜸국가 고구려'를 직접적으로 표현
한 디자인이다. 마름모꼴 격자살의 사각 끝부분
은 동·서·남·북 사방을 가리킨다. 특히 사각은
닫힌 모양이 아닌 열린 모양이다. 이는 천하의 으

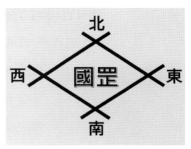

▲ 國罡 모식도

뜸국가 고구려의 세계가 사방으로 무궁히 펼쳐나감을 의미한다. 그래
서 《광개토왕릉비》는 '태왕의 은택이 황천에까지 미치고 무위는 사해에
가득하였다.'(太王恩澤洽于皇天武威振被四海)고 기록한다. 광개토왕이 다
스리는 고구려의 천하지배관을 가감없이 표현한 문장이다.

> 마름모꼴(◇) 문양을 '우물 정(井)' 표식으로 고정화시켜 해석하는 경향이 있다. 그러
> 나 '◇'과 '井'는 엄연히 다르다. '◇'은 '井'에 비해 중심축이 45°가량 명확히 기울어져
> 있다. '井' 표식은 백제, 신라, 가야의 토기에서 종종 발견된다.

특히 마름모꼴 결자살 문양은 광개토왕 당시의 고구려 국기國旗라고
도 할 수 있다. 굳이 이름을 붙이자면 태극문양이 있는 우리나라 국기를
'태극기太極旗'라 부르듯이 '국강기國罡旗' 정도는 될 듯 싶다.

> 사극을 보면 고구려는 주로 삼족오(三足烏) 문양
> 을 새긴 깃발을 많이 사용한다. 삼족오는 해(태양)
> 를 상징하며 고구려 고분의 천장 벽화에 자주 등
> 장한다. 특히 평양 진파리고분군 7호분에서 출토
> 된 '해뚫음무늬 금동장식'의 삼족오 문양은 가히
> 최고의 디자인이라 할 수 있다. 그럼에도 실제로
> 삼족오 깃발을 사용한 기록이나 유물은 없다. 다

> 만 『삼국사기』에 고구려가 적기(赤旗,붉은 깃발)를 사용한 기록이 나온다. 붉은 색은 태
> 양을 나타내는 고구려의 상징색이다.

천지인과의 연관성

원
(하늘)

방
(땅)

각
(사람)

▲ 스에키(須惠器)

우리 민족은 예로부터 하늘은 원형, 땅은 방(네모)형, 사람은 각(세모)형으로 표시한다. 원방각(○□△)은 천지인^{天地人}이다. 특히 원방각 문양은 가야토기와 이의 직접적인 영향을 받은 일본의 스에키^{須惠器}에서 많이 나타난다. 광개토왕의 호우^{壺杅}에 표기된 마름모꼴(◇) 격자살 문양은 땅(국가)을 나타내는 방형 즉 광개토왕의 고구려를 도식화한 일종의 로고라 할 수 있다.

　　그렇다면 장수왕은 호우에 광개토왕의 로고를 새겼을까? 장수왕은 아버지 광개토왕이 이룩한 위대한 업적을 계승하고 세세토록 기념하고자 하였을 것이다. 동양 최대의 비석인 《광개토왕릉비》가 이를 증언한다.

> 마름모꼴(◇) 격자살 문양은 길림성 집안의 고구려무덤떼에서 발견된다. 천추총(고국양왕릉)의 경우 무덤 계단석과 권운문 와당(구름무늬 막새)의 중앙 원 안에서, 태왕릉(광개토왕릉)의 경우 지단석(건축물 터에 쌓은 돌)에서 문양이 확인된다. 둘 다 고구려 왕릉이다. 다만 이 문양을 길상구로 보는 견해도 있다.

　　광개토왕의 마름모꼴(◇) 격자살 문양은 천하 으뜸국가 고구려를 지배하고 다스린 광개토왕의 상징하는 특별 기호다.

| 태왕과 호태왕의 사용 시기 |

《광개토왕릉비》는 광개토왕의 왕호를 「太王」과 「好太王」으로 분리해서 쓴다. 태왕 칭호는 훈적기록(본문)에 전반에 걸쳐 나오며 호태왕 칭호는 묘호(서문)와 수묘인(연호) 관련 기록(결문)에만 딱 한 번씩 언급된다. 이는 광개토왕이 생전에는 태왕 칭호를 사용하고 사후에 묘호와 수묘인을 정리하면서 호태왕 칭호를 사용한 것으로 보인다. 그렇다면 태왕과 호태왕 칭호는 오직 광개토왕 한 사람만을 위한 특별 왕호일까? 아니면 광개토왕뿐만 아니라 다른 왕에게도 적용된 일반 왕호일까?

태왕 칭호의 사용 시기

태왕 칭호를 처음 사용한 왕은 고국원왕이다. 《모두루묘지명》에 결정적인 단서가 나온다. 묘지명 묵서墨書는 모두루의 선조와 조부 그리고 모두루 자신의 활동 시기를 각각 왕명으로 표기한다. 선조는 '鄒牟聖王' 시기, 조부는 '國罡上聖太王' 시기, 모두루 자신은 '國罡上廣開土地好太聖王' 시기 등이다. 이 중 조부의 활동 시기를 말하는 '국강상성태왕'이 바로 태왕 칭호를 처음으로 사용한 고국원왕(*『삼국사기』 국강상왕)이다.

그럼에도 고국원왕이 태왕 칭호를 정식으로 사용한 기록이 문헌에는 나오지 않는다. 다만 『삼국사기』에 고국원왕이 340년(고국원10) 전연 모용황慕容皝에게 세자世子를 파견한 기록이 있다.(十年 王遣世子 朝於燕王皝) 왕의 후계자를 동궁 또는 태자가 아닌 세자로 칭한 기록은 이 부분이 유일하다. 당시 고구려는 북방유목민족 모용선비慕容鮮卑가 세운 신생국 전연(모용황)과 대륙

▲ 『삼국사기』 고국원왕 기록

동북방의 패권을 놓고 치열하게 다투며 자웅을 겨루던 때다. 전연이 황
제국을 표방하며 우위를 선점하려하자 이에 대응하는 차원에서 세자 호
칭을 사용한 듯 보인다. 물론 세자 호칭을 사용하기 위해서는 왕 또한 이
에 걸맞는 새로운 칭호가 필요하다. 이때 전연의 황제국을 능가하는 고구
려의 국강國罡 개념이 정립되며 국강의 지배자를 상징하는 태왕 칭호 역
시 함께 만들어진다. 그래서 고국원왕은 국강상왕國罡上王인 태왕이 된다.

  태왕 칭호는 광개토왕만을 위한 특별 왕호가 아니다. 고국원왕 때
처음 만들어져 이후 소수림왕, 고국양왕, 광개토왕 등으로 계승된 고구
려의 천하지배관이 반영된 왕호다.

호태왕 칭호의 사용 기간

  호태왕 칭호는 광개토왕이 사망(412년 7월)한 그 해 412년 정월에 처음
으로 제정된다. 그러나 호태왕 칭호는 광개토왕의 묘호로만 끝나지 않
는다. 광개토왕의 뒤를 이은 왕들도 호태왕 칭호를 사용한다.

20대	21대	22대	23대	24대	25대
장수왕	문자명왕	안장왕	안원왕	양원왕	평원왕
장수호열제 長壽好烈帝	명치호왕 明治好王	-	곡향강상왕 鵠香岡上王	양강상호왕 陽崗上好王	평강상호왕 平崗上好王
『태백일사』	『삼국사기』	-	『일본서기』	『삼국사기』	『삼국사기』

  다만 기록상으로 확인된 호태왕 칭호의 사용 시기는 평원왕까지나,
이후 보장왕 때까지도 계속 사용되었을 것으로 추정된다.

  호태왕 칭호는 광개토왕만을 위한 특별한 묘호가 아니다. 광개토왕에
의해 처음 제정되어 고구려가 멸망할 때까지 계속 사용된 특별 왕호다.

  태왕과 호태왕은 고구려가 국강國罡을 선포하며 제정한 위대한 왕의
칭호다.

| 광개토왕의 가계 |

『삼국사기』가 기록한 광개토왕의 가계 정보는 두 가지다. 하나는 광개토왕을 고국양왕의 아들子로 설정한 점과 또 하나는 광개토왕의 아들 장수왕을 원자元子로 표기한 점이다. 아쉽게도 『삼국사기』는 왕통 계보 상의 기록만 남긴다. 그런데 『고구려사략』에는 광개토왕의 가계 정보가 상세히 나온다.

고구려 후비제도

전통적으로 고구려 왕의 부인은 「후后·비妃·빈嬪」체계다. 후后는 정실 왕후며, 비妃와 빈嬪은 후실(측실)을 말한다. 『고구려사략』〈장수대제기〉에 초기 3대 왕의 왕후 숫자가 나온다. 시조 추모왕은 3명, 유류왕은 7명, 대무신왕은 5명이다. 이들 3대 왕의 왕후는 초기 고구려에 기여한 주변국(북부여 제후국)출신의 왕녀 또는 초기 5부를 형성한 귀족출신 여성이다.

그러나 이후 고구려는 점차로 제국의 면모를 갖추면서 왕의 부인에 대한 궁중예법을 새롭게 정립한다. 신분계급은 출신성분(골품)에 따라 용골龍骨, 선골仙骨, 잡색雜色 등으로 나눈다. 용골은 왕족을 포함한 종실출신이고 선골은 5부 귀족출신이며 잡색은 그 외 기타출신이다. 정실왕후는 반드시 용골에서만 배출한다. 왕족의 지배력을 강화하기 위해 왕실 내 족내혼을 공식화한다. 후실 비妃는 외척과 5부 귀족 그리고 주변국 왕녀 등이 맡는다. 빈嬪은 기타 잡색이다.

광개토왕의 정실왕후와 자녀

『고구려사략』〈영락대제기〉에 따르면 광개토왕은 공식적으로 2명의 정실왕후를 둔다. 제1왕후 토산^{吐山}과 제2왕후 평양^{平陽}이다. 둘 다 용골
인 왕족출신이다.

토산왕후(374년생)는 천원공 연림^{淵琳}의 딸이다. 연림은 미천왕이 후궁
우^于씨를 통해 얻은 아들이다. 연림은 비록 방계이나 엄연한 왕족출신
이다. 특히 연림은 딸 둘을 얻는데 첫째 딸은 광개토왕의 어머니인 천강
^{天罡}이고, 둘째 딸은 광개토왕의 왕후인 토산^{吐山}이다. 광개토왕은 자신
의 이모와 혼인한다. 토산왕후는 2남 2녀를 낳는다. 왕자는 첫째 경^鯨과
다섯째 해^蟹며 공주는 삼산^{三山}과 감산^{甘山}이다.

평양왕후(359년생)는 광개토왕(374년생)보다 한참 나이가 많은 이복누나
다. 어머니는 연^燕씨다. 소수림왕은 원비^{元妃} 연씨를 통해 이란성^{二卵性} 쌍
둥이를 얻는데 남자는 광개토왕의 이복형 강^岡이고 여자는 평양^{平陽}이
다. 광개토왕은 동궁시절(13세~18세) 이복누나 평양을 무척 좋아하여 딸
둘을 얻는다. 이런 연유로 광개토왕은 즉위하면서 평양을 왕후로 맞이
한다. 특히 평양왕후는 이란성쌍둥이 동생 강^岡이 광개토왕에게 후계자
자리를 양보하는데 일정의 역할을 한다.

『고구려사략』〈영락대제기〉. '영락원년(391년) 신묘 7월, 상이 태후에게 아뢰길 "백제
(소수림왕)의 딸 **평양**은 짐을 섬김에 깔끔하고 정숙하며 지금 다시 딸을 낳고 여러 번
자신의 동생 강에게 일러 짐에게 후계를 양보케 했습니다. 그 공이 적지 않으니 역시
후로 삼고자 하는데 어떠하신지요?"하니 천강이 아뢰길 "천하의 일은 오로지 폐하께
서 주관하시는 것인데 어찌 노첩이 알겠습니까?"하였다. 상은 이에 면형에게 명하여
평양을 신궁으로 맞아들이고 황후에 책봉하여 토산의 경우와 같게 하였다.'(永樂元年
辛卯 七月 上謂太后曰 平陽以伯帝之女事朕以貞 今又生女 而累勸其弟岡讓嗣于朕 其功不少亦立
爲后 何如 天罡曰 天下事唯陛下主之 老妾何知 上乃命免衡 迎平陽于新宮冊皇后 一如吐山例)

평양왕후는 3남 2녀를 낳는다. 왕자는 둘째 거련^{巨連}(장수왕)과 넷째 두
련^{斗連} 일곱째 초련^{楚連}이며, 공주는 마련^{馬連}과 호련^{胡連}이다.

광개토왕의 후실 비와 자녀

『고구려사략』에 나오는 광개토왕의 후실 비妃는 2명이다. 운모雲帽와 하모霞帽 두 소비小妃다. 둘 다 신라 내물왕의 딸이다. 광개토왕이 즉위한 391년 광개토왕에게 바쳐져 이듬해인 392년 정식으로 좌소비, 우소비에 각각 봉해진다. 특히 운모는 2남을 낳는다. 셋째 각언角彦과 여섯째 엽언葉彦이다. 그러나 하모는 자식을 생산하지 못한다.

또한 『고구려사략』은 왜왕 인덕仁德(16대)의 딸이 광개토왕에게 바쳐진 사실도 소개한다. 이름은 기록하지 않아 알 수 없으나 신라의 경우와 마찬가지로 비妃에 책봉되었을 것으로 추정된다.

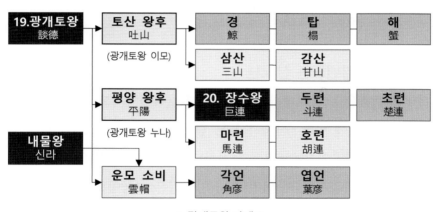

▲ 광개토왕 가계도

기록상으로 광개토왕은 2명의 왕후와 8명의 왕자, 4명의 왕녀를 둔다.

| 광개토왕의 즉위년도와 사망년도 |

광개토왕이 18세에 즉위하여 39세에 사망한다. 즉위시와 사망시의 나이를 감안하면 광개토왕의 재위기간은 22년(391~412)간이다. 재위기간만을 고려하면 결코 짧다고 할 수 없다. 그럼에도 한참 활동할 나이에 갑자기 사망하여 아쉬움을 지울 수 없다.

> 《광개토왕릉비》는 광개토왕이 왕위에 오른 행위에 대해 '등조(登祚)'의 표현을 쓴다. **등조는 등극(登極), 천조(踐祚)와 동의어로 '천자(天子)의 위(位)에 오름'이다. 이에 반해 즉위(卽位)는 어극(御極), 즉조(卽祚)와 동의어로 '왕(王)의 위(位)에 오름'이다. 고구려는 누가 뭐래도 천자국(天子國)이다.**

18세 즉위년도는 신묘년

광개토왕은 18세에 즉위한다. 즉위년은 육십갑자의 신묘년^{辛卯年}인 391년이다. 이에 반해 『삼국사기』는 광개토왕의 즉위년도를 신묘년이 아닌 임진년^{壬辰年}인 392년으로 설정한다.《광개토왕릉비》와는 1년 차이를 보인다. 『삼국사기』의 임진년(392년) 설정은 고국양왕의 사망년도에 맞춰 광개토왕의 즉위년도를 보정하였기 때문이다. 고국양왕은 임진년에 사망한다. 고국양왕의 사망년도가 광개토왕의 즉위년도다.(*즉위년칭원법 적용)

그런데 『고구려사략』은 고국양왕이 생전에 왕위를 광개토왕에게 미리 넘겼다고 설명한다. 〈국양천왕기〉다. '8년(391년) 7월, 왕이 태자에게 전위하였다. 스스로를 태상왕이라 하였다. 융복8년을 영락원년으로 삼고 천하에 대사면하였다.'(八年 七月 王傳位於太子 自稱太上王 以隆福八 年爲永樂元年 大赦天下) 고국양왕이 왕위를 넘긴 이유는 형 소수림왕이 유언에 따른 조치다. 391년(신묘년)은 광개토왕의 나이 18세다. 고국양왕은 담덕태자가 왕권을 행사할 수 있는 충분한 역량을 갖췄다고 판단하여 미리 왕위를 넘긴다. 다만 아쉽게도 고국양왕은 광개토왕에게 왕위를 넘긴 이듬해(392년)에 사망한다.

결과적으로 고국양왕의 선택은 고구려가 또 한 번 융성할 수 있는 기회로 이어진다. 만약 고국양왕이 개인적인 욕심을 부렸다면 고구려 역사는 왕실내의 골육상쟁사로 뒤바뀌고 광개토왕과 같은 걸출한 영웅은 출현하지 못했을 것이다. 고국양왕은 광개토왕에게 바톤baton을 넘겨주며 징검다리의 소임을 묵묵히 수행한 참으로 훌륭한 군주다.

39세 사망의 숨겨진 이야기

광개토왕은 39세에 사망한다. 사망년도는 육십갑자의 임자년인 412년이다. 『삼국사기』는 사망 사실만을 전하나 《광개토왕릉비》는 '昊天不弔' 즉 '하늘이 불쌍히 여기지 않았다.'로 표현하여 광개토왕의 죽음이 자연사가 아닐 가능성을 열어 놓는다.

광개토왕의 죽음에 얽힌 비화秘話가 『고구려사략』에 나온다. 〈국강호태왕기〉다.

영락22년(412년) 왕이 **황산원에서 사냥**하였다. 사로잡은 원숭이와 사슴을 놓아주라 명하고 마침내 사냥을 끝내고 돌아왔다. **왕의 몸이 좋지 않게 되자 천강태후가 이를 걱정하였다.**

王畋于黃山原 得猿鹿命放 遂罷獵而歸 不豫太后憂之

광개토왕은 황산원黃山原 사냥터에서 돌아오자마자 갑자기 '왕의 몸이 좋지 않은(不豫)' 급병을 얻는다. 오늘날의 의학적 소견을 빌리면 광개토왕은 사냥터에서 어떤 바이러스(또는 세균)에 감염된다.

> **황산원(黃山原)은 태왕릉이 소재한 길림성 집안의 너른 벌판을 가리킨다.** 집안을 감싸고 있는 지금의 우산(禹山)이 당시의 황산(黃山)이다. **광개토왕의 황산원 사냥은 훗날 자신이 묻힐 장지를 알아보기 위함이다.**

이어지는 기록은 더욱 흥미롭다.

> **백산**(길림성 장백산) **사람이 불로초를 바쳤는데 생긴 것이 마치 동자와 같았다.** 백산후가 이를 쪄서 거련태자에게 먹게 하였다. **거련이 이를 먹고 열이 나고 정신을 잃으니 왕은 독이 있다 의심하여 바친 자를 옥에 가두었다.** 바친 자가 고하길 "영약의 조짐입니다. 만약 독이 있다면 신이 나머지를 먹으면 죽을 겁니다."하였다. 이에 왕이 먹으라 하니 그 또한 열이 나고 하루 동안 죽었다가 깨어났다. **왕이 이를 기이하게 여겨 다시 구해오라 명하였으나 구하지 못하였다.**
>
> 白山人獻不老草狀如童子 白山后烹之令巨連太子嘗之 巨連飮之發熱假死食項 王疑其有毒命囚獻者 獻者曰靈藥有兆而發也若有毒 則臣請飮其餘而死 王乃命飮之亦發熱而死一日而起 王異之命求之不得

　　동자 닮은 불로초는 산삼으로 추정된다. 거련(장수왕)이 열이 나고 하루 동안 기절한 것은 산삼의 부작용이 아니라 일종의 명현반응^{瞑眩反應}이다. 광개토왕은 진시황도 구하지 못한 불로초를 코앞에서 놓쳐 사망하고 광개토왕의 의심 때문에 산삼을 대신 먹은 장수왕은 말 그대로 장수한다. 아이러니컬한 역사의 한 장면이다.

　　광개토왕의 직접적인 사인^{死因}은 황산원 사냥터에서의 바이러스(또는세균) 감염으로 추정된다. 안타까운 점은 자신이 묻힐 장지를 보러갔다가 뜻하지 않게 병에 걸려 오히려 사망한다. 그래서 《광개토왕릉비》는 '昊天不弔'를 쓴다. 광개토왕의 갑작스런 죽음을 하늘의 뜻으로 돌리면서도 한편으론 하늘에 대한 원망 또한 섞여 있는 표현이다.

　　광개토왕은 급병을 얻어 한참 혈기 왕성한 39세에 갑자기 사망한다.

| 광개토왕의 장례가 늦춰진 이유 |

광개토왕은 39세인 임자년(412년)에 사망한다. 그러나 곧바로 장례를 치르지 못하고 3년 후인 갑인년(414년)에 정식으로 산릉山陵(왕릉)에 안장하며 장례를 치른다. 《광개토왕릉비》는 '甲寅年九月廿九日乙酉遷就山陵'로 표현한다. '갑인년 9월 29일 을유일에 산릉으로 옮겨와 장례를 치뤘다.' 광개토왕의 장례식은 사망 당해년도가 아닌 3년이나 지체되어 거행한다. 이를 두고 3년상三年喪(초상/소상/탈상)으로 이해하려는 해석도 있으나 유교식 3년상은 고려 때부터 적용된 예법이다.

광개토왕의 장례식이 늦춰진 이유는 두 가지다. 하나는 산릉 조성에 3년의 시간이 소요될 수 있으며 또 하나는 어떤 정치적 사유로 지체될 수 있다.

수릉 조성기간일 가능성

먼저 산릉 조성의 소요시간이 3년일 가능성이다. 수릉壽陵은 왕이 죽기 전에 미리 무덤을 만들어 놓는 일종의 가묘假墓다. 『고구려사략』에 의하면 민중왕(4대-민중원), 모본왕(5대-모본석굴), 미천왕(15대-미천석굴) 등은 생전에 전렵田獵(사냥)을 통해 자신이 사후에 묻힐 장지를 미리 결정한다. 이는 고구려 왕들에게 수릉제도가 보편화되었다고 단정할 수 없어도 어느 정도 적용된 사례로 볼 수 있다. 광개토왕도 마찬가지다. 《광개토왕릉비》에 의하면 광개토왕은 자신의 왕릉을 지키고 보호할 수묘인을 생전에 지정한다. 이는 광개토왕의 장지가 생전에 결정되고 또한 수릉작업도 이루어진 사실을 알 수 있다. 따라서 산릉(왕릉) 조성에 3년의 소요되었다는 해석과 판단은 설득력이 떨어진다.

특히 『고구려사략』은 광개토왕의 사망 시기와 장소, 장례 시기와 장지 등을 따로따로 구분하여 기록한다. 〈영락대제기〉는 '임자(412년) 7월, 상이 주유궁에서 붕하였다. 춘추 39세다.'(壬子 七月 上崩於朱留宮 春秋 三十九)이고, 〈장수대제기〉는 '갑인(414년) 9월, 대행(광개토왕)을 황산에 장사지냈다.'(甲寅 九月 葬大行于黃山)이다.

광개토왕의 사망 장소는 주유궁朱留宮이고 장지는 황산黃山이다. 주유궁은 대무신왕(3대)이 태어난 궁궐 이름으로 고구려 북도北都인 위나암성에 소재한다. 위나암성은 지금의 요녕성 철령이다. 또한 황산은 국내성이 소재한 장소다. 태왕릉과 《광개토왕릉비》가 있는 지금의 길림성 집안지역이다. 이는 광개토왕이 412년 북도 위나암성(주유궁)에서 사망하여 3년이 되는 414년에 황산으로 시신을 옮겨와 장례를 치른 사실과 정확히 일치한다.

▲ 고구려 수도와 광개토왕의 시신 이동

천익의 왕위찬탈로 지체

다음은 정치적 사유로 3년이 지체될 가능성이다. 『삼국사기』는 413년에 광개토왕이 사망하여 뒤를 이은 장수왕이 곧바로 재위를 시작한 것으로 적는다. 『고구려사략』 역시 동일하게 즉위년칭원법^{卽位年稱元法}을 적용한다. 다만 〈영락대제기〉는 《광개토왕릉비》와 마찬가지로 광개토왕은 412년에 사망하며 뒤를 이어 장수왕이 즉위한 것으로 기록한다. 그런데 〈국강호태왕기〉는 광개토왕 사망이후 장수왕이 즉위하기까지 3년간의 공백이 있다고 설명한다.

영락23년(413년) 정월, 천익이 스스로 익원왕이 되었다. 그의 처 혜문, 양평, 우당 씨를 후로 삼았다. 혜문릉을 고릉으로 고치고 관속을 배치하여 크게 만들었다. 천강태후와 탑태자는 이를 막지 못하였다. 2월, 천익이 탑태자를 폐하여 예박도위로 삼았다. 자신의 아들 천혜를 태자로 삼고 태후를 위협하여 천후로 삼았다.

永樂二三年 正月 天益自爲益原王 以其妻樿門陽平棠權氏爲后 改樿門陵爲高陵置官屬大營之 太后及楊太子不能禁之 二月 天益廢楊太子爲枘博都尉 以其子天樿太子逼太后爲天后

412년 10월 광개토왕이 급병으로 사망하자 천강^{天罡}(광개토왕 어머니)태후의 동생 천익^{天益}이 이듬해인 413년 정월에 익원왕^{益原王}을 자처하며 왕위를 찬탈하는 쿠데타를 일으킨다. 이어 7월 거련이 천익의 쿠데타를 진압하고 10월에는 소왕^{小王}이 되어 감국^{監國}한다. 그리고 이듬해인 414년 3월 정식으로 고구려 태왕에 즉위한다. 결국 장수왕의 초기 3년간 공백은 천익의 왕위찬탈로 인해 즉위자체가 늦춰진다.

결과적으로 《광개토왕릉비》가 기록한 광개토왕의 장례년도가 412년 사망후 3년간 늦춰진 414년이 된 이유는 명확하다. 장수왕은 천익의 왕위 찬탈로 인해 황산(황산원)에 광개토왕의 수릉(가묘)이 조성되었음에

도 곧바로 장례를 치르지 못한다. 특히 장수왕의 즉위달은 3월이고 광
개토왕의 장례달은 9월이다. 6개월의 시간 차이가 난다. 이 기간은 장
수왕이 즉위이후 아버지 광개토왕의 수릉 조성에 지극 정성을 쏟을 때
다.《광개토왕릉비》역시 이 기간 동안에 제작되어 세워진다.

태왕릉에서는 장례용품이 다수 출토된다. 시신의 머리에 씌운 절풍형 금관을 비롯하
여 시신을 보관한 목관의 장식인 금동제 관꾸미게(案飾), 장막걸개(幔架), 그리고 다양
한 형태의 금동제 관장식이다.

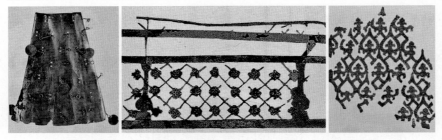

▲ 절풍형 금관, 금동제 관꾸미게, 장막걸개, 관장식 [태왕릉 출토]

광개토왕과 장수왕 사이에는 『삼국사기』가 기록하지 않은 익원왕^益
^{原王} 천익^{天益}이 있다.

| 《광개토왕릉비》는 누가 세웠나? |

《광개토왕릉비》는 비를 세운 목적을 명문화한다. '於是立碑銘記勳績以示後世焉' 즉 '이에 비를 세워 훈적을 명기하여 후세에 남긴다'이다.

《광개토왕릉비》를 세운 춘태자

《광개토왕릉비》를 세운 사람은 누구일까? 가장 먼저 떠오르는 인물은 장수왕이다. 아버지 광개토왕의 훈적비勳績碑를 세우는 것은 당연한 절차로 이해되기 때문이다. 특히 《광개토왕릉비》와 『삼국사기』 둘 다 제작자에 대한 언급 자체가 없어 장수왕일 가능성을 더욱 뒷받침한다. 그런데 뜻밖에도 『고구려사략』〈장수대제기〉에 의외의 인물이 나온다.

원년(414년) 갑인 9월, 대행(광개토왕)을 황산에 장사지내고 춘태자가 비석을 만들어 세웠다.

元年甲寅 九月 葬大行于黃山 春太子作碑立之

바로 춘春태자다. 특히 비석을 세운 갑인년(414년) 9월은 광개토왕의 시신을 산릉으로 옮겨 안장한 갑인년 9월 29일의 《광개토왕릉비》기록과 정확히 일치한다.(甲寅年 九月 廿九日 乙酉 遷就山陵) 이로 미루어 보아 광개토왕의 시신 안장과 비석 건립은 동시에 이루어진다.

《광개토왕릉비》를 세운 이유

춘태자가 《광개토왕릉비》를 제작하고 세운 이유는 수묘인守廟人 관련 기록에 나온다. 광개토

▲ 《광개토왕릉비》 탁본 장면

왕은 사후 자신의 능을 지키고 보호할 수묘인 문제의 혼란을 방지하기 위해 춘태자에게 교언으로써 명확한 지침을 내린다. 이런 연유로 춘태 자는 광개토왕의 훈적비를 제작하며 광개토왕의 살아생전 교언을 비문 에 새긴다.

《광개토왕릉비》. '국강상광개토경호태왕이 살아 계실 적에 교언하길 "조왕과 선왕께 서는 다만 원근에 사는 구민만을 데려다가 무덤을 지키며 쇄소를 맡겼으나 나는 이들 구민이 차차 몰락하게 될 것이 염려된다. 만일 내가 죽은 지 1만년 후에 나의 무덤을 수호할 자가 누군인지 어찌 알겠는가? 내가 친히 순행하며 데려온 한과 예만을 데려 다가 무덤을 수호하고 쇄소하는 일을 맡게 하라."(國罡上廣開土境好太王存時教言 祖王先 王但教取遠近舊民守墓洒掃 吾慮舊民轉當羸劣若 吾萬年之後安守墓者但取 吾躬巡所略來韓穢令 備洒掃)

춘태자, 광개토왕과 장수왕의 내치 보좌

춘태자는 소수림왕의 동생으로 광개토왕의 작은 아버지다. 고국원 왕의 정실왕후 해解씨 소생으로 360년에 출생한다. 춘태자가 기록상으 로 두각을 나타내기 시작한 시기는 광개토왕 때부터다. 391년 광개토 왕이 즉위하자 춘태자는 광개토왕의 연호 '영락永樂'과 휘호 '평안平安'을 제정하며 광개토왕 치세의 통치이념을 설계한다. 이어 춘태자는 398년 고구려 역사서인 『유기留記』 70권을 개수改修 편찬하는 등 광개토왕이 외치(정복사업)에 전념할 있도록 내치를 적극 보좌한다.

『고구려사략』〈영락대제기〉. '8년(398년) 무술 9월, 춘태자가 개수한 『유기』 70권을 바 치니 상(광개토왕)이 황금 100근을 하사하였다. 춘태자가 효성으로 해태후를 섬기면 서 자신의 비 천을과 함께 『유기』와 『대경』에 파묻혀 10여년을 보내면서 개수한 것이 다. 나라 안의 악행과 악습을 없애고 조종 열위의 여러 훌륭하신 말씀과 이루신 업적 을 드높이는 일은 가히 정경으로 삼을 만한 것이다. 이때 나이 39세다.'(八年 戊戌 九月 春太子上改修留記七十卷 上賜黃金百斤 春太子孝事觧太后而與妃天乙沈潛留記代鏡十余年而改 修之 去國悪 彰祖烈多好言達事 可爲政鏡 時年三十九)

춘태자의 활약은 광개토왕의 뒤를 이은 장수왕의 치세에도 계속 이어진다. 414년 우보(우의정)에 임명된 춘태자는 장수왕의 국정운영을 적극 보좌한다. 415년 신라, 백제, 북연 등의 사신에게 고구려의 독자적인 동명력東明曆(달력)을 만들어 배포하고, 농사를 권장하는 권농勸農조서를 작성하며, 적잠사籍蚕司를 설치하여 백성에게 시범을 보인다. 이어 418년 「5후后·7비妃·16빈嬪」 체계를 만들어 장수왕의 부인들에 대한 혼란을 미연에 방지한다. 또한 421년 제왕齊王(*고구려 후왕)에 봉해진 춘태자는 433년 여러 학자들과 함께 진晉(동진)의 율령을 참조해 새로운 법령을 만들기도 한다. 모두 『고구려사략』 기록에 나오는 내용이다.

춘태자는 당대 최고의 석학이다. 《광개토왕릉비》 비문을 작성한 최고의 문장가로 고구려 최전성기인 광개토왕과 장수왕의 치세가 화려하게 꽃필 수 있도록 기초를 다진 인물이다.

『고구려사략』〈장수대제기〉. '장수원년(433년) 계유 7월, 제왕 춘태자가 74세에 훙하였다. 제왕은 학문을 좋아하고 현인을 존경하며 나라를 다스림에 도리를 따르니 천하가 그에 힘입어 편안하고 종실의 표상이 되니 세세토록 모범이 되어 현명하였다. 상은 좌우 모두를 잃은 듯 벙어리처럼 아무 말도 하지못하였다. 태왕의 예로 국내에 장사지냈다. 선·불·유자가 멀리에서 찾아오고 흰옷 입은 자가 10만이나 되었다.'(長壽元年 癸酉七月 齊王春太子薨 年七十四 王好學尊賢執 國以道 天下賴以安 爲宗室之標 垂範百世賢哉 上如失左右 啞然失聲 以太王禮葬之國內 仙佛儒者之遠來 縞素者十萬計焉) 춘태자는 433년 74세로 사망한다. 무덤은 길림성 집안의 칠성산무덤떼 211호분으로 추정된다.

《광개토왕릉비》를 제작하고 세운 사람은 춘春태자다.

| 《광개토왕릉비》의 정복사업 |

▲ 《광개토왕릉비》

고구려 역사에 관심 있는 분이라면 한 번 정도 《광개토왕릉비》에 나오는 소위 광개토왕의 전승戰勝기록을 살펴보았을 것이다. 그런데 《광개토왕릉비》의 전승기록은 『삼국사기』 전승기록에는 아예 나오지 않는다. 두 기록은 완벽하게 겹치지 않는다. 마치 『삼국사기』가 사전에 《광개토왕릉비》 기록을 충분히 검토하고 이에 해당하는 부분만 쏙 골라 잘라낸 후 나머지 전승기록으로 『삼국사기』를 편집하지 않았나하는 의심이 들 정도다.

《광개토왕릉비》와 『삼국사기』의 전승기록 차이점

도대체 무슨 곡절이 있는 것일까? 이에 대한 판단은 김부식이 무덤에서 살아 돌아와 설명하지 않는 한 정확한 사유를 알 수 없다. 그럼에도 만약 김부식의 의도된 편집이 아니라면 『삼국사기』의 원사료인 『삼국사』를 의심해야 한다. 『삼국사』는 삼국통합(통일)시기 신라인이 정리한 삼국의 역사서다. 완벽한 신라의 승자기록이다.

> 김부식이 『삼국사기』를 편찬하면서 《광개토왕릉비》 존재를 알고 비문기록을 사전에 입수하였을 가능성은 매우 희박하다. 《광개토왕릉비》는 조선의 『용비어천가』와 『지봉유설』에도 언급되나 광개토왕의 훈적비가 아닌 여진족이 세운 금(金)의 시조비(아골타) 정도로 판단한다.

《광개토왕릉비》와 『삼국사기』는 철저히 경략^{經略}(타 국가 또는 지역을 공략하여 지배함) 대상을 달리 한다. 《광개토왕릉비》는 비려, 잔국, 백신, 신라, 왜, ▨▨, 동부여 등 7개다. 이에 반해 『삼국사기』는 백제, 거란, 후연 등 3개다. 또한 두 기록은 전쟁형태가 완전히 다르다. 《광개토왕릉비》

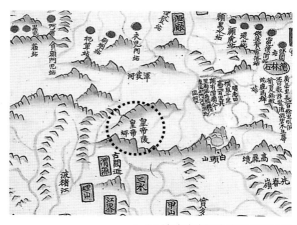

▲ 《조선여진양국경계도》 [규장각]

는 대규모 군사를 동원한 전면전의 성격이 강한 반면 『삼국사기』는 소규모의 국지전이다. 상대방의 성^城 1~2개를 빼앗는 정도다.

《광개토왕릉비》 전승기록과 『고구려사략』

우리는 『삼국사기』 전승기록만을 가지고 광개토왕을 명확히 설명할 수 없다. 『삼국사기』의 광개토왕 전승기록 정도는 역대 어느 왕도 모두 가지고 있기 때문이다. 만약 《광개토왕릉비》를 발견하지 못했다면 아니 고구려가 《광개토왕릉비》 비문기록을 남기지 않았다면 우리는 광개토왕이 왜 광개토왕인지 또한 왜 정복군주인지를 영영 해석하지 못하는 딜레마에 빠졌을 것이다.

그런데 《광개토왕릉비》 정복사업 기록이 『고구려사략』에는 모두 나온다. 일부는 《광개토왕릉비》 비문기록보다 상세하다. 정복사업에 참가한 장수의 이름까지 구체적으로 기록하고 있다. 특히 『고구려사략』은 《광개토왕릉비》 비문의 결자^{缺字}(깨진 글자)과 탁본 글자의 오류에 대한 단서도 상당부분 확인해 주고 있다. 참으로 놀라운 기록이 아닐 수 없다.

《광개토왕릉비》 기록의 특징

《광개토왕릉비》 전승기록은 독특한 특징을 가지고 있다. 전쟁의 명분과 결과가 명확하다. 예를 들어 '△△가 ○○을 하였으니 태왕이 △△를 정벌한다.'는 식의 서술 구조다. 천하의 중심인 고구려와 그 고구려를 다스리는 광개토왕의 천하지배관을 표현한 필법이다.

《광개토왕릉비》가 기록한 광개토왕의 정복사업은 모두 7개다. 대상은 비려, 왜잔국, 백신, 신라, 왜적, ▨▨▨, 동부여다. 각각의 정복사업의 실상을 연대순으로 하나하나 살펴본다.

▲ 광개토왕 정복사업 정리

| 영락5년 비려 토벌 |

광개토왕은 영락5년(395년) 친히 군사를 이끌고 비려碑麗를 토벌한다. 〔영락5년 비려 토벌〕이다. 비려는 《광개토왕릉비》 정복사업 기록의 첫 번째 경략經略 대상이다.

비려는 대륙 동북방의 비리

《광개토왕릉비》 기록이다.

> 永樂五年 歲在乙未 王以碑麗不息▨▨ 躬率往討 過富山負山至鹽水上 破其丘部落六七百營 牛馬群羊不可稱數 於是旋駕因過襄平道 東來▨城力城北豊五備▨ 游觀土境田獵而還
>
> 영락5년(385년) 을미, 왕은 ㉮ 비려碑麗가 ▨▨를 멈추지 않자 ㉯ 친히 군사를 이끌고 부산富山과 부산負山을 토벌하고 염수鹽水상에 이르러 그 부락 6~7백 영營을 깨뜨리니 소, 말, 양이 헤아릴 수 없을 정도였다. 이어 어가를 돌려 양평도襄平道를 지나 동쪽으로 ▨성, 역성力城, 북풍北豊, 오비五備▨를 거치며 경내土境를 순유游觀하고 사냥을 하며 돌아왔다.

이에 대응하는 『고구려사략』 기록이다.

五年 乙未 二月 上以卑離漸違王化 親征叵山冨山負山至鹽水 破其部落七百餘所 獲牛馬羊豕万數 二后亦騎馬而從上 上以吐后有身止之而不聽歸生女 名以三山

5년(385년) 을미 2월, 상은 ㉮ 비리^{卑離}가 점차로 왕화^{王化}를 따르지 않자 ㉯ 친히 파산^{叵山}, 부산^{冨山}, 부산^{負山}을 정벌하고 염수^{鹽水}에 이르러 그 부락 7백여 소^所를 깨뜨리고, 소, 말, 양, 돼지 1만여 마리를 노획하였다. 두 후(토산,평양) 역시 말을 타고 상을 따랐다. 상이 토산후가 임신 중이라 말려도 듣지 않더니 돌아와서 딸을 낳았다. **삼산이라 이름지었다.**

두 기록의 비교를 통해 다음이 확인된다. 첫째, 비문의 비려^{碑麗}는 비리^{卑離}다. 둘째, 전쟁명분 ㉮는 비려의 어떤 행위이다. 비문의 결자 ▨▨은 王化다. 셋째, 전쟁결과 ㉯는 토벌된 비려의 규모다. 비문의 영^營은 『고구려사략』의 소^所다. 부락^{部落} 즉 마을을 지칭하는 단위로 6~7백의 부락이 광개토왕에게 토벌된다.

비려^{碑麗/卑離}는 고구려 초기 추모왕에게 병합된 대륙 동북방의 옛 북부여 제후국인 비리국^{卑離國}이다. 이 시기 비리국의 독립 여부는 확실하지 않으나 비리국이 아닌 비리로 쓴 점으로 보아 국가체제가 아닌 부락단위 연합체로 이해된다. 당시 비리는 이미 고구려에 종속된 상태로 광개토왕의 왕화를 따르지 않아 재차 토벌된다. 또한 이들은 대륙 동북방에 소재한 까닭에 요동비리^{遼東卑離}며 한반도 마한비리^{馬韓卑離}(전북지역)와는 구별된다.

> 비리 소재지 **부산(冨山)**은 지금의 **요녕성 건평현 부산(富山)**향이다. 홍산문화를 대표하는 우하량(牛河梁)유적이 주변에 소재한다. **염수(鹽水)는** 서요하 상류 북쪽의 소금호수 **광제호(廣濟湖)**로 추정된다.

비문의 부산^{冨山}과 부산^{負山}은 비리의 소재지며(*『고구려사략』 叵山 추가), 염수^{鹽水}는 계주(거란)의 소재지다.

비려 토벌후 순행 경로

특히 《광개토왕릉비》 기록은 비려 토벌 이후 광개토왕이 양평도를 따라 환도하는 길에 동쪽의 4개 성을 순유하며 사냥한 사실도 전한다. 양평도^{襄平道}는 단순히 '양평에 이르는 길'이 아니다. 오늘날의 국도^{國道}와 같은 성격의 관도^{官道}다. 국가에서 직접 관리하는 중요 도로다.

> 『고구려사략』〈장수대제기〉. '장수55년(487년) 정묘 3월, 관도와 우역 그리고 숙장을 수리하였다.'(長壽五十五年 丁卯 三月 修理官道郵驛宿場)

▲ 고구려 고분벽화(안악3호분) 대행렬도

양평^{襄平}은 과거 동천왕이 천도하여 수도로 삼은 평양성^{平壤城}이다. 『삼국사기』가 '선인왕검(단군왕검)의 집(平壤者 本仙人王儉之宅也)'으로 소개한 지금의 요녕성 요양^{遼陽}이다. 고국원왕 때인 342년 전연 모용황^{慕容皝}에 의해 수도 환도성^{丸都城}(요녕성 해성)이 유린당하여 폐쇄됨에 따라 인근 북쪽의 평양성(요녕성 요양)도 수도 기능을 상실하며 이름마저 양평으로 바뀐다. 또한 양평도를 따라 환도하며 사냥한 ▨성, 역성, 북풍, 오비▨ 등 4개 성은 요양 동북쪽에 위치한 지금의 요녕성 심양^{瀋陽} 일대로 추정된다.

> 『중국고금지지명사전』 북풍성 조. '봉천은 심양현 서북쪽에 있다.'(在奉天 瀋陽縣西北) 봉천(奉天)은 심양(瀋陽)의 옛 이름이다. **북풍은 지금의 요녕성 심양의 서북쪽 지역이다.**

광개토왕이 환도한 도성은 위나암성이다. 위나암성은 유류왕이 천
도한 수도로 지금의 요녕성 철령鐵嶺이다. 광개토왕은 비려를 토벌하고
요녕성 요양(랴오양)→심양(선양)→철령(테링) 등으로 이어지는 동북 축선을
따라 환도한다. 광개토왕 당시 고구려 수도는 3도都가 동시 운용된다.
동도(흘승골성), 서도(옛 황룡국 도성), 북도(위나암성)다. 위나암성은 광개토왕이
주로 기거한 수도다.

특히 『고구려사략』은 두 왕후인 토산吐山과 평양平陽이 동행한 사실
을 소개한다. 또한 당시 임신한 토산왕후가 딸을 낳아 삼산이라 이름지
은 연유도 밝힌다. 삼산三山은 광개토왕이 토벌한 비려의 파산叵山, 부산
冨山, 부산負山 등 3개 산을 지칭한다.

▲ 영락5년(395년) 비려 토벌과 귀국 순행로

비려 토벌, 왜잔국 정벌을 위한 사전 공작

왕화王化는 무엇일까? 광개토왕의 치화治化다. 다스려 좋은 방향으로
나아가게 하는 통치행위다. 이는 당시 비려가 광개토왕의 어떤 다스림
을 따르지 않은 사실을 말한다. 광개토왕의 왕화 실체는〔영락5년 비려

토벌] 이듬해 벌어진 [영락6년 왜잔국 정벌]에 그 근거가 나온다. 대륙 동북방 비려(요동비리) 토벌은 한반도 왜잔국倭殘國 정벌을 위한 사전 정지 작업이다. 한반도 비려(마한비리)의 군사활동을 묶어놓기 위한 광개토왕의 계산된 고도의 전략이다.

> **토벌**(討伐) **또는 정벌**(征伐)은 특정세력에 대한 징벌적 원정 행위를 말한다. 특히 토벌은 불복종세력 또는 도덕적 불온세력을 대상으로 벌이는 군사활동을 일컬을 때 주로 사용한다. 19세기 **제국주의 열강이 식민지의 독립운동을 군사적으로 탄압한 것은 대표적인 토벌의 사례다.** 광개토왕의 [영락5년 비려 토벌] 역시 같은 맥락으로 이해한다.

[영락6년 왜잔국 정벌]은 한반도 역사의 물줄기를 송두리째 바꿔놓는다. 현대사의 6·25 한국동란에 버금가는 광개토왕이 단행한 한반도 남벌南伐전쟁이다. 우리 역사가 기록한 최초의 대규모 남침사건이다.

[영락5년 비려 토벌]은 영락6년(396년)의 한반도 왜잔국倭殘國 정벌을 위한 사전 정지작업이다.

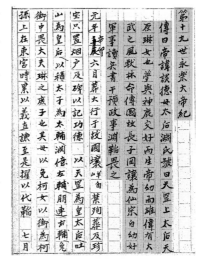

▶『고구려사략』〈영락대제기〉 즉위전사

| 영락6년 왜잔국 정벌 |

❶ 비려 토벌
(395년)
비려
광개토왕
談德
❷ 왜잔국 정벌
(396년)
왜잔국

영락6년(396년) 광개토왕은 몸소 수군을 이끌고 남하하여 왜잔국倭殘國을 정벌한다.〔영락6년 왜잔국 정벌〕이다. 한반도 서남부지방을 쑥대밭으로 만든 광개토왕의 대원정大遠征이다. 이 결과로 왜잔국(백제 포함)의 58성 700촌이 광개토왕의 말발굽 아래 떨어지며 사실상 한반도 전체가 광개토왕의 영향력 아래에 놓인다.《광개토왕릉비》는 가장 많은 지면을 할애한다. 이는 고구려가〔영락6년 왜잔국 정벌〕을 가장 중요하게 인식한 증거다. 비문 내용은 크게 전쟁의 명분, 과정, 결과 등으로 구성된다.

전쟁명분, 「신묘년 기사」의 재해석

먼저 전쟁명분이다. 광개토왕이 대원정을 단행하게 된 배경이다.《광개토왕릉비》기록이다.

> 百殘新羅舊是屬民 由來朝貢 而倭以辛卯年來渡海破 百殘▨▨
> ▨新羅 以爲臣民
> 백잔과 신라는 옛적부터 속민屬民으로서 조공을 바쳐왔다.
> 왜가 신묘년에 바다를 건너와 백잔, ▨▨, 신라를 파하고
> 신민臣民으로 삼았다.

전쟁명분은 왜의 잘못된 행위다. 다시 말해 신묘년(391년)에 고구려 속민인 백제, ▨▨, 신라를 왜가 등장하여 신민으

로 삼은 까닭에 광개토왕이 직접 나서서 징벌한다.

　속민과 신민은 무엇일까? 속민屬民은 과거 동족同族관계이나 현재는 분리되어 있는 나라나 집단이며, 신민臣民은 현재 예속의사를 밝힌 나라나 집단을 이른다. 이는 당시 한반도 국가들의 역학관계를 단적으로 보여준다. 약소국인 백제, ▨▨, 신라를 사이에 두고 강대국인 고구려와 왜가 서로의 영향력을 확대하며 충돌한다.

　특히 왜가 신묘년에 바다를 건너와 백잔, ▨▨, 신라를 파한 기록을 「신묘년 기사」라고 한다. 일제가 《광개토왕릉비》 탁본을 입수하여 이를 「쌍구가묵본」으로 만들어 『회여록』(1889년 출간)에 공개한 내용의 핵심이다. 이를 근거로 일제는 고대 일본이 한반도 남쪽지방을 점령하여 통치했다는 소위 「임나일본부설」을 만들어 우리 고대사를 난도질하며 일제강점(한국병탄)을 정당화하는 수단으로 활용한다.

▲ 『회여록』 제5집

> 1883년 일본 육군참모본부 소속 사코(酒勾景信) 중위가 길림성 집안현에서 《광개토왕릉비》를 발견하고 비문의 탁본을 떠서 일본으로 가져가 「쌍구가묵본」을 만든다. 그리고 이를 해독한 요코이(橫井忠直)가 1889년 일본의 국수주의 기관지 『회여록(會餘錄)』 제5집에 「고구려고비고(高勾麗古碑考)」의 특별논고를 발표한다. **「쌍구가묵본」은 비문에 종이를 대고 문자 둘레에 선을 그린 다음 그 여백에 묵을 새겨 넣어 탁본처럼 보이게 만든 것을 말한다.**

　이에 대응하는 『고구려사략』〈고국양대제기〉 기록이다.

八年 辛卯 四月 時倭侵加羅至濟南
8년(391년) 신묘 4월, 이때 왜가 가야加, 신라羅에 침입하고 백제濟의 남쪽에 이르렀다.

　비문의 백잔, ▨▨, 신라는 『고구려사략』 기록의 백제, 가야, 신라에 대응된다. 다만 『고구려사략』 기록에 언급된 가야는 가야연맹 전체를 통칭한다. 따라서 여러 가야 중 구체적으로 어느 가야를 말하는지 좀 더 검토가 필요하다. 아래는 당시 한반도 남쪽 국가를 표기한 『삼국사기』, 『고구려사략』,《광개토왕릉비》의 비교표다.

구분		『삼국사기』 광개토왕	『고구려사략』		《광개토왕릉비》
			〈영락대제기〉	〈국강호태왕기〉	
백제		백제(百濟)	제(濟)	백잔(百殘)	백잔(百殘)
신라		신라(新羅)	라(羅)	신라(新羅)	신라(新羅)
가야	임나	-	임나(任那)	임나(任那)	임나(任那)
	아라	-	안라(安羅)	-	안라(安羅)
	금관	-	가락(加洛)	-	가라(加羅)

이 중 『고구려사략』의 표기가 흥미를 끈다. 〈영락대제기〉는 특정 가야를 지칭할 때에 임나, 안라, 가락 등으로 분리해서 쓴다. 따라서 앞 기록의 가야는 임나, 안라, 가락 중 하나를 지칭한다.

그런데 〈국강호태왕기〉에 놀라운 기록이 있다. 때는 영락4년(394년) 8월이다.

> 지금 서북쪽에는 연(후연)과 계주(거란)가 있고 남쪽에는 백잔, 임나, 신라가 있다.
> 今西北有燕及契丹 南有百殘任那新羅

이들은 앞으로 고구려가 정벌해야 할 대상으로 지목한 나라들이다.

◀『고구려사략』〈국강호태왕기〉

백제를 백잔으로 표기한 문헌기록은 『고구려사략』《국강호태왕기》가 유일하다. 비문 기록은 《광개토왕릉비》뿐 아니라 《아리모려묘지석》에도 나온다. '광개토지대왕은 태어나면서 웅위하였다. 남쪽으로 백잔을 정벌하고 북쪽으로 계주를 토벌하며 또 왜구와 싸워 모두 쓸어 없애는 대승을 거두고 귀환하였다.'(廣開土地大王生而雄偉 南伐百殘 北伐契丹 又戰倭寇蕩盡大勝而歸)

특히 남쪽의 정벌 대상은 비문의 「신묘년 기사」와 직접적으로 연결된다. 과거 고구려 속민인 백잔, 임나, 신라가 신묘년(391년)에 왜의 신민이 되어 고구려의 속국에서 벗어났기에 광개토왕은 갑오년(394년)에 이들 3개 나라를 정벌 대상으로 규정한다. 따라서 앞의 〈영락대제기〉 기록의 가야는 바로 임나를 가리키며 비문의 「신묘년 기사」 결자 '▨▨▨' 역시 '任那'임을 알 수 있다.

임나의 원래 명칭은 의부가라(意富加羅)다. 의부는 의붓자식에서 볼 수 있듯이 '업힌', '딸린'의 뜻이다. 의부가라는 가라에 딸린(업힌) 또 하나의 가라를 말한다. 『일본서기』 〈수인기〉에 의부가라를 임나(彌摩那·미마나)로 바꾼 기록이 있다. 임나는 『삼국사기』가 시종일관 왜로 표기한 지금의 낙동강 하류 동쪽인 동래, 부산 지역에 소재한 나라다.

다음은 왜가 '바다를 건너와 파하다'는 「신묘년 기사」의 **來渡海破**다. 일제가 비문 글자를 변조한 것으로 가장 의심받는 부분이다. 그럼에도 백번 양보하여 일제가 만든 「쌍구가묵본」을 액면 그대로 받아들인다 하더라도 **來渡海破**는 다른 해석이 요구된다.

일반적으로 '건너다'는 뜻을 가진 한자는 渡(건널 도)와 濟(건널 제)가 있다. 渡는 강이나 하천 등 소규모 물을 건널 때 사용하지만(渡江/渡河), 濟는 바다와 같은 대규모 물을 건널 때 사용한다(濟海). 따라서 한자의 용례로만 본다면 왜는 일본열도에서 바다를 건너온 것이 아니라 한반도내의 어떤 강을 건널 수도 있고 또한 한반도 남해 연안을 따라 건너갈 수도 있다. 따라서 **來渡海破**의 대상을 일본열도의 왜로 고정시키는 것은 크나 큰 오류다. 당시 왜는 한반도에 존재한다. 더구나 『고구려사략』은 來渡海破를 단지 侵으로만 표기한다. 來渡海도 破도 아닌 단순히 侵(침략)하는 정도다. 그렇다면 대관절 왜는 누구일까?

「신묘년 기사」에 등장하는 왜의 실체

「신묘년 기사」의 왜는 일본열도의 왜가 아니다. 한반도의 왜다. 그 실체가 백제 진사왕의 사망기록에 나온다. 『삼국사기』, 『고구려사략』, 『일본서기』다.

8년(392년) 겨울10월, 고구려가 관미성을 공격하여 함락시켰다. 왕이 구원에 사냥을 나가 열흘이 지나도록 돌아오지 않았다. 11월, 왕이 구원 행궁에서 죽었다. ☞『삼국사기』〈백제본기〉 진사왕

八年 冬十月 高句麗攻拔關彌城 王田於狗原 經旬不返 十一月 薨於狗原行宮

2년(392년) 10월, 또 다시 수군과 육군을 이끌고 일곱 길로 나누어 관미성을 주야로 공격하여 빼앗았다. 그 성은 사면이 가파르고 험하여 물로 둘러싸여 있었다. 그리하여 진사는 이 성이 함락되지 않으리라 여겨 그의 처 가리와 함께 구원에서 사냥하면서 열흘 여를 우리가 물러나길 기다렸다가 함락되었다는 소식을 듣고 놀라 자빠져 끝내 일어나지 못하고 죽었다. 가리가 침류의 아들 아신으로 대신하였다. ☞『고구려사략』〈영락대제기〉

二年 壬辰 十月 又引水陸軍分七道 攻關彌城晝夜不休二十日而拔之 其城四面峭絶海水圍繞 故辰斯以爲不落 而與其妻佳利獵于狗原經旬而待我退 至是聞陷而驚倒 仍不起而死 佳利乃以枕流子莘代之

8년(391년) 4월, 이때 왜가 가야(임나)와 신라에 침입하고 백제 남쪽에 이르렀는데도 (*《광개토왕릉비》『신묘년 기사』) 진사는 가리와 함께 궁실에서 사치하며 연못을 파고 산을 만들어 특이한 새를 길렀다. 이세가 죽자 이 소식을 듣고 나라의 서쪽 큰 섬으로 피해 들어갔으나 거기에는 이미 왜가 와있는지라 물러나 횡악으로 들어가 사람들이 비웃을까 겁내어 사슴을 잡는 다는 핑계를

대었다. 　☜『고구려사략』〈고국양대제기〉

八年 辛卯 四月 時倭侵加羅至濟南 辰斯與佳利奢其宮室 穿池造山以養奇禽 異
世卒聞此報 逃入國西大島 已而倭退 還入橫岳恐人之笑 假托射鹿

3년(392년) 이 해에 백제 진사왕이 서서 천황에게 예를 범하였다. 그래서 **기
각숙니, 우전실대숙니, 석천숙니, 목토숙니를 파견하여 예를 버린 상황을 실
책하였다.** 그리하여 백제국은 진사왕을 죽여 사죄하였다. **기각숙니 등은 아
화를 왕으로 세우고 돌아왔다.** 　☜『일본서기』〈응신기〉

三年 是歲 百濟辰斯王立之失禮於貴國天皇 故遣紀角宿禰 羽田矢代宿禰 石川
宿禰 木莬宿禰 嘖讓其无禮狀 由是 百濟國殺辰斯王以謝之 紀角宿禰等便立阿
花爲王而歸

　　『삼국사기』는 진사왕이 392년 구원狗原(경기 김포) 행궁行宮에서 사망한
사실만을 전하나 『고구려사략』은 좀 더 상세하다. 진사왕은 391년 서해
의 큰 섬(강화도)으로 사냥을 나
가는데 이때 왜를 만나게 되
어 급히 횡악橫岳(북한산)으로 피
신한다. 왜가 갑자기 강화도에
출현한다. 이어 이듬해인 392
년 진사왕은 왕후 진가리眞佳
利와 함께 구원에서 사냥하며
지내다가 관미성關彌城(파주 오두
산성)이 광개토왕에게 함락되
었다는 소식을 듣고 놀라 자

▲ 진사왕 이동 경로와 죽음

빠져 사망한다. 이에 진가리는 아들 아신왕을 세운다. 그런데 『일본서
기』는 전혀 다르게 기술한다. 진사왕이 왜왕에게 무례를 범하자 왜왕은
기각숙니紀角宿禰 등 4명의 사신을 보내 진사왕을 문책한다. 이때 백제는

진사왕을 죽이고 왜의 사신들은 아신왕을 세우고 돌아간다.

어느 기록이 사실일까? 둘 다 맞다. 다만 『고구려사략』은 고구려의 시각이고, 『일본서기』는 왜의 시각이다. 두 기록을 겹쳐보면 다음의 시나리오가 가능하다. 진사왕은 391년 강화도로 사냥 나갔다가 왜를 만난다. 이때 왜의 사신들로부터 문책을 당하자 진사왕은 급히 북한산(횡악)으로 도망간다. 이어 이듬해 392년 김포 행궁에서 머물다가 관미성 함락 소식을 듣고 놀라 쓰러진다. 다만 당시 왜의 사신들과 백제 지배층이 밀약하여 진사왕의 죽음을 방조하거나 또는 살해했을 가능성도 있다.

진사왕 사망에 관여한 왜는 일본열도가 아닌 한반도 세력이다. 이들은 4세기 초엽(314~316) 대륙에서 한반도로 건너온 부여기마족^{夫餘騎馬族}이다. 거발성^{居拔城}(충남 공주)을 수도로 삼고 한반도 서남부지방을 일거에 장악한 「부여백제^{夫餘百濟}」다.

「부여백제」 명칭은 한반도로 백가제해(百家齊海)한 부여기마족의 서부여 대방세력이 스스로를 백제(百濟/백가제해의 줄임말)라 칭하였기에 붙여진 이름이다. 이들이 한반도 서남부지방 전체인 삼한 땅을 점유한 사실에 의거하여 「삼한백제」라고도 부르며, 백제 세 번째 시조 위구태를 원조로 한 까닭에 「구태백제」라고도 한다. 기록은 이들 한반도 부여기마족을 「백제」로 쓴다.

다만 『고구려사략』이 왜로 표기한 이유는 이들 한반도 부여기마족(부여백제)이 훗날 일본열도 야마토^{大倭}로 재탄생했기 때문이다(397년). 마찬가지로 《광개토왕릉비》의 「신묘년 기사」도 왜로 쓴다. 《광개토왕릉비》가 세워질 당시(414년)의 부여백제는 이미 한반도를 떠나 일본열도 왜로 전환된 이후다. 진사왕 사망 당시(392년) 왜는 일본열도가 아닌 한반도에 위치한다. 『일본서기』는 당연히 왜가 되어야 한다. 왜의 전신^{前身}인 한반도의 부여백제이든 아니면 부여백제의 후신^{後身}인 일본열도의 왜(야마토)이든 간에 둘 다 왜이기 때문이다.

「신묘년 기사」(391년)는 광개토왕이 〔영락6년 왜잔국 정벌〕(396년)을 단행하게 된 배경이다. 이유는 왜의 잘못된 행위다. 고구려의 속민인 백잔(백제), 임나, 신라를 왜잔국(부여백제)이 등장하여 신민으로 삼았기 때문이다.

전쟁 명분인 「신묘년 기사」의 기존 해석은 당시의 한반도 부여기마족을 이후의 일본열도 왜로 잘못 인식했기 때문이다. 이는 일본이 우리 역사에 채운 족쇄가 아니다. 우리 역사가 일본에 채운 족쇄다. 일본은 「신묘년 기사」로 인해 만세일계 천왕가의 출발이 한반도임을 스스로 인정한 꼴이다.

전쟁과정, 〔영락6년 왜잔국 정벌〕

〔영락6년 왜잔국 정벌〕 진행 과정이다. 《광개토왕릉비》 기록이다.

以 六年 丙申 王躬率水軍 討倭殘國 軍▨▨ 首攻取壹八城 … (58성 나열) … 而殘主因 逼獻▨ 男女生口一千人 細布千匹 跪王自誓 從今以後 永爲奴客 … 於是 取五十八城 村 七百 將殘主弟 幷大臣十人 旋師還都

이에 6년(396년) 병신, 왕이 친히 수군을 이끌고 왜잔국倭殘國을 토벌하였다. 군사를 ▨▨하여 먼저 18성을 공취하였다. … (58성 나열) … 이에 잔주殘主는 곤핍해져 남녀 1천인과 세포 1천필을 바치고 금후로 영원히 노객老客이 되겠다고 맹세하였다. … 이때에 58성 700촌을 취하고 잔주殘主 동생과 대신 10인을 데리고 도성으로 돌아왔다.

첫머리의 討倭殘國에 대한 설명이다. 기존의 倭자 판독은 利 또는 伐이다. 利는 1889년 일본의 「쌍구가묵본」이 만들어진 이후 줄곧 적용된 글자다. 討利殘國은 '이잔국을 토벌하다.'이다. 그러나 利國은 문헌에 나오지 않는 실체가 모호한 나라다. 伐은 1980년 이후 「주은태탁본」 등이 나오면서 알려진 글자다. 討伐殘國 즉 '잔국을 토벌하다'이다. 그러나 討伐의 討와 伐은 둘 다 동사로 중복된다. 『삼국사기』를 비롯한 어느 문헌에도 討伐을 붙여 쓴 사례는 없다. 討와 伐은 각기 따로 쓰며 둘 다 토벌 또는 정벌로 해석한다. 倭는 최근 원석탁본의 정밀 분석을 통해 확인된 글자다. 왼쪽 '亻'변이 선명하고 오른쪽 위의 禾와 아래의 女가 일부 보인다. 倭가 분명하다. 다만 이에 대한 해석은 倭殘國을 倭와 殘國으로 분리하고 또한 殘國을 百殘으로 이해하여 '왜와 백잔을 토벌하다'로 번역한다. 그러나 이 해석은 무리다. 《광개토왕릉비》는 殘國과 百殘을 명확히 구분하며 더구나 百殘에 國를 붙여 百殘國으로 쓰지 않는다.

영락6년(396년) 광개토왕은 친히 수군을 이끌고 충청도 어느 해안가에 상륙하여 왜잔국倭殘國을 정벌한다. 이때 먼저首 공취한 백제 18성과 왜잔국 40성 등 도합 58성 700촌이 광개토왕의 수중에 떨어진다. 왜잔국의 40성은 결자缺字가 적잖이 나오나 주로 충청도와 경기도 남부에 소재한 성들이다. 아래는 58성과 추정되는 장소다.

■ 백잔(한성백제) : 경기북부와 한강유역 [수공취 18개 성]

	성 이름	추정 장소		성 이름	추정 장소
1	臼模盧城	황해 평산 구두동	10	古利城	경기 양주 고파리
2	各模盧城	경기 장단 고미산성	11	▨利城	-
3	幹氐利城	경기 연천 간정리	12	雜珍城	경기 연천
4	▨▨城	-	13	奧利城	경기 파주
5	閣彌城	경기 파주 오두산성	14	勾牟城	경기 김포 거물
6	牟盧城	-	15	古模耶羅城	경기 김포 고모리
7	彌沙城	경기 하남 미사리성	16	頁▨城	경기 강화도
8	▨舍蔦城	-	17	▨▨城	-
9	阿旦城	서울 광진구 아차성	18	▨而耶羅城	-

『삼국사기』〈고구려본기〉에 따르면 광개토왕은 391년 백제의 10개 성과 관미성을 빼앗고, 394년 남쪽으로 7개 성을 쌓아 백제의 침범에 대비한다. 합하여 18개 성이다. 《광개토왕릉비》의 수공취(首攻取) 18개 성과 정확히 일치한다.

■ 왜잔국(부여백제) : 경기남부와 충청도 [공취 40개 성]

	성 이름	추정 장소		성 이름	추정 장소
19	瑑城	-	39	燕婁城	충남 공주 연성산성
20	於利城	-	40	析支利城	충남 논산 접지리
21	▨▨▨	-	41	巖門至城	충남 부여 석성면
22	豆奴城	경기 안성 두내촌	42	林城	충남 부여 임천면
23	沸城	경기 안성 비봉산성	43	▨▨▨	
24	▨利城	-	44	▨▨▨	
25	彌鄒城	충남 아산 밀두리	45	▨利城	
26	也利城	충남 천안 위례산성	46	就鄒城	충남 공주 채죽산
27	大山韓城	충남 예산 대산면	47	▨拔城	충남 공주 (거발성)
28	掃加城	충남 태안 소근리	48	古牟婁城	충남 공주 수촌리
29	敦拔城	충남 서산 동음리	49	閏奴城	충남 청양 윤성
30	▨▨		50	貫奴城	충남 청양 관현리
31	▨城		51	彡穰城	충남 천안 삼용동
32	婁賣城		52	曾▨▨	
33	散那城	충남 보령 산고내	53	▨▨▨	
34	那旦城		54	盧城	
35	細城	충남 청원 세성산성	55	仇天城	충남 연기 전의
36	牟婁城	충남 공주 모로원	56	▨▨▨	
37	于婁城		57	▨▨城	
38	蘇灰城	충남 서천 소야리	58	其國城	

특히 『태백일사』는 이때 광개토왕이 정벌한 지역이 충청도에 소재한 성들이며, 귀국 길에 속리산에서 하늘에 제사를 지냈다고까지 부연한다.

『태백일사』〈고구려국본기〉. '제가 몸소 수군을 이끌고 웅진(충남 공주), 임천(충남 임천), 와산(충북 보은), 괴구(충북 괴산), 복사매(충북 영동), 우술산(대전 대덕), 진을례(충남 금산), 노사지(대전 유성) 등의 성을 공격하여 빼앗고 도중에 속리산에서 아침 일찍 하늘에 제사를 지내고 돌아왔다.'(帝躬率水軍 攻取熊津林川蛙山槐口伏斯買雨述山進乙禮奴斯只等城 路次俗離山期早朝祭天以還)

▲〔영락6년 왜잔국 정벌〕

광개토왕은 왜잔국 정벌에 만족하지 않고 곧바로 북상하며 백잔마저 공격하여 굴복시킨다. 그리고 아신왕으로부터 노객奴客의 맹세盟誓를 받는다.(*고구려 속국화) 이때 광개토왕은 백잔의 남녀 1천명과 세포 1천필의 전리품을 챙기며 아신왕의 동생과 대신 10명을 인질로 잡고 귀국한다.

이에 대응하는 『고구려사략』 기록이다.

六年 丙申 三月 上躬率水軍討帶方及濟 下十餘城質其弟而歸
6년(396년) 병신 3월, 상이 몸소 수군을 이끌고 대방과 백제를 토벌하여 10여 개 성을 빼앗고 그의 동생을 인질로 잡아 돌아왔다.

『고구려사략』은 왜잔국 정벌 내용은 빼고 광개토왕의 귀국 길 백제(백잔) 상황만을 간략히 전한다.

왜잔국(부여백제)의 영역

『일본서기』에 왜잔국(부여백제)의 영역이 구체적으로 나온다. 지침^{支侵}(충남), 곡나^{谷那}(충북), 현남^{峴南}(전북), 침미다례^{枕彌多禮}(전남), 동한^{東韓}(경남 남해안) 등 5개 강역이다. 한반도 서남지방 전체와 경남 남해안을 포함한다. 이 중 광개토왕이 정벌한 충청도지역은 지침(충남)과 곡나(충북)에 해당한다. 특히 광개토왕이 정벌한 왜잔국 40성 중에는 '▨拔城'이 있다. 왜잔국의 수도 거발성^{居拔城}(충남 공주)이다. 광개토왕은 거발성을 포함한 왜잔국의 중심지역을 집중적 공략한다.

▲ 왜잔국 5대 강역

『일본서기』〈응신기〉. '8년 3월 … 『백제기』'에는 '아하(아신)왕이 왕위에 있으면서 귀국에 예의를 갖추지 않아 우리의 **침미다례와 현남, 지침, 곡나, 동한의 땅을 빼앗았다.** 이에 왕자 직지(전지)를 천조에 보내어 선왕의 우호를 닦게 하였다.'고 되어 있다.'(八年春三月 … 百濟記云 阿花王立无禮於貴國 故奪我枕彌多禮及峴南支侵谷那東韓之地 是以遣王子直支于天朝 以脩先王之好也)

　그렇다면 광개토왕은 충청도지역을 제외한 전라도지역인 현남(전북)과 침미다례(전남) 그리고 멀리 동한(경남 남해안)은 정벌하지 않았을까? 동한은 거리상으로 멀리 떨어져 있다 하더라도 현남과 침미다례는 인접한 까닭에 충분히 정복활동이 미칠만하다. 대관절 광개토왕은 무슨 연유로 충청도만 정벌하고 남쪽 전라도를 놓아둔 채 북쪽으로 기수를 돌렸을까?

먼저 전북지역인 현남^{峴南}이다. 단서는 〔영락6년 왜잔국 정벌〕(396년)을 실행하기 앞서 벌인 〔영락5년 비려 토벌〕(395년)에 답이 있다. 영락5년에 토벌한 비려^{碑麗}는 대륙 동북방에 소재한 요동비리^{遼東卑離}다. 광개토왕은 요동비리가 왕화^{王化}를 따르지 않아 토벌에 나선다. 그런데 요동

감해비리
홍성

금강

비리　여래비리　내비리
군산　　익산　　　완주

새만금지구

벽비리
김제

고비리
부안

초산도
비리
정읍

모로비리
고창

▲ 한반도 마한비리 분포

비리는 한반도와도 관계가 깊다. 왜잔국(부여백제) 성립(4세기초) 이전의 한반도 전북지방에는 마한연맹체인 마한비리^{馬韓卑離}가 있다. 비리(군산), 여래비리(익산), 내비리(완주), 벽비리(김제), 고비리(부안), 초산도비리(정읍), 모로비리(고창), 그리고 감해비리(충남 홍성)등 8개 소국이다. 이들 한반도 마한비리의 기원은 바로 요동비리다. 다시 말해 광개토왕은 〔영락6년 왜잔국 정벌〕을 앞두고 먼저 요동비리를 토벌하며 한반도 마

한비리에게 경고 싸인을 보낸다. '짐이 앞으로 왜잔국(부여백제)을 정벌할 것이니 너희 한반도 마한비리는 일절 나서지 마라!' 광개토왕은 요동비리를 토벌하며 당시 왜잔국에 속해있는 한반도 마한비리마저 제압한다. 그래서 광개토왕은 전북지방(마한비리)인 왜잔국의 현남을 정벌하지 않는다. 굳이 따로 정벌할 필요가 없기 때문이다.

다음은 전남지역인 침미다례^{枕彌多禮}다. 『진서』〈장화열전〉이다. '동이 마한의 신미 등 여러 나라는 산을 의지하고 바다를 끼고 있으며 유주에서 4천여 리 떨어져 있다. 역대로 내부하지 않던 20여 개국이 함께 사신을 보내 조공하였다.'(東夷馬韓 新彌諸國 依山帶海 去幽州四千餘里 曆世未附者 二十餘國 並遣使朝獻) 이 해는 282년이다. 백제는 고이왕, 고구려는 서천

왕 시기다. 침미다례는 바로 신미제국
新彌諸國을 일컫는다. 영산강유역을 중
심으로 강력한 해상세력을 형성한 전
남지역의 마한연맹체인 신미마한^{新彌馬}
韓(동이마한)이다. 이들 신미마한은 백제
와 신라보다 1백여 년 앞서 중원왕조
서진西晉에 사신단을 파견하며 홀연히
우리 역사 앞에 등장한다. 참고로 백제

▲ 대안리고분 [전남 나주]

는 근초고왕 시기인 371년 동진東晉에, 신라는 내물왕 시기인 381년 전
진前秦에 각각 최초로 중원왕조에 사신을 파견한다.

　그런데 『고구려사략』〈서천대제기〉는 282년 서진을 방문한 신미마
한 사신단이 장화張華를 따라 고구려도 방문한 사실도 적고 있다. '장화
가 사신을 보내서 입조하였다. 마한이 장화와 함께 왔다.'(張華遣使來朝 馬
韓及附於華) 이는 영산강유역의 신미마한이 광개토왕의〔영락6년 왜잔
국 정벌〕훨씬 이전부터 고구려와 긴밀한 관계를 맺어왔음을 부연한다.
다시 말해 광개토왕 당시의 신미마한은 비록 왜잔국(부여백제)에 병합된
상태이만 고구려와의 친선관계는 계속해서 유지하고 있다. 이는 광개
토왕이 침미다례(신미제국)을 정벌하지 않은 직접적인 이유다.

　결과적으로 광개토왕은〔영락6년 왜잔국 정벌〕에서 충청도(지침/곡나)
만 정벌하고 전라도(현남/침미다례)를 정벌하지 않은 이유는 명확하다. 당
시 전라도는 왜잔국(부여백제)의 영역이지만 광개토왕은〔영락6년 왜잔국
정벌〕에 앞서〔영락5년 비려 토벌〕을 통해 현남(전북)의 옛 마한비리를
사전에 제압하고 또한 침미다례(전남)의 신미마한과는 지속적인 유대관
계를 맺어왔기 때문이다.

　〔영락6년 왜잔국 정벌〕은 왜잔국이 신묘년(391년)에 백제와 임나, 신

라 등을 신민으로 삼으면서 발생한 사건이다. 광개토왕은 왜잔국 정벌을 결심하고 꼬박 5년을 준비한다. 391년 관미성(파주 오두산성)을 필두로 백제(한성백제) 18성을 점령하며 완전히 무력화시킨다. 특히 관미성은 광개토왕이 수군을 활용할 수 있는 해상전초기지로 〔영락6년 왜잔국 정벌〕의 출발지다. 또한 395년 대륙의 요동비리를 토벌하며 한반도 마한비리를 수중에 넣고 왜잔국 정벌 의지를 불태운다. 한마디로 광개토왕의 왜잔국 정벌은 사전에 철저히 준비된 각본에 의해 실행된다.

전쟁결과, 일본열도 야마토 탄생

〔영락6년 왜잔국 정벌〕로 광개토왕에게 패한 왜잔국은 어떻게 되었을까?

『고구려사략』 기록이다.

六年 丙申 五月 倭使來獻土物及美女五人 以求仙籙
6년(396년) 병신 5월, 왜가 사신을 보내와 토산물과 미녀 5인을 바치고 선록을 구하였다.

이는 한반도 왜(왜잔국)와 고구려가 공식적으로 교류한 최초 사건 기록이다. 광개토왕이 왜잔국을 정벌하고 귀국하면서 백제 아신왕으로부터 '노객 맹세'를 받은 달이 396년(병신년) 3월이니 5월은 2개월 후의 상황이다. 왜가 전격적으로 고구려에 사신을 파견하며 토산물과 미녀 5명을 바친다. 토산물과 미녀 5명은 속국의 징표다. 선록仙籙은 선도仙道(도교) 관련 책자다. 왜는 고구려의 선교仙教를 받아들이겠다는 의사까지 표명한다. 고구려의 속국으로 책임을 다하는 일종의 맹약이다. 그러나 안타깝게도 왜는 한반도에 잔류하지 않는다. 한반도를 떠나 새로운 터전을 마련한다.

〔영락6년 왜잔국 정벌〕의 결과다. 광개토왕의 왜잔국 정벌 이후의

일본열도와 한반도에서 벌어진 일이다.

먼저 일본열도 상황이다. 〔영락6년 왜잔국 정벌〕 이듬해인 영락7년(397년)이다. 일본열도에는 倭에 大자를 붙여 大倭로 쓰고 야마토^{やまと}로 읽는 소위 야마토왕조가 기내^{畿内}(오사카 일대)지역에 갑자기 출현한다. 이들은 기존의 가야계열의 숭신^{崇神}집단과는 전혀 다른 부여(백제)계열의 응신^{應神}집단이다. 거대한 전방후원분^{前方後圓墳}을 조성하고 일본 고대국가 야마토를 실질적으로 건국한 주체세력이다. 일찍이 에가미 나미오^{江上波夫}가 주장한 일본 왕실의 기원인 「기마민족정복왕조설」의 주인공이다. 4세

▲ 에가미 나미오

기 중후반 퉁구스^{Tungus}계통의 북방기마민족이 직접 일본열도로 건너와 야마토왕조를 세운 집단이다.

야마토 수도는 이하레(いはれ)다. 『고사기』는 이파례(伊波禮), 『일본서기』는 반여(磐余)로 쓴다. 이하레는 우리말로 '이파르'이다. 이파르는 부여백제의 도성인 거발(居拔·충남 공주)과 같다. 居의 훈독이 '이'이니, 거발은 '이발' 또는 '이파르'가 된다.[※ 레드야드 해석] 응신집단은 일본열도로 망명하면서 부여백제 수도 이름도 함께 가져간다. 이하레의 『일본서기』 표기 磐余의 余는 夫餘의 餘와 같다. 이 역시 응신집단이 부여와 연관됨을 나타낸다.

그렇다면 북방기마민족이 직접 일본열도로 건너왔을까? 「기마민족 정복왕조설」을 좀 더 보완한 서양학자가 있다. 레드야드^{Gary Ledyard}와 코벨^{Jon Carter Covell}이다. 두 사람은 이들 북방기마민족을 '대륙의 부여 전사^{戰士}들'로 이해하고, 그 실체는 '4세기 중후반에 한반도 서남부를 거쳐 일본을 점령한 백제세력'으로 규정한다. 다시 말해 북방기마민족의 원류는 부여세력이며, 대륙 동북방에서 일본열도로 직접 건너간 것이 아니라 일정

▲ 게리 레드야드

기간 한반도 서남부지방을 지배한 후 일본열도를 건너간 백제세력으로 이해한다.

　　또한 국내학자 중에 「기마민족정복왕조설」의 야마토 건국세력의 실체를 깊이있게 연구한 학자도 있다. 김성호^{金聖昊}와 홍원탁^{洪元卓}이다. 김성호는 웅진(충남 공주)을 거점으로 한 비류백제 시조 비류왕 후손의 한 부류로(『비류백제와 일본의 국가기원』), 홍원탁은 백제 진^眞씨 귀족의 후예로 이해한다.(『백제와 야마토일본의 기원』) 다만 두 사람은 레드야드와 코벨과는 달리 부여기마족의 실체를 대륙이 아닌 기존의 한반도 세력에서 찾은 점이다. 그럼에도 두 분의 연구업적만큼은 길이 남을 것이다.

▲ 부여기마족 연구자 및 저서

　　그렇다면 한반도 서남부지방을 지배한 백제세력은 누구일까? 바로 〔영락6년 왜잔국 정벌〕에서 광개토왕에게 철저하게 깨진 왜잔국이다. 왜잔국은 레드야드와 코벨이 지적한 한반도에서 일본열도로 망명하여 야마토왕조를 세운 부여기마족(부여백제)이다. 한반도의 부여백제가 일본열도의 야마토로 재탄생한다.

　　다음은 한반도 상황이다. 『삼국사기』〈백제본기〉는 이 대목에서 중요한 기록 하나를 남긴다. 백제 아신왕 6년(397년)이다. '5월, 왕이 왜국과 우호를 맺고 태자 전지를 볼모로 보냈다.'(夏五月 王與倭國結好 以太子腆支 爲質)〔영락6년 왜잔국 정벌〕 이듬해인 397년 왜국^{倭國}이 갑자기 출현한다. 지금까지 〈백제본기〉는 왜에 대한 언급 자체가 없었다. 더구나 왜가 아닌 엄연히 국가체제를 갖춘 왜국의 등장이다.
또한 당시 백제 아신왕은 왜국에 전지腆支태자를
볼모로 보낸다.

　무슨 이유일까? 왜국은 바로 한반도 왜잔국
의 후신後身인 일본열도 야마토다. 그래서 왜가
아닌 왜국이다. 야마토는 광개토왕의 〔영락6년
왜잔국 정벌〕 이전에 지배한 한반도 서남부지방
(부여백제 강역)을 백제(한성백제)에 넘기는 조건으로
전지태자를 볼모로 요구한다. 일종의 딜deal이며
보험이다.

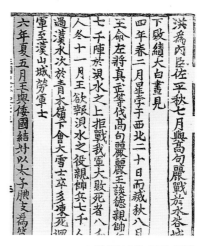

▲ 『삼국사기』 볼모 기록

　이후 백제와 야마토는 한반도 서남부 땅을 놓고 적잖은 갈등을 일으
키며 부여기마족 왕조의 서열序列싸움을 벌인다. 백제(한성백제)가 최종적
으로 한반도 서남부 땅을 확보한 시기는 비유왕(20대) 때다. 비유왕은 기
존 온조溫祚계열의 해씨왕조를 무너뜨리고 구태仇台(서부여 위구태)계열의
부여씨왕조를 출발시킨 후반기 백제왕조의 실질시조다. 비유왕은 한반
도 부여기마족(부여백제·왜잔국)의 잔류세력이다.

　광개토왕의 〔영락6년 왜잔국 정벌〕은 한반도와 일본열도의 지배세
력을 재편하며 동아시아 역사의 대전환을 가져온다. 한반도의 경우 백
제는 경기지역을 벗어나 한반도 서남부지방까지 지배영역을 확장한다.
일본열도의 경우 새로운 기마민족왕조인 야마토가 건국되며 미개한 섬
나라 일본이 동아시아 국가들과 어깨를 나란히 한다.

　일본은 이들 부여기마족의 출현으로 비로소 진정한 '역사시대'를 맞
이한다.

| 영락8년 백신 정복 |

광개토왕은 영락8년(398년) 광개토왕은 군사를 보내 백신을 정복하고 조공을 받는다. 〔영락8년 백신 정복〕이다. 백신帛愼은 숙신肅愼을 말한다. 고대 북방민족은 크게 세 부류로 구분한다. 서쪽은 투르크Turkic계, 중앙은 몽골Mongolia계, 동쪽은 통구스Tungus계다. 숙신은 통구스계의 민족으로 만주와 연해주 일대에 거주한 족속이다. 주로 목축과 농업에 종사하며 호시楛矢(싸리나무 화살)와 석노石砮(돌화살촉)를 사용한다. 숙신의 후예로는 한漢대의 읍루, 위魏대의 물길, 수隋·당唐대의 말갈, 발해 멸망 이후의 여진 등으로 불리며 분화한다.

백신 정복 기록의 차이점

《광개토왕릉비》 기록이다.

八年 戊戌 敎遣偏師觀帛愼土谷因便抄 得莫▨羅城加太羅谷 男女三百餘人 自此以來朝貢▨▨事

8년(398년) 무술, 일부 군대를 보내 백신帛愼의 토곡土谷을 정찰하며 초략하고 막▨라성莫▨羅城과 가태라곡加太羅谷의 남녀 3백여 인을 잡아왔다. 이때부터 조공을 바쳤다.

이에 대응하는 『고구려사략』 기록이다.

八年 戊戌 三月 遣師北貊抄莫斯國加太國 男女三百人 約修歲貢牛羊

8년(398년) 무술 3월, 군사를 북맥北貊으로 보내 막사국莫斯國과 가태국加太國을 초략하고 남녀 3백인을 잡으니 소와 양을 조공으로 바치겠다고 약조하였다.

　　두 기록의 비교를 통해 비문의 결자와 탁본의 오류가 확인된다. 비문 중간의 莫▨는 『고구려사략』 기록의 莫斯에 대응되어 결자는 斯다. 또한 비문 후반의 貢▨事는 『고구려사략』 기록의 貢牛羊에 대응된다. 따라서 비문의 결자는 牛며, 탁본글자 事는 羊자를 잘못 표기한 사실을 알 수 있다.(事와 羊은 글자모양 비슷) 특히 비문의 莫▨羅와 加太羅는 『고구려사략』 기록의 莫斯國과 加太國에 대응된다. 羅는 國을 의미한다. 이를 신라新羅와 가라加羅에 대응해보면 자못 숙신 언어와의 유사성이 확인된다. 한 번 정도 신라와 가라의 기원을 상상해볼 만하다.

　　광개토왕의 영락8년(398년) 백신(숙신)정복에 대해 《광개토왕릉비》와 『고구려사략』 둘 다 전쟁 명분을 밝히고 있지 않다. 백신이 무슨 잘못을 하여 광개토왕이 군사를 보내 약탈에 가까운 초략抄掠(노락질하여 빼앗음)의 행위를 했는지 전혀 알 수 없다. 다만 이후 백신으로부터 조공을 약조 받은 점으로 보아 백신이 고구려의 복속된 것은 분명하다. 특히 『고구려사략』은 백신을 북맥北貊으로 표기한다. 고구려의 주요 구성원은 맥족貊族이다. 북맥 역시 맥족의 한 갈래다. 이는 당시 고구려가 백신(숙신)을 고구려사회의 일원으로 인식한 증거다.

백신은 흑룡강성 하얼빈 일대

　　백신의 막사라와 가태라는 어디일까? 정확한 위치는 알 수 없으나 지금의 중국 흑룡강성 하얼빈哈爾濱 일대가 유력하다.

▲ 영락8년(398년) 백신 정복

광개토왕이 정복한 **막사라(莫斯羅) 땅**에는 훗날 부여 유민에 의해 **두막루(豆莫婁)가 건국**된다. 소재지는 **지금의 흑룡강성 하얼빈 일대**다. 두막루는 410년 경에 건국되어 약 300년간 존속하다가 726년 발해 무왕 대무예에게 멸망당한다.

　　또한 비문의 '帛愼土谷'을 '백신의 토곡'으로 보지 않고 '백신과 토곡'으로 분리하며 토곡土谷을 토욕혼吐谷渾으로 보는 견해도 있다. 토욕혼은 모용선비족의 한 갈래로 중앙아시아 티베트^{Tebet}고원에 소재한 중국식 표현의 하남국河南國이다. 그러나 광개토왕이 수천리 떨어진 중앙아시아까지 진출했다는 해석은 절대 무리다.

　　〔영략8년 백신 정복〕기록에는 미처 헤아리지 못한 역사적 사실이 담겨 있다.

| 영락10년 신라 구원 |

영락10년(400년) 광개토왕이 대규모 군사를 파견하여 왜(倭)의 위험에 직면한 신라를 구원한다. 〔영락10년 신라 구원〕이다. 이는 396년 〔영락6년 왜잔국 정벌〕에 맞먹는 광개토왕의 주요 정복사업이다. 이 결과로 한반도 전체가 광개토왕의 실질 지배를 받는다. 특히 『고구려사략』은 이로써 '남방이 모두 평정되었다.'(南方悉平)고 기록한다. 참으로 위대한 선언이다.

전쟁명분, 신라 구원 배경

먼저 전쟁명분이다. 광개토왕이 신라에 군사를 파견하게 된 배경이다. 《광개토왕릉비》 기록이다.

> 九年 己亥 百殘爲誓與倭和通 王巡下平壤而新羅遣使
> 白王云 倭人滿其國境潰破城池以奴客爲民歸王請命
> 太王恩慈矜其忠誠特 遣使還告以密計
> 9년(399년) 기해, 백잔이 맹세를 어기고 왜와 화통하였다. 왕이 평양으로 행차하며 내려오니 신라가 사신을 보내 아뢰길 "왜인이 국경지역에 가득 차서 성과 못을 파괴하니 노객은 백성으로서 왕명을 내려달라" 하였다. 태왕은 인자하여 그 충성심을 칭찬하고 신라 사신을 돌려보내며 밀계를 내렸다.

때는 한 해전인 399년이다. 전쟁명분은 백제가 맹세를 어기고 왜와 화통한 부분이다. 이는 〔영락6

년 왜잔국 정벌)(396년 3월)의 결과물이다. 당시 왜잔국(부여백제)은 광개토왕에게 깨져 일본열도로 망명하며 야마토로 재탄생한다(397년 1월). 이때 백제 아신왕은 전지태자를 야마토에 볼모로 보내며(397년 5월), 왜잔국의 옛 한반도 서남부 땅을 인수한다. 바로 백제가 왜와 화통한 내용이다.

　　광개토왕의 군사 파견은 신라 내물왕의 요청에 의해 이루어진다. 사유는 왜가 신라 국경지역에 가득 차서 성과 못을 파괴하기(倭人滿其國境 潰破城池) 때문이다. 무슨 말일까? 『일본서기』〈응신기〉다.

> 14년(399년) 이 해에 **궁월군**이 백제로부터 내귀하여 고하길 "신이 120현의 **인부**(백성)를 이끌고 귀화하려 하는데 신라인이 방해를 하여 모두 가라에 머물고 있습니다."하였다. 이에 갈성습진언을 보내 가라에 있는 궁월군의 인부를 불렀다. 그러나 3년이 지나도록 습진언은 돌아오지 않았다.
> 應神天皇十四年 是歲 弓月君自百濟來歸 因以奏之曰 臣領己國之人夫百廿縣 而歸化 然因新羅人之拒 皆留加羅國爰遣葛城襲津彦 而召弓月之人夫於加羅 然經三年而襲津彦不來焉

　　궁월군弓月君과 120현민이 나온다. 《광개토왕릉비》가 왜로 표기한 실제 주인공이다. 120현민은 삼한백성을 지칭하며 궁월군은 이들 삼한백성을 이끈 지도자다. 삼한백성은 주로 옛 한반도 왜잔국(부여백제)의 유민들로 일부는 고구려, 백제, 신라인도 포함된다. 『삼국사기』〈백제본기〉는 이때 '상당수 백제인이 신라로 빠져나가 호구수가 줄었다.'(多奔新羅 戶口衰滅減)고 기록한다. 여하히 대략 수십만을 헤아리는 대규모 삼한백성이 가라를 중심으로 경남 남해안에 집결한다. 이는 마치 6·25 한국동란시 부산에 모여든 피난민과 흡사하다. 좁은 공간에 수많은 사람이 차고 넘치니 자연스레 신라 국경을 넘게 되고 또한 신라의 성과 못을 파괴하는 일이 발생한다. 사태의 심각성을 깨달은 신라 내물왕은 급히 광개토왕에게 SOS한다.

삼한백성이 가라에 집결한 이유는 일본열도로 건너가기 위해서다. 궁월군과 삼한백성은 일종의 엑소더스^{Exodus}(대량탈출)를 준비한다. 이는 『구약성경』에 나오는 모세^{Moses}가 히브리^{Hebrew}백성을 이끌고 애굽(이집트)을 탈출하기위해 홍해 해변에 집결하는 장면과 유사하다.

▲ 6.25 한국동란시 피난민 행렬

그렇다면 엑소더스를 준비하게 된 이유는 또 무엇일까? 앞서 일본열도로 망명한 옛 왜잔국(부여백제) 왕인 야마토 응신^{應神}왕을 뒤따르기 위해서다. 응신왕(부여백제 여휘왕)은 광개토왕의 [영락6년 왜잔국 정벌]에서 일방으로 패해 일부 인원만 데리고 급히 한반도를 탈출한다. 『일본서기』에 당시 사정이 구체적으로 나온다. 일본 건국시조 신무^{神武}왕의 '동정기^{東征記}(동쪽 정벌 기록)'다. 응신왕은 처음 규슈 후쿠오카^{福岡}에 도착하나 군사력이 없어 이곳 선주^{先住}세력을 제압하기 못하고 동쪽으로 수천리 떨어진 기내^{畿內}(오사카 일대)지역으로 이동하여 나라^{奈良}현에 야마토를 건국한다. 다시 말해 왜잔국(부여백제)의 삼한백성은 뒤늦게 응신왕의 야마토 건국 소식을 듣고 이에 합류하기 위해 엑소더스를 준비한다. 응신왕과 일부 지배층이 선발대라면 궁월군과 삼한백성은 본진인 셈이다.

일본 건국시조 신무왕은 일본학자들 조차 가공의 인물로 본다. 『일본서기』 **신무동정기(神武東征記)는 북규슈에서 기내지역에 이르는 신무왕의 동정(東征)기록이다. 신무동정기는 응신왕의 동정기(東征記)로 이해한다.** 특히 응신왕이 처음 일본열도에 도착한 장소는 규슈의 후쿠오카. 『일본서기』가 **응신왕의 출생지로 기록한 축자(筑紫)의 문전(蚊田)이다. 축자(후쿠오카)는 응신왕의 탄생지가 아닌 도착지다.**

거발성

396년 5월
공주(居拔城) **출발**

397년
야마토(大倭) **건국**

여휘왕

응신왕

가시하라

후쿠오카

396년 6월
후쿠오카(築紫) **도착**

신무왕

397년 1월
가시하라(橿原) **도착**

고천원

▲ 응신왕(부여백제 여휘왕) 일본열도 정착과정

전쟁결과, 한반도 남방 평정

다음은 신라 구원 내용이다. 399년 신라 내물왕
의 구원 요청을 받은 광개토왕은 이듬해인 400년
대규모 군사를 파견하여 왜(옛 왜잔국 삼한백성)를 평정하
고 신라를 구원한다.《광개토왕릉비》기록이다.

十年 庚子 敎遣步騎五萬往救 新羅從男居城至新羅
城倭滿其中 官軍方至倭賊退 ▨▨▨▨▨▨▨ 自倭
背急追至任那 加羅從拔城 城卽歸服安羅人戍兵

10년(400년) 경자, 교시를 내려 보기^{步騎} 5만을 보내
신라를 구원하였다. 이때 남거성에서 신라성까지
왜가 가득하였다. 관군이 도착하자 왜적이 물러갔
다. ▨▨▨▨▨▨▨ 왜의 뒤를 급히 추적하여 임나
^{任那}에 이르렀다. 가라^{加羅}가 뒤따라와 성을 공격하
자 성은 즉시 귀복하였다. 이에 안라인 술병^{戍兵}을
두었다.

광개토왕은 보기(보병·기병) 5만을 출진시킨다. 5만은 광개토왕이 동원한 최대 규모의 병력이다. 이는 광개토왕이 경남 남해안에 집결한 궁월군과 수십만의 삼한백성 존재를 심상치 않게 본 증거다. 이어 고구려군은 남진하여 신라 영토에 들어온 삼한백성을 몰아내고 내친걸음으로 임나에까지 쳐들어 간다. 이때 가라(금관가야)가 고구려군을 뒤따라와 임나성을 공격하자 임나성은 즉시 항복하며 고구려에 귀복(다시 예속)한다. 귀복의 표현은 과거 고구려 속민인 임나가 신묘년(391년)에 한반도 왜(왜잔국,부여백제)의 신민이 되었다가 다시 고구려의 속민이 된 사실을 부연한다. 또한 고구려는 귀복한 임나성에 안라인 술병(수비병)을 배치한다.

비문의 任那와 加羅를 각각의 나라가 아닌 하나의 나라인 任那加羅로 보고 倭背急追至任那加羅從拔城을 '왜의 뒤를 급히 추적하여 임나가라 종발성에 다다르다'로 번역하기도 한다. 從拔을 동사가 아닌 성의 이름인 명사로 보는 해석이다. 또한 이를 근거로 從拔城을 임나의 도성으로 보는 견해도 있다. 그러나 《광개토왕릉비》는 임나와 가라를 명확히 따로따로 구분하고 있어 임나가라는 성립될 수가 없다. 從拔은 동사며 '뒤따라와 공격하다'이다.

이에 대응하는 『고구려사략』 기록이다.

十年 庚子 二月 聞倭入羅 遣胥狗解猩等將五万往救退倭 任那安羅加洛等皆遣使來朝 南方悉平

10년(400년) 경자 2월, 왜가 신라에 들어왔다는 소식을 듣고 서구와 해성 등에게 5만 군사를 이끌고 가서 구원하여 왜를 물러나게 하였다. **임나, 안라, 가락 등 모두가 사신을 보내 입조하였다. 남방이 모두 평정되었다.**

광개토왕은 왜(궁월군과 삼한백성)뿐만 아니라 임나도 평정한다. 또한 가야세력인 안라, 가락은 자연스레 광개토왕에게 굴복한다. 안라는 아라가야(경남 함안)며, 가락은 금관가야(경남 김해)다. 이 결과로 광개토왕은 이들 세 나라로부터 입조入朝를 받는다.

▲ 궁월군 집결과 광개토왕 평정

무슨 의미일까? 광개토왕의 군사활동 단면을 엿볼 수 있는 대목이다. 이는 도륙^{屠戮}과 같은 대규모 살상행위를 동반한 무력행사가 아니다. 상대는 무장한 군대가 아닌 비무장의 삼한백성이다. 그래서『고구려사략』은 평정^{平定}의 단어를 쓴다. 광개토왕의 군사활동은 일종의 소요사태를 진압하는 정도다. 그래서 세 나라는 군사적 저항보다 복속을 선택하며 광개토왕에게 사신을 보내 입조한다. 또한 광개토왕은 평정 이후 이들 지역에 안라 출신의 술병(수비병)을 따로 둔다.

이는 또 무슨 의미일까? 광개토왕이 파견한 5만 정예군사 대부분 철수한다. 그래서 고구려 자체적으로 술병을 두지 않고 안라(아라가야) 출신으로 술병을 편성하여 배치한다. 세 나라 중 안라는 비교적 고구려에 협조적이었을 것으로 추정된다.

> 『태백일사』에 '안라는 본래 홀본사람이다(安羅本忽本人也)'는 기록이 있다. 고구려가 안라출신자로 수비병을 편성한 이유다.

『삼국사기』도 〔영락10년 신라 구원〕 사건을 축약해서 기록한다. 〈열전〉 박제상 편이다. '백제인이 앞서 왜에 들어와 "신라와 고구려가 왕의 나라를 침입하려 모의한다."고 참언하였다. 왜가 마침내 군사를 보내 신라국경 밖에서 순찰하였는데 때마침 고구려가 들어와 침략하여 왜의 순찰병을 잡아 죽였다.'(百濟人前入倭讒言新羅與高句麗謀侵王國 倭遂遣兵邏戍新羅境外 會高句麗來侵 幷擒殺倭邏人) 다만 『삼국사기』는 광개토왕이 신라를 구원하기 위해 파견한 군대의 행동을 침략^{來侵}으로 표기한다.

삼한백성의 일본열도 엑소더스

마지막으로 〔영락10년 신라 구원〕 이후의 상황이다. 광개토왕의 남방 평정(400년) 이후의 궁월군과 120현 삼한백성의 행방이다. 일본열도로의 엑소더스 성공여부다. 『일본서기』〈응신기〉다.

16년(401년) 8월, 평군목토숙니와 적호전숙니를 가라에 보냈다. 정병을 주며 이르길 "습진언이 오래도록 돌아오지 않고 있다. 필시 신라가 막아서 지체하고 있을 것이다. 그대들은 빨리 가서 신라를 치고 길을 열라."하였다. 이에 목토숙니 등이 정병을 거느리고 진격하여 신라의 국경에 이르렀다. 신라왕은 두려워하여 복죄하였다. 그래서 궁월군의 인부백성를 이끌고 습진언과 함께 돌아왔다.

十六年 八月 遣平群木菟宿禰的戶田宿禰於加羅 仍授精兵詔之曰襲津彦久之不還 必由新羅人 拒而滯之 汝等急往之擊新羅披其道路 於是木菟宿禰等進精兵莅于新羅之境 新羅王愕之服其罪 乃率弓月之人夫 與襲津彦共來

때는 광개토왕의 남방 평정 이듬해인 401년이다. 야마토 응신왕은 갈성습진언^{葛城襲津彦}이 궁월군과 120현의 삼한백성 엑소더스^{渡倭}를 제대로 수행하지 못하자 추가로 평군목토숙니^{平群木菟宿禰}와 적호전숙니^{的戶田宿禰}에게 군사를 주어 가라에 파견한다. 이에 평군목토숙니는 군사를 이끌고 신라 국경에 이르고 당황한 신라왕은 복죄하며 삼한백성의 엑소더스가 본격적으로 이루어진다.

신라왕의 복죄는 무엇일까? 복죄는 죄를 인정하는 행위다. 기록대로라면 신라왕의 죄는 삼한백성의 엑소더스를 방해한 행위다. 방해의 실체는 명확히 알 수 없으나 결과적으로 내물왕은 야마토의 군사적 압박에 굴복한다. 이는 이듬해인 402년 내물왕의 뒤를 이은 실성왕이 미사

흔^{未斯欣}왕자를 야마토에 볼모로 보내며 삼한백성의 엑소더스는 사실상 마무리된다.

일본열도로의 엑소더스는 한차례 더 일어난다. 아지사주^{阿知使主}가 이끄는 17현민이다. 『일본서기』〈응신기〉다. '20년(403년) 9월, 왜한직의 조상 아지사주와 그의 아들 도가사주가 17현민을 이끌고 돌아왔다.'(二十年 秋九月 倭漢直祖阿知使主 其子都加使主 並率己之黨類十七縣而來歸焉) 또한 『속일본기』는 아지사주와 17현민이 대방^{帶方}(황해도)출신으로 응신왕의 부름을 받고 야마토로 건너갔다고 적는다.

> 『속일본기』연력4년(785년) 6월 기록. '예전천황(응신왕) 치세 때다. **아지왕이** 청하여 아뢰길 **"신은 예전에 대방에 살았는데 남녀노소 모두 재능을 지녔습니다. 근래에 백제와 고구려 사이에서 혼란스러워 거취를 정하지 못하고 있사오니 엎드려 바라건대 천황의 은혜로 사신을 파견하여 우리를 불러 주십시오."**하였다. 이에 천황은 칙을 내려 신하 팔복씨를 파견하자 그 백성 남녀 모두가 사신을 따라와 영원히 공민이 되었다. 여러 대의 세월이 흘러 오늘에 이른 바 **지금 여러 나라의 한인(漢人)은 그 후예다.**'(是則譽田天皇治天下之御世也 於是阿智王奏 臣舊居在於帶方 人民男女皆有才藝近者寓於百濟高麗之間 心懷猶豫未知去就 伏願天恩遣使追召之 乃勅遣臣八腹氏 分頭發遣 其人民男女 擧落隨使盡來 永爲公民 積年累代 以至于今 今在諸國漢人亦是其後也)

궁월군의 삼한백성과 아지사주의 대방백성은 이후 야마토왕조로부터 각각 하타^秦씨와 아야^漢씨의 성씨를 하사받는다. 하타씨는 오사카일대, 아야씨는 나라현 금래^{今來}(이마키)군에 정착하며 토목과 양잠기술 그리고 행정관리체제 등 선진화된 문물과 문화를 일본열도에 전파한다. 이들 두 엑소더스집단은 일본열도의 뉴커머^{new comer}다. 우리가 잘 아는 문자와 학문을 전한 왕인^{王仁}박사도 이 시기 일본열도로 건너간다. 일본열도는 이들로 인해 인구가 폭발적으로 증가하며 일본사회는 본격적인 국가체제를 갖추고 급성장하기 시작한다. 가히 '역사의 신^神'이 일본열도에 내린 축복 중의 축복이다.

〔영락10년 신라 구원〕은 한반도 왜잔국(부여백제)이 광개토왕에게 무

참히 깨진 〔영락6년 왜잔국 정벌〕(396년)을 배경으로 한다. 그 결과로 왜
잔국의 주류세력이 일본열도에 급히 망명하여 야마토왕조를 수립하고
(397년), 이를 뒤따르려던 옛 부여백제(왜잔국)의 삼한백성(궁월군과 120현민)이
일본열도로 건너가기 위해 한꺼번에 경남 남해안에 집결한다(400년). 광
개토왕은 5만 군사를 보내 삼한백성의 소요사태를 진압하고 신라를 구
원한다. 이후 야마토는 군사를 파견하여 신라를 압박하고 또한 협상을
통해 삼한백성의 엑소더스를 완결한다(402년). 다만 이 과정 속에 백제(한
성백제)는 옛 왜잔국(부여백제)의 삼한 땅을 얻기 위해 전지태자를, 신라는
삼한백성의 엑소더스를 보장하기 위해 미사흔왕자를 각각 야마토倭國에
볼모로 보낸다. 약소국의 설움이다.

▲ 한반도 부여기마족의 일본열도 엑소더스

　이 모든 일련의 파노라마는 부여기마족의 대장정이다. 대륙에서 출
발하여 한반도를 거쳐 일본열도로 건너간 부여기마족의 위대한 역사다.

| 영락14년 왜적 격퇴 |

영락14년(404년) 왜가 고구려의 대방(황해도)지역을 침범하자 광개토왕은 친위군을 보내 이들을 격퇴시킨다. 〔영락14년 왜적 격퇴〕다.

대방을 침입한 왜적의 정체

《광개토왕릉비》 기록이다.

十四年 甲辰 而倭不軌侵入帶方界 ▨▨▨▨
▨石城 ▨連船▨▨▨▨　王躬率▨▨從平穰 ▨
▨▨鋒 相遇王幢要 截刺 倭寇潰敗 斬煞無數

14년(404년) 갑신 ㉮ 왜가 불궤하게도 대방계帶方界를 침입하여 ▨▨▨▨▨석성을 공격하였다. ▨연이 (왜)선에 ▨▨▨할 즈음 왕이 친히 ▨▨(군사)를 거느리고 평양에서 뒤따라왔다. ▨▨을 ▨(선)봉으로 삼고 왕당王幢과 서로 만나 합세하여 끊어내고 무찌르게 하였다. ㉯ 왜구倭寇가 패하여 무너지니 참살한 자가 이루 헤아릴 수 없었다.

이에 대응하는 『고구려사략』 기록이다.

十四年 甲辰 五月 時 倭寇侵帶方 命朋連移攻倭船斬獲無算 此皆海賊之徒 仁德之所不知者也 仁德遣使謝罪 上命胥狗如倭探其眞狀

14년(404년) 5월, 이때 왜가 대방^{帶方}을 침입하였다. 붕련^{朋連}에게 명하여 왜선을 크게 공격하니 목을 베고 사로잡은 자가 이루 헤아릴 수 없었다. 이들은 해적 무리며 인덕^{仁德}이 그 소재를 알지 못하는 자들이다. 인덕이 사신을 보내 사죄하자, 상은 서구^{胥狗}를 왜에 보내 그 진상을 알아보게 하였다.

두 기록의 비교를 통해 왜의 실체가 확인된다. 비문의 왜구^{倭寇} ㉯는 『고구려사략』 기록의 해적^{海賊}이다. 다시 말해 왜는 일본열도 야마토(왜국)의 정규군이 아닌 왜의 해적집단 즉 왜적^{倭賊}이다. 또한 『고구려사략』 기록은 추가해서 중요한 사실 하나를 전한다. 광개토왕이 왜적의 뒷배로 의심한 인덕^{仁德}의 존재다.

인덕은 『송서』가 '왜5왕' 중 '찬^贊'으로 소개한 야마토 왕이다. 일본인이 가장 성군으로 추앙하는 응신왕(오진)의 뒤를 이은 인덕왕(닌토쿠)이다. 특히 인덕왕의 무덤인 오사카부 사카이^堺시에 소재한 대산^{大山}(다이센)고분은 일본의 대표 무덤양식인 전방후원분의 완벽한 형태로

▲ 다이센고분(인덕왕릉) [일본, 사카이]

세계 최대 규모다. 이집트 쿠푸왕의 피라미드와 중국 진시황릉보다 면적이 넓다.

인덕왕은 앞서 400년 광개토왕이 〔영락10년 신라 구원〕할 때 가라 평정의 대상이 된 궁월군이다. 120현의 삼한백성을 이끌고 일본열도로 엑소더스한 옛 한반도 부여백제(왜잔국) 출신의 지도자다. 다만 왜적이 대방을 침입할 당시(404년) 인덕은 왕의 신분이 아닌 실권자다. 그래서 『고구려사략』은 '인덕왕'이라 하지 않고 '인덕'으로 표기한다.

응신왕은 403년에 사망하며 아들 토도(兔道, 토도치랑자)태자가 왕위를 승계한다. 그러나 아쉽게도 토도왕은 야마토 왕력에서 빠진다. 『일본서기』에는 407년 토도가 자신의 부덕을 알고 인덕(仁德)에게 왕위를 넘기며 자살한 것으로 나온다.

▲ 왜5왕 계보도

왜적이 대방을 침입한 이유

　그렇다면 광개토왕은 왜적의 뒷배로 인덕을 의심하였을까? 광개토왕이 진상 파악을 위해 야마토에 파견한 사신 서구胥狗가 키Key를 쥐고 있다. 서구는 앞서 〔영락10년 신라 구원〕시 고구려 5만 군사를 이끈 총사령관이다. 다시 말해 서구와 인덕(궁월군)은 서로 안면을 튼 사이다. 당시 서구는 삼한백성(120현민)을 도륙내지 않고 평정하는 수준에서 사태를 수습하고 서둘러 철군한다. 이는 두 사람 사이에 모종의 협상이 있음을 암시한다. 서구는 신라를 구원하는 명분을 챙기고, 인덕은 삼한백성을 지키는 실리를 챙긴다. 바로 이 점이 광개토왕이 인덕을 의심한 대목이다. 한마디로 광개토왕은 "전에 너희 백성을 도륙내지 않고 살려 보냈는데 불궤하게도 감히 짐의 뒤통수를 칠 수 있느냐?" 하고 인덕에게 따진다.

『일본서기』〈인덕기〉. '12년(*405년) 가을7월 신미 초하루 계유일, 고려국(고구려)이 철방패와 철과녁을 바쳤다. 8월 경자 초하루 을유일, 조정에서 고려 사신들에게 향응을 배풀었다. 이 날 군신과 백관을 모아놓고 고려가 헌상한 철방패와 철과녁에 활쏘기를 하였다. 모든 사람이 철과녁을 꿰뚫지 못하였으나 오직 적신의 조상 순인숙니만이 철과녁을 꿰뚫었다. 이때 고려 사신들이 그것을 보고 활솜씨의 훌륭함에 경외를 표하자 모두 일어나 배하였다.'(十二年 秋七月 辛未朔癸酉 高麗國貢鐵盾鐵的 八月 庚子朔己酉 饗高麗客於朝 是日集群臣及百寮 令射高麗所獻之鐵盾的 諸人不得射通的 唯的臣祖盾人宿禰 射鐵的而通焉 時高麗客等見之 畏其射之勝巧 共起以拜朝) 야마토에 파견된 고구려 사신은 서구(胥狗)다. 광개토왕의 명을 받고 대방 침입(404년) 실체를 확인하기 위해 직접 야마토 인덕을 찾아간다. 서구는 장수왕 때(421년)에 고구려 후왕인 양왕(梁王)에 책봉된다.

　　왜적이 대방을 침입한 이유는 무엇일까? 두 기록(비문/사략) 모두 명확한 사유를 밝히고 있지 않아 쉬이 판단하기 어렵다. 다만 대방지역은 앞서 403년 일본열도로 엑소더스한 아지사주와 17현의 대방백성 연고지다. 혹여 이들 대방백성 일부가 왜적이 되어 자신들의 고향을 되찾으려 한 것은 아닐까?

　　〔영락14년 왜적 격퇴〕는 사건 내용만 놓고 본다면 결코 광개토왕의 정복사업에 포함될 만큼 비중 있는 사건은 아니다. 흔히 있을 수 있는 왜적의 약탈행위 정도다. 그럼에도 두 사료가 기록으로 남긴 점은 나름의 의미를 가진다. 이 사건을 계기로 고구려와 야마토는 사신을 주고받으며 본격적인 교류를 시작한다.

　　소통이야말로 역사발전의 진정한 동력이 아니겠는가?

| 영락17년 ▨▨ 공격 |

❸ 백신 정복
(398년) 백신

❶ 비려 토벌
(395년)

비려   광개토왕
談德

❺ 왜적 격퇴
(404년) 왜적

후연

❻ 후연 공격
(407년)

❷ 왜잔국 정벌
(396년) 왜잔국   신라

❹ 신라 구원
(400년)

영락17년(407년) 광개토왕은 5만 군사를 보내 ▨▨를 공격하여 갑옷과 군수물자 그리고 6개 성을 빼앗는다. 〔영락17년 ▨▨ 공격〕이다.

공격대상은 중원왕조 후연

《광개토왕릉비》 기록이다.

> 十七年 丁未 敎遣步騎五萬 ▨▨▨▨▨▨▨▨ 王師四方合戰斬殺蕩盡 所穫鎧鉀一萬餘領軍資器械不可稱數 還破沙溝城婁城牛▨城▨城▨▨▨▨▨▨城
>
> 17년(407년) 정미, ㉮ 교시를 내려 보기步騎 5만을 파견하였다. ▨▨▨▨▨▨▨▨ 왕사王師는 사방에서 포위작전을 펼쳐 적을 참살하고 모두 없앴다. ㉯ 노획한 개갑 1만벌과 군자, 기계류도 이루 헤아릴 수 없었다. 돌아오는 길에 사구성沙溝城, 루성婁城, 우牛▨성, ▨성, ▨▨▨▨, ▨▨성을 격파하였다.

㉮는 407년 광개토왕이 보기(보병,기병) 5만을 출전시키는데 전쟁 대상이 누구인지 또한 명분은 무엇인지 전혀 알 수가 없다. 8개 결자에 세부 내용이 있을 것으로 추정된다. ㉯는 전쟁결과로 개갑갑옷 1만벌과 군수물

자, 기계류 등을 노획하는 전과를 올리며 또한 사구성과 루성을 포함한 6개 성을 격파한다. 대상은 누구일까?

이에 대응하는 『고구려사략』 기록이다.

十七年 丁未 二月 命朋連解猩 引兵五萬 伐慕容熙 戰于章武之西 殺蕩盡 獲鎧甲萬領 軍資器械不可勝數 拔沙溝等六城

17년(407년) 정미 2월, 붕련^{朋連}과 해성^{解猩}에게 명하여 군사 5만을 이끌고 나아가 모용희를 정벌케 하니 장무 서쪽에서 싸웠다. 모조리 죽여서 쓸어내고 개갑 1만벌을 노획하였으며 군자 및 기계 등의 수는 셀 수가 없었다. 사구 등 6개 성을 빼앗았다.

공격대상은 중원왕조 후연^{後燕}의 모용희^{慕容熙}다. 비문 결자 8자는 '모용희를 정벌케 하니 장무 서쪽에서 싸웠다.'(伐慕容熙 戰于章武之西)는 내용을 담고 있을 것이다. 나머지는 비문기록과 같다.

후연은 384년 모용수^{慕容垂}가 세운 선비족 왕조다. 이전 모용황^{慕容皝}이 세운 전연^{前燕}과 구분하여 후연이라고 한다. 수도는 중산^{中山}(하북성 정현)이며 하북평야를 중심으로 지금의 하북성, 산서성, 요녕성 일부 등을 차지한 제국이다. 모용희는 후연의 4대 왕이다.

후연 공격의 시사점

『삼국사기』에도 후연과의 전쟁기록이 나온다. 모두 5차례(400~406)로 주로 1~2개 성을 놓고 벌인 국지전 성격의 소규모전투다.

9년(400년) 2월, 연왕 모용성이 왕이 예가 오만하다하여 군사 3만을 이끌고 공격해왔다. (燕王盛 以我王禮慢 自將兵三萬襲之)
11년(402년) 왕이 연의 숙군성을 공격하였다. (王遣兵攻宿軍)
13년(404년) 겨울11월, 왕이 군사를 출동시켜 연을 공격하였다. (出師侵燕)

14년(405년) 봄정월, 연왕 모용희가 요동성을 공격하였다. … 끝내 성을 빼앗지 못하고 돌아갔다. (燕王熙來攻遼東城 … 卒不克而還)

15년(406년) 겨울12월, 연왕 모용희가 … 우리의 목저성을 공격하였으나 이기지 못하고 돌아갔다. (燕王熙 … 攻我木底城 不克而還)

16년(407년) 기록 없음

그런데 어찌된 영문인지 407년 전쟁기록은 『삼국사기』에 나오지 않는다. 더구나 이 전쟁은 이전 전투들과의 양상이 사뭇 다르다. 전면전 성격이 강한 대규모 전쟁이다. 특히 광개토왕은 5만 대군을 동원하여 후연과 싸우며 갑옷과 전투장비, 군수물자 등을 대거 노획하는 전과를 거둔다. 또한 추가하여 6개 성도 빼앗는다.

무슨 이유일까? 『삼국사기』의 의도된 편집이 아니길 바랄 뿐이다. 다만 후연은 광개토왕에게 패한 직후에 곧바로 정변이 일어나 모용희가 살해되며 멸망한다. 결국 광개토왕의 한 방이 후연의 멸망을 촉발시킨 셈이다.

영락17년 후연 공격의 실체

『고구려사략』은 영락17년(407년) 후연 모용희와 싸운 장소를 명확히 적시한다. '장무의 서쪽'이다. 장무章武는 지금의 하북성 동남지방에 소재한 황화黃驊(고현촌)를 말한다.(『중국고금지명대사전』) 천진天津 이남이다. 전투장소인 장무의 서쪽은 지금의 창주滄州 정도로 추정된다.

정말로 광개토왕의 5만 대군이 천진이남까지 내려가 후연과 전쟁을 벌였을까? 혹여 장무의 위치비정이 잘못된 것은 아닐까? 만약 위치비정이 맞다면 광개토왕은 무슨 연고가 있어 천진이남까지 군사를 내려보낸 걸까?

장무지역은 광개토왕이 회복한 고
구려의 옛 강역이다. 거슬러 올라가면
일찍이 태조왕이 후한^{後漢}의 요동군을
몰아내고 확보한 고구려 땅이다. 다만
아쉽게도 이 땅은 산상왕 시기 발기^發
^岐의 난을 겪으면서 공손씨(공손도)에게
넘어가고 또한 동천왕 시기 위^魏 사마
의^{司馬懿}에게 뺏기며 이후 전연(모용황)

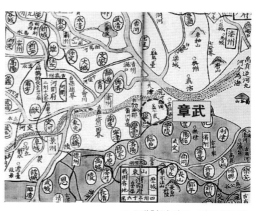

▲『대청광여도』장무(章武)

의 지배를 받지만 광개토왕은 후연(모용수)이 들어서자 작심하고 이 일대
회복에 나선다.

『고구려사략』〈신명선제기〉. '33년(105년) 3월, 진북장군 마락이 개마의 여러 성을 고
쳐 쌓고, 맥 기병을 이끌고 요동(군)을 정벌하여 백암, 장령, 도성, 문성, 장무, 둔유 등
6개 성을 취하였다. … 궁(태조왕)태자가 사자 목도루와 함께 경기병을 이끌고 적진
깊숙이 들어가 좌충우돌 부딪쳐 대파시켰다.'(三十三年 乙巳 三月 鎭北將軍麻樂重修盖馬
諸城 率貊騎伐遼東取 白岩長岺菟城汶城章武屯有等六城 … 宮太子與使者穆度婁率輕騎深入敵
陣 左右衝突大破之)

그렇다면 광개토왕은 장무지역을 언제 회복한 걸까? 〔영락17년 후
연 공격〕7년 전인 400년이다. 광개토왕이 후연과 벌인 최초의 전투다.
아래는 400년 2월의『삼국사기』와『고구려사략』기록의 비교다.

2월, 연왕 모용성이 우리 왕의 예절이 오만하다하여 직접 병사 3만을 이끌
고 공격해왔다. 표기대장군 모용희를 선봉으로 삼아 신성과 남소 2개 성을
빼앗고 7백여 리 땅을 넓히고 5천여 호를 옮겨놓고 돌아갔다.
二月 燕王盛以我王禮慢自將兵三萬襲之 以驃騎大將軍慕容熙爲前鋒拔新城南
蘇二城 拓地七百餘里 徙五千餘戶而還   ☞『삼국사기』광개토왕

2월, 모용성이 병사 3만을 이끌고 **신성으로 쳐들어오고 선봉 모용희가 우회하여 남소로 들어오니 상은 정예기병 8천으로 곡림에서 모용희를 쳐서 대파시켰다.** 붕련과 용신이 신성에서 큰 싸움을 벌이고 추격하여 하변에서 참살하니 빼앗은 것이 심히 많았다. 상은 거듭 장무 서쪽을 쳐서 7백여 리 땅을 넓히고 5천여 호를 옮겨놓고 돌아왔다.

二月 慕容盛引兵三万來侵新城先鋒熙迂入南蘇 上引精騎八千擊熙於鵠林大破之 朋連龍臣大戰于新城追擊于河上斬獲甚多 上仍擊章武以西 拓地七百餘里 徒戶五千餘而還　⇌『고구려사략』〈영락대제기〉

　　그런데 두 기록의 전투결과가 완전히 상반된다. 『삼국사기』는 후연이 고구려 신성과 남소성을 빼앗고 7백여 리 땅을 넓혀 백성 5천여 호를 이주시켰다고 하고, 『고구려사략』은 신성에서 큰 싸움을 벌여 고구려가 후연을 대파하고 이어 장무 서쪽을 쳐서 7백여 리 땅을 넓혀 백성 5천여 호를 이주시켰다고 한다. 다만 '백성 5천여 호'의 주체는 문맥상으로 보아 『삼국사기』는 후연 백성이고, 『고구려사략』은 고구려 백성을 가리킨다.

　　어느 기록이 역사적 사실일까? 『삼국사기』 기록은 『진서』에도 나온다. 다만 『진서』는 '백성 5천여 호'의 주체를 고구려 백성으로 쓴다. 또한 7백여 리 땅을 넓힌 내용은 빼고 이들 고구려 백성을 요서지방으로 이주시켰다고만 적는다.

『진서』〈재기〉 모용성. '모용성이 무리 3만을 이끌고 **고구려를 정벌하여 신성, 남소를 습격하고 모두 함락시켰다.** 그 무리를 흩어버리고 그 5천여 호를 요서로 옮겼다.'(盛率衆三萬伐高句驪 襲其新城南蘇皆克之 散其積聚徙 其五千餘戶于遼西)

　　특히 『삼국사기』 기록을 더듬어 보면 이해할 수 없는 모순이 발견된다. 『삼국사기』 표현대로 만약 후연이 고구려로부터 빼앗아 넓힌 땅이 7백여 리라면 이 거리는 대략 280㎞에 해당한다. 서울에서 광주에 이르는 거리(≒267㎞)와 맞먹는다. 신성과 남소성은 요서지역에 소재한 성이며 서로 지근거리에 위치한다. 따라서 2개 성을 빼앗으면서 한반도 서남지방 전체에 해당하는 면적을 넓혔다는 설정 자체가 무리다. 또한 고구려로부터 빼앗아 넓힌 땅에 자국(후연) 백성이 아닌 원래(고구려) 백성을 이주시킨다는 설정 또한 앞뒤가 맞지 않다. 분명히『진서』기록은 고구려 백성 5천여 호를 요서지역에 이주시켰다고 적는다. 요서지역은『고구려사략』이 말하는 장무의 서쪽 땅 7백여 리를 가리킨다. 이 사건의 역사적 사실은『고구려사략』기록이다. 다만『삼국사기』는 중간에 '장무 서쪽을 쳐서 7백여 리 땅을 넓혔다.'(擊章武以西 拓地七百餘里)는 고구려의 승전勝戰 내용을 아예 빼다보니 모순투성이의 어정쩡한 기록이 만들어진다.

　　정리하면 이렇다. 400년 발생한 광개토왕의 모용성慕容盛과의 싸움은 태조왕 시기 후한의 요동군을 몰아내고 확보한 고구려 옛 장무 땅을 다시금 회복한 사건이며, 407년《광개토왕릉비》가 기록한 모용희慕容熙와의 싸움은 회복한 장무 땅을 굳건히 지킴은 물론 아예 모용희를 녹다운knock down시킨 광개토왕의 스트레이트 펀치straight punch라 할 수 있다.

사구성 등 6개 성의 소재지

　　모용희를 대파시킨 광개토왕은 내친 걸음으로 사구성, 루성을 포함하는 6개 성을 추가로 공략하여 빼앗는다. 이들 6개 성은 어디에 소재할까?

　　일반적으로 사구성과 루성은 백제의 성으로 인식한다. 사구성沙溝城의 경우『삼국사기』〈백제본기〉 전지왕 기록에 나오는 예성강 하구로 비정되는 사구성沙口城의 음차로 본다. 루성婁城의 경우도 마찬가지다.《광개토왕릉비》의 〔영락6년 왜잔국 정벌〕에 나오는 충청지방의 모루

牟婁성, 고모루^{古牟婁}성, 연루^{燕婁}성 등 '婁'자 계열의 성 이름이 자주 나온다. 이런 까닭으로 〔영락17년 ▨▨ 공격〕의 대상을 백제로 이해한다. 그러나 『고구려사략』 기록을 통해 영락17년의 공격대상이 백제가 아닌 후연임이 명백하게 드러난다. 따라서 이들 6개 성은 한반도가 아닌 대륙에 소재한다.

▲ 광개토왕 사구성 등 6성 공취

그렇다면 사구성, 루성 등 6개 성도 후연의 성일까? 아니다. 남연^{南燕}의 성이다. 남연은 모용덕^{慕容德}이 광고^{廣固}(산동성 익도현)에 세운 비교적 단명한 나라(398~410)다. 남연의 영역은 지금의 산동성 일대다. 모용덕은 후연^{後燕} 모용수^{慕容垂}의 동생이다. 모용수를 도와 후연 건국에 기여하며 줄곧 후연에서 활동한 모용덕은 398년 남쪽으로 내려와 남연을 건국하며 독립한다. 모용덕은 405년 사망하며 조카 모용초^{慕容超}가 뒤를 잇는다. 그런데 이듬해인 406년 광개토왕은 모용초에게 사신을 파견하여 친선관계를 맺는다. 그리고 또 이듬해인 407년 광개토왕은 후연 모용희를 장무의 서쪽에서 대파시키고 사구성, 루성 등 6개 성을 추가로 빼앗는다. 이들 6개 성은 남연의 성들로 추정된다. 주로 장무 남쪽의 황하^{黃河} 하류지역에 소재한다.

〔영락17년 ▨▨ 공격〕 대상은 백제가 아닌 후연^{後燕}이다. 후연 모용희를 장무^{章武} 서쪽에서 대파시킨 위대한 승리다.

| 영락20년 동부여 정복 |

영략20년(410년) 광개토왕은 동
부여를 정복하여 64개 성 1,400
개 촌을 복속시킨다.〔영락20년 동
부여 정복〕이다.

동부여 재정복

《광개토왕릉비》 기록이다.

二十年 庚戌 東夫餘舊是鄒牟王屬民中叛不貢
王躬率往討軍到餘城而餘城國駭服獻出 ▨▨▨
▨▨▨ 王恩普覆 於是旋還 又其慕化隨官來者
味仇婁鴨盧 卑斯麻鴨盧 㯟社婁鴨盧 肅斯舍鴨
盧 ▨▨▨鴨盧 凡所攻破城六十四村一千四百

20년(410년) 경술, ㉮ 동부여는 옛날에 추모
왕의 속민이었는데 중간에 배반하여 조공하
지 않았다. 왕이 친히 군사를 거느리고 토벌
에 나섰다. 군사들이 여성餘城에 이르자 온
나라가 두려워하여 ▨▨▨▨▨ 왕 은보부恩
普覆를 ▨하였다. 이에 개선하여 귀환하였다.
또 그 나라는 왕을 모화慕化하여 관군을 따라
온 자는 미구루味仇婁압로, 비사마卑斯麻압로,
단사루㯟社婁압로, 숙사사肅斯舍압로, ▨▨▨
압로다. ㉯ 무릇 이때 공파한 성이 64개요,
촌이 1,400개다.

㉮는 전쟁명분이다. 속민인 동부여가 중간에 배반하여 조공을 바치지 않는다. 그래서 광개토왕은 친히 군사를 이끌고 동부여로 향한다. ㉯는 전쟁결과다. 동부여의 64개 성 1,400개 촌이 광개토왕에게 정복된다.

동부여는 前59년 북부여에서 갈려 나온 해부루解夫婁가 창업한 나라다. 시조 추모왕의 본향으로 대무신왕이 51년에 복속시킨다. 『고구려사략』에 따르면 동부여는 해부루→금와金蛙→대소帶素→대불帶弗→고야高耶(女) 등 5대 110년간을 이어오다 고구려 공격을 받고 멸망하며 이때 동부여에 예속된 47개 나라(성) 모두가 고구려에 편입된다.

『고구려사략』〈대무신제기〉. '부여태사 왕문이 죽었다. 가순과 부담 등이 반란을 일으켜 상이 송보와 락기를 보내어 이를 평정하고 여주 고야를 잡아 후로 삼았다. **동부여 47개 국은 모두 고구려 땅이 되었다. 해부루로부터 금와, 대소, 고야를 거쳐 4대 110년을 이어오다가 나라가 통째로 고구려에 넘어갔다. 중간에 대불이 19년간 제위를 훔쳤다.**'(夫餘太師王文卒 加順富覃等作亂 上遣松宝絡寄定其亂而擒 其女主高耶爲后 東夫餘四十七國皆爲國土 自解夫婁歷金蛙帶素高耶四世百十年 而國除 中間帶弗竊位十九年)

이후 어느 시기부터 고구려에 조공을 바치지 않자 광개토왕이 직접 군사를 이끌고 가서 다시 한 번 철퇴를 가한다. 주요 공격대상인 여성餘城은 동부여의 왕성으로 지금의 길림성 길림吉林이다.

여성(동부여성)**은** 지금의 길림성 길림시의 **용담산성**(龍潭山城)**으로 추정**된다. 해발 388m 용담산의 능선을 따라 축조한 성으로 성벽 길이는 약 2,396m다. 용담산성에서 서남으로 2.5km 떨어진 동단산에는 **동단산성**(東團山城)이 있으며 서북으로 12km 떨어진 곳에 **삼도령자산성**(三道嶺子山城)이 있다. 이 두 성은 **용담산성의 위성**(衛城)**이다.**

송화강　용담산성

이에 대응하는 『고구려사략』 기록이다.

二十年 庚戌 正月 東夫餘反報至因伐餘城虜其王恩普処而還 六十四城千四百
餘村 皆置新主

20년(410년) 경술 정월, 동부여가 배반하니 이의 보복으로 여성^{餘城}을 정벌하
고 그 왕 은보처^{恩普処}를 붙잡아서 돌아왔다. 64성 1,400촌의 주^主를 새로운
사람으로 교체하였다.

　두 기록의 비교를 통해 동부여 왕의 실명이 명확히 확인된다. 《광개
토왕릉비》의 은보부^{恩普覆}는 『고구려사략』의 은보처^{恩普処}다. 覆와 処의
한자가 비슷한 점으로 보아 비문 판독의 오류임을 알 수 있다. 두 기록
은 공히 동부여에 왕이 존재한 사실을 전한다. 과거 고구려에 멸망당해
소멸된 동부여가 어느 시기에 왕조국가로 재건된다. 또한 과거의 47개
국(처음 멸당 당시)이 64개 성으로 확대되며 전체규모는 1,400개 촌에 달한
다. 동부여 재건왕조의 지배영역은 과거보다 상당부분 확장된다.

　어디까지 확장된 걸까? 《광개토왕릉비》가 언급한 5명의 압로^{鴨盧}에
단서가 있다. 미구루^{味仇婁}압로, 비사마^{卑斯麻}압로, 단사루^{佛社婁}압로, 숙사
사^{肅斯舍}압로, ▨▨▨압로 등이다. 이들은 인명^{人名}이 아니다. 동부여 지
방관의 명칭이다. 예를 들어 미구루압로는 미구루지역의 지방관이다.
특히 기록은 이들을 '광개토왕을 모화하여 관(고구려 군대)을 따라 온 자'(其
慕化隨官來者)로 규정한다. 아마도 이들 5명의 지방관은 광개토왕의 동
부여 정복에 일정의 역할을 한 인물들로 동부여를 배신하고 고구려로
전향한 자들이다.

　보다 결정적 근거는 《광개토왕릉비》의 수묘인^{守墓人} 부문에 나온다.
매구여^{賣句余(=餘)}로 편성된 수묘 유경험자^{舊民}다. 매구여는 '매구루^{買溝婁}
부여^{夫餘}'의 줄임말이다. 매구루는 지금의 두만강 하류의 함경북도 나진
정도로 추정된다. 또한 매구루 북쪽에는 치구루^{置構婁}가 있다. 과거 고구

국립중앙박물관 소장　　길림성박물관 소장

▲ 부여 금동 가면

려 동부지방의 요충지인 책성柵城으로 불린 지금의 길림성 훈춘琿瑃이다. 이로 미루어 보아 동부여 재건왕조는 기존의 길림지역에 국한하지 않고 남쪽으로 고구려 영토인 두만강 하류지역까지 지배영역을 확장한 것으로 보인다. 이는 광개토왕이 동부여 정벌에 나선 직접적인 이유다.

동부여 정복이후 후속조치

특히 『고구려사략』은 광개토왕이 동부여를 정복하고 그곳 성주城主를 새로운 사람으로 교체했다고 기록한다. 이들 성주는 바로 《광개토왕릉비》의 압로들이다. 그렇다면 광개토왕이 동부여 압로들을 교체한 이유는 무엇일까? 더 이상 동부여의 재건을 용납하지 않겠다는 광개토왕의 강력한 의지다. 오직 고구려 백성으로만 살라는 준엄한 명령이다.

역사를 고찰해보면 정복자가 피정복민을 지배할 때 가장 많이 쓰는 수법은 피정복민의 지도층을 교체하여 부역자로 만드는 것이다. 대표적으로 몽골(원)은 소수의 인원으로 다수의 한족漢族 지도층을 부역자로 만들어 중원을 지배하였다. 또한 비견한 예로 일제가 이 수법을 이용하여 우리를 36년 동안 악랄하게 착취하였다. 그 잔재는 오늘날까지도 '토왜', '부왜'로 우리사회에 엄연히 존재한다.

새 술은 새 부대에 담아야 한다. 올바른 인적청산이야말로 진정한 역사 발전의 원동력이 아니겠는가?

| 광개토왕의 정복사업 정리 |

첫머리에서《광개토왕릉비》비문의 정복사업 기록이 『삼국사기』에
는 일체 나오지 않는다는 사실을 밝힌 바 있다. 김부식의 사정이 어떻든
간에 만에 하나《광개토왕릉비》가 제작되지 않았거나 또는《광개토
왕릉비》자체가 유실되었다면 우리는 광개토왕이 왜 광개토의 시호를 받
았으며 또한 왜 정복군주인지를 영영 해석하지 못하는 딜레마에 빠졌
을 것이다. 그럼에도 『고구려사략』이《광개토왕릉비》비문 내용 모두를
기록하고 있는 점은 천만다행한 일이다.

《광개토왕릉비》의 정복사업을 정리하면 이렇다.

▲ 광개토왕 정복사업 정리

재위전반기는 주로 한반도 정복에 집중된다. 396년(영락6) 한반도 서
남부지방의 왜잔국을 정벌하며, 400년(영락10) 한반도 동남부지방의 여
러 가야를 평정하며 신라를 구원한다. 두 정복사업은 부여기마족의 대

이동 역사와 관계가 깊다. 대륙에서 한반도로 건너온 부여기마족(부여백제)은 광개토왕에게 패해 다시금 일본열도로 건너가 야마토大倭로 재탄생한다. 만세일계 일본 천왕가의 주류세력이다.

　재위후반기는 주로 대륙 정복에 집중된다. 407년(영락17) 대륙 서쪽의 후연을 대대적으로 공격하여 멸망을 촉진시키며, 410년(영락20) 대륙 동쪽의 재건된 동부여를 다시금 제압하며 소멸시킨다. 한마디로 광개토왕의 정복활동은 동서남북 사방에 걸쳐 주도면밀하게 진행된다. 마치 잘 짜놓은 한 편의 각본에 의해 완벽하게 구현된 파노라마의 정복사업이다.

▲《광개토왕릉비》전각 [길림성 집안]

　현재《광개토왕릉비》는 사면을 플라스틱유리로 감싼 전각에 보존하고 있다. 중국은 선의로 우리 고구려 유적을 보호하고 있는 걸까? 결코 아니다. 중국은 동북공정을 진행하면서 우리 고구려 역사를 그들의 '지방정권'으로 편입하며 발생한 일이다. 물론 유네스코에 등재된 것은 그나마 천만다행한 일이다.

　혹여 집안의 고구려 유적을 답사할 기회가 있으면《광개토왕릉비》에 꼭 술 한 잔 따라 올리시라 권하고 싶다. 근처에 있는 태왕릉에도 마찬가지다. 한 번 정도 우리의 DNA를 깨우는 것도 가슴 벅찬 경험이 아니겠는가?

　대륙 땅을 되찾고자 하는 고토회복의 꿈은 중단 없이 계속되어야 한다. 역사는 반복된다 하질 않는가?

| 광개토왕의 무덤 태왕릉 |

중국 길림성 집안 태왕향 통구분지의 우산 남쪽 기슭에 방형의 계단돌방돌무지무덤이 하나 있다. 통구고분군 중 가장 무덤이 많은「우산하무덤떼^{禹山下墓區}」(3,904기)를 대표하는「태왕릉^{太王陵}」(우산하541호분)이다. 1913년 '願太王陵安如山固如岳' 명문이 새겨진 벽돌(또는 전돌)을 발견하며 태왕릉의 명칭을 갖게 된다. 또한 태왕릉 동북쪽 360m 거리에《광개토왕릉비》가 위치한다. 태왕릉과

▲ 태왕릉 벽돌 명문

《광개토왕릉비》가 소재하는 주변일대를 배타적 독립공간인 능원^{陵園}으로 본다면 태왕릉이 광개토왕릉이라는 사실에는 의심의 여지가 없다.

태왕릉의 형태

태왕릉은 하단부의 한 변 길이가 66m인 정방형의 무덤이다. 하단부 면적만 놓고 본다면 장군총(30m)의 4배에 달하며 임강총(71m~76m), 천추총(62m)과 함께「통구고분군」을 대표하는 대형급의 돌무지무덤이다.

▲ 태왕릉 전경

태왕릉 축조는 우선 먼저 밑바닥에 거대한 석재로 방형의 기단을 만들고 안쪽에는 깬돌^{割石}과 자갈을 섞어서 채워 첫번째 단을 쌓고 이어 잘 다듬은 석재로 두번째 기단을 만들고 또다시 안쪽에 깬돌과 자갈을 채우는 방식으로 계속해서 7단까지

쌓았다. 그러나 아쉽게도 현존하는 무덤 높이는 14.8m 정도로 하단부를 제외한 대부분의 기단은 소실되고 없다. 또한 하단부의 기단 주위에는 거대한 둘레돌護石을 각 변마다 5개씩 배치하여 무덤의 붕괴를 방지하였다. 무덤의 정상부는 한 변 길이 24m 정도의 평평한 면이며 시신을 안치한 매장주체부가 노출되어 있다. 매장주체부는 매끄럽게 다듬은 석재로 만든 한 변 길이 3.24m, 2.96m의 장방형에 가까운 방형의 돌방石室이다. 돌방은 맞배지붕 형태의 돌덧널石槨이며 돌덧널 안에는 널받침棺臺이 남북 방향으로 2매가 놓여 있다. 시신은 널받침위의 나무널木棺에 안치하였을 것으

▲ 태왕릉 무덤 정상부

로 추정된다. 서벽 중앙에 길이 5.4m, 폭 1.96m의 널길羨道이 나있다. 또한 노출된 돌방 주변에서 기와와 연화문와당, 벽돌 등이 출토되어 돌방 위에 전각이 따로 있었을 것으로 추정된다.

전각은 **무덤주인의 화상(畫像)이나 위패(位牌)를 모셔 놓은 묘상건축물**이다. 돌무지무덤의 정상부에 전각을 따로 두는 것은 고구려 왕릉의 특징이다.

광개토왕릉비

태왕릉

건물지

제대

딸린무덤(?)

▲ 태왕릉 능원

2003년 중국은 태왕릉을 세계문화유산에 등재하면서 주변 일대 400여 가옥을 철거하고 대대적으로 정비하며 태왕릉 능원을 복원한다. 발굴결과 무덤의 동쪽 50~68m 거리에 1.5m 높이로 쌓아 올린 2개의 제대祭臺와 무덤의 동북쪽 120m 지점의 건물지를 확인한다. 또한 무덤의

남쪽 3m에 돌널^{石棺} 형태의 딸린무덤^{陪塚}으로 추정되는 흔적이 있다고 하나 확실하지는 않다. 아마도 태왕릉이 훼손되면서 일부 석재를 바로 옆에 쌓아 놓은 듯하다.

태왕릉 널받침(관대)의 주인공

태왕릉 돌덧널^{石槨} 안에는 시신을 안치한 널받침^{棺臺}이 2매 있다. 왼쪽 널받침는 광개토왕의 것이다. 오른쪽 널받침은 누구의 것일까?

광개토왕은 공식적으로 2명의 왕후를 둔다. 제1왕후 토산^{吐山}과 제2왕후 평양^{平陽}이다. 그런데 두 왕후의 죽음에 대한 기록

▲ 태왕릉 돌덧널안의 관대

이 각기 다르다. 토산왕후는 장수왕 시기인 448년 정월 76세(373년생) 나이로 사망한다. 자연사일 공산이 크다. 이에 반해 평양왕후는 412년 7월 광개토왕이 사망하자 곧바로 자결한다. 남편을 따라 죽는 일종의 순사^{殉死}로 나이는 54세(359년생)다. 이로 미루어 보아 광개토왕과 함께 묻힌 여성은 제2왕후인 평양일 가능성이 높아 보인다. 그러나 평양왕후는 태왕릉에 합장되지 못하고 능을 따로 쓰게 된다. 특히 태왕릉의 돌덧널^{石槨}은 비좁을 정도로 매우 협소하다. 2매의 널받침이 놓인 돌덧널은 여유공간 자체가 아예 없다. 이는 처음 태왕릉의 돌덧널이 광개토왕 한 사람만을 위한 공간으로 만들어진 사실을 설명한다. 널받침 역시 하나만 준비된다. 돌덧널의 오른쪽 널받침은 광개토왕의 제1왕후 토산^{吐山}의 널받침이다. 광개토왕 사후 뒤늦게 사망한 까닭에 광개토왕릉에 합장되며 널받침이 추가된다. 그래서 태왕릉의 돌덧널에는 부장품을 놓아 둘 만한 여유공간 자체가 없을 정도로 비좁다.

『고구려사략』〈장수대제기〉. '장수16년(448년) 무자 정월, **토산황후가 춘추 76세에 붕하였다. 천원공 연림의 딸이다.** 온화하고 어질며 도탑고 고우며 두 분의 제를 섬겼다. 삼산, 해태자, 섬원태자를 낳았다. 모두가 현명하며 무리를 잘 이끌고 학식도 있었다.'(長壽十六年 戊子 正月 吐山皇后崩 春秋七十六 天原公琳女也 溫仁腆麗 歷事二帝 生三山蟹太子織元太子 皆賢而善御衆有學識)

신묘년 호태왕 청동방울

　　태왕릉의 주변에서는 1,000여 종의 금, 금동, 청동, 철기 및 토기, 와당 등의 다양한 유물을 출토한다. Y자형으로 부조된 연화문 와당을 비롯하여 금동제 장막걸이 장식과 상다리, 등자^{鐙子}, 행엽^{杏葉}, 띠 연결고리 장식의 마구 등이 대표적이다. 특히 2003년 5월 태왕릉 주변을 정리하면서 둘레돌^{護石} 밑에서 5.2㎝의 손가락 정도 크기의 청동방울^{銅鐸}을 출토한다. 청동방울 둘레에 3자씩 4행에 걸쳐 12자의 글자가 새겨 있다. 명문

辛卯年　　好太王　　▨造鈴　　九十六

▲ '辛卯年好太王' 명문 청동방울

은 '辛卯年好太王▨造鈴九十六'이다. 명문이 담고 있는 태왕릉의 비밀은 무엇일까?

청동방울이 발견된 남쪽 모서리 2번째 둘레돌(護石) 밑에는 청동부뚜막(銅灶)을 비롯하여 청동과 금으로 만든 유물 30여 점이 한꺼번에 출토한다. 공간 성격을 딸린무덤(배장묘)으로 보기도 하나 시신의 흔적이 없어 태왕릉의 부장품을 모아 둔 부장곽 정도로 이해한다.

　　몇 가지를 검토한다. 첫째는 '辛卯年'이다. 호태왕을 광개토왕으로 특정한다면 신묘년은 광개토왕 원년인 391년에 해당한다. 다만 신묘년

이 호태왕을 특정하는 기년인지 아니면 청동방울의 제작년도인지는 확실하지 않다. 둘째는 '▨造鈴'이다. '~청동방울을 만들다.'로 해석된다. 결자缺字 '▨'는 청동방울의 제작한 사람 또는 용도를 표기한 글자로 추정된다.('巫'로 보는 견해도 있음) 셋째는 '九十六'이다. 숫자 96을 말하며 청동방울의 갯수를 지칭한다. 아마도 96이 마지막 숫자가 아니라면 청동방울을 100여개 정도는 만들었을 것이다.

청동방울의 용도는 무엇일까? 사찰의 법당이나 불탑의 처마(옥개) 끝에 매달아 소리를 내게하는 풍탁風鐸(바람방울)이다. 풍령風鈴, 풍경風磬, 풍금風琴으로도 불린다. 태왕릉의 청동방울(동탁)을 풍탁으로 보는 이유는 무덤정상부에 위치한 전각 때문이다. 특히 태왕릉에서는 명문이 새겨진 청동방울 말고도 명문이 없는 동일(유사)한 형태의 청동방울 2개를 무덤정상부에서 출토한다. 마찬가지로 천추총 무덤정상부에서도 3개의 청동방울을 출토하여 청동방울이 전각의 처마에 매단 풍탁으로 사용된 점이 확인된다.

▲ 태왕릉(앞2개)과 천추총(뒤3개) 출토 명문없는 청동방울

그렇다면 '辛卯年好太王' 명문은 무슨 의미일까? 여기서 신묘년은 광개토왕의 재위 원년인 391년이 아니다. 육십갑자가 다시 시작하는 장수왕 재위 39년인 451년을 말한다. 이유는 광개토왕이 호태왕 칭호를 사용한 시기가 재위 원년인 391년(신묘년)이 아닌 재위 22년인 412년(임자년)부터이기 때문이다

장수왕은 451년(신묘년)에 태왕릉을 직접 방문하여 아버지 광개토왕의 즉위 60주년을 기념하는 특별제사(주기제)를 올린다. 특별제사는 광개토왕의 위대한 정복사업을 계승하여 다시금 정복사업을 실현하겠다는 장수왕의 의지가 표출된 정치행사다. 이는 훗날(475년) 장수왕의 정복사업을 대표하는 백제 정벌로 이어진다. 그래서 장수왕은 '辛卯年好太王' 명문을 새긴 1백여 개 풍탁을 무덤정상부의 전각 처마에 줄줄이 매달아 이를 기념하고 또한 염원하였을 것이다. 특히 『고구려사략』은 장수왕이 451년(신묘년) 3월에 황산黃山에 갔다고 기록한다. 황산은 태왕릉이 소재한 황산원黃山原이다. 명확한 사유는 기록하지 않았으나 장수왕이 신묘년(451년)에 광개토왕릉을 찾아간 것만은 확실하다.

▲ 태왕릉 수막새

『고구려사략』〈장수대제기〉. '장수19년(451년) 신묘 3월, 황산에 당도하니 유송 사람 등 100여 호가 투항하여 왔다. 상(장수왕)이 유송 사람의 참상을 듣고 좌우에 이르길 "그대들은 북위의 강성함 만을 얘기하지 그들의 취약함은 보지 못하고 있다. 어찌 아이를 꿰뚫은 창이 춤을 춘다 할 수 있느냐? 북연이 없어져 갈 곳이 없으니 장차 이 사람들을 어디로 보낼꼬?"하였다.'(長壽十九年 辛卯 三月 如黃山 宋人董騰等百余戶來投 上聞宋人慘狀謂左右曰 汝等謂魏之强而不見其弱也 豈有貫兒舞槊者乎 燕無之處則人將何之)

「태왕릉」은 누가 뭐래도 의심의 여지없는 광개토왕의 무덤이다.

| 우산하무덤떼의 왕릉급 무덤 |

　　태왕릉이 소재한 「우산하무덤떼」는 광개토왕 때부터 집중해서 조성되기 시작한 고구려 왕족의 무덤떼다. 광개토왕의 능원을 중심으로 주변일대에는 크고 작은 무덤들이 산재한다. 총 3,904기로 통구고분군의 6개 묘역 중에서 가장 규모가 크다. 주요 고분은 태왕릉, 장군총, 임강총, 각저총, 무용총, 우산하992호분, 우산하2100호분, 오회분, 사회분, 통구사신총, 삼실총, 산련화총, 마조총 등이 있다. 이 중 왕릉급의 대형무덤은 태왕릉을 비롯하여 임강총, 우산하992호분, 우산하2100호분, 오회분2호묘 등 5기다. 모두 태왕릉과 같은 계단돌방돌무지무덤이다.
(*오회분2호묘는 기단돌방흙무지무덤)

▲ 「우산하무덤떼」 주요 무덤 분포

> 「우산하무덤떼」는 흙무덤 계통의 고분이 반수가 넘는 2,449기며 돌무덤 계통의 것이 1,455기다. 흙무덤 계통의 고분 가운데 돌방흙무지무덤으로 분류될 수 있는 것은 2,320기 정도인데 이와 같은 숫자는 「통구고분군」에 속하는 전체 돌방흙무지무덤의 절반을 넘는다.

임강총 무덤주인은 천강태후

▲ 임강총(우산하43호분) 전경

「임강총^{臨江塚}」(우산하43호분)은 압록강이 내려다 보이는 곳에 위치하여 붙여진 이름이다.(『집안현물문지』) 실제 무덤 남쪽 언덕 아래에 일제가 만든 철도가 놓여 있고 그 옆으로 압록강이 흐른다. 동쪽에는 《광개토왕릉비》가 위치하며 거리상으로도 가깝다(≒390m). 임강총은 하단부의 밑변 길이가 동서 71m, 남북 76m며 높이는 10m다. 무덤양식은 태왕릉과 같은 계단돌방돌무지무덤이다. 또한 무덤 동쪽에 제단^{祭壇}과 2개의 제대^{祭臺}가 나란히 놓여 있다. 제대는 폭이 5~9m 길이 50m다.

임강총의 무덤주인은 누구일까? 임강총(71m×76m)은 하단부 면적만 놓고 본다면 집안일대 「통구고분군」 내에서 가장 규모가 크다. 광개토왕릉인 태왕릉(66m×65m)과 고국양왕릉인 천추총(71m×60m)보다도 월등히 크다.(*현존 고구려 고분 중 가장 큼) 특히 임강총이 태왕릉 가까이에 위치하고 있는 점은 무덤주인을 특정할 수 있는 하나의 단서다. 광개토왕과 동급 내지는 그 이상의 인물로 추정되기 때문이다.

이에 해당하는 인물이 『고구려사략』에 나온다. 광개토왕의 어머니 천강^{天罡}태후다. 〈장수대제기〉다. '장수14년(446년) 병술 4월, 천강태후가 붕하였다. 춘추 92세다.'(長壽十四年 丙戌 四月 天罡太后崩 春秋九十二) 천강태후는 천원공^{天原公} 연림^{淵琳}의 딸이다. 355년 출생하여 446년 92세로 사망한다. 장수왕 못지않게 장수한다. 천강은 처음 소수림왕의 왕후가 되어 374년 담덕(광개토왕)을 낳으며 소수림왕의 유언에 따라 고국양왕(소

수림왕 동생)의 왕후가 된다. 대표적인 형사취수兄死娶嫂다. 당시 소수림왕은
자신의 직계인 담덕이 왕위를 물려받는 조건으로 동생 고국양왕에게
왕위를 물려주며 형사취수를 허용한다. 이후 천강은 389년 고국양왕의
아들 담윤談允을 낳으며 391년 광개토왕이 즉위하자 태후에 봉해진다.
또한 412년 광개토왕이 호태왕의 존호를 받을 때 천강태후는 묘태왕妙
太王의 존호를 받는다.

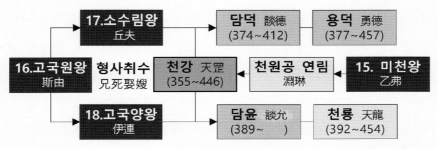

▲ 천강태후 계보도

특히 임강총 출토품 중에 무덤주인이 천강태후임을
증거하는 유물이 있다. 제대 북서쪽 18m지점에서 발견
된 전사戰士 얼굴을 조각한 길이 17㎜ 두께 2.1~2.4㎜의
아주 작은 청동인형차할靑銅人形車轄이다. 차할車轄은 수레
바퀴와 차축을 연결하는데 사용하는 막대도구다. 그런데
뒷면에 '十(열 십)'자를 45° 각도로 기울여 놓은 엑스자형
(╳) 격자살 문양이 새겨 있다.

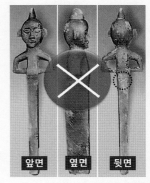

▲ 청동인형차할

이 문양은 무얼까? '하늘의 으뜸'인 천강天罡을 도식화한 디자인이
다. 두 개의 실선이 교차하는 중앙점은 하늘의 중심을 가리킨다. 엑스자
형(╳) 격자살 문양이 천강임을 증명하는 결정적인 근거가 고구려 벽화
에 나온다. 길림성 집안의 장천1호분의 널방 천장 덥개돌에 그린 일월
성수도日月星宿圖다. 일월성수도는 엑스자(╳)로 교차한 대각선을 그어 4
개의 구획으로 나누고 각각의 구획에 해와 달 그리고 별자리를 그린다.

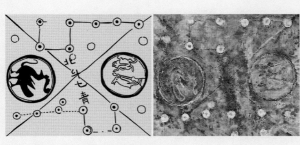

▲ 장천1호분 일월성수도(모사본/원본)

서쪽은 해를 그린 원안에 삼족오를, 동쪽은 달을 그린 원안에 두꺼비와 옥토끼를 그렸다. 특히 삼족오와 두꺼비, 옥토끼의 서 있는 방향이 모두 대각선의 교차점인 중심을 향하고 있다. 북쪽과 남쪽은 북두칠성 별자리다. 북쪽 북두칠성은 하늘에서 땅을 바라본 모양이고 남쪽 북두칠성(남두칠성)은 땅에서 하늘을 바라본 모양이다. 둘 다 역시 대각선의 교차점인 중심을 향하고 있다. 또한 대각선의 교차점인 중앙에는 위아래로 '北斗七靑' 네 글자를 썼다.

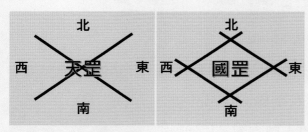

▲ 천강, 국강 문양 모식도

바로 엑스자(×)로 교차한 대각선의 격자살이 천강 문양이다. 특히 '하늘의 으뜸'인 엑스자(×)의 천강天罡 문양은 '나라의 으뜸'인 마름모꼴(◇)의 국강國罡 문양과도 직접적으로 연결된다.

　천강태후는 사후 첫 번째 남편 소수림왕과 두 번째 남편 고국양왕의 두 왕릉 어느 쪽에도 합장되지 못한다. 대신 아들 광개토왕의 태왕릉 근처인 임강총에 따로 묻힌다. 사유는 알 수 없으나 아마도 천강태후와 광개토왕 두 모자母子의 애뜻한 관계를 누구보다도 잘 알고 있던 손자 장수왕의 배려가 크게 작용했을 것으로 이해한다. 물론 기록은 없지만 천강태후 스스로 아들 광개토왕 곁에 묻어달라는 어떤 유언이 있을 수도 있다.

『고구려사략』〈장수대제기〉. '장수15년(447년) 정해 4월, **황산으로 가서 천강태후의 제사를 지냈다.**'(長壽十五年 丁亥 四月 如黃山行天罡太后祭) 장수왕은 천강태후 사망 1주기 제사를 황산에서 지낸다.

「임강총」은 묘태왕妙太王의 존호를 받은 광개토왕의 어머니 천강天罡 태후의 무덤이다.

우산하992호분 무덤주인은 천원공 연림

「우산하992호분」은 집안에서 동북쪽 2.5㎞ 떨어진 과원촌 부근의 우산 남쪽 사면에 위치한다. 동남쪽 1㎞지점에 태왕릉이 있다. 그 규모가 장대하여 「온화보중대총溫和堡中大塚」, 「서강북대석릉西崗北大石陵」의 이름도 가지고 있다. 무덤양

▲ 우산하992호분 전경

식은 방형의 계단돌방돌무지무덤이다. 현재 남아있는 하단부의 한 변 길이는 37.5m 높이는 6.5m 정도다. 안타깝게도 1930년 일제가 철도를 건설하며 무덤의 돌들을 가져다 사용하는 바람에 상당부분이 파손된다. 특히 우산하992호분은 독립적으로 존재한다. 주변에 일체의 다른 무덤이 없는 배타적 공간인 능원을 점유한다.

출토 유물 중에 고구려 문물의 정수을 보여주는 수준 높은 유물이 하나 있다. 금동으로 도금한 바깥면을 비늘모양 문양으로 촘촘히 새긴 칼집削鞘이다. 비록 칼은 발견되지 않아 아쉽지만 칼집 하나만 보더라도 무덤주인의 신분을 가히 짐작하고도 남는다.

또한 무덤정상부에서는 기와 파편들의 출토와 함께 건축물

▲ 칼집 모사도

의 흔적을 발견한다. 묘상건축물은 무덤주인의 위패를 모신 전각으로 집안일대 고구려 왕릉급 무덤에서만 공통적으로 등장하는 상징물이다. 기와는 8등분한 방사선 구획안에 양뿔(회오리)형 운문을 1개씩 배치한 권운문^{卷雲文}으로 24점의 파편을 출토한다. 그런데 권운문 와당에 글자가 새겨 있다. 파편들을 꿰맞춰 조합하면 와당 중앙에 '泰'자가 있고 권운문 바깥을 시계 반대 방향으로 8등분에 1개 글자씩 양각되어 있다. '戊戌年造瓦故記歲'로 총 8자다. 와당은 무술년^{戊戌年}에 제작한 사실을 전한다. 광개토왕 시기 무술년은 398년 뿐이다. 과연 어떤 중요한 인물이 사망해서 왕릉급 무덤을 조성한 걸까?

▲ 무술년 명문 와당

〈영락대제기〉다. '7년(397년) 정유 7월, … 태상황 천원공 연림이 산궁에서 훙하였다. 춘추 69세다. 상황의 예로 장사지냈다.'(七年 丁酉 七月 太上皇天原公琳薨於山宮 春秋六十九 以上皇禮葬之) 무덤주인은 천원공 연림^{淵琳}이다. 397년 7월 사망하여 이듬해인 398년 무덤을 만들고 상황^{上皇}의 예로 장사지낸다. 연림은 천강태후의 아버지로 광개토왕에게는 외조부가 된다. 미천왕의 후궁 우잠^{于潛}의 소생인 연림은 미천왕계열에서 분화된 방계 왕족이다. 그래서 고씨가 아닌 연씨다. 그럼에도 연림은 딸 천강이 소수림왕과 고국양왕의 왕후가 되면서 직계왕족 이상의 지위를 얻는다. 외손자 광개토왕이 왕위에 오르면서 태상황^{太上皇}에 봉해지며 397년 69세로 사망한다.

「우산하992호분」은 광개토왕의 외할아버지 태상황 연림^{淵琳}의 무덤이다.

| 한반도에서 발견된 《충주고구려비》 |

1979년 충북지방 향토사연구모임(예성동호회)에 의해 발견된 《충주고구려비》(국보 205호)는 한반도에서 발견된 고구려 비석이다. 비석은 높이 203cm, 너비 55cm의 직사각형 화강암 4면에 3~5cm 크기의 글자가 새겨져 있다. 전반적인 형태는 가히 《광개토왕릉비》의 축소판이라 할 수 있다. 이 중 앞면과 좌측면은 비교적 마모가 덜하여 판독이 가능하다. 앞면은 10행에 23자씩이고 좌면은 7행에 23자씩이나 비문 중간에 확인이 불가한 글자가 존재하여 대략 400자 정도만 판독이 가능하다. 우면과 뒷면은 글자 판독 자체가 불가능할

▲《충주고구려비》

정도로 마모가 심하다. 우면은 6행이며 뒷면은 9행 정도로 보인다.(*총 528자 추정)

《충주고구려비》는 광개토왕의 척경비

비문에는 고구려왕을 가리키는 '高麗太王'을 비롯하여 '大使者', '主簿' 등의 고구려 관등명이 나오며 특히 '新羅土內幢主'라는 고구려의 특별 관직명이 명확히 확인되어 당시 고구려가 신라 영토인 충주일대를 편입하며 세운 일종의 척경비拓境碑임을 알 수 있다.

> 《충주고구려비》의 성격은 ㉮ 공적비, ㉯ 척경비 또는 정계비, ㉰ 왕의 순수비 또는 순행비, ㉱ 고구려와 신라간의 회맹비 등 다양한 해석이 있다.

문제는 비석의 건립 시기다. 비문은 년도 표기는 없고 대신 '五月中'으로 시작한다. 월만 5월이 확인된다. 다만 본문 중에 '十二月卄三日甲

寅' 즉 '12월 23일 갑인'이라는 기록에 단서가 있다. 12월 23일이 갑인 甲寅일에 해당하는 년도는 5세기를 기준으로 449년과 481년이다. 5세기는 고구려 장수왕 시기로 한반도 중부 내륙지방까지 어느 정도 영향력을 미쳤다는 판단에 근거한다. 그럼에도 449년과 481년 둘 다 역사적 사실과는 거리가 멀다. 장수왕이 남벌을 단행하여 백제 개로왕을 아차산성(서울 광진구)에서 참수하고 한강유역을 확보한 후 파죽지세로 경기 남부지역까지 밀고 내려온 때는 475년이다. 따라서 그 이전인 449년은 고구려 장수왕이 신라 눌지왕을 상대로 충주 일대에 척경비를 세울 만한 역사적 근거가 부족하다. 더구나 449년을 전후하여 백제와 신라는 제라(나제)동맹을 성사시키며 고구려 압박에 공동 대응하는 시기다. 481년도 마찬가지다. 이 시기는 신라 소지왕 때로 비록 고구려가 백제로부터 한강유역을 빼앗은 상태지만 충주지역의 신라 영토를 고구려 수중에 넣을 만한 역사적 근거가 또한 부족하다. 결과적으로 23일이 갑인일인 5세기의 449년과 481년 둘 다 《충주고구려비》의 건립 시기로는 맞지 않다.

그런데 2019년 뜻밖의 반전이 일어난다. 동북아역사재단과 고대사학회가 공동으로 진행한 연구에서 최첨단 기술인 '3-D 스캐닝'과 'RTI 촬영' 등을 통해 비문 앞면 상단에서 '永樂七年歲在丁酉'의 글자를 추가로 확인한다. '영락7년 정유'는 397년이다. 더구나 397년은 앞면 본문의 '十二月卄三日甲寅' 즉 12월 23일이 갑인일인 해이기도 한다. 현대 과학기술이 고고학의 진실을 밝혀낸 놀라운 쾌거라 할 수 있다.

《충주고구려비》를 세운 이유

광개토왕은 《충주고구려비》를 세우기 한해 전인 396년(병신년) 한반도 서남부 지방을 대대적으로 정벌한다. 《광개토왕릉비》가 기록한 〔영

락7년 왜잔국 정벌)이다. 이때 왜잔국(백잔 포함)의 58성 700촌이 광개토
왕의 말발굽에 무너진다. 한강유역의 백제 아신왕은 '노객 맹세'로 광개
토왕에게 굴복하고 충청도지역의 왜잔국(부여백제) 여휘餘暉왕은 급히 일
본열도로 망명하여 이듬해인 397년 오사카 나라현 가시하라橿原 일대에
야마토大倭를 건국하며 응신應神왕으로 재탄생한다. 이런 까닭에 한반도
서남부지방 전체를 수중에 넣은 광개토왕으로서는 신라와의 국경문제
에 대해 보다 민감할 수 밖에 없다. 특히 충주지역은 부여백제(왜잔국)의
5대 강역 중 곡나谷那지방에 해당한다.

　《충주고구려비》앞면 기록이다.

永樂七年 歲在丁酉 五月中 高麗太王相王公
▨新羅寐錦 世世爲願如兄如弟上下相和守
天東來之 寐錦忌太子共前部大使者多桓奴
主簿道德▨▨▨安▨▨去▨▨到至營▨ …
… 十二月卄三日甲寅東夷寐錦上下至于伐
城敎來前部大使者多桓奴主簿▨▨▨▨境
▨募人三百新羅土內幢主下部拔位使者補
奴▨▨奴▨▨▨▨盖盧共▨募人新羅土內
衆人拜動▨▨

영락7년(397년) 세재 정유 5월 중에 고구려
태왕의 상왕 공이 신라매금과 ▨만나서 세
세로 형처럼 아우처럼 위아래를 서로 알게
하고 **수천**(조약)**을 맺기 위해 동쪽으로 왔
다.** 매금이 꺼려하자 **태자 공**과 전부 대사자 다환노, 주부 도덕이 함께 …
영▨▨에 이르렀다. … … **12월 23일 갑인에 동이매금의 상하**(신하)**가 우
벌성에 왔다.** 왕공이 교를 내려 전부 대사자 다환노, 주부 ▨▨를 ▨경(국
경)으로 오게하여 ▨할 사람 3백명을 모았다. 신라토내당주 하부 발위사
자 보노, ▨▨노, ▨▨▨▨, 개로가 공히 **신라 영토안의 무리를 배**(굴복)**시
키고** ▨▨로 옮겼다.

몇 가지를 검토한다. 첫째는 「高麗太王」이다. 당연히 광개토왕을 지칭한다. 광개토왕이 호태왕의 존호를 사용한 때는 광개토왕 치세 말기인 412년(영락22년)이다. 따라서 397년 당시의 광개토왕 칭호는 태왕이다. 둘째는 「相王公」이다. 相은 일반적으로 '서로'를 뜻하나 '담당擔當'의 뜻도 있다. 이 경우 相王은 광개토왕의 대행자(대리자)를 말한다. 〈장수대제기〉 기록에 王相이 나온다. 相王과 王相은 한자의 순서만 뒤바뀌었을 뿐 둘 다 왕의 대행자를 가리킨다.

> 『고구려사략』〈장수대제기〉. '장수25년(457년) 정유 9월, 연길을 **형주의 왕상(王相)에 봉하였다.**(長壽二十五年 丁酉 九月 以淵吉爲荊王相)'.

'相王公'은 광개토왕으로부터 전권을 위임받은 파견관의 직책이다. 오늘날로 치자면 특명전권대사特命全權大使 정도다. 그래서 상왕공은 광개토왕의 권위를 대행하여 교敎와 령令을 내린다.

셋째는 「太子」다. 태자는 고구려왕을 '태왕'이라 칭하면서 붙인 왕자의 호칭이다. 태자는 태왕의 후계자는 아니다. 넷째는 「新羅寐錦」 또는 「東夷寐錦」이다. 매금寐錦은 신라 김씨왕조(*내물왕 계열)가 사용한 왕호다. 당시 신라왕은 내물왕이다. 마지막으로 「新羅土內幢主」다. 당주幢主는 고구려의 군부대 지휘관을 말한다. 《광개토왕릉비》에 나오는 왕당王幢(왕의 군대)과 같은 개념이다. **新羅土內幢主**는 신라땅에 주둔한 파견부대 사령관이다.

비문(앞면) 내용을 정리하면 이렇다. 광개토왕은 397년 상왕공相王公(*전권대사)을 보내 신라와의 국경조약守天을 체결하게 하나 내물왕이 이를 꺼려하자 태자 공共과 대사자 다환노, 주부 도덕 등을 추가로 보낸다. 이때 내물왕의 일부 신하가 반대하자 신라 영토내의 당주 보노가 주둔군(파견부대)을 움직여 이들을 제압한다.

이후는 어떻게 되었을까? 비문 좌·우면과 뒷면에 기록되어 있을 것으로 추정된다. 다만 대부분 글자가 마모되어 아쉽지만 다행히도 좌면 5~7행에서 일부 글자가 확인되어 어느 정도 상황을 예측할 수 있다. '東夷寐錦土', '斯色(=謝絶)', '古(=鄒)加共軍至于伐城', '古牟婁城守事下部大兄耶▨' 등이다. 추정해 보면 '내물왕이 (영토문제에 대해 고구려 제안을) 사절(거절)하자 고추가 공共의 군사가 우벌성에 이르렀고 고모루성 수사 야耶▨가 뒤따랐다.' 정도로 읽혀진다. 고추가 공은 비문 앞면의 태자 공과 동일한 인물이다.

공태자는 『고구려사략』 기록에도 나오지 않는다. 다만 당시 관작이 고추가(古鄒加)인 점으로 보아 상당한 지위의 인물이다. **공태자는 고국원왕의 아들로 광개토왕의 삼촌 뻘인 왕족의 방계로 추정**된다. 『고구려사략』에는 고국원왕의 아들(태자)이 258명이라는 기록이 있다.

문제는 비문에 언급된 우벌성于伐城과 고모루성古牟婁城의 위치다. 이의 비정에 대해서는 다양한 견해와 해석이 존재한다. 먼저 우벌성은 경북 경주설, 충북 충주설, 경북 상주설, 경북 순흥설 등이 있다. 이 중 마지막 순흥설이 유력하다. 이유는 비문 기록의 우벌성이 新羅土內幢主 즉 신라 영토내의 고구려 파견부대의 주둔지로 이해되기 때문이다. 특히 순흥에는 한반도 남쪽지방에 유일하게 발견된 고구려식 무덤인 「영주 순흥 벽화무덤」이 있다. 무덤주인은 파견부대 지휘관급 인물로 추정된다.

경북 영주시 순흥 읍내리 비봉산 기슭의 '**영주 순흥벽화고분**'(1985년 발굴)은 한반도 남쪽지방에 소재한 고구려식 벽화고분이다. 무덤양식은 널길과 돌방을 갖춘 돌방흙무지무덤이다. 돌방내에는 봉황, 역사(力士), 구름과 연꽃 등이 그려져 있다. 특히 남벽에는 '己未中墓像人名▨▨'의 묵서가 있다. 간지 '己未'는 419년이며, **무덤주인은《충주고구려비》의 '신라토내당주'와 관련된 인물**이다.

다음 고모루성은 충남 덕산설, 충북 음성 고산성^{高山城}설, 경기 포천 고모리산성^{古毛里山城}설 등이 있다. 그러나 모두 잘못된 비정이다. 고모루성의 위치는《광개토왕릉비》비문에서 찾을 수 있다.〔영락6년 왜잔국 정벌〕기록에 고모루성이 나온다.〔영락6년 왜잔국 정벌〕의 경우 광개토왕이 경략한 왜잔국(백잔 포함) 58성 중에 고모루성이 포함된 성의 앞뒤는 거발성^{居拔城}→고모루성→윤노성^{閏奴城} 순이다. 거발성은 당시 왜잔국의 수도인 충남 공주며, 윤노성은 충남 청양이다. 따라서 고모루성은 충남 공주와 청양 사이에 위치한다. 충남 공주 인근(*공주 수촌리)으로 보아도 무리가 없다.

또한 비문은 '古牟婁城守事下部大兄耶▨'로 적는다. 수사^{守事}는 광개토왕이 정복지역에 파견한 지방관이다.《모두루묘지명》(길림성 집안)의 모두루의 관직은 옛 북부여 지역을 다스린 지방관인 북부여수사^{北夫餘守事}다. 마찬가지로 고모루성수사^{古牟婁城守事}는 광개토왕의 정복지 옛 왜잔국(부여백제)의 충남지역 전체를 다스리는 지방관이라 할 수 있다. 다만 당시 왜잔국의 옛 수도 거발성은 완전히 파괴되어 명칭을 대신할 수 없다. 그래서《광개토왕릉비》의〔수묘인 연호〕기록에는 거발성이 아예 빠진다.

《충주고구려비》와 국원성

『삼국사기』에 충주지방을 고구려의 국원성^{國原城}으로 적은 기록이 있다.〈지리지〉신라 편이다. '중원경은 본래 고구려의 국원성이다. 신라가 이를 평정하여 진흥왕이 소경을 설치하고 문무왕 때 여기에 성을 쌓았는데 둘레가 2천5백92보다. 경덕왕이 중원경으로 개칭하였다. 지금의 충주다.'(中原京 本高句麗國原城 新羅平之 眞興王置小京 文武王時築城 周二千五百九十二步 景德王改爲中原京 今忠州)

충주지방은 어떻게 해서 고구려의 국원성이 되었을까? 우선 국원성 명칭은 충주지역을 나타내는 토속적인 용어가 아니다. 일반적으로 '國原'의 뜻을 '나라의 중심지'인 '中原'으로 해석한다. 이와 같은 풀이는 신라 진흥왕이 충주지역에 '중원소경中原小京'을 설치한 데에 따른다. 그러나 고구려 입장에서 보면 충주지역은 결코 나라의 중심지가 될 수 없다. 그저 변방일 뿐이다. 국원은 '국내의 땅'을 말한다. 고구려의 직할지 영역을 표시하는 용어다. 고국원왕의 '고국원故國原'이 '옛 국내의 땅'을 다시 회복하는 것과 같은 맥락이다.

그렇다면 광개토왕은 충주지역을 국원이라 이름하였을까?《충주고구려비》가 명확히 사유를 밝힌다. 신라와 영토조약을 체결하기까지의 지난한 과정을 모두 기록하고 있기 때문이다. 그래서 '고구려 직할지 땅'이라는 뜻의 일종의 선언문과 같은 '국원'의 명칭이 생겨난다.

▲ 고구려 장미산성 [충북 충주]

《충주고구려비》는 397년 왜잔국(부여백제) 정벌이후 충주지역에 국원성을 설치한 배경과 역사를 기록한 푯말이다.

| 평안남도 덕흥리무덤의 주인공 |

▲ 덕흥리무덤 주변 분포

평안남도 강서군에 고구려 벽화 고분인 「덕흥리무덤」이 있다. 무덤 주인의 이름을 따서 「유주자사진묘幽州刺史鎭墓」라 한다. 1976년 북한 학계가 공식적으로 발굴한 일제강점기 일본인이 손대지 않은 처녀분에 가까운 무덤이다.

덕흥리무덤은 둘레 70m 높이 5m인 방형의 돌방흙무지무덤으로 내부는 널길→앞방→이음길→널방으로 이어지는 두칸방무덤이다. 앞방은 길이 2.97m 너비 2.02m 높이 2.85m의 장방형이고 널방은 길이와 너비가 각각 3.28m 높이 2.9m의 정방형이다. 앞방과 널방의 천장구조는 평행고임식이다. 벽화는 다양하다. 천장에는 일월성신도日月星辰圖를 비롯하여 길리, 벽독, 성성, 부귀, 비어 등의 상상의 동물인 괴수도怪獸圖와 견우직녀도牽牛織女圖가 있다. 벽면은 의장행렬도儀裝行列圖, 마상유희도馬上遊戱圖, 불교의 칠보행사도七寶行事圖 등의 생활상을 표현하고 있다.

▲ 견우직녀도

무덤주인은 모용선비 출신 모용진

특히 무덤 내부에는 총 600여 자의 다양한 묵서墨書가 있다. 이 중 앞

방 후벽에 쓴 14행 154자의 묵서
묘지명은 무덤주인의 정보를 오롯
이 담고 있다. 무덤주인은 ▨▨군
신도현信都縣 출신의 불교신자釋加文
佛弟子인 ▨▨씨氏 진鎭이다. 군호와
관직(관등)은 건위장군·국소대형, 우
장군, 용양장군·요동태수, 사지절·

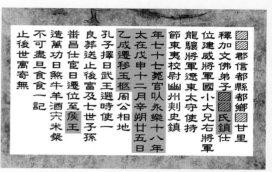

▲ 덕흥리무덤 앞방 후벽의 묵서

동이교위·유주자사 등이다. 무덤주인은 '77세 벼슬하다 사망하여 영락
18년(408년)인 무신戊申년 12월 25일 을유일에 시신을 옮겨와'(年七十七薨
官叭 永樂十八年太歲在戊申 十二月辛酉朔 廿五日乙酉 成遷移玉柩) 장사지낸
다. 또한 무덤주인의 공으로 7세 후손까지 부를 누릴 것이며 그 지위는
날로 올라 고구려 후왕侯王에 이르길 기원하는 내용을 담고 있다.

> 고구려 후왕제도는 옛 중원왕조의 대륙 땅에 대한 고구려의 실질 지배력과 영향력이
> 확대되며 시행된다. 시기는 광개토왕 때부터다. 『고구려사략』에 따르면 최초의 후왕
> 은 춘태자가 받은 제왕이다. 장수왕 때부터 후왕의 범위는 점차 확대되며 연왕, 양왕,
> 제왕, 월왕, 초왕, 오왕, 한왕 등이 등장한다. 안장왕 때에는 후왕에 봉해진 인물이 30
> 명이라는 기록도 나온다.

무덤주인은 누구일까? 단서는 성씨가 단성單性이 아닌 복성複姓의 '▨
▨씨'인 점이다. 당시 이에 해당하는 성씨는 선비족 모용慕容씨 뿐이다.
고구려의 경우 설사 성씨가 복성이더라도 '씨'를 붙이지 않는다. 특히
묘지명의 내용 구성은 선조→조부→본인으로 이어지는 고구려 전통방
식의 행장 나열이 아닌 무덤주인 본인의 행장만을 적고 있다. 무덤주인
은 고구려 내부출신이 아닌 외부출신이다.

무덤주인은 남연南燕에서 재상으로 활약한 선비족 모용씨인 모용진

慕容鎭이다. 남연(398~410)은 모용덕^{慕容德}이 광고^{廣固}(산동성 익도현)에 세운 나라다. 남연의 건국자 모용덕은 후연(384~409) 건국자 모용수^{慕容垂}의 동생이다. 모용덕은 모용수를 도와 후연 건국에 기여하며 줄곧 후연에서 활동하다가 398년 후연으로부터 독립하여 모용진과 함께 남쪽으로 내려와 남연을 건국한다. 모용덕과 모용진은 비슷한 나이로 평생동지다. 모용진은 모용덕(398~405) 재위시 거기대장군^{車騎大將軍}과 계림왕^{桂林王}에 봉해지며(『진서』〈모용덕전〉), 모용덕 사후 뒤를 이은 모용초^{慕容超} 재위시 지금의 국무총리인 개부의동삼사·상서령^{開府儀同三司·尙書令}에 봉해진다(『진서』〈모용초전〉). 그러나 모용진은 모용초의 독단과 전횡에 반발하여 현직에서 물러났다가 다시금 복직된 후 기록에서 사라진다. 408년 모용초에게 제거된 덧으로 추정된다.(*광고에서 77세 사망)

묘지명 묵서에 기록된 모용진의 직위는 5개다. 나열하면 건위장군·국소대형→우장군→용양장군·요동태수→사지절·동이교위·유주자사 순이다.

① 건위장군·국소대형^{建威將軍·國小大兄}은 모용진이 고구려로부터 받은 군호와 관등이다. 건위장군은 4품 군호며, 국소대형은 4품 관등이다. 특히 주목을 끄는 부분은 모용진이 고구려의 관등만을 받은 점이다. 고구려 관직을 받지 못한 것은 모용진이 이미 사망했기 때문이다. 그래서 광개토왕은 관직을 줄 수 없기에 관등만을 추증한다.

② 우장군^{右將軍}은 모용진이 후연에서 처음으로 받은 4품 군호다.

③ 용양장군·요동태수^{龍驤將軍·遼東太守}는 모용진이 후연의 요동태수로 부임하여 받은 관직이다. 용양장군은 4품 군호다. 태수는 오늘날의 시장^{市長}에 해당한다.

④ 사지절·동이교위·유주자사^{使持節·東夷校尉·幽州刺使}는 모용진이 '용양장군·요동태수'에서 승차하며 후연에서 새로 받은 관직이다. 사지절^使

持節은 황제로부터 부절符節을 받은 군사통수권을 대행하는 직책이며, 동이교위東夷校尉는 동이東夷로 분류된 여러 종족들과의 외교관계를 관리하고 필요시 군사력을 행사하는 파견관이다. 유주자사幽州刺使는 유주지방의 자사를 말한다. 유주幽州는 지금의 중국 북경(베이징)이며, 자사刺使는 오늘날의 도지사道知事에 해당한다. 도지사 예하에 시장이 있듯이 자사 예하에 태수가 있다.

　특히 고분의 앞방 좌측 벽에는 무덤주인인 유주자사 모용진이 13군의 태수로부터 하례賀禮를 받는 장면이 실감나게 묘사되어 있다. 13군 태수의 명칭이 각각 하례자의 우측에 묵서로 쓰여 있다. 또한 하례자의 하례 방식도 내조來朝, 내론內論, 내조하內朝賀 등의 다양한 표현을 쓴다. 13군

▲ 13군 태수의 하례도

태수의 명칭은 상단의 연군燕郡, 범양范陽, 어양漁陽, 상곡上谷, 광녕廣寧, 대군代郡 등 6개와 하단의 북평北平, 요서遼西, 창려昌黎, 요동遼東, 현도玄菟, 낙랑樂浪, ▨▨▨ 등 7개다. 이들 13군은 모두 지금의 하북성 중·북부지역에 소재한다.

　이처럼 모용진은 생전에 후연에서 우장군→용양장군·요동태수→사지절·동이교위·유주자사의 군호와 관직을 받으며 사후에는 광개토왕으로부터 '건위장군·국소대형'의 고구려의 군호와 관등을 받는다. 다만 모용진이 남연에서 받은 '거기대장군'과 '계림왕' 그리고 '개부의동삼사·상서령' 등은 묘지명의 관직 이력에서 빠진다.

모용진을 특별 예우한 광개토왕

　묘지명 묵서는 모용진의 죽음을 두고 '薨官(홍관)'과 '遷移玉柩(천이옥

柩)'의 표현을 쓴다. 薨官은 '벼슬하다 사망'한 것이며, 遷移玉柩는 '시신을 널棺·槨에 넣어 옮겨 온' 것을 말한다. 모용진은 남연의 '개부의동삼사·상서령'의 최고 관직에 있으면서 수도 광고(산동성 익도현)에서 사망하여 한반도(평안남도 강서) 고구려 땅으로 옮겨와 장사지낸다.

　　그렇다면 남연에서 사망한 모용진이 바다 건너 한반도 고구려 땅에 묻힌 이유는 무엇일까? 이에 대한 답은《광개토왕릉비》가 기록한 〔영락17년 후연 공격〕에서 찾을 수 있다. 광개토왕은 영락17년(407년) 5만 군사를 보내 후연을 공격하여 수많은 갑옷과 군수물자 획득하고 이어 사구성 등 6개 성을 빼앗는다. 광개토왕이 407년 후연 모용희慕容熙를 대파시킨 장소는 '장무의 서쪽'이다. 장무章武는 지금의 하북성 남쪽 지방인 황화黃驊(고현촌)로 바로 북쪽에는 천진天津이 인접한다. 장무(황화)의 서쪽은 지금의 창주滄州 정도로 추정된다. 이어 광개토왕은 사구성沙溝城과 루성婁城 등 6개 성을 공격하여 빼앗는다. 지금의 황하 하류일대로 장무 남쪽에 소재한 성들이며 당시는 남연의 영역에 속한다. 광개토왕은 후연(모용희)을 대파시킨 여세를 몰아 남연(모용초)의 성들도 수중에 넣는다.

▲ 장무, 사구성 등 6성 소재지

　　이때 모용초의 독단에 반기를 든 모용진이 광개토왕의 6개 성 공략에 일정의 역할을 한다. 『십육국춘추』 기록에 따르면 광개토왕은 모용초가 즉위한 이듬해인 406년 남연에 사신을 파견한다. 모용초의 즉위를 축하를 겸한 남연의 내부사정을 알아보기 위한 외교적 제스처로 이해된다. 그리고 407년 후연을 공격하여 대승을 거둔 후 남연의 6개 성을 따로 공취한다. 이어 이듬해인 408년 다시 남연에 사신을 파견한다. 기록은 천리인 10명과 천리마 1필을 보냈다고만 적는다. 아마도 모용초에게 제거된 모용진의 시신과 맞교환하였을 것이다. 그리고 모용진의 시신을 고구려로 가져와 후하게 장사지낸다.(408년 12월)

> 『십육국춘추』권64 남연. '태상2년(406년) … 이 해에 고구려가 사신을 파견하여 천리마와 곰 가죽, 장니(말다래)를 모용초에게 보내왔다. 모용초는 크게 기뻐하며 물소와 앵무새를 답례하였다.'(太上二年 … 是年 高句驪遣使獻千里馬生熊皮障泥於超 超大悅荅以水牛能言鳥) '태상4년(408년) … 고구려가 다시 사신을 파견하여 천리인 10인과 천리마 1필을 보내왔다.'(太上四年 … 高句驪復遣使至獻千里人十人千里馬一疋)

　　광개토왕이 모용진을 특별히 예우한 이유는 명확하다. 모용진이 407년 광개토왕의 남연 6개 성 공취에 나름의 공을 세웠기 때문이다. 특히 널방 후벽에 그린 무덤주인의 모습을 보면 광개토왕의 모용진에 대한 배려와 예우를 실감할 수 있다. 머리에 쓴 관은 검은색 내관에 백라관白羅冠 외관을 겹쳐 쓰고 의복은 섶이 서로 겹치지 않게 맞닿은 붉은색 도포를 걸쳤다. 오른손에 부채를 들고 평

▲ 모용진 모습 [덕흥리무덤]

상 위에 앉아 있는 모습은 다소 근엄하기까지하다. 또한 주위에는 부채질을 하거나 시중을 드는 시종 몇 명이 열심히 보좌하고 있다.

　　「덕흥리무덤」의 무덤주인은 광개토왕의 〔영락17년(407년) 후연 공격〕시 남연의 6개 성을 공취하는데 기여한 세운 남연南燕의 재상 모용진慕容鎭이다.

6 수성과 중흥의 갈림길

수성군주 장수왕과 평양 천도

문치의 상징 문자명왕, 안장왕

중흥기의 원(原)자 왕들

| 장수왕 출신 계보 |

장수왕의 이름은 거련巨連이다. 『삼국사기』는 장수왕을 광개토왕의 원자元子로 소개한다.(開土王之元子) 원자는 태자에 책봉되기 전의 장자長子를 말한다. 그런데 『고구려사략』은 장수왕을 광개토왕의 원자 또는 장자가 아닌 차자次子로 설명한다.(永樂帝之次子)

> 『삼국사기』는 거련(巨連)을 외자인 연(璉)[一作 璉]으로도 소개한다. '璉(호련 연)'은 곡식을 담아 천지의 신에게 제사를 지낼 때 사용하는 제기인 호련(瑚璉)을 말한다. 이런 까닭으로 장수왕을 성스러운 제기 가운데서도 가장 큰 그릇으로 이해하기도 한다. 그러나 '璉'은 본래의 '連(잇닿을 연)'에 '王'자 부수를 붙여 존칭화한 이름일 뿐이다.

장수왕, 광개토왕의 둘째 아들

광개토왕의 장자는 경鯨이다. 거련(장수왕)의 이복형으로 거련과는 2살 터울이다. 경은 광개토왕의 제1왕후 토산吐山의 소생으로 392년생이며, 거련은 제2왕후 평양平陽의 소생으로 394년생이다.

▲ 광개토왕의 기록상 아들

그렇다면 『삼국사기』는 차자인 장수왕을 원자로 설정한 걸까? 『고구려사략』〈영락대제기〉다. '19년(409년) 4월, 거련을 동궁태자에 봉하고 명하여 장자 경을 선왕에 봉하였다.'(十九年 四月 以巨連爲東宮太子 命長子鯨爲仙王) 경은 거련이 후계자(동궁태자)가 되면서 선왕仙王에 봉해지며 후

계자그룹에서 탈락한다. 경은 장자임에도 아버지 광개토왕으로부터 후
계자 낙점을 받지 못한다. 왕위계승 서열을 정함에 있어 모계혈통을 우
선시한 결과다. 장수왕의 어머니 평양왕후는 비록 제2왕후지만 왕족 골
품이 가장 높은 광개토왕의 이복누이다. 왕실내 족내혼에 의해 출생한
아들이 후계자 서열의 상위자다. 차자인 거련이 후계자로 낙점받고 장
자인 경이 탈락한 이유다.

광개토왕의 경우도 마찬가지다. **광개토왕의 아버지 소수림왕은 귀족출신 연**(燕)**씨가
낳은 장자 '강**(岡)**'을 제쳐두고 왕족출신 왕후 천강**(天罡)**이 낳은 담덕**(談德)**을 후계자로
낙점한다.** 강은 선왕(仙王)에 봉해지며 자연스레 후계자그룹에서 탈락한다.

생부는 광개토왕의 동생 용덕

그런데 장수왕이 아버지 광개토왕을 부정하는 장면이 『고구려사략』
에 나온다. 장수왕은 자신의 아버지를 담덕談德이 아닌 용덕勇德으로 이
해한다. 〈장수대제기〉다.

32년(464년) 갑진 5월, 상은 용덕사당을 찾아가 처연히 말이 없더니만 명을
내려 용덕릉을 개수하고 호경(용덕 아들)을 월왕으로 삼았다. **상은 점차로 늙
어가며 용모와 목소리는 점점 용덕을 닮아가고 너그럽고 부지런하며 후덕
한 성품 또한 용덕과 비슷하였다.**
三十二年 甲辰 五月 上如勇德祀惻然良久 命改勇德陵以胡景爲越王 上漸老容
皃聲音益肖勇德 寬勤腆實之性亦似勇德

때는 장수왕의 나이 71세(394년생)인 464년이다. 장수왕은 점차로 늙
어가며 용모와 목소리가 용덕을 닮아가고 너그럽고 부지런하며 후덕한
성품 또한 용덕과 비슷하게 되자 자신의 생부에 대해 의구심을 갖는다.
그리고 용덕사당을 찾아가 제사지낸 후 용덕릉을 개수하여 왕릉으로
격상시킨다.

용덕은 누구일까? 광개토왕 담덕의 동생이다. 어머니는 소수림왕과 고국양왕의 왕후가 된 천강天罡이다. 천강왕후는 소수림왕 때인 474년에 담덕을, 477년에 용덕을 낳는다. 담덕과 용덕은 동복형제로 3살 터울이다.

덧붙여 〈장수대제기〉는 용덕이 광개토왕의 제2왕후 평양平陽과 사통私通한 일도 소개한다.

계사년(393년, 광개토4) 5월에 용덕이 비를 피하여 종종 평양후의 궁에 뛰어들었다. 이리하여 **평양궁에서 낮잠을 자기도 하였는 바 평양후와 몰래 증하여 제를 낳았다.** 평양후가 영락(광개토왕)의 노여움을 겁내어 이를 숨겼고 마련과 호련 또한 일찍이 들어서 알고 있었다 한다. **상이 늘 이것이 진실인지를 의심하다가 이때에 이르러 결국 용덕을 존숭하려는 뜻을 가졌다.**

以爲癸巳五月 勇德因驟雨躍入平陽宮 因宮之午睡而潛烝而生帝 平陽畏永樂之怒而諱之云 馬連胡連亦嘗有聞云 上常疑其眞假 至是遂有尊勇德之意

좀 더 거슬러 올라가면 장수왕 출생 한해 전인 393년 5월이다. 용덕은 형수인 평양왕후의 궁에 비를 피해 자주 드나들다 어느 날은 평양왕후가 낮잠을 자는 틈을 타서 평양왕후와 증烝(사통)한다. 그리고 이듬해인 394년 평양왕후는 장수왕을 낳는다. 이런 연유로 평양왕후는 남편 광개토왕의 노여움을 겁내어 이 사실을 꼭꼭 숨긴다. 그렇지만 어찌하다 일부(마련/호련)가 알게 되고 장수왕 또한 뒤늦게 알게 된다. 그리고 장수왕은 이를 항상 의심해오다 늙어서 결단을 내린다.

그렇다면 장수왕의 생부는 용덕일까? 사실여부는 당사자인 평양왕후만 알 일이다. 오늘날처럼 DNA검사라도 해보면 금방 확인할 수 있지만 장수왕은 이를 두고 오랜 기간 고심한다. 특히 광개토왕을 계승한 정통성 확보차원에서 장수왕 스스로 외면하였을 가능성 또한 배제하기 어렵다. 그러나 장수왕은 왕권이 안정되고 점점 나이가 들어가자 자신의 정체성을 분명히 하며 일말의 의구심을 스스로 떨쳐낸다.

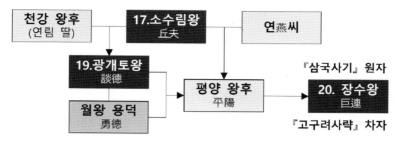

▲ 광개토왕과 장수왕의 계보도

월왕 **용덕**의 **무덤**(용덕릉)은 길림성 집안의 통구고분군 「**칠성산871호분**」으로 **추정**된다. 한 변 길이 46m의 계단돌방돌무지무덤으로 능사(사당)와 담장, 제대시설을 갖춘 대표적인 왕릉급 무덤이다. 비록 도굴되어 무덤 외형은 상당히 파괴되었지만 동제 장식품, 철제 갑옷편 등을 수습한다.

　불행하게도 우리는 역사적 실체를 정확히 알지 못한다. 모두 『삼국사기』가 왕통계보를 단순화하여 1차원으로 기록하고 있기 때문이다. 그러나 당시 상황을 2차원, 3차원으로 확대해 보면 역사적 사실은 전혀 다른 얼굴을 하고 있다.

　장수왕의 생부는 담덕(광개토왕)일까? 용덕(광개토왕 동생)일까?

| 장수왕 즉위 내막 |

광개토왕의 사망년도와 장수왕의 즉위년도가 기록마다 약간의 차이가 난다. 문헌기록인 『삼국사기』와 『고구려사략』 그리고 비문기록인 《광개토왕릉비》의 비교다.

왕		『삼국사기』	『고구려사략』		광개토왕릉비
			〈영락대제기〉	〈국강호태왕기〉	
광개토왕	즉위년도	392년	391년	391년	391년
	재위기간	22년	24년	22년	22년
	사망년도	413년	414년	412년	412년
장수왕	즉위년도	413년	414년	414년	-

『삼국사기』는 광개토왕의 즉위년도를 고국양왕의 사망년도(392년)에 맞춰 조정하고 또한 광개토왕의 재위기간을 22년으로 고정시키며 광개토왕의 기년설정을 1년씩 늦춰 잡는다. 당대 기록인 《광개토왕릉비》의 신뢰도를 감안하면 광개토왕은 412년에 사망한 것이 맞다. 그런데 장수왕의 즉위년도에 대해 『고구려사략』은 〈영락대제기〉와 〈국강호태왕기〉 공히 414년으로 적는다. 특히 〈국강호태왕기〉는 광개토왕 사망이후 장수왕이 즉위하기까지 2년의 공백기간이 있다고 설명한다. 도대체 2년 동안 무슨 일이 벌어진 걸까?

『고구려사략』〈국강호태왕기〉. '영락22년(412년) 임자 10월, 왕(광개토왕)이 단왕궁에서 붕하였다. 태후가 목놓아 울부짖으며 차마 발상을 못하였다. 도사 등에게 수재하고 기도하라 명하였다. 왕자들 대다수가 이를 알지 못하였다. 장춘원년(414년) 9월에 이르러서야 비로소 능에 안장하고 사당을 세웠다.'(永樂二十二年 壬子 十月 王崩於丹王宮 太后號哭不忍發喪 命道士等修齊祈禱 諸王子多不知之 至長春元年九月始藏陵立廟)《광개토왕릉비》의 '갑인년(414년) 9월 29일 을유에 산릉으로 옮겨와 (장례를) 치뤘다.'(甲寅年九月廿九日乙酉遷就山陵)는 비문기록과 정확히 일치한다.

기록에서 삭제된 광계토왕의 후계자

광개토왕의 아들 중에 『삼국사기』는 물론이고 『고구려사략』〈영락대제기〉조차 언급하지 않은 후계자가 따로 있다. 탑楊이다. 396년 출생하여 414년 19세의 어린나이로 사망한다. 거련이 394년 출생하니 탑은 2살 터울의 동생이다. 그런데 광개토왕은 탑이 14세가 되던 409년 정식 후계자인 사태자嗣太子에 봉한다. 〈국강호태왕기〉다.

영락19년(409년) 을유 4월, 탑태자를 사태자로 삼고 거련을 아태자로 삼았다.
永樂十九年 己酉 四月 以楊太子爲嗣太子 巨連爲亞太子

사태자嗣太子는 왕위를 물려받을 정正후계자고, 아태자亞太子는 사태자에게 변고가 생겼을 때 이를 대신하는 보補후계자다. 광개토왕의 뒤를 이을 왕위 서열은 탑이 1순위고 거련이 2순위다. 다만 『삼국사기』는 이때 광개토왕이 탑이 아닌 거련을 태자로 삼았다(立王子巨連爲太子)고 기록한다.

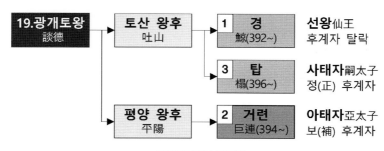

▲ 거련과 탑의 관계도

원래 탑은 허약한 체질이다. 그래서 광개토왕이 탑을 사태자에 봉하자 천강태후는 이를 탐탁치 않게 여긴다. 하지만 광개토왕은 천강태후의 염려를 뿌리치고 410년 탑을 인강소왕人罡小王에 봉하며 411년 자신을 대신하여 신하들로부터 조회까지 받게 한다. 탑은 명실상부한 광개토왕이 선택한 후계자다.

> 『고구려사략』〈국강호태왕기〉. '영락20년(410년) 경술 정월, 왕이 태후를 높여 천강태
> 왕에 스스로를 국강태왕에 탑태자는 인강소왕에 봉하였다.'(永樂二十年 庚戌 正月 王尊
> 太后爲天罡太王 自爲國罡太王 以楊太子爲人罡小王)

익원왕 천익의 왕위 찬탈

　　그러나 이듬해인 412년 광개토왕의 신상에 변화가 생기며 상황이
급변한다. 광개토왕은 9월에 황산원^{黃山原}(길림성 집안)으로 사냥을 나갔다
가 돌아온 후 몸이 좋지 않게 되자 천강태후가 자신의 동생인 천익^{天益}
과 탑에게 광개토왕을 대신하여 감국^{監國}할 것을 명한다. 감국은 왕권을
대행하는 권한이다.

> 『고구려사략』〈국강호태왕기〉. '영락22년(412년) 임자 9월, 왕이 황산원에서 사냥하였
> 다. 사로잡은 원숭이와 사슴을 놓아주라 명하고 마침내 사냥을 파하고 돌아왔다. 왕
> 의 몸이 좋지 않게 되자 태후가 이를 걱정하였다. **천익과 탑태자에게 감국을 명하였**
> **다.** 이에 천익은 자신의 아들 천혜와 천웅으로 하여금 내위군 나누어 맡게 하고 6위
> 를 파하여 내위군에 속할 것을 명하였다.'(王畋于黃山原 得猿鹿命放 遂罷獵而歸 不豫太后
> 憂之 命天益與楊太子監國 天益乃使其子天樌天雄分掌內尉軍 命罷六衛屬之) **광개토왕의 황산**
> **원 사냥은 사후 장지를 알아보기 위함**이다.

　　문제는 감국을 맡은 천익이 엉뚱한 마음을 품는다. 탑을 제쳐두고
자신의 아들들(천혜,천웅)로 하여금 내위군^{內尉軍}을 나누어 맡게 하며 고구
려 군권을 장악한다. 그리고 한 달 후인 10월, 광개토왕이 사망하자 아
예 본색을 드러낸다. 해가 바뀌어 413년 정월, 천익은 스스로 익원왕^{益原}
^王을 칭하며 왕위를 찬탈한다. 〈국강호태왕기〉다.

영락23년(413년) 정월, 천익이 스스로 익원왕이 되었다. 그의 처 혜문, 양평,
우당, 각씨 등을 후로 삼았다. 혜문릉을 고릉으로 고치고 관속을 배치하며
크게 지었다. 태후(천강)와 탑태자는 이를 막지 못하였다.

永樂二十三年 癸丑 正月 天益自爲益原王 以其妻樌門陽平于棠權氏爲后 改樌
門陵爲高陵置官屬大營之 太后及楊太子不能禁之

　　이어 2월, 천익은 탑태자마저 폐하고 자신의 아들 천혜天樌를 태자로
삼으며 본격적으로 치세를 시작한다.

『고구려사략』〈국강호태왕기〉. '영락23년(413년) 2월, **천익이 탑태자를 폐하여 예박도
위로 삼았다.** 자신의 아들 천혜를 태자로 삼고 태후를 위협하여 천후로 삼았다. 태후
가 말하길 "네가 천하를 다스리면 족할 터인데 어찌하여 늙은 몸을 이용하는가? 나는
탑과 함께 달원에서 생을 마치는 것이 옳을 것이다." 하였으나 천익이 허락하지 않았
다.'(永樂二十三年 二月 天益廢楊太子爲枘博都尉 以其子天樌爲太子逼太后爲天后 太后曰 汝治
天下足矣 何用老物 吾可與楊兒老於猲院 天益不許之)

　　원래 천익은 고구려 왕족의 방계혈족이다. 아버지는 미천왕이 낳은
연림淵琳이다. 연림은 천원공天原公에 봉해지며 천강天罡과 천익天益을 낳
는다. 직계혈족(고씨)과 달리 방계혈족은 새로운 성씨를 차용한다. 천익
은 고씨에서 연씨로 또다시 천씨로 성씨가 분화한 경우다. 이는 천익이
왕위를 찬탈하게 된 배경이기도 하다. 비록 천익은 방계혈족이지만 엄
연한 고구려 왕족 출신이다.

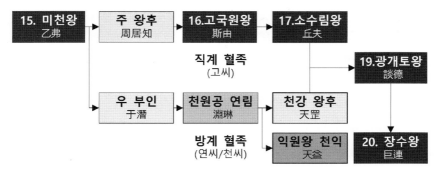

▲ 미천왕에서 갈려나온 직계혈족과 방계혈족

천익을 제압한 거련

그러나 익원왕 천익의 치세는 오래가지 못한다. 9개월간의 단명으로 끝난다. 〈국강호태왕기〉다.

> 영락23년(413년) 9월, … **거련이 태후궁으로 달려가 천강태후를 받들고 평태자를 시켜 천익을 타일러 항복시켰다.** 마침내 천익이 간신 다부 등을 죽이고 무릎으로 걸어 죄를 청하니 태후가 울며 거련에게 말하길 "천익이 비록 죄가 있으나 그 본심이 아니니 차마 주살되는 것은 보지 못하겠구나."하였다. 이에 **거련이 태후의 뜻을 받들어 천익을 폐하여 서인으로 삼아 태백산에 가두고 그 무리는 모조리 잡아 죽였다.**
>
> 永樂二十三年 九月 … 巨連馳入太后宮奉太后使平太子論天益降之 天益乃誅其奸臣茶夫等而膝行諸罪 太后泣謂巨連曰 天益雖有罪非其本心 不忍加誅 巨連乃從太后旨廢益爲庶人 囚于太伯山 悉捕其黨誅夷之

드디어 거련이 등장한다. 거련은 천강태후의 후원에 힘입어 왕위를 찬탈한 익원왕 천익을 제압하여 태백산에 유폐시킨다. 그리고 천익을 따르던 무리 모두를 죽인다.

> 『삼국사기』〈백제본기〉 개로왕 기록의 북위에 보낸 국서의 일부다. '**지금 거련**(장수왕)**의 죄로 나라**(고구려)**는 스스로 어육이 되고 대신과 호족의 살육 행위가 끊이지 않아 죄악은 넘쳐나고 백성은 뿔뿔이 흩어지고 있습니다.**'(今璉有罪 國自魚肉 大臣彊族 戮殺無已 罪盈惡積 民庶崩離)

이제 고구려는 거련의 세상이다. 그러나 거련은 탑^{榻}을 선택한다. 아버지 광계토왕이 선택한 후계자이기 때문이다. 하지만 평소 탑을 못마땅하게 여긴 천강태후는 탑을 인강태왕^{人罡太王}에 존하되 거련을 소왕감국^{小王監國}에 봉하며 탑을 견제시킨다. 그러나 탑은 이듬해인 414년 3월 갑자기 사망한다. 〈국강호태왕기〉다. '영락24년(414년) 3월, 탑태자가 온탕에서 붕하였다. 왕은 태후와 함께 가서 널을 대신원으로 옮겼다. 탑태자는 하루도 빠짐없이 여러 후, 비빈과 색에 빠져 지내다가 기가 다하여 붕하였다.'(永樂二十四年 三月 榻太子崩於溫湯 王與太后如之移柩於大神院 榻太子與諸后及妃殯荒色無虛日氣盡而崩) 탑의 사망원인은 색에 빠져 기를 소진한 점이다. 그럼에도 기록은 일설을 따로 적고 있다. 탑이 거련을 짐독^{鴆毒}으로 죽이려다 실패하며 오히려 자신이 그 짐독에 의해 죽임을 당했다고 한다. 여하히 탑이 사망함에 따라 거련은 비로소 고구려 태왕에 즉위한다.

『고구려사략』〈국강호태왕기〉. '혹은 탑태자가 소왕(거련)을 싫어하여 여러 차례 백산후를 시켜 짐독을 소왕에게 올리게 하였으나 백산은 차마 이를 못하고 오히려 그 짐독을 탑태자의 음식에 넣었다고 하며 혹은 백산이 두양에게 울면서 고하자 두양이 그 독을 빼앗아 탑태자를 해쳤다고도 한다.'(或云 榻太子忌小王累使白山后獻鴆于小王 白山不忍之 反以其鴆置於榻太子食中 或云 白山泣告于斗陽 斗陽奪其鴆而中榻太子)

　　광개토왕 사망이후 장수왕이 즉위하기까지 2년간 벌어진 일련의 사건은 한편의 드라마다. 다만 『삼국사기』는 장수왕을 '광개토왕의 원자'(開土王之元子)로 설정하며 이 모든 사건을 전부 덮어버린다.

　　그런데 말이다. 만약에 익원왕 천익이 거련마자 제압하고 고구려 태왕의 입지를 확고히 구축했다면 이후 고구려 역사는 어떻게 쓰여졌을까? 역사에는 가정이 없다하지만 결과가 자못 궁금하다.

　　광개토왕과 장수왕 사이에는 왕위를 찬탈한 익원왕^{益原王} 천익^{天益}과 광개토왕이 선택한 비운의 후계자 탑^榻이 있다.

| 시호 '장수'의 편견 |

　　왕은 살아서 연호^{年號}를 남기고 죽어서 시호^{諡號}를 남긴다. 연호는 생전의 치세연차^{治世年次}로 왕의 정치적 지향점을 담은 산 자의 칭호다. 시호는 사후에 치세기간의 공적을 감안하여 붙여진 죽은 자의 칭호다. 광개토왕의 경우 생전 연호는 영락^{永樂}이며 사후 시호는 '국강상광개토왕평안호태왕'이다.

　　장수왕은 394년 출생하여 19세인 412년(실제 414년)에 즉위하며 80년을 재위하고 98세인 491년에 사망한다. 39세에 사망한 아버지 광개토왕과 비교하면 장수왕은 광개토왕의 2배 이상을 산다. 장수^{長壽}는 유달리 수명이 길어서 붙여진 사후의 시호다. 『삼국사기』는 분명히 '장수'를 시호로 적는다.(王薨 年九十八歲 號長壽王)

장수왕의 다양한 연호

　　그렇다면 장수왕은 아버지 광개토왕의 경우처럼 사후의 시호 말고 생전의 연호는 없었을까? 혹여 있다면 무엇일까? 그런데 『고구려사략』은 「장수^{長壽}」를 연호로도 소개한다. 장수왕 재위 21년(433년)에 장수로 연호를 바꿨다고 기록한다. 〈장수대제기〉다.

> 장수원년(433년) 계유 8월, 상이 산궁으로 가서 **꿈에 본 무량수불을 배알한 바 이는 괴왕을 찾아 본 것이다. 사만의가 연호를 장수로 개원하자 청하여 허락하였다.**
> 長壽元年 癸酉 八月 上如山宮謁夢見無量壽佛 卽 是槐王也 謝萬義請改元長壽許之

　　장수^{長壽}는 사후의 시호인 동시에 생전의 연호다. 또한 기록은 장수

연호 이전에 또 다른 연호가 있음을 시사한다. 무엇일까?

『태백일사』〈고구려국본기〉가 기록한 장수왕의 재위초기 연호는 「건흥建興」이다.(長壽弘濟好太烈帝 改元建興) 특히 건흥연호는 1915년 충북 충주 노은면에서 출토된 금동불상의 광배명光背銘을 통해 정확히 확인된다. '建興

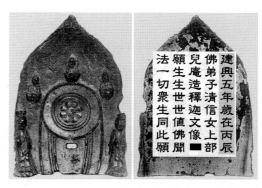

▲ 건흥5년세재병진명 불상광배

五年歲在丙辰' 즉 건흥5년은 병진丙辰년이다. 병진년은 416년으로 장수왕 재위 5년에 해당한다. 건흥建興은 '다시 세워 흥하게 한다'는 뜻이다. 건흥연호는 광개토왕 사후 벌어진 왕위승계의 혼란을 반영한다. 장수왕은 왕위를 찬탈한 익원왕益原王 천익天益의 쿠데타를 제압하고 뒤늦게 즉위한다. 건흥은 천天씨로 넘어간 왕통을 다시금 고高씨로 회복함과 동시에 계속해서 흥興하게 만든다는 장수왕의 정치적 지향점을 담고 있다. 덧붙여 〈국강호태왕기〉는 장수왕이 즉위하면서 「장춘長春」 연호를 사용한 사실도 전한다.

『고구려사략』〈국강호태왕기〉. '영락24년(414년) 정월, 태후와 소왕(장수왕)이 조회를 받았다. 3월 소왕이 명당에서 즉위하였다. 대사면을 실시하고 연호를 장춘(長春)으로 하였다.'(永樂二四年 正月 太后與小王受朝 三月 小王卽位於明堂 大赦 改元長春)

한편 1926년 경북 경주 서봉총에서 출토된 은합명銀盒名은 장수왕의 또 다른 연호 「연수延壽」를 소개한다. 은합의 바닥면에는 '延壽元年太歲在辛'이, 뚜껑 안쪽면에는 '延壽元年太歲

▶ 연수원년태세신묘명 은합

在卯'가 각각 새겨 있다. 재신在辛과 재묘在卯는 간지 신묘辛卯년을 말한
다. 즉 연수원년은 신묘년이다. 신묘년은 451년으로 장수왕 재위 39년
이다. 특히 연수延壽는 '수명을 더욱 더 늘려간다'는 뜻으로 장수長壽 이상
의 의미를 담고 있다.

延嘉七年歲在己未高麗國樂良
東寺主敬弟子僧演師徒卅人共
造賢千劫佛流布第卅九回現歲
佛比丘擂穎所供養

▲ 연가7년세재기미명 불상

그런데 장수왕의 연호는
연수 말고도 또 있다. 1963년
경남 의령에서 출토된 금동
불상의 광배명光背銘에 나오는
「연가延嘉」다. 명문은 '延嘉七
年歲在己未'이다. 즉 연가7년
은 기미己未년이다. 기미년은
479년으로 연가원년은 장수

왕 재위 61년인 473년에 해당한다. 특히 연가延嘉는 '연수를 기리다'는 뜻
이 있어 연가연호는 연수연호의 연장임을 알 수 있다.

연호	년도	기간	근거
건흥建興 (장춘長春)	412년~432년	21년	·『태백일사』, 『고구려사략』 ·「건흥5년세재병진」명 불상
장수長壽	433년~450년	18년	·『고구려사략』
연수延壽	451년~472년	22년	·「연수원년태세신묘」명 은합
연가延嘉	473년~491년	19년	·「연가7년세재기미」명 불상

장수왕은 재위기간중에 4~5개의 연호를 사용한다. 대략 20년 간격
으로 연호를 바꾼다. 재위초기는 건흥建興 또는 장춘長春, 재위중기는 장
수長壽와 연수延壽, 재위후기는 연가延嘉다. 물론 사후 시호는 당연히 장수
長壽다.

장수왕은 무량수불의 화신

그런데 한 가지 의문이 남는다. 정말로 장수왕은 스스로 장수할 줄 알아서 장수연호를 사용한 걸까? 아니다. 의외의 단서가 〈장수대제기〉에 나온다. 바로 무량수불無量壽佛이다. 장수왕의 어머니 평양平陽왕후는 꿈에 무량수불을 보고 장수왕을 낳는다. 또한 장수왕은 장수 연호를 바꿀 때(433년)도 꿈에 무량수불을 본다.

> 『고구려사략』〈장수대제기〉. '전하길 제는 휘가 거련 또는 연이다. 영락제의 둘째 아들이다. **평양후가 꿈에 무량수불을 보고 낳았다.**'(傳日 帝諱巨連亦曰璉 永樂帝之次子也 平陽后夢見無量壽佛而生)

무량수불은 부처 가운데서 가장 신봉되는 아미타불阿彌陀佛이다. 이루 헤아릴 수 없을 정도로 수명이 끝이 없는 무량수無量壽부처다. 무량수불은 말 그대로 장수의 상징이다. 장수왕은 어머니의 태몽과 자신의 현몽을 통해 본 무량수불을 자신과 일체화하였을 공산이 크다. 스스로 장수할 운명을 타고났다는 정신적 믿음이다. 무량수불의 화신化神이 바로 장수왕인 셈이다. 특히 〈장수대제기〉는 장수왕이 아버지 광개토왕을 대신하여 동자 닮은 불로초(산삼)을 먹은 사실도 전한다. 장수왕은 육체적으로도 장수할 수 있는 요건을 갖춘 셈이다.

장수왕은 생전에도 사후에도 오로지 장수로만 기록된 군주다. 말 그대로 장수의 표상이다. 장수왕은 과거에도 현재에도 미래에도 여전히 장수왕으로 남을 것이다. 우리 역사가 계속되는 한 영원히 장수왕으로 기억될 것이다.

장수왕은 무량수불無量壽佛의 화신이다.

| 장수왕 죽음의 의문 |

『삼국사기』는 왕의 죽음을 단편적으로 기록한다. 예를 들어 '00년 00월 왕이 훙하였다'는 식이다. 기록만 놓고 본다면 대부분의 왕은 자연사일 공산이 크다. 다만 특수한 경우는 구체적이다. 신하에게 살해되거나 또는 용의 출현에 빗대어 쿠데타 발생을 암시하는 경우다. 장수왕도 마찬가지다. 『삼국사기』는 491년 12월 '왕이 훙하였다.'(王薨)고 짤막하게 기록한다. 사망당시 장수왕의 나이가 98세(394년생)임을 감안하면 자연사일 공산이 크다.

『신라사초』 기록의 장수왕 죽음

그런데 『신라사초』는 자연사가 아니라고 설명한다. 나운(문자명왕)이 할아버지 장수왕을 궁중에 유폐시켜 죽였다고 설명한다. 〈소지명왕기〉다.

> 13년(491년) 백양 10월, 고구려왕 거련이 죽었다. … 거련은 점차로 늙어가자 의심과 시기로 자주 화를 내니 나운은 변고가 생길까 두려워 거련을 궁중에 가두었는데 몇 달 후에 죽었다. 이에 거련의 신하들을 모두 내쫓고 즉위하였다.
>
> 十三年 白羊 十月 麗君巨連死 … 連年漸老疑獲多怒 雲恐有變囚連于宮中數月而死 乃盡逐連臣而立

특히 기록은 사유를 밝힌다. 나운은 노년의 장수왕이 변심하여 혹여 화가 자신에게 미칠까 두려워 장수왕을 궁중에 유폐시킨다. 한 마디로 라운이 먼저 선수를 쳤다는 얘기가 된다. 이는 역사적 사실일까? 정말로 나운이 할아버지 장수왕을 유폐시키는 강수를 두며 왕위를 획책한 걸까? 그러나 당시 장수왕은 98세의 말로(末路)다. 굳이 외부적(정신적) 압

박이나 인위적(육체적) 수단을 가하지 않아도 장수왕의 명운은 얼마 남지
않았다.

『고구려사략』 기록의 이면

이에 반해 『고구려사략』은 또 다른 이면을 소개한다. 장수왕의 죽음
을 전혀 다르게 설명한다. 〈장수대제기〉다.

장수59년(491년) 신미 9월, 상(장수왕)이 하양, 욱호와 함께 황산으로 갔다. …
이 해는 국화가 색을 잃고 피었는데 상은 황산행궁에 머물며 나날을 하양과
함께 즐거움을 탐하였다. 욱호가 말려도 듣지 않다가 **12월 7일 하양의 침소
에서 붕하였다.** 때에 큰 눈이 닷새나 내려 길은 모두 끊기고 하양은 상이 붕
한지도 모른 채 깊은 잠에 빠져 있었다. 욱호가 아침일찍 일어나 가서 맨처
음 발견하고 감국을 불러 발상하였다. … **감국이 황산행궁에서 즉위하니 12
월 15일이다. 공경들은 큰 눈으로 인해 참석하지 못한 자가 태반이었다.**

長壽五十九年 辛未 九月 上與河陽勗好如黃山 … 是年 菊華無色 上仍留黃山
行宮日與河陽耽樂勗好諫之不聽 十二月七日崩于河陽寢 時大雪五日道路皆塞
河陽不知上崩睡熟勗好曉至始見召監國發喪 … 監國卽位於黃山行宮十二月
十五日也 公卿因雪未叅者太半

몇 가지를 정리한다. 황산행궁^{黃山行宮}은 길림성 집안의 국내성(통구성)
내의 별궁이다. 장수왕의 사망장소며
문자명왕(나운)의 즉위장소다. 하양^{河陽}
과 욱호^{勗好}는 장수왕의 후궁이다. 두
사람은 황산행궁에서 장수왕의 마지
막 여정을 함께한다. 특히 하양은 장
수왕의 마지막 잠자리를 지킨다. 감국
^{監國}은 장수왕을 대신하여 왕권을 행
사한 손자 나운에게 부여된 칭호다.

▲ 국내성 [조선고적도보]

『고구려사략』〈장수대제기〉. '장수55년(487년) 정묘 5월, 경후가 아들 거태자를 낳았다. 황손(나운)을 감국소황, 경후를 감국황후, 욱호를 집정황후로 삼고 기거와 출입을 모두 상의 지위에 준하게 하였다.'(長壽五十五年 丁卯 五月 鯨后生子琚太子 命皇孫爲監國小皇 鯨后爲監國皇后 勗好爲執政皇后 起居出入皆準上位)

　　『고구려사략』은 장수왕이 9월부터 12월까지 대략 3개월간 황산행궁에 머물다가 12월 7일 취침 중에 사망한 것으로 기록한다. 장수왕의 죽음은 자연사일 뿐이지 나운이 관여한 것이 아니라는 설명이다.

　　그렇다면『신라사초』는 무슨 연유로 자연사한 장수왕을 나운이 궁중에 유폐시켜 죽였다고 기록한 걸까? 단서는 나운이 즉위한 12월 15일의 상황에 답이 있다.『고구려사략』은 눈이 많이 내려 대부분의 공경(公卿)이 나운의 황산행궁 즉위식에 참석하지 못한 사실을 전하고,『신라사초』는 나운이 즉위식에 앞서 장수왕의 신하들을 모두 내쫓은 일을 전한다. 결국 당시의 사정이 어떻든 간에 장수왕의 측근들과 공경들은 나운의 즉위식에서 철저히 배제된다.

　　『고구려사략』이 당사자인 고구려의 기록이라면『신라사초』는 제3자인 신라의 기록이다.『신라사초』기록은 신라인이 직접 목격한 사실보다는 누군가의 전언을 옮겼을 가능성이 높다. 아마도 그 누군가는 나운의 즉위식에 참석하지 못한 장수왕의 측근들과 공경들일 것이다. 이들이 어떤 형태로든지 장수왕의 죽음과 문자명왕의 즉위를 신라에 알리는 과정에서 다소 와전된 내용을 전했을 것으로 본다.

　　장수왕의 죽음은 의심의 여지가 없는 자연사다. 더구나 취침 중에 하늘의 부름을 받은 이승에서의 가장 행복한 죽음이다.

| 장수왕의 대외정책 이해 |

　　장수왕 시대를 고구려 최전성기로 이해하는 데는 이론의 여지가 없다. 가장 광활한 영토와 가장 잘 갖추어진 제도 그리고 선진화된 문화를 꽃 피운다. 장수왕 시기 중원왕조는 북위北魏 8명, 동진東晉 2명, 유송劉宋 8명, 남제南齊 5명이 교체되며, 한반도는 백제 7명, 신라 4명이 교체된다. 장수왕은 80년을 재위하며 이들 왕조의 부침을 손바닥 보듯이 목도한다.

조공과 책봉의 불편함

　　그런데 『삼국사기』 장수왕 기록을 보면 숨이 막힌다. 온통 조공기사로 도배되어 있다. 대상은 중원왕조의 남북조다. 북조 북위는 42회, 남조 동진은 1회, 유송은 3회, 남제는 1회 등 총 47회가 나온다. 주로 북위에 치중한다. 『삼국사기』 기록대로라면 장수왕은 중원왕조 조공에 80년 치세를 온전히 바친 완벽한 조공왕이다. 『삼국사기』와 『고구려사략』의 비교표다.

구분		『삼국사기』 장수왕			『고구려사략』〈장수대제기〉		
		상대국 입장		계	고구려 입장		계
		조공	파견		파견	래조	
하북 (북조)	북위	42	1	43	3	28	31
	북연		1	1		6	6
	유연				1	3	4
	선선				1	3	4
하남 (남조)	동진	1		1			
	유송	3	1	4	1	6	7
	남제	1	1	2		2	2
한반도 열도	백제				1	5	6
	신라		1	1	1	9	10
	가야					1	1
	왜					2	2
계		47	5	52	8	65	73

『삼국사기』는 상대국의 입장이다. 조공과 파견의 표현을 쓴다. 조공 朝貢은 고구려가 상대국에 보내는 경우로 '○○에 사신을 보내 조공하였다.'(遣使入○○朝貢)로 적는다. 파견은 상대국이 고구려에 오는 경우다. 이에 반해『고구려사략』은 고구려의 입장이다. 파견과 래조를 쓴다. 파견은 고구려가 상대국에 보내는 경우고, 래조來朝는 상대국이 고구려에 오는 경우다. 기록은 '○○가 사신을 보내 래조하였다.'(○○遣使來朝)로 쓴다. 또한 래헌來獻(래조하여 방물을 바침)으로 표기한 기록도 다수 나온다.

두 기록의 차이는 극명하다.『삼국사기』는 주로 고구려가 상대국에 견사한 내용을 기록한 반면『고구려사략』은 주로 상대국이 고구려에 견사한 기록이다. 횟수를 보더라도 고구려가 상대국에 조공한 횟수는 47회인 반면 상대국이 고구려에 내조한 횟수는 65회다. 물론 일부는 조공과 래조의 시기가 겹치기도 한다. 또한『삼국사기』는 견사 대상이 남북조에 국한한 반면『고구려사략』은 남북조뿐만 아니라 북연北燕, 유연柔然, 선선鄯善 등이 추가되며, 한반도의 백제, 신라, 가야와 일본열도의 왜까지 확대된다.

특히『삼국사기』는 장수왕이 남북조로부터 책봉冊封받은 내용도 싣고 있다. 북위의「도독요해제군사정동장군영호동이중랑장요동군개국공고구려왕」, 동진의「고구려왕낙랑군공」, 유송의「거기대장군개부의동삼사」, 남제의「표기대장군」등이다.『고구려사략』에는 아예 나오지 않는다. 원래 조공과 책봉은 천자국과 제후국 사이에서 주고받는 일종의 주종관계의 표식이다. 그러나 한漢 멸망이후 북방유목민족의 신생국이 대륙 하북지역에 우후죽순 생기며 조공과 책봉은 본래의 기능을 상실한다. 신생국 모두가 천자국을 자처하면서 주변국의 지지를 얻어내기 위한 외교수단으로 변질된다. 북위 역시 마찬가지다.

그렇다면『삼국사기』는 무슨 연유로 조공기록만으로 장수왕의 치세를 편집하였을까? 아쉽게도 『삼국사기』 기록은 『위서』(북위), 『진서』(동진), 『송서』(유송), 『남제서』(남제) 등 중국사서에 대부분 나온다. 굳이 『삼국사기』를 변명하자면 편찬당시 장수왕 기록이 절대 부족하여 중국사서를 집중 인용할 수도 있다. 그렇다고 해서 이를 어찌 장수왕의 치세 기록이라 감히 말할 수 있겠는가?

　『삼국사기』의 장수왕 기록은 완전히 뒤엎어야 한다. 새로이 밭갈이를 해야한다. 조공朝貢나무는 모두 뽑아내고 래조來朝나무로 다시 심어 놓아야 한다.

장수왕의 대외정책 이해

　장수왕의 대외정책은 대상에 따라 확연한 차이가 난다. 한반도 국가는 적대적 군사정책을 편다. 대표적인 경우가 백제다. 백제는 개로왕이 장수왕에게 잡혀 죽임을 당하며 국가기반의 중심인 한강유역을 소실한다. 이로 인해 백제는 한성시대를 마감하며 새로이 웅진시대를 맞이한다. 이에 반해 대륙 중원왕조는 유화적 외교정책을 편다.『삼국사기』를 보면 장수왕은 재위 80년간 중원왕조와 전쟁을 벌인 기록이 단 한 차례도 나오지 않는다. 이는 과거 역대 왕들이 겪었던 치열한 군사적 대결과 비교하면 상상할 수 없는 일이다. 그렇다고 장수왕 시기 중원왕조 상황이 녹록한 것은 결코 아니다. 그럼에도 전쟁 한 번 치르지 않고 고구려를 굳건히 지켜낸 것은 가히 기적에 가깝다.

　특별한 비결이 있었을까? 〈장수대제기〉에 명확히 나온다.

8년(421년) 신유 8월, 춘태자 아뢰길 … 멀리 있는 자는 교류하고 가까이 있는 자는 공격하며 붙어 있는 자는 떼어놓고 떨어진 자는 가까이 해야 합니다. 수성함으로 정복을 이어가고 교화함으로 수성을 이어가야 합니다. 그런 까닭에 동명(추모왕)께선 정벌하시고 광명(유류왕)께선 수성하신 겁니다.

또한 폐하께서는 응당 선제(광개토왕)의 땅을 지키면서 남방을 치화한 이후에 서쪽으로 나가심이 옳을 듯 합니다."하였다. 상이 이르길 "숙부 말씀이 옳습 니다."하였다.

八年 辛酉 八月 春太子曰 … 遠者交之 近者攻之 接者割之 離者近之 以守繼征 以化繼守 故東明征伐 光明守之 陛下亦宜守先帝之域 消化南方然 後可以西進 上曰 叔父之言善

참으로 놀라운 기록이다. 장수왕의 대외정책 4대 원칙이다. ①「원자 교지遠者交之」: 멀리 있는 자와 교류한다. ②「근자공지近者攻之」: 가까이 있는 자는 공격한다. ③「접자할지接者割之」: 붙어있는 자는 떼어 놓는다. ④「이자 근지離者近之」: 떨어진 자는 가까이 둔다. 이 원칙은 대외정책의 전술적 핵 심가치core value다. 또한 기록은 전략적 비전vision도 명확히 설정하고 있 다.「이수계정以守繼征 이화계수以化繼守」즉 '수성함으로 정복을 이어가고 왕화함으로 수성을 이어간다.'이다.

> 왕화(王化)로 번역한 한자 원문은 그냥 '化'다. 《광개토왕릉비》에 왕화(王化)로 표현한 기록에 따른다.

장수왕의 대외정책은 임기응변식의 기법技法정책이 아니다. 전략과 전술이 치밀하게 계획되어 실행된 정법定法정책이다.

그렇다면 장수왕이 대외정책을 통해 달성하고자 하는 목표Goal와 미 션Mission은 무엇일까? 장수왕이 최종적으로 만들고자 한 고구려의 실제 모습이다. 이 역시 〈장수대제기〉에 나온다.

8년(421년) 신유 10월, 상이 춘태자와 함께 란궁(서도) 남당에서 나랏일을 논 하였다. 상이 이르길 "수성의 도는 응당 부국강병이 주가 되어야 할 것입니 다. 장차 계책을 어찌 세워야 하겠습니까?" 하니, 춘태자가 아뢰길 "상께서는 근면하시니 부국을 이룰 것이며 용맹하시니 강군이 될 것이고 검소하지 못했다면 모으면 될 것이며 의로우시니 충성이 따를 겁니다."하였다. 상이 기뻐하며 화색한 얼굴로 이르길 "숙부 말씀이 옳습니다."하였다.

八年 辛酉 十月 上與春太子座鸞宮南堂論國事 上曰 守成之道 當以富國强兵爲主 計將安出 春曰 上好勤則富 上好勇則强 未若儉而蓄 義而忠 上喜形于色曰 叔父之言善

장수왕의 최종 목표^{Goal}는 「수성^{守成}」이다. 광개토왕이 확보한 광활한 영토를 굳건히 지키는 것이다. 그러나 장수왕의 수성은 단순히 지킨다는 의미의 수동적 수성이 아니다. 교류(외교)와 정복을 병행한 능동적 수성이다. 이는 장수왕 스

Goal	守城	목표
Mission	富國强兵	미션
Vision	以守繼征 以化繼守	비전
Core Value	遠者交之　近者攻之 接者割之　離者近之	핵심 가치

▲ 장수왕의 대외정책 개념도

스로 설정한 「부국강병^{富國强兵}」에 잘 녹아있다. '나라는 부강하고 군대는 강성하다'. 바로 장수왕이 수성을 목표로 하면서 스스로 정한 미션^{Mission}이다.

장수왕의 미션은 광개토왕의 미션과도 일맥 상통한다. 광개토왕의 미션은 「국부민은^{國富民殷}」이다.(《광개토왕릉비》) '나라는 부강하고 백성은 부유하다'. 다만 지향점은 다소 차이가 있다. 광개토왕은 부유한 백성^{民殷}에, 장수왕은 강성한 군대^{强兵}에 방점을 둔다.

장수왕의 수성^{守成}은 외교와 정복을 병행한 능동적 수성이다.

▲《광개토왕릉비》國富民殷

| 평양 안학궁과 대성산성 |

대성산성
외성

안학궁
내성

평양대성구역

평양
장수왕

대동강

▲ 평양 안학궁과 대성산성

장수왕은 427년 평양으로 천도를 단행한다. 평양은 지금의 평양특별시 대성구역인 대성산을 포함하는 주변 일대다. 남쪽의 평지성인 안학궁安鶴宮과 북쪽의 산성인 대성산성大城山城이 소재한다.

『대동지지』 평양부 연혁. '장수왕 15년(427년)에 평양(平壤)으로 수도를 옮겼다.[요양의 옛 평양 호칭을 신도(新都)에 모칭하였는 바 우리나라 평양은 여기에서 시작하였다]'. 평양은 동천왕의 수도(요녕성 요양)가 원래 명칭이며 장수왕이 한반도로 천도하면서 평안도 평양 명칭이 생겨난다. 다만 《광개토왕릉비》에 평양이 언급되고 있어 한반도 평양 명칭의 시작은 고국원왕 때부터로 추정된다.

『고구려사략』의 안학궁 기록

안학궁은 한 변 길이 622m, 둘레 2,488m로 전체 넓이는 약 38만㎡

다. 중앙의 중궁을 비롯하여 동궁, 서궁, 남궁, 북궁 등 5구역으로 나누며 모두 52채의 집자리가 확인된 대규모 궁궐이다. 안학궁은 장수왕의 평양 천도를 상징하는 대

◀ 안학궁터 [조선고적도보]

표적인 건축물이다. 안학궁 건축이 완성되면서 본격적으로 평양 천도
가 이루어진다.

> 안학궁의 '**安鶴**'은 우리말 '아낙'을 한자로 표기한 경우다. 아낙은 內를 의미하여 안학
> 궁은 '**內宮**'이란 뜻이다.

　　장수왕이 안학궁으로 처소를 옮기며 밝힌 소회다. 〈장수대제기〉다.

14년(427년) 정묘 2월, 평양의 새 궁궐로 이거하였다. 궁전과 관사 규모가 웅
장하여 나라가 있어 온 이래로 처음 있는 일이다. 상이 좌우를 둘러보며 이
르길 "옛적에 나의 동명께선 띠풀 지붕에 사시면서도 능히 대업을 이루셨
다. 짐은 이렇게 귀한 궁전에 머무르기가 개운치 않다. 장차 동명께 어찌 보
답한단 말인가. 그대들 백료는 가진 재주와 성심을 다해 임금을 섬겨 동명의
나라를 빛내야 할 것이다" 하였다. 군신이 엎드려 절하였다.

十四年 丁卯 二月 移居于平壤新宮 宮殿府司之規模雄壯 有國以來初有也 上顧
謂左右曰 昔我東明居於茅茨而能成大業 朕以不爽居此金殿 將何以報答東明
耶 宜爾百僚各以其技誠心事君 以光東明之國 群臣拜伏

　　이 기록은 중요한 역사적
정보를 담고 있다. 과거 추
모왕의 궁궐이 '띠풀로 이은
지붕茅茨'을 사용할 정도로
매우 빈약한 점과 장수왕의
안학궁은 건국 이래로 가장
규모가 크고 웅장하게 건축
된 점이다.

▲ 북한이 복원한 평양 안학궁

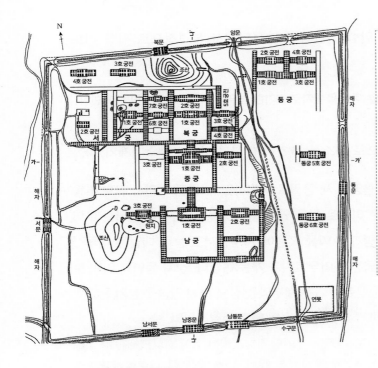

『고구려사략』에 안학
궁 내의 여러 궁궐 전
각의 명칭이 구체적
으로 나온다. 정전(正
殿)인 황극전(皇極殿)
을 비롯하여 청룡전
(靑龍殿), 우두전(牛頭
殿), 그리고 궁전인 백
웅궁(白熊宮), 온수궁
(溫水宮), 포진궁(抱眞
宮), 봉황궁(鳳凰宮) 등
이다.

◀ 안학궁 평면도

대성산성의 축성

대성산성은 평양 인근에서 가장 험준한 대성산에 축조한 산성이다.

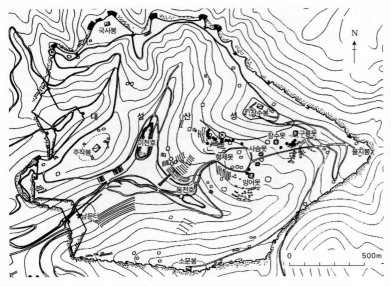

▲ 대성산성 평면도

둘레 7,076m(*총
성벽길이 9,284m)
면적 2.723㎢로
고구려 산성 중
에서 가장 규모
가 크다. 북한이
조사한 바에 따
르면 성안에서
18개의 건물지
와 크고 작은 10
개의 연못을 확

인하여 대규모 인력이 장기간에 걸쳐 거주한 산성임을 알 수 있다.

성벽은 자연 지세를 이용하여 축조한다. 남문 근처의 160m 구간을 제외하고 대부분은 돌로 쌓는다. 특히 남문에서 주작봉과 소문봉에 이르는 980m 구간은 성벽이 2중이다. 성벽에는 모두 65개의 치雉를 설치하였고, 성돌은 대부분 사암으로 드물게 화강암

▲ 대성산성 복원된 남문

도 확인된다. 하단부는 큰 석재를 사용하고 위로 올라갈수록 크기는 작아진다. 현재 남문은 복원되어 있다. 대성산성의 축조 연대는 5세기 초로 추정되어 장수왕이 평양 천도를 계획하면서 안학궁 건축과 대성산성 축성이 함께 이루어진다.

> 『대동지지』 평양부 구룡산(九龍山). 『문헌통고』에 이르길 평양성의 동북쪽에 노양산(魯陽山)이 있다고 하였는 바 이것을 지금 대성산이라고도 일컫는다. 부와의 거리가 20리이며 정상에 3개의 못이 있다. 사찰 5, 6개가 있다.'

한반도 평양의 연고

그렇다면 장수왕이 평양을 선택한 이유는 무엇일까? 무슨 연고가 있어 평양을 새로운 수도로 결정한 걸까?

동황성東黃城이다. 이전 고국원왕이 서벌남정西伐南征정책을 추진하면서 남쪽 백제에 대한 압박을 강화하기 위해 평양지역에 축조한 전초기지 성격의 밀도密都다. 『삼국사기』가 '지금의 서경 서쪽 목멱산 중에 있다.'(城在今西京東木覓山中)고 구체적인 위치를 지목한 곳이다. 『고구려사략』이 시종일관 사천蛇川행궁 소재지로 설명한 고구려 황성皇城이다.

『신증동국여지승람』 평양부 산천조. '**목멱산 : 부의 동쪽 4리에 있다. 황성의 옛터가 있는데 일명 경성이라고도 한다.** 세상에 전하길 '**고구려 고국원왕이 환도성에 있다가 모용황에게 패하여 이리로 이거하였다.**'고 한다.'(覓山 在府東四里 有黃城古址一名綱城 世傳高句麗故國原王居丸都城 爲慕容皝所敗 移居于此)

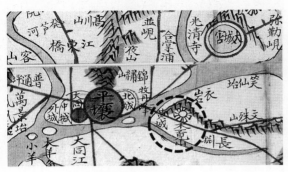

▲ 『동여도』의 목멱산과 황성

동황성은 지금의 북한 평양시 낙랑구역 정백동 일대의 의암동 토성으로 추정된다. 대동강을 사이에 두고 동북쪽에 장수왕의 평양(안학궁/대성산성)이 소재한 대성구역과 맞닿는다. 이런 연고로 장수왕은 새로운 천도지를 물색하며 자연스레 평양을 선택한다. 기존의 동황성은 장수왕의 평양 천도가 완결되며 자연스레 폐쇄된다.

다만 한 가지 의문은 남는다. 장수왕이 기존의 동황성을 증축하여 재활용하지 않고 따로 평양을 만든 사유다. 특히 안학궁과 대성산성은 규모로 보아 수많은 인력과 물자가 투입된 대규모 공사다. 평양은 지형적 특성을 고려한 선택으로 보인다. 남쪽의 대동강과 북쪽의 대성산이라는 천험의 방어요건을 갖추고 있다.

장수왕은 재위초기 천도를 결심하고 10여 년에 걸친 대규모 공사를 통해 평양을 완성한다. 아버지 광개토왕이 이룩한 거대제국 고구려를 효율적으로 관리할 수 있는 새로운 중심지다.

평양은 안학궁과 대성산성을 신축하면서 장수왕의 수도로 자리매김한 새로운 이름이다.

| 장군총 무덤주인의 미스터리 |

「장군총^{將軍塚}」은 길림성 집안의 통구고분군 중 「우산하무덤떼^{禹山下墓區}」에 속하며 가장 동쪽에 위치한다. 고구려를 대표하는 돌무지무덤의 가장 발달된 형태로 무덤양식은 계단돌방돌무지무덤이다. 잘 다듬은 화강암 장대석_(장방형입방체) 1,100여 개를 이용하여 방대형 단을 7층

▲ 장군총 [길림성 집안]

계단으로 올려 쌓고, 4층 단의 중앙에 널길^{羨道}과 시신을 안치한 돌방^{石室}을 설치하였다. 한 변 길이는 29.34m(≒30m)며 높이는 11.28m다. 전체 모양이 피라미드를 닮아 '동방의 피라미드_(금자탑)'로 불린다.

> 장군총 명칭의 유래는 명확하지 않다. 1907년 프랑스 동양사학자 에두아르 샤반 (Chavannes)이 조사할 때 이미 '장군총'으로 불렸다고 전하며, 일제가 편찬한 조선고 적도보(1915년 간행)에는 '장군분(將軍墳)'으로 기재하고 있다. 아마도 당시 지역민들이 부르던 일반화된 명칭인 듯하다.

장군총에 대한 학계의 시각

장군총_(우산하1호분)은 보존이 잘 된 까닭에 외관상으로는 웅장한 모습을 하고 있다. 그러나 무덤 규모만을 놓고 본다면 장군총은 집안일대 무덤들 중에서 중형급에 해당한다. 대형급인 태왕릉(66m×66m)과 비교하면 장군총(≒30m×30m)의 면적은 태왕릉의 1/4 수준이다. 비록 무덤 규모가 상대적으로 작다 하더라도 무덤주위의 제사건물지, 딸린무덤^{陪塚}, 능장 등을 포함하는 능원을 갖추고 있어 고구려 왕릉임에는 의심의 여

지가 없다.

> 중국 집안시박물관의 길림성문물고고연구소의 보고서는 **장군총의 무덤주인을 ① 시조 동명왕 설, ② 산상왕 설, ③ 광개토왕 설, ④ 장수왕 설 등으로 명기**하고 있다.

▲ 장군총과 주변 능원

장군총의 무덤주인을 장수왕으로 보는 것이 일반적인 시각이다. 그러나 일부 학계의 판단은 부정적이다. 우선 장군총의 조성 시기가 5세기 초반으로 추정되어 장수왕의 사망 시기인 5세기 후반(491년)과는 시기적으로 격차가 있다. 더구나 당시에는 왕이 살아 있을 때 가묘를 만드는 수릉^{壽陵}제도나 망자가 고향이나 가문의 본거지로 돌아가 묻히는 귀장^{歸葬}제도가 보편적으로 시행되었다고 볼 수 없다는 이유다. 또 하나는 장수왕의 무덤으로 추정할 수 있는 명문(글자)이 새겨진 유물이 장군총에서 전혀 발견되지 않는 점을 꼽는다. 그래서 대안으로 평양직할시 북쪽의 「경신리1호분」을 장수왕릉으로 추정하기도 한다. 특히 경신리1호분은 「한왕묘^{漢王墓}」 또는 「황제묘^{皇帝墓}」로 불려져 왕의 무덤임을 뒷받침한다. 또한 무덤 조성 시기가 6

▲ 경신리1호분(한왕묘) [조선고적도보]

세기 초반으로 추정되어 장수왕의 무덤일 가능성을 배제하기 어렵다.

『고구려사략』이 전하는 장수왕릉

그런데 장수왕의 무덤을 추정되는 단서가 『고구려사략』에 명확히 나온다. 〈장수대제기〉다.

장수59년(491년) 신미 9월, 상이 하양, 욱호와 함께 황산으로 가서 **평양릉에 곡하며 이르길 "내가 죽거든 여기에 장사지내고 어머니와 합골하여라."하였다.** 이 해는 국화가 색을 잃은 채로 피었는데 상은 황산행궁에 머물면서 나날을 하양과 함께 즐거움을 탐하며 욱호가 말려도 듣지 않았다. **12월 7일, 하양의 침소에서 붕하였다.** 때에 큰 눈이 닷새나 내려 길이 모두 끊기고 하양은 상이 붕한지도 모른 채 깊은 잠에 빠졌다. 욱호가 일찍 일어나 가보고 처음 발견하여 감국(문자명왕)을 불러 발상하였다. 이에 **재궁**(장수왕 시신)**을 평양릉의 광혈**(무덤방)**로 들여보내 육탈을 기다렸다가 합골하였다.** 감국이 황산행궁에서 즉위하니 12월 15일이다.

長壽五十九年 辛未 九月 上與河陽勗好如黃山哭平陽陵曰吾死可葬於此與母合骨 是年菊華無色上仍留黃山行宮 日與河陽耽樂勗好諫之不聽 十二月七日崩于河陽寢 時大雪五日道路皆塞 河陽不知上崩睡熟 勗好曉至始見召監國發喪 乃以梓宮入平陽壙穴待脫肉而合骨 監國卽位於黃山行宮 十二月十五日也

장수왕은 사후 어머니 평양平陽왕후 무덤인 평양릉平陽陵에 합장할 것을 유언하며 장수왕의 뒤를 이은 손자 문자명왕이 장수왕의 시신이 육탈肉脫하자 뼈만 따로 수습하여 평양릉에 합장한다. 장수왕의 무덤은 새로 만들지 않고 기존의 평양릉을 활용한다. 평양릉이 장수왕릉을 겸한다.

▲ 장군총 돌방 천장

장군총은 장수왕과 어머니 평양왕후의 합장묘

　　그렇다면 장군총은 평양왕후의 평양릉일까? 『고구려사략』은 장수왕의 어머니 평양왕후가 광개토왕이 사망한 414년에 남편 광개토왕을 따라 죽었다고 소개한다.

> 『고구려사략』〈영락대제기〉. '24년(414년) 갑인 7월, 상이 주유궁에서 붕하였다. 춘추 39세다. 평양후도 따라 죽었다. 황산에 장사지냈다.'(二十四年 甲寅 七月 上崩於朱留宮 春秋三十九 平陽后殉之 葬於黃山)

▲ 장군총 돌방 내부와 관대 [2002년]

　　이는 평양왕후의 무덤(평양릉)이 광개토왕 무덤(태왕릉) 근처에 조성된 점을 시사한다. 다만 평양왕후는 광개토왕을 따라 순사殉死함에도 불구하고 광개토왕릉에 합장되지 못하고 따로 무덤을 쓰게 된다. 특히 장군총 돌방의 널받침棺臺은 2매다. 평양왕후와 장수왕의 관을 따로따로 올려놓은 널받침이다.

> 장군총 관대는 중국이 장군총을 재정비하면서 새로 만들어 돌방 안에 넣은 관대다. 1930년대 일본인이 장군총을 조사하며 찍은 사진속의 관대는 여러 조각으로 분리되어 있다. 특히 돌방내부에는 따로 위패가 있다. 위패에는 '供奉前朝好太王神位' 문구가 써있다고 한다. 전조(前朝)는 고구려를 가리
>
> 킨다. 고구려 멸망이후 누군가에 의해 장군총의 무덤주인인 호태왕(장수왕)에 대한 제사가 이루어진다.

　　장군총의 조성 시기는 5세기 후반이고 평양릉의 조성 시기는 5세기 초반이다.(*평양왕후 414년 사망) 얼추 80년 정도 차이가 난다. 이는 처음

평양릉을 조성한 이후 장수왕의 시신이 합골되며 무덤의 외형을 대대적으로 개축한 것으로 보인다. 그래서 장군총은 비록 규모는 태왕릉의 1/4수준이지만 외형만큼은 가공한 장대석을 이용하여 웅장하게 쌓는다.

▲ 장군총 복원도

장군총의 배총과 제사시설

장군총 능원에는 딸린무덤陪塚과 제사유적지가 있다. 딸린무덤은 장수왕의 근신近臣무덤이며 제사유적지는 말 그대로 제사용 부속건물터다. 그런데 『고구려사략』에 딸린무덤의 주인공과 제사에 대한 기록이 명확히 나온다. 〈장수대제기〉다.

▲ 장군총 딸린무덤

장수31년(463년) 계묘 정월, 월왕궁에 있던 **호련후가 춘추 73세에 붕**하였다. **상의 동복누이다.** 무오년(418년)에 후궁으로 들어와서 보비가 되었으며 후에 창태자를 낳고 황후로 승차하였다. 이때에 와서 붕하였다. 성품은 엄근하고 선하며 자식을 잘 가르쳤으며 오랫동안 경부의 육원을 관장하여 치적 또한 상당하였다. **상이 애통해하며 권도로 명하여 평양릉 곁에 장사지내고 창태자로 하여금 제사를 주관케 하였다.**

長壽三十一年 癸卯 正月 越王宮胡連后崩 春秋七十三 上之胞姊也 戊午入後宮 補妃 後生昶太子陞爲皇后 至是崩 性嚴謹善敎子 故久掌瓊府育院多治績 上哀 慟之命權葬于平陽陵側 使昶主其祀

　　딸린무덤의 주인은 호련^{胡連}이다. 장수왕의 동복누이로 장수왕의 왕후가 된 여성이다(*족내혼). 장수왕은 호련왕후가 사망하자 어머니 평양릉 곁에 장사지낸다. 또한 호련왕후가 낳은 창^鬯태자로 하여금 제사를 주관케 한다. 딸린무덤의 주인은 장수왕의 근신이 아닌 왕후 호련이다.

　　이상의 『고구려사략』 기록과 고고학적 증거들을 종합하면 장군총은 장수왕릉임이 분명하다. 다만 보다 결정적인 증거인 무덤주인의 명문이 발견되지 않아 아쉽다.

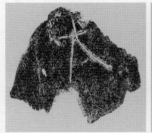

▲ 장군총 출토 기와파편 명문 (大, 小, 甲)

집안 일대 고구려 왕릉의 특징은 무덤주인에 대한 기록 유물이 일체 없는 점이다. 평양 일대도 마찬가지다. 적어도 당시 고구려인들은 어디 무덤이 누구 무덤인지를 굳이 명기하지 않아도 모두 알고 있었다고 볼 수 있다. **지금에 이르러 이를 알 수 없으니 참으로 부끄럽고 참담한 노릇**이다.

　　「장군총」은 장수왕과 어머니 평양^{平陽}왕후의 합장묘(어울무덤)다.

| 삼실총 무덤주인 추적 |

집안일대 고구려 벽화 무덤 중에 무사武士의 활동상을 담은 무덤이 있다. 「우산하무덤떼」에 속하는 「삼실총三室塚」이다. 우산禹山 남쪽 기슭에 위치하며 '왕족묘역'에서 다소 벗어나 있다. 삼실총은 무덤의 내부구조가 3개의 널방으로 구성되어 붙여진 이름이다.

▲ 삼실총 [길림성 집안]

세칸방무덤 삼실총

삼실총(우산하2231호)은 1904년 일제가 처음 조사한 이후 1913년 재조사하며 또다시 1935년, 1936년 두 해에 걸쳐 다시 조사한 내력이 있다. 일제는 삼실총만 3번을 조사한다. 아마도 3개의 널방으로 구성된 무덤구조의 특이성 때문에 여러 차례 조사한 듯 보인다.

▲ 삼실총 전경

1975년 중국이 집안일대 「통구고분군」을 조사하면서 삼실총 제1실 바닥에 부장된 유물을 수습한다. 네귀항아리(四耳陶壺), 귀잔(陶耳杯), 바리(鉢), 도제(陶製) 부뚜막 등이다.

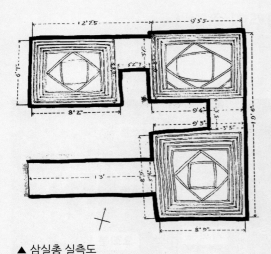
▲ 삼실총 실측도

삼실총의 무덤양식은 돌방흙무지 벽화무덤이다. 다만 고구려 무덤에서 흔히 볼 수 있는 널길→앞방→이음길 →널방의 두칸방무덤은 아니다. 대신 앞방은 없고 3개의 널방이 'ㄱ'자형으로 서로 연결된 독특한 구조다. 이러한 형태는 삼국시대 만들어진 무덤 중에 삼실총이 유일하다. 전체적인 모양은 널길→제1널방→이음길→제2널방 →이음길→제3널방의 다소 복잡한 'ㄷ'자형으로 삼실총의 무덤주인은 각각의 널방에 안치된 3명으로 귀결된다. 제1널방은 정방형이며 제2널방과 제3널방은 장방형이다. 규모는 제1널방이 가장 크며 제2널방과 제3널방은 크기가 비슷하다.

삼실총 천장 구조는 공히 **평행고임에 삼각고임을 얹은 형태**다. 제1실은 5단의 평행고임 위에 2단의 삼각고임, 제2널방은 4단의 평행고임 위에 2단의 삼각고임, 제3널방은 5단의 평행고임에 3단의 삼각고임을 각각 얹었다.

벽화는 널방마다 다소 차이를 보인다. 제1널방의 벽면은 무덤주인의 부부좌상을 비롯하여 행렬도, 수렵도 등의 생활풍속을 담았다. 특히 북벽의 공성도攻城圖는 무덤주인의 신분과 위상을 상징적으로 보여준다. 왼편에 지그재그 형태의 성벽이 있고 또한 성벽 바깥에는 4명의 기갑무사가 2명씩 짝을 지어 싸움을 벌인다. 하단의 기갑무사 2명은 말 위에 탄 채 긴 창을 들고 싸우는 장면이다. 모두 비닐

▲ 제1널방 공성도

갑옷과 투구를 쓰고 있다. 공성도는 무덤주인의 전장에서 활동상을 표현한 그림이다. 천장은 구름무늬와 한 쌍의 주작과 현무의 사신도 그리고 둥근무늬 흔적의 일월성신도 등이다.

제2널방 벽화는 역사^{力士}와 무사^{武}^{士}의 그림이다. 역사는 동·남·북 등 3개 벽면에 그렸다. 이 역사들은 모두 앉은 자세로 대들보를 양손으로 떠받치고 있다. 역사들은 인물의 모습이나 의상이 각기 다르며 표정 또한 사뭇 다르다. 무사는 서쪽 벽면에 있다. 갑

▲ 제2널방 역사상

옷과 투구를 착용하고 북쪽을 향해 서 있는 모습이다. 팔찌를 찬 왼손은 둥근고리큰칼^{環頭大刀}를 쥐어 허리에 대고 오른손은 긴 창을 들었다. 하체는 상체와 마찬가지로 비늘갑옷을 걸치고 발에는 오늘날의 스파이크 신발과 같은 못신^{釘履}을 신었다. 무덤주인으로 추정되는 인물이다. 제3널방 벽화는 제2널방과 마찬가지로 무사상과 역사상으로 벽면을 장식하였다. 천장은 제2널방과 제3널방 공히 사신도, 인명조신, 기악천인 등이다.

▲ 제2널방 무사상

삼실총의 무덤주인은 벽화의 내용으로 보아 무사^{武士}의 신분임이 분명하다. 또한 3명의 무덤주인은 한 집안의 3형제이거나 또는 한 집안의 3대일 가능성이 높다. 〈장수대제기〉에 이에 해당하는 인물이 나온다.

장수43년(475년) 을묘 정월, … 상이 화덕 부부를 위해 온수궁에서 연회를 베풀었다. **화덕은 86세고 호산은 90세인데 둘 다 건장하여 능히 일을 보았다.** 호산은 상의 포매로 일찍이 보비가 되어 람산공주를 낳고 또한 화덕의 처가 되었다. 화덕의 아들 **호덕은 67세로 뛰어나게 용맹하고 군진의 선두에 능히** 서며 역시 상의 딸인 직공주에게 장가들어 양덕을 얻었다. **양덕 또한 아비의 기풍을 닮아 도량이 컸으며 한 집안 3대가 남쪽 정벌의 역할을 맡았다.** 상이 호현공주를 또 양덕의 처로 주고 **명을 내려 대대로 부마가 되게 하였다.**

長壽四十三年 乙卯 正月 … 宴華德夫妻于溫水宮 德年八十六好山年九十 皆健壯能視事好山上之胞妹 嘗以補妃生藍山公主 亦爲華德妻 德子好德 亦年六十七 而英勇能立陣頭 亦娶上女 織公主生好德子陽德 亦有渠父之風 一門三世皆從南征之役 上以好賢公主又妻陽德命世爲駙馬

　　화덕華德→호덕好德→양덕陽德으로 이어지는 한 집안의 3대다. 이들 3대는 공히 백제 정벌에 공을 세우며 또한 부마駙馬(왕의 사위)가 된다. 원래 화덕가문의 시조는 고구려 왕족출신인 서구胥狗(고국원왕 아들)다. 서구는 광개토왕 시기인 400년 5만 군사를 이끌고 남하하여 임나 등 남방을 모두 평정하고 신라를 구원한다. 그 공으로 고구려 후왕인 양왕梁王에 봉해진 서구는 장수왕 시기인 441년 73세로 사망하며 아들 화덕이 양왕을 승계한다.(梁王胥狗薨 年七十三 子華德代之) 화덕은 장수왕 시기 군사업무를 맡으며 장수왕의 정복사업을 적극 보좌한다. 특히 475년 백제 정벌 당시 3만 군사의 총사령관인 정남대장군征南大將軍에 봉해져 최일선에서 혁혁한 공을 세운다.

　　삼실총 제1널방의 무덤주인은 양왕·정남대장군이자 부마인 화덕華德이다. 화덕의 사망 시기는 기록이 없으나 475년 당시 86세임을 감안하면 장수왕 재위 말기인 5세기 후반으로 추정된다. 특히 제1널방 안벽에는 화덕과 그의 부인 호산好山공주(고국양왕 딸)의 부부좌상이 있다. 부부

좌상 위에 4채의 기와집을 그렸는데 남성 집은 단순한 반면 여성 집은 지붕이 유달리 화려하다. 왕족출신인 화덕의 부인 호산공주의 신분을 보여주는 장면이다.

▲ 제1널방 무덤주인 부부좌상

이는 남벽의 부부행렬도에서도 또다시 확인된다. 남성과 여성의 크기는 같으며 특히 여성은 남성 못지 않은 관모자와 화려한 복장을 하고 뒤따른다. 역시 호산공주의 위상을 단적으로 보여주는 장면이다.

제2널방과 제3널방의 무덤주인은 화덕의 아들 호덕과 손자 양덕의 무덤이다. 다만 이들의 무덤방 벽면의 벽화는 역사상과 무사상으로 채웠다. 무사상은 무덤주인의 실제 모습일 것이다.

▲ 제1널방 부부행렬도

『고구려사략』〈장수대제기〉. '장수42년(474년) 2월, 황산에서 대거 군대를 사열하고 **양왕 화덕을 정남대장군으로 삼고** 재증걸루와 고이만년을 향도로 삼아 선봉에 세웠다. 7월, 상이 주유궁에 갔다가 황산으로 돌아와서 영락대제를 지내고 … 상이 **화덕에게 명하여 3만 병사를 이끌고 먼저 출발하라** 하였다.'(長壽四十二年 甲寅 二月 大閱于黃山 以梁王華德爲征南大將軍 以桀萬等爲鄕導先鋒 七月 上如朱留宮而還至黃山 行永樂大祭 … 上命華德引兵三万先發)

「삼실총」은 백제 정벌에 남다른 공을 세운 화덕華德→호덕好德→양덕陽德으로 이어지는 무사가문 3대의 부마 무덤이다.

| 각저총,무용총 벽화의 시사점 |

▲ 각저총, 무용총 [길림성 집안]

「우산하무덤떼」는 광개토왕과 장수왕 시기인 5세기 무렵에 집중적으로 조성된 왕족의 특별 무덤군이다. 이 중 「각저총」과 「무용총」은 태왕릉 북쪽 1㎞ 지점에 위치한다. 무덤양식은 둘 다 원형의 돌방흙무지벽화무덤이다. 내부는 널길 →앞방→이음길→널방으로 이어지는 구조의 두칸방무덤이다. 각저총(씨름무덤) 명칭은 널방내 벽화에 씨름하는 장면이 그려져 있어 붙여진 이름이며, 무용총(춤무덤) 명칭 또한 고구려 여인의 춤추는 장면이 묘사되어 붙여진 이름이다.

각저총 벽화

▲ 각저총 무덤주인(좌측)과 부인들

각저총(우산하457호) 널방의 후벽에 그린 벽화는 무덤주인의 생활상을 오롯이 담고 있다. 실내는 장막을 대들보까지 끌어 올리고 다시 양 기둥을 따라 늘어뜨린 모습으로 고구려 왕족의 집안 분위기가 물씬 풍긴다. 중앙에는 무덤주인으로 추정되는 남성이 팔짱을 끼고 걸상에 앉아 있다. 남성을 마주보고 무릎을 꿇은 자세

로 다소곳이 앉아 있는 두 여성은 무덤주인의 부인이다. 무덤주인 주변
에는 몇 개의 탁자와 화살통 그리고 음식을 담은 그릇 등이 놓여 있다.
부인들 앞에도 탁자와 식기가 각각 놓여 있다. 무덤주인 뒤로는 작게 묘
사된 시종이 서있고 부인들 뒤편에도 시녀가 서있다.

　각저총의 명칭이 된 씨름도는 널방 좌벽
에 있다. 중앙은 커다란 나무, 왼편은 가옥
도, 오른편은 씨름도가 위치한다. 중앙의 커
다란 나무 밑둥 좌우에는 곰과 호랑이가 나
무에 등을 기댄 채 서있으며 나무가지에는
검은 새가 여러 마리 앉아 있다. 왼편의 가
옥은 용마루 한가운데와 양끝에 보주형 장

▲ 각저총 씨름도

식이 들어가 있다. 내부에는 한 여성이 음식을 장만하고 옥외에 있는 시
종이 그것을 후벽의 실내(후실)로 나르고 있다.

　오른편의 씨름도는 큰 나무 아래에서 잠방이만 걸친 두 장사가 어깨
를 맞대고 서로의 힘을 겨루며 본격적으로 시합에 돌입할 태세다.(*씨름
도는 장천1호분 벽화에도 있음) 오늘날 우리 씨름의 복장이나 자세와 별반 차
이가 없다. 옆에 막대기를 들고 서 있는 백발 노인은 심판으로 추정된
다. 그런데 왼편 장사의 생김새가 애사롭지 않다. 초승달 닮은 커다란
눈과 큼직한 매부리코를 하고 있다. 우리와는 혈통이 다른 백인 계통의
서역인이다.

씨름도 오른편 장사의 머릿털 모양도 특이하다. 우리민족의 고유 머릿털 장식인 상투를 튼
모습과는 확연히 다르다. 마치 석가모니 부처의 머릿털 장식인 나발(螺髮)과 비슷하다. 오른
편 장사 역시 순수 고구려인은 아니다.

　씨름도의 서역인은 고구려에 귀화한 사람(또는 장기 체류자)으로 추정된
다. 특히 주목을 끄는 점은 벽화에 등장하는 서역인이다. 적어도 당시

고구려 왕족(또는 귀족)들은 서역인 한 두 명은 수하의 식객으로 거느렸을 가능성을 시사하기 때문이다.

그렇다면 이들 서역인은 어디에서 왔을까? 두 가지 가능성이 존재한다. 서역에서 중원왕조를 통해서 고구려에 왔을 경우와 중원왕조를 통하지 않고 직접 서역에서 고구려로 건너왔을 경우다. 만약 중원왕조를 통해서 왔다면 광개토왕 시기는 후연이고 장수왕 시기는 북연과 북위다. 또한 직접 서역에서 건너왔다면 장수왕 시기의 선선鄯善(타클라마칸사막 누란왕국)이다. 선선은 북위에 멸망당하기까지 수차례에 걸쳐 고구려에 사신을 파견한 역사가 있다.

> 서역계 혈통을 받은 최초 고구려인은 시조 추모왕을 보좌한 개국공신 협보(陝父)다. 『유기추모경』에 협보 어머니에 대한 기록이 나온다. '그 어미도 재차 아이를 칭찬하였다. **노랑머리에 하얀 피부다.**'(其母再贊兒 黃頭而雪膚) 협보는 **러시아계 백인인 중앙아시아 서역인**이다.

무용총 벽화

무용총(우산하458호)은 고구려 고분벽화를 대표하는 무덤이다. 우리가 익히 잘 아는 수렵도狩獵圖와 무용도舞踊圖가 널방 좌우 벽면에 그려져 있다.

수렵도는 널방의 서벽 대부분을 차지한다. 모두 5명의 무사와 5마리

▲ 무용총 수렵도

동물이 등장한다. 앞뒤로 네 다리를 쭉 뻗어 힘차게 달리고 있는 말 위에서 활시위를 팽팽하게 당기고 머리에 새 깃을 꽂은 무사들이 놀라서 달아나는 호랑이와 사슴들을 뒤쫓으며 사냥하는 모습이다. 사람과 동물의 움직임이 역동적이며 힘차고 속도감이 넘친다.

수렵도의 우측 상단에 있는 기마무사는 말이 달리는 반대 방향으로 몸을 뒤로 틀어 활을 쏘고 있다. 이 자세는 이란 북부의 **고대 파르티아**(Parthia)**왕국에서 유래한 '파르티안 사법**(射法)'이다. 그렇다고 한다.

무용도는 널방의 좌벽에 있다. 말을 타고 있는 무덤주인의 기마도^{騎馬圖}를 비롯하여 주방이 있는 가옥과 5명의 남녀 군무상^{群舞像}(그림 위), 9명의 합창대상^{合唱}^{隊像}(그림 아래) 등이다. 무용총 명칭은 5명의 남녀 군무상에서 비롯된다. 천장에는 연화문, 사신도^{四神圖}, 일월도^{日月圖} 등이 있다.

▲ 무용총 무용도

『양서』 고려 전. '그들의 습속은 **노래와 춤을 좋아하여 나라 안의 읍락마다 남녀가 밤마다 떼지어 모여서 노래를 부르며 즐긴다.** 그 나라 사람들은 깨끗한 것을 좋아하며 술을 잘 빚는다. 무릎을 꿇고 절을 할 경우 한쪽다리는 펴며 길을 걸을 때는 모두 달음박질 하듯 빨리 간다.'(其俗喜歌儛 國中邑落男女 每夜羣聚歌戲 其人潔淸自喜 善藏釀 跪拜申一脚 行步皆走)

특히 널방 후벽은 무덤주인의 생활상을 담고 있다. 손님과 마주하고 담소를 나누는 장면이 묘사된 접객도^接^{客圖}다. 그런데 손님의 모습이 특이하다. 짧은 머리에 피부색은 다소 검붉은 편이다. 인도출신의 호승^{胡僧}으로 추정된다. 이는 무용총 무덤주인의 위상을 단적으로 보여준다. 무덤주인은 내국인보다 주로 외국인을 상대하는 업무에 봉직한 인물로 보인다.

▲ 무용총 접객도 (우측 무덤주인)

▲ 무용총 수박도

또한 널방 천장에는 두 장사가 서로 마주보고 수박手搏하는 장면이 묘사된 수박도手搏圖가 그려져 있다. 수박은 수벽타手擘打로도 불린다. 손바닥을 마주치면서 수련(대련)하는 방식이다. 이에 반해 택견托肩은 발만을 사용하는 방식으로 수박과 대조를 이루는 우리의 전통 무예다.

> 수박, 택견, 씨름 등의 유래는 명확히 알려진 바는 없다. 다만 아주 오래전부터 짐승을 잡거나 상대방과 겨룰 때에 손으로 치거나 발로 차거나 또는 붙들어 둘러메치는 등의 기술이 자연스레 만들어진 것으로 보이며, 이후 보다 전문화 또는 세분화되면서 각각 수박, 택견, 씨름 등으로 발전한다.

특히 수박도의 왼편 장사 얼굴은 완전히 지워져 정확한 인상을 확인할 수 없으나 젓가슴이 유난히 크고 허벅지와 장단지에 털이 많은 점으로 보아 각저총 씨름도의 왼편 장사와 같은 서역인일 가능성이 매우 높다. 역시 선선(누란) 출신으로 추정된다.

각저총과 무용총 무덤주인

▲ 무용총 전경

각저총과 무용총은 마치 쌍둥이 무덤처럼 바짝 붙어 있다. 무덤의 조성 시기는 각저총이 무용총보다 약간 빠르다. 두 무덤은 형제 또는 부자의 무덤으로 추정된다. 다만 아쉽게도 무덤내의 발굴 유물은 벽화가 전부다.

그런데 무덤주인에 대한 단서가 〈장수대제기〉에 나온다.

> 장수30년(462년) 임인 3월, 북위 사신 돈익이 래조하여 낙타를 바치며 **경태자가 선선에서 훙하였다고 알렸다.** 상은 조정을 폐하고 거애하였다. 경태자는 옥엽친족으로 선도를 위해 멀리 나가 있다가 외딴 곳에서 죽었다. 평생토록 고기반찬을 입에 대거나 비단옷을 입지 않았다. **나라와 북위에 머무르며 공주와 시첩 사이에서 모두 15인의 자녀를 두니 북위에 있는 자녀가 7인이고 선선에 있는 자녀가 2인이다.** 조정은 비용과 물자를 멀리 보내 폐백이 모자라지 않게 하였다. 상은 경태자가 나라(왕위)를 양보한 큰 의로움이 있기에 **숭덕선제**崇德仙帝**로 추존하고 사당을 세워 그 장자 회일로 하여금 돌보게 하였다.**
>
> 長壽三十年 壬寅 三月 魏使敦益來獻駱駝言 鯨太子薨于鄯善 上廢朝擧哀 太子
> 以玉葉之親爲道遠征殞身絶域 平生不御肉饌錦衣 在國及魏皆尙公主而又有侍
> 妾生子女十五人 在魏者七人 鄯善者二人 朝廷遠送費資爲幣不少 上以鯨太子
> 有讓國大義 追尊爲崇德仙帝立其廟 使其長子懷祖主之

선선에서 사망한 경鯨태자에 대한 기록이다. 경태자(392년생)는 광개토왕의 장자로 제1왕후 토산吐山왕후 소생이다. 광개토왕의 차자인 장수왕 거련(394년생)이 제2왕후 평양平陽왕후 소생이니 경태자는 장수왕의 이복형이다. 그러나 경태자는 장자임에도 불구하고 광개토왕의 뒤를 잇지 못한다. 아버지 광개토왕으로부터 후계자 낙점을 받지 못하고 대신 선왕仙王에 봉해지며 왕위계승 서열에서 탈락한다. 이후 경태자는 고구려를 벗어나 주로 북위와 선선(누란)에서 활동하며 462년 71세로 선선에서 사망하여 그곳에 묻힌다. 이런 까닭으로 경태자는 서역인(선선 출신)과 깊은 관계를 맺는다. 특히 기록은 경태자가 자녀 15명을 두었는데 이중 북위에서 7명, 선선에서 2명을 얻었다고 한다. 나머지 6명은 이전 고구려에서 얻은 자녀다.

각저총 무덤주인은 경태자의 장자 회일懷祖의 무덤으로 추정된다. 경태자와 인연을 맺은 서역인 출신들이 고구려로 귀화하여 회일의 식객 또는 가신으로 편입되었을 가능성이 높기 때문이다. 무용총 무덤주인 도 마찬가지다. 경태자 아들 중 회일의 동생인 회녕懷寧의 무덤으로 추 정된다.

▲ 광개토왕과 경태자의 관계도

특히 각저총과 무용총은 광개토왕릉(태왕릉)에서 매우 가까운 거리에 위치한다. 무덤주인이 광개토왕의 직계자손이기에 왕실차원에서 배려 한 것은 아닐까?

『고구려사략』에는 경태자가 선선에서 낳은 아들이 유연(柔然)의 원동(原同)가한이 된 내용이 나온다. 〈안원대제기〉다. '무오 대장8년(538년) 5월, 보거(宝炬,서위 초대황제)가 또 상서를 올리며 말하길 "신은 유연의 두병(頭兵)가한의 딸을 처로 맞이하였습니다. 처의 어미는 재치후며 선선(누란)공주 소생으로 원동(原同)가한의 딸입니다. **원동가한 의 아비는 광개상황**(광개토왕)**의 아들인 경(鯨)태자입니다. 엎드려 듣건대 경태자 역시 폐하**(안원왕)**의 외증조이시니 신**(보거)**의 처는 경태자의 증손녀입니다.**'(戊午 大藏八年 五月 宝炬又上書言 臣娶柔然頭兵可汗之女爲妻 妻母才治后 乃鄯善公主所生原同可汗之女也 原 同可汗之父 乃廣開土皇之子鯨太子也 伏聞鯨太子亦陛下外曾祖 云臣妻 亦鯨太子之曾孫也)

「각저총」과 「무용총」 무덤주인은 태왕이 되지 못한 광개토왕의 장 자 경鯨태자의 아들 회일懷祖, 회녕懷寧 형제의 무덤이다.

| 태왕차자릉 판석의 비밀 |

지금까지 발견되어 연구된 고구려 석비는 《광개토왕릉비》를 비롯하여 《충주고구려비》, 《집안고구려비》 등이다. 이와 달리 다소 출처가 불분명하고 개인이 소장한 탓에 연구가 이루어지지 않은 석비도 다수 있다. 이번에 소개하는 「태왕차자릉太王次子陵」 판석板石은 길림성 집안의 고구려무덤떼에서 출토된 개인 소장의 고구려 금석문이다.

태왕차자릉 판석과 태왕릉 벽돌의 명문

판석은 가로 36.5cm 세로 37.5cm 두께 7cm로 정방형에 가깝다. 글자 크기는 5cm 정도며 글자 배열은 4행 3열이다. 모두 12자가 음각으로 새겨 있다. 명문은 '願太王次子陵安如川固如岳'이다. 번역하면 '원하건데 태왕차자릉이 물처럼 편안하고 뫼처럼 튼튼하소서'다. 그런데 태왕차자릉의 판석 명문이 태왕릉(광개토왕릉) 출토 벽돌 명문에도 동일하게 나온다. 태왕릉 벽돌(또는 전돌) 명문은 '願太王陵安如山固如岳'이다. 다

▲ 태왕차자릉 판석 명문

만 차이가 있다면 '태왕릉太王陵'이 '태왕차자릉太王次子陵'으로, '안여산安如山'이 '안여천安如川'으로 바뀐다. 「태왕릉-안여산」의 조합이 「태왕차자릉-안여천」의 조합으로 대처된다. '山'을 '川'으로 표현만 달리 했을 뿐 기본적인 문장 구조는 같다. 또한 글씨체도 마치 한 사람이 새긴 것처럼 똑같다. 웅위하면서도 부드러운 고구려체다. 이는 태왕차자릉의 주인공이 태왕릉의 광개토왕과 같은 시기, 같은

▲ 태왕릉 벽돌 명문

급의 왕족임을 보여주는 결정적인 근거다.

> 두 명문의 '**太**'는 공히 가운데 찍은 점이 삼각형(▲)이다. 천지인(天地人) 은 각각 원방각에 대응한다. 하늘은 원(○), 땅은 방(□), 사람은 각(△) 이다. 삼각형 점은 바로 사람을 나타내는 기호다. '**太**'자는 '큰 사람' 즉 '왕'을 가리킨다. 적어도 **고구려 '太'자는 오로지 고구려 왕만이 쓸 수 있는 글자다.**

태왕차자는 광개토왕의 동생 용덕

　　태왕차자는 누구일까? 태왕차자는 『고구려사략』에 나오는 광개토 왕 담덕談德의 동생 용덕勇德이다. 아버지는 소수림왕이며 어머니는 천강 天罡왕후다. 천강왕후는 474년에 담덕을, 477년에 용덕을 낳는다. 담덕 과 용덕은 동복형제로 3살 터울이다. 특히 〈장수대제기〉는 광개토왕 재 위 시기인 395년(광개토5) 용덕이 형수인 평양平陽왕후와 몰래 사통하여 장수왕을 낳았다고 증언한다. 용덕은 장수왕의 생부다.

　　용덕은 단명한 형 광개토왕(*412년 사망)과 달리 비교적 장수한다. 아 들 장수왕에 의해 444년 월왕越王에 봉해지며 457년 81세로 사망하여 용덕릉勇德陵에 묻힌다. 용덕릉이 바로 태왕차자릉이다.

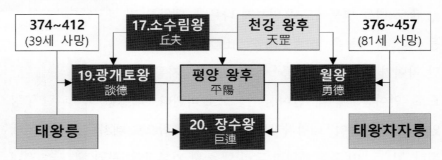

▲ 광개토왕 담덕과 월왕 용덕의 관계도

　　특히 용덕릉(태왕차자릉)의 단서가 〈장수대제기〉에 나온다.

32년(464년) 갑진 5월, 상은 용덕사당을 찾아가 처연히 말이 없더니만 명을 내려 용덕릉을 개수하고 호경(용덕 아들)을 월왕으로 삼았다. 상은 점차로 늙어가며 용모와 목소리는 점점 용덕을 닮아가고 너그럽고 부지런하며 후덕한 성품 또한 용덕과 비슷하였다.

三十二年 甲辰 五月 上如勇德祀惻然良久 命改勇德陵以胡景爲越王 上漸老容 皃聲音益肯勇德 寬勤腆實之性亦似勇德

　　때는 464년(장수32)이다. 장수왕은 용덕사당을 찾아가 제사지낸 후 용덕릉을 대대적으로 개수改修한다. 용덕릉은 이때 새롭게 조성되며 왕릉급 무덤으로 격상된다.

용덕릉은 칠성산871호분

　　용덕릉은 「칠성산무덤떼七星山墓區」의 왕릉급 무덤인 「칠성산871호분」이다. 통구하通溝河 서안의 칠성산 남쪽 비탈면에 위치한다. 동쪽 500m 거리에 통구하가 흐르며 바로 건너편에는 국내성이 있다. 무덤크기는 동서 48m×40m, 남북 46m× 46m, 높이 5~10m의 대형이다. 기단은 서

▲ 칠성산871호분 전경

쪽이 8단, 북쪽이 10단, 동쪽은 12단이다. 남쪽은 심하게 파괴되어 기단의 숫자가 명확하지 않다. 무덤 가운데에는 너비 약 16m의 커다란 구덩이가 있다. 본래는 널방墓室이 있던 곳으로 가운데 정상부터 남쪽 벽에 이르기까지 심하게 무너져 있다. 무덤 북쪽에는 딸린무덤陪塚 또는 제대祭臺로 추정되는 시설이 있고 서쪽에는 일부 능장(담장)이 남아 있다.

　　칠성산871호분에서 출토된 유물은 동기류銅器類, 철기류鐵器類, 기와류(암키와/수키와) 등 다수다. 특히 관심을 끄는 유물은 묘역포석墓域鋪石으로

▲ 묘역포석

사용한 판석들이다. 판석은 무덤 아래면 산비탈 흙위에 깔아 무덤이 무너져 내리지 않도록 보호하는 역할을 한다. 무덤의 서북쪽에서 평평하게 깐 판석 여러 개를 한꺼번에 출토한다. 크기는 길이 0.5~0.8m, 너비 0.4~0.6m, 두께 0.1~0.2m로 다양하다.

칠성산871호분이 「태왕차자릉」으로 추정되는 이유는 판석의 존재와 판석에 새겨진 '安如川'의 문구 때문이다. 판석은 칠성산871호분의 묘역포석 중 하나며, '安如川'의 '川'은 가까운 거리에 위치한 통구하를 가리킨다.

용덕릉을 칠성산무덤떼에 쓴 이유

그런데 용덕릉(태왕차자릉)을 「칠성산무덤떼」에 쓴 이유가 자못 궁금하다. 더구나 용덕릉은 태왕릉(광개토왕릉)이 소재한 「우산하무덤떼」도 아니고 서대총(고국원왕릉), 천추총(고국양왕릉)이 소재한 「마선구무덤떼」도 아니다. 딱 중간지점에 위치한 「칠성산무덤떼」다.

이는 광개토왕(담덕)과 평양왕후 그리고 용덕의 삼각관계에서 실마리를 찾을 수 있다. 광개토왕은 평양왕후가 동생 용덕과 사통한 사실을 알고 이루 표현할 수 없는 배신감을 느꼈을 것이다. 그래서 사후 두 사람의 무덤을 자신의 무덤 근처에 쓰지 말 것이며 또한 두 사람의 무덤을 아주 멀리 떨어뜨릴 것을 지시했을 가능성도 존재한다. 특히 평양왕후는 412년 광개토왕이 갑자기 사망하자 곧바로 자살을 선택한다. 남편 광개토왕에 대한 미안함이 작용한 순사殉死다. 그러나 평양왕후는 광개토왕의 무덤에 합장되지 못한다. 대신 태왕릉(광개토왕릉)에서 동쪽으로 다소 떨어진 장군총(평양릉)에 무덤을 따로 쓴다. 마찬가지로 457년 사망한 용덕 또한 태왕릉 근처에 무덤을 쓰지 못한다. 대신 태왕릉에서 서쪽으로 아주 멀리 떨어진 칠성산871호분에 무덤을 쓴다. 결국 평양왕후와 용덕 두 사람의 사통은 사후에까지도 광개토왕의 미움을 톡톡히 받는다.

▲ 태왕릉, 평양릉(장군총), 용덕릉의 분포

　그러나 장수왕은 뒤늦게나마 자신의 생부가 광개토왕 담덕이 아닌 용덕임을 알게 된다. 그래서 464년(장수32) 용덕릉을 찾아가 제사지내고 용덕릉(칠성산871호분)을 대대적으로 개축하여 왕릉급으로 격상시킨다. 이때 장수왕은 생부 용덕의 신분을 태왕차자(소수림왕 둘째 아들)로 회복시키며 이를 판석에 새긴다. 「태왕차자릉」 판석은 바로 장수왕의 정체성을 담은 유물이다. 또한 491년(장수79) 죽음을 앞둔 장수왕은 어머니 평양릉(장군총)을 찾아가 제사지내고 사후 자신의

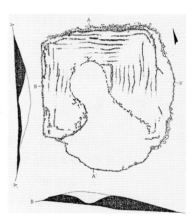

▲ 칠성산871호분 구조도

시신을 합장하라 유언한다. 광개토왕에게 버림받은 어머니 평양왕후에 대한 애틋함과 배려는 아니었을까?

　태왕차자릉太王次子陵은 장수왕의 생부 용덕勇德의 무덤인 「칠성산871호분」이다.

| 북위왕실의 피를 받은 문자명왕 |

　　문자명왕(21대)은 고구려 최전성기를 대표하는 군주다. 재위기간은 492년~519년까지 28년간이다. 이름은 나운羅雲이며 장수왕의 손자다. 아버지는 장수왕의 막내(19번째)아들 조다助多다. 그런데 문자명왕의 아버지 조다가 중원왕조 북위황실의 피를 받은 기록이 『고구려사략』에 나온다.

문자명왕의 할머니, 북위황제의 딸

　　북위는 중원 남북조시대 북조를 대표하는 선비족 탁발부拓跋部가 세운 나라다. 장수왕은 435년 북위황제 탁발사(2대)의 딸 가란嘉蘭과 혼인한다.

> 『고구려사략』〈장수대제기〉. '을해(435년) 6월, 위의 산기시랑 이오 등이 **탁발사의 딸 가란을 호송하여 왔다. 하란의 딸이다.** 상이 담윤을 영접대사자로 삼아 서하로 나가 맞이하였다. **탕수궁에 들어서 근례를 행하였다.**'(魏散騎侍郞李敖等送嗣女嘉蘭來 乃賀蘭之出云 上以談允爲迎接大使者出西河迎之 入淌水宮行졸禮)

　　이후 가란은 하賀공주(437년)와 탁拓공주(440년)를 낳고 장수왕의 비妃에서 후后로 승차하며 정실왕후가 된다. 이어 444년(장수32) 가란은 아들 조다를 낳는다. 그래서 조다는 장수왕의 후계자 반열인 적자嫡子가 된다.

　　조다는 19세인 462년(장수50) 아들 나운을 얻는다. 나운을 낳은 여성은 찬가讚加다. 그런데 나운이 15세가 되던 476년(장수64) 아버지 조다의 신상에 변화가 생긴다. 북위황제 탁발홍(6대)이 사망하자 조다는 조문사 자격으로 북위에 파견된다. 그러나 조다는 고구려로 돌아오지 못한다. 북위 풍馮태후(문성태후)가 조다를 좋아하여 곁에 두고 돌려보내지 않는다. 특히 풍태후는 장수왕에게 조다를 후계자로 지명해줄 것을 요구하며 장수왕은 조다의 동궁인장과 동궁책봉서를 북위에 보낸다. 이에 풍태후는 조다의 동궁(태자)책봉식을 별도로 거행한다.

> 『고구려사략』〈장수대제기〉. '장수44년(476년) 병진 7月, 조다의 나이가 33세고 가란의 소생인 까닭에 풍녀와 은밀히 정을 통하였다. 풍녀가 누차 사신을 보내 정식후사로 삼아주길 청하여 동궁부를 설치하고 관료를 딸려 보냈다. **조다가 풍녀에게 붙잡혀 위에서 돌아오지 않아 동궁인장과 책봉서를 보내니 위가 별도로 책봉식을 해주었다** 한다.'(長壽四十四年 丙辰 七月 助多方年三十三 以嘉蘭之出 與馮女情密 馮累遣使請封正嗣乃置東宮府僚屬而助多因馮女之挽留在魏未歸 故送其東宮印冊于魏 魏亦別行冊封之禮云)

그러나 조다는 끝내 고구려로 돌아오지 못하고 북위에서 사망한다. 풍태후의 사랑을 독차지한 조다를 시기하고 질투한 무리에 의해 암살당한다. 480년(장수68) 조다의 시신이 고구려에 도착하고 장수왕은 "아비가 동황(동쪽 황제)이고, 너는 서황(서쪽 황제)이어서 이미 복이 차고 넘치거늘, 왜 조심하지 않아 이런 꼴을 당한단 말이냐?"(父爲東皇 汝爲西皇 福已溢矣 汝何不勅遂至此狀邪)하며 통곡한다. 조다의 사망소식을 접하는 장수왕의 실망을 엿볼 수 있는 대목이다.

황손에 얽힌 비밀

조다태자가 사망하자 장수왕은 조다의 아들 나운을 황손皇孫에 봉한다. 여기서의 황손은 단순히 장수왕의 손자를 가리키는 것이 아니다. 장수왕의 공식후계자를 지칭한다. 이어 황손 나운은 487년(장수75) 감국소황監國小皇에 봉해져 장수왕의 말년 치세를 보좌하며 491년(장수79) 장수왕이 사망하자 왕위를 승계한다. 바로 문자명왕이다.

그런데 『신라사초』는 나운이 황손이 된 배경을 전혀 다르게 설명한다. 장수왕은 조다의 아내 찬가讚加를 빼앗는다. 다시 말해 장수왕은 며느리(조다 아내)를 자신의 첩(부인)으로 삼는다. 또한 기록은 조다가 병들어(?)

죽자 장수왕이 이를 후회하여 나운을 사자^{嗣子}(후계자)로 삼았다고 전한다.

> 『신라사초』〈소지명왕기〉. '막내 아들 조다가 찬가에게 장가 들었는데 매우 아름다웠다. **찬가가 조다의 아들 나운을 낳자 거련이 그녀를 빼앗아 첩으로 삼고 조다를 의자(宜子)로 삼았다.** 조다가 이로 인하여 병들어 죽었다. 거련이 이를 후회하여 나운을 사자(嗣子)로 삼고 찬가 또한 총애를 입어 내정을 장악하였다.'(其少子有助多者娶于讚加氏 甚美生子羅雲 連以爲宜子 而奪之爲妾 助多由此而病死 連悔之乃以雲爲嗣 讚加亦以寵專內政)

사자^{嗣子}는 바로 황손^{皇孫}을 가리킨다. 『신라사초』는 나운이 황손에 봉해진 배경에는 장수왕과 며느리 찬가^{讚加} 사이에 어떤 관계가 개입된 사실을 암시한다. 더구나 『고구려사략』은 나운이 장수왕의 손자가 아닌 아들이라고 부연한다. '임인(462년) 5월, 조다의 아들 나운이 태어났다. 혹은 상(장수왕)의 아들이라고도 한다.'(壬寅 五月 助多子羅雲生 或云上子) 이는 나운이 황손이 된 결정적인 이유다. 적어도 장수왕은 나운을 조다의 아들이 아닌 자신의 아들로 인식한다. 결국 나운의 황손 칭호는 장수왕과 며느리 찬가사이의 부적절한 관계에 기인한다.

우리는 이런 역사를 전혀 알지 못한다. 아니 알 수가 없다. 모두 『삼국사기』가 스스로 외면하였기 때문이다. 『삼국사기』는 이 모든 역사를 한 줄로 축약한다. '조다가 일찍 죽자 장수왕이 나운을 궁중에서 길러서 태손으로 삼았다.'(助多早死 長壽王養於宮中 以爲太孫) 태손^{太孫}은 황손^{皇孫}이다. 그나마 『삼국사기』는 황제국을 나타내는 '皇'자를 은근슬쩍 '太'자로 바꿔 놓는다.

연호 명치와 시호 문자명

문자명왕의 연호는 명치^{明治}다. 이는 문자명왕을 명치호왕^{明治好王}으로 표기한 『삼국사기』 기록에 따른다. 연호 명치는 '잘 다스린다.'는 뜻으로 시호 문자명^{文咨明}과도 맥을 같이 한다.

『삼국유사』〈왕력〉에는 '명리호(明理好)', '개운(个雲)', '고운(高雲)'의 이름도 전한다. 명리호는 문자명왕의 별호인 명치호왕이고 개운은 나운의 변형이며 고운은 고나운(高羅雲)에서 '羅'자를 뺀 두 글자 이름의 중국식 표기다.

그러나 『삼국사기』 문자명왕 치세 기록을 보면 연호(또는 시호)에 걸맞는 내용이 전혀 없다. 북위를 포함한 남북조 국가에 조공한 기록과 백제, 신라와 소규모 전투를 벌인 것이 전부다.

또한 아쉽게도 『고구려사략』 조차도 문자명왕의 치세 기록은 아예 없다. 현재로서는 문자명왕의 사료(문헌/비문)기록이나 관련 유물이 추가로 발견되지 않는 한 풀 수 없는 수수께끼로 남을 공산이 크다.

광개토왕의 경우 『삼국사기』는 광개토왕이 어떤 근거로 광개토의 시호를 받게 된 것인지 설명하지 못한다. 그러나 우리는 《광개토왕릉비》 비문기록을 통해 『삼국사기』가 설명하지 못한 부분을 모두 확인할 수 있다. 마찬가지로 『삼국사기』는 문자명왕이 어떤 근거에 의해 문자명의 시호를 받게 되었는지 명확히 설명하지 않는다. 기록을 삭제 또는 소략疏略한 까닭이다. 그럼에도 문자명왕은 문치를 상징하는 시호를 받는다. 설사 구체적인 내용을 확인할 수 없더라도 우리는 문자명왕을 고구려 문치시대를 이끈 군주로 기억해야 한다.

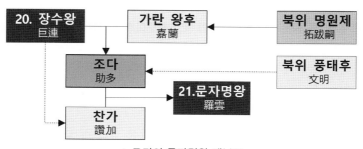

▲ 조다와 문자명왕 계보도

문자명왕은 북위왕실의 피를 받은 고구려 문치시대의 상징이다.

| 문자명왕의 무덤 오회분2호묘 |

「우산하무덤떼^{禹山下墓區}」는 광개토왕과 장수왕 시기인 5세기 무렵에 집중적으로 조성된 왕족(일부 귀족 포함)의 무덤군이다. 이 중에는 유달리 중·대형급의 무덤들이 밀집된 곳이 있다. 소위 '왕족묘역'으로 불리는 지역이다. 왕릉급의 돌무지무덤인 우산하2110호분과 흙무지무덤인 오회분2호묘를 중심으로 한 주변 일대이다. 사회분^{四盔墳}과 오회분^{五盔墳}은 외형이 투구^{鬪具}(쇠모자) 또는 주발^{周鉢}(놋쇠밥그릇)을 닮았다 하여 '盔'자를 붙인 방형의 흙무지무덤들이다. 또한 우산하2115호분을 포함한 주변의 흙무지무덤들도 있다. 따로 명칭이 부여되지 않은 무덤들이다.

▲ 「우산하무덤떼」 왕족묘역

> 방형의 흙무지무덤은 427년 장수왕의 평양 천도이후 조성된 무덤이다. 봉분 형태가 원형이 아닌 방형인 이유는 돌무지무덤의 봉분형태를 모방한 것으로 추정된다.

우산하2110호분은 조다태자 무덤

「우산하2110호분」은 왕족묘역에서 가장 규모가 큰 대형의 왕릉급 무덤이다. 「온화보남대총^{溫和堡南大塚}」 또는 「서강남대석릉^{西崗南大石陵}」으로도 불린다. 일제강점기 일본인이 무덤정상부에 세워 놓은 콘크리트^{水泥}기념비가 있다. 무덤양식은 계단돌방돌무지무덤이다. 다만 외형은 정방형이 아닌 장방형이다. 하단부는 동서 38m 남북 66m로 남북 길이가 월등히 길다. 또한 돌방^{石室}도 1개가 아닌 2개다. 아마도 처음 한 변 길이 38m의 돌방무덤 1개를 만들었다가 이후 돌방 1개를 추가하며 남북으로 확장된 장방형의 무덤이 조성된다.

▲ 우산하2110호분 전경

특히 출토유물 중에는 임강총(천강태후 무덤)에서 발견된 청동인형차할^{靑銅人形車轄}과 똑같은 형태와 크기의 차할이 있다. 다만 임강총 차할은 엑스자형(✕) 격자살 문양이 새겨있는 반면 우산하2110호분 차할은 별다른 표식이 없다.

무덤주인은 누구일까? 〈장수대제기〉에 명확히 나온다.

장수48년(480년) 경신 2월, 조다태자 시신이 북위로부터 도착하였다. 이혁 이후에 **태자가 풍태후와 서로 좋아지내다 합궁하여 자식을 낳자** 시샘하는 자가 적잖았는데 여러 번 기회를 엿보다 **이때에 이르러 괴적의 화살을 맞아 독으로 죽었다.** 상이 소리내어 울며 이르길 "아비는 동황이고 너는 서황이어서 이미 복이 차고 넘치거늘 어찌 조심하지 않아 이런 꼴을 당하느냐?"하였다. 조다의 비가 울면서 아뢰길 "부황이시여! 지아비를 죽인 풍홍과 풍녀(풍태후)를 가혹하게 대하셔야 합니다. 어찌하여 원수를 갚지 않습니까?"하였다. 상이 이르길 "너는 홀대한 지아비는 위하면서 아비는 원망하는구나. 내 어찌 잘못이 없다하겠냐만 이미 아들이 장성했으니 개가는 아니된다."하고 **황손(나운)**에게 명하여 어미를 데리고 가서 황산에 묻어주라 하였다.

長壽四十八年 庚申 二月 助多太子喪來自魏 李奕以後太子與馮后媾好生産 妬者不少使刺客累伺 至是爲怪賊所射中毒而薨 上哭曰 父爲東皇汝爲西皇福已溢矣汝何不勅遂至此狀邪 助多妃哭曰 父皇寯待馮弘馮女之殺吾夫安知不爲報

讐乎 上曰 汝爲曠夫而怨父吾豈發明哉但汝子已長不須改嫁也 命皇孫引其母而去葬于黃山

　　무덤주인은 황산원(「우산하무덤떼」)에 묻힌 조다^{助多}태자다. 조다태자는 장수왕이 북위 명원제 탁발사^{拓跋嗣}의 딸 가란^{嘉蘭}공주(제3왕후)를 통해 얻은 아들이다. 444년에 출생한 조다태자는 476년 북위 헌문제 탁발홍^{拓跋弘}이 사망하자 조문사 자격으로 북위에 파견된다. 그런데 권력을 잡고 있던 풍태후(문성태후)가 조다태자를 좋아하여 놓아주지 않는다. 그리하여 장수왕은 풍태후의 요청에 따라 조다태자를 동궁(후계자)에 봉하며 인장과 책봉서를 북위에 보낸다.

　　그러나 풍태후의 사랑을 독차지한 조다태자는 이를 시기한 자들에 의해 암살당한다. 그리고 시신은 고구려로 돌아오며 아버지 장수왕의 명에 의해 황산원에 묻힌다. 이때 한 변 길이 38m인 방형의 한칸방무덤이 조성된다. 그렇다면 또 하나 돌방의 주인공은 누구일까? 조다태자의 비^妃 찬가^{讚加}다. 그런데 장수왕은 며느리 찬가를 자신의 비로 삼는다.

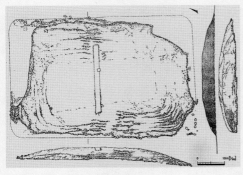
▲ 우산하2110호분 구조도

이런 연유로 찬가는 사후 조다태자의 돌방에 합장되지 못하고 자신만의 돌방을 따로 쓰게 된다. 그래서 동서길이 38m 남북길이 66m의 장방형(직사각형)의 대형 돌무지무덤이 만들어진다. 특히 『고구려사략』은 이 무덤을 황산장릉^{黃山長陵}이라 칭한다.

　　「우산하2110호분」(황산장릉)은 문자명왕의 아버지 조다^{助多}태자와 부인 찬가^{讚加}의 연접묘다.

오회분2호묘는 문자명왕 무덤

「오회분2호묘」(우산하2102
호분)는 동서로 길게 늘어선
오회분五盔墳 중 두 번째 무
덤이다. 한 변 길이 55m(둘
레 220m) 높이 15m로 집안
일대 흙무지무덤 중에서 가
장 규모가 크다. 돌무지무덤
인 장군총(33m×33m)보다 월

▲ 오회분 2호묘 전경

등히 크며 서대총(55m×55m)과 같고 태왕릉(66m×66m)보다는 다소 작다.
무덤양식은 하단부를 돌로 기단墓壇을 두른 다음 흙으로 봉분을 쌓은 방
형의 기단돌방흙무지무덤이다. 무덤주위에서 다수의 기와편이 발견되
어 제사시설인 건축물(사당)의 존재가 확인된 왕릉급 무덤이다.

　　무덤주인은 누구일까? 〈안장대제기〉다.

기해 안장원년(519년) 2월, 신해일 초하루 상황(문자명왕)이 황극전 서쪽 침소
에서 붕하였다. 춘추 58세다. 상(안장왕)은 맨살을 드러낸 채 머리를 풀어 헤
치고 애통히 호곡하니 말릴 수도 없었다. 물 한 모금 장국 한 술도 입에 넣지
않았다. … 북위 사신 유영이 와서 예를 올리고 부의를 바쳤다. … 3월, 계미
일 대행(문자명왕)을 황산장릉 옆에 장사지냈다. 연태후가 뒤따라 죽으려고 음
식을 끊었다. … 병신일 연태후가 붕하여 대행의 광중(무덤방)에 장사지냈다.
춘추 70세다.

己亥 安藏元年 辛亥朔 上皇崩於皇極殿之西寢 春秋五十八 上肉袒披髮哀號 不
己水醬不入口 … 魏使劉永来献儀賻 … 三月 癸未 葬大行于黃山長陵之側 淵
太后絶食下殉 … 丙申 淵太后崩葬于大行壙中 春秋七十

무덤주인은 황산장릉 옆에 장사지낸 문자명왕(나운)이다. 황산장릉은 조다태자가 묻힌 우산하2110호분을 가리킨다. 문자명왕은 평양 안학궁(황극전)에서 사망하지만 무덤만큼은 황산원(길림성 집안))에 쓴다. 아버지 조다태자를 뒤따른 장지의 선택이다. 또한 문자명왕의 왕후 연흡^{淵洽} 역시 뒤따라 죽어 문자명왕의 무덤방에 합장한다. 연흡은 안장왕(흥안)을 낳은 왕후다. 혹여 훗날이라도 오회분2호묘를 발굴하면 돌방내 널받침^{棺臺}은 반드시 2개가 놓여 있을 것이다.

오회분과 사회분은 **문자명왕의 직계가족 무덤**들로 추정된다. 『고구려사략』에 기록된 문자명왕의 **아들(왕자)은 융(隆), 성(城), 복(福), 송(松)** 등이며, **딸(공주)은 흡(洽), 하원(河原), 산음(山陰)** 등이다. **사회분은 4명의 왕자, 오회분(3~5호)는 3명의 공주 무덤으로 보인다.**

▶ 사회분 전경

「오회분2호묘」는 문자명왕과 왕후 연흡^{淵洽}의 합장묘(어울무덤)다.

| 안장왕의 즉위시 혼란과 오곡전투 |

안장왕(22대)은 이름이 흥안興安이며 문자명왕의 장자長子다. 재위기간은 519년~531년까지 13년간이다.

엄친아 안장왕

『고구려사략』〈안장대제기〉 즉위전사即位前史다.

제는 휘가 흥안, 자는 숭현이며 명치대제의 장자다. 어머니는 연태후로 황태자의 딸이다. 총명하고 학문을 좋아하며 그림도 잘 그렸다. 어머니가 엄하게 교육한 탓에 예의를 익혔고 근검하였다. 욱호태후가 여러 번 자신의 아들로 동궁(태자)을 바꾸려고 하였지만 뜻을 이루지 못하였다. 이제야 즉위하니 춘추 43세. 연호를 안장으로 바꿨다.

帝諱興安字崇賢明治大帝之長子也 母淵太后晃太子之女也 聰明好學且善繪画 以母后嚴教習禮儀孝友勤儉 故勗好太后累欲以己子易東宮而不得 至是卽位春秋四十三 改元安藏

안장왕은 어려서부터 어머니 연淵(연흡)태후의 엄격한 교육을 받으며 성장한다. 오늘날로 치자면 안장왕은 전형적인 엄친아다. 그런데 498년(문자명7) 태자에 책봉된 이후로 오히려 입지가 흔들린다. 욱호勗好태후가 안장왕을 태자에서 끌어내리고 자신의 소생을 태자에 앉히려 여러 번 시도하다 실패한다.

> **욱호태후는 장수왕의 후궁**이다. 장수왕이 말년에 총애한 여성으로 담(曇,481~)과 균(稛,483~)을 낳는다. 두 왕자는 장수왕의 아들이다. 욱호태후가 태자로 삼고자 한 왕자는 둘 중의 하나다. 둘 다 조다(문자명왕 父)와 형제지간이므로 안장왕에게는 할아버지 뻘이다.

　　왜 이런 일이 벌어진 것일까? 장수왕이 남긴 불편한 유산이다. 장수왕은 79년간을 재위하며 5후后 7비妃 16빈嬪 등 28명의 왕후와 후궁을 둔다. 장수왕은 이들 왕후와 후궁을 통해 1백여 명의 자손을 얻는다.

　　안장왕은 욱호태후의 흔듦에도 굳건히 태자자리를 지키며 늦깎이인 43세에 즉위한다. 이 내용 하나만을 놓고 보면 으레 그럴 수도 있다. 그러나 장수왕의 여러 후궁들과 왕자들은 고구려 문치시대를 쇠하게 하는 요인으로 작용한다. 이런 의미에서 안장왕의 즉위 혼란은 역사적 상징성이 매우 크다. 특히 후궁들은 대부분 귀족가문 출신이어서 한 명의 왕자가 태어나면 그 왕자는 해당 귀족가문을 뒷배로 왕위를 넘보게 된다. 고구려는 최고의 전성기를 맞이하지만 또한 귀족세력의 발흥이라는 독버섯이 자란다.

오곡전투의 이상한 표현 기록

　　안장왕은 재위기간 내내 남조 양梁(502~557)과 북조 북위北魏(386~534)와의 견사 외교에 힘쓴다. 519년(안장1) 즉위하자마자 양으로부터 「영동장군도독영평이주제군사고구려왕」을, 북위로부터 「안동장군영호동이교위요동군개국공고구려왕」의 관작을 각각 받는다. 견사는 양에 4차례, 북위에 1차례 이루어진다. 양에 대한 견사 횟수가 많은 이유는 백제를 집중적으로 견제하기 위해서다. 안장왕 시기 백제와의 전투는 523년(안장5), 529년(안장11) 2차례 벌어진다. 523년 전투는 패하고 529년 전투는 승리한다. 아래는 529년 전투 기록이다.

『삼국사기』〈고구려본기〉 안장왕	11년(529년) 10월, 왕이 백제와 오곡에서 싸워 승리하였다. 2천여의 머리를 베었다. 十一年 冬十月 王與百濟戰於五谷 克之 殺獲二千餘級

『삼국사기』 〈백제본기〉 성왕	7년(529년) 10월, 고구려왕 흥안이 직접 병사를 거느리고 침범하여 북쪽 변경의 혈성을 함락시켰다. 왕이 좌평 연모에게 명하여 보병과 기병 3만을 거느리고 오곡 벌판에서 막아 싸우게 하였으나 이기지 못하였다. **죽은 자가 2천여다.** 七年 冬十月 高句麗王興安 躬帥兵馬來侵 拔北鄙穴城 命佐平燕謨 領步騎三萬 拒戰於五谷之原 不克 死者二千餘人
『고구려사략』 〈안장대제기〉	기유 안장11년(529년) 9월, 상이 친히 정예기병 2만을 이끌고 황산을 출발하여 수곡성으로 나아갔다. 복태자에게 1만 군사를 주어 혈성을 쳐서 빼앗았다. 이에 명농(성왕)이 연모와 함께 3만 군사를 이끌고 와서 오곡에서 맞서 싸웠다. 이들을 패퇴시키고 **남녀 2천여를 산채로 잡아 돌아왔다.** 己酉 安藏十一年 九月 上親率精騎二万自黃山出水谷城 命福太子引兵一万 拔穴城 明穪與燕謨 引軍三万迎戰于五谷而敗 生擒男女二千餘人而皈

　3개 기록 모두 기본적인 내용은 같다. 안장왕이 친정하여 혈성(경기 강화도)을 빼앗고 이어 오곡五谷(서울시 강서구 오곡동) 벌판에서 백제 성왕(26대)이 이끄는 백제군 3만을 대파시킨 사건이다. 크게 차이나는 부분은 승리의 결과다. 『삼국사기』〈고구려본기〉는 '2천여의 머리를 베었다.'(獲二千餘級)고 〈백제본기〉는 '죽은 자가 2천이다.'(死者二千餘人)며 『고구려사략』은 '남녀 2천여를 산채로 잡아 돌아왔다.'(生擒男女二千餘人而歸)이다. 〈고구려본기〉와 〈백제본기〉는 죽였다는 의미에서 같은 맥락이나 『고구려사략』은 죽인 것이 아니라 산채로 잡아온다.

　529년(안장11) 오곡전투의 역사적 사실은 『고구려사략』 기록이다. 산채로 잡아 오는 것이 지극히 고구려다운 행위다.

| 고구려 화폐의 추적 |

『고구려사략』에 고구려 화폐에 대한 기록이 나온다. 〈안장대제기〉다.

경술 안장12년(530년) 3월, 위^魏의 오수전 사용을 금하였다. 상(안장왕)이 안장원보를 주조하였으나 구리로 만든데다가 크기도 하여 사용하기가 불편하였다. 백성이 다시 오수전으로 바꿔 사용하니 손해가 적지 않았다.
庚戌 安藏十二年 三月 禁行魏五銖錢 上鑄安藏元宝而以其銅大而不便於用 民皆易五銖錢用之其爲損不少

안장왕은 오수전^{五銖錢} 사용을 금하고 대신 안장원보^{安藏元宝}를 주조하여 보급하다가 실패한다.

중원왕조 화폐의 변천

화폐 주조는 춘추전국시대로 거슬러 올라간다. 칼모양의 명도전^{明刀錢}과 농기구(호미)모양의 포전^{布錢}이 대표적이다. 이전에는 조개모양의 패전^{貝錢}이 널리 사용된다. 이후 중원을 통일한 진시황이 도량형을 정리하면서 화폐의 모양에도 변화가 일어난다. 원형에 가운데 네모구멍을 한 오늘날의 동전형태인 규격화된 화폐가 만들어지며 또한 화폐의 무게를 동전에 표기한 수량^{銖兩}화폐가 본격적으로 도입된다. 진시황이 만든 화폐는 우측에 '半' 좌측에 '兩'을 새긴 반량전^{半兩錢}이다. 이어 한^漢대에는 오수전^{五銖錢}과 왕

▲ 반량전, 오수전, 왕망전(화천)

망전^{王莽錢}(화천)이 제작된다. 오수전은 무게의 단위인 수^銖를 표기한 수량화폐다. 1수는 0.65g으로 5수는 3.25g에 해당한다. 우측에 '五' 좌측에

'銖'를 새긴다. 특히 오수전은 한漢대에 처음 만들어져 수隋대에 이르기까지 7백여년 가까이 널리 통용된 화폐의 주류다.

오수전 출토의 시사점

앞의 『고구려사략』 기록은 오수전이 고구려에서도 통용된 사실을 증언한다. 이는 오수전이 비단 중원왕조 뿐만 아니라 인접 왕조국가에서도 널리 사용된 점을 부연한다. 오늘날로 치면 오수전은 달러dollar화나 위완元(인민폐)화와 같은 일종의 국제화폐(기축통화)인 셈이다.

오수전은 한반도에서도 다량 출토된다. 대부분 중원왕조와 직접 국경을 맞댄 고구려에 집중된다. 길림성 집안과 평양 주변의 무덤에서 다수 출토되고, 황해도 지역의 무덤에서도 발견된다.

> 길림성 집안지역의 화폐 출토 사례다. 첫째는 **서대묘 동편의 파괴된 적석총 바닥의 포석아래 갱에서 나온 화폐뭉치**로 전국시대 명화전, 한대의 반량전, 왕망의 화천, 그리고 오수전 등이다. 둘째는 **태왕릉 서쪽에서 발견된 항아리속의 화폐**로 전국시대 명도전, 포전, 한대의 반량전, 왕망전(화천), 오수전 등이다. 셋째는 **장군총 인근 밭의 석판아래 작은 갱에서 발견된 오수전** 등이다.

또한 출토빈도나 수량에 있어 북부지방에 비교할 수 없지만 남부지방에서도 출토된다. 한강유역과 영호남 내륙지역, 남해안의 해안지역, 강원도 동해안지역 등이다.

> 오수전은 서울 풍납토성 1점, 강릉 초당동 2점, 여수 거문도 980점, 창원 다호리 유적 3점, 창원 성산 1점, 사천 늑도 유적 1점, 경산시 임당동 3점, 영천시 용전리 돌널무덤 3점, 제주시 산지항 4점, 제주도민속자연사박물관 소장 11점, 신안 해저침몰선 2점 등이다. 이 밖에도 **충남 공주의 무령왕릉의 왕비 지석위에서 90여개의 철제 오수전이 발견**된다.

▶ 무령왕릉 출토 오수전

고구려화폐 유엽전과 안장원보

그렇다면 고구려는 오수전만을 사용하였을까? 아니다. 『고구려사략』은 안장왕 이전에도 고구려가 독자적인 화폐를 사용한 사실을 전한다. 〈장수대제기〉다. '36년(448년) 4월, 명하여 금전의 유통을 파하고 금캐기와 구리캐기 그리고 금은으로 만든 그릇을 함부로 사용하는 것을 금하였다.'(四月 命罷金錢 禁採金採銅金銀器亂用) '52년(464년) 3월, 유엽전을 주조하고 패전과 잡은의 사용을 금하였다.'(三月 鑄楡葉錢 禁貝錢雜銀) 장수왕은 먼저 귀족계층이 사용한 금전金錢(금화) 사용을 금하고(448년), 이어 일반 평민계층이 사용한 패전貝錢과 잡은雜銀 사용을 중지시킨다(464년). 금전과 패전, 잡은은 당시 고구려사회에 널리 유통된 고구려화폐다. 또한 장수왕은 사용을 금한 화폐를 대신하여 새로이 유엽전楡葉錢을 주조하여 보급한다. 유엽전은 장수왕 시기 만들어진 고구려의 법정화폐다.

고구려는 **금전(금화)뿐 아니라 은전(은화)도 제작하여 사용**한다. 『한원』 번외부 고려편이다. 『제서』 동이전에 이르길 은산은 나라의 서북지역에 있다. **고구려는 은을 채굴하여 화폐로 만들었다.** 『고려기』에 은산은 안시성 동북쪽 100여 리에 있다. 수백 가구가 나라에서 사용할 은을 채굴하여 제공하였다.'(齊書 東夷傳曰 銀山在國西北高驪採以爲貨 高驪記云 銀山在安市東北百餘里 有數百家採之以供國用也)

장수왕의 유엽전楡葉錢은 버들잎을 닮은 화살촉 모양의 전폐箭幣다. 평시에는 화폐로, 전시에는 군사용(화살촉)으로 사용하는 이중목적의 화폐다. 『조선왕조실록』에 전폐(유엽전) 주조 기록이 나온다. 세조가 화살대 양면에 '八方通貨(팔방통화)'를 새겨 만든 전폐다. 당시 세조는 신하들이 반대하자 "전폐는 비록 옛사람들이 사용하지 않았지만 군국에 유익하면 시행하지 않을 수 없다."(箭幣雖古人所未用 然有益於軍國 不可不行也)며 전폐 주조를 강력히 밀어붙인다. 세조의 말 속에는 전폐 주조가 최초라는 의미를 담고 있다.

『세조실록』 세조10년(1464년) 11월 13일 기록. '명하여 전폐를 해마다 10만개씩 주조하게 하니 **전폐 모양은 유엽전과 같으며 살촉 길이가 1촌 8푼이고 줄기는 1촌 7푼이고 줄기 끝의 양면에 팔방통화**(八方通貨)라는 네 글자를 나누어 주조하고 1개 값이 저화(楮貨) 3장에 맞먹었다.'(命鑄箭幣歲十萬箇 箭幣形如柳葉箭 鏃長一寸八分 莖一寸七分 莖端兩面分鑄八方通貨四字 以一箇準楮貨三張)

　　그러나 『고구려사략』은 장수왕이 유엽전(전폐)을 제작하여 보급한 사실을 전한다. 유엽전의 시초는 조선 세조가 아니라 고구려 장수왕이다.

　　안장왕의 안장원보安藏元宝는 또 무엇일까? 원보元宝는 말굽을 닮은 화폐다. 일반적인 동전과는 모양과 크기가 다르다. 재질은 금, 은, 구리 등이다. 또한 구리로 만든 안장원보에는 '安藏(안장)'의 한자가 표면에 새겨 있을 것으로 추정된다.

▲ 원보(元宝)

　　그렇다면 안장왕은 무슨 연유로 원보를 제작하였을까? 당시 고구려사회에 널리 유통된 북위의 오수전을 경계한 조치로 이해된다. 독자적인 화폐 제작과 유통을 통해 고구려 상업을 보호하기 위한 경제정책의 일환이다. 그럼에도 안장원보 사용의 불편함 때문에 화폐 개혁이 실패로 끝난 점은 아쉬움으로 남는다.

　　고구려화폐는 장수왕 시기 유엽전과 안장왕 시기 안장원보가 있다.

| 중원왕조의 왕명을 수여한 고구려 왕 |

『고구려사략』을 보면 고구려 왕으로부터 옛 중원왕조의 왕명 관작을 받은 인물이 다수 나온다. 시기는 장수왕 때부터다.

관작 명	수여자				시기
	최초	년도	승계	년도	
연왕 燕王	붕련 朋連	414년	다련 多連	430년	장수왕
양왕 梁王	서구 胥狗	421년	화덕 華德	441년	
제왕 齊王	춘春	421년	담윤 談胤	433년	
월왕 越王	용덕 勇德	444년	호경 胡景	-	
초왕 楚王	회일 懷祖	465년			
오왕 吳王	연황 淵晃	475년			
한왕 漢王	각恪	519년			안장왕

옛 중원왕조는 연, 양, 제, 월, 초, 오, 한 등 7개다. 또한 왕명 관작을 받은 사람은 모두 고구려 왕족(척족 포함)이다.

무슨 이유일까? 황제국을 표방한 고구려의 천하지배관이 반영된 왕명 관작이다. 특히 『고구려사략』은 안장왕(22대) 시기에 왕실 종친과 척족 30명이 '왕王(후왕)'의 관작을 받았다고 기록한다.

『고구려사략』〈안장대제기〉. '정미 안장9년(527년) 춘정월, 을축일 초하루 서도의 란대 온전에서 조하를 받았다. 습, 해, 유연, 산호, 두락주, 이주영, 고환 등 모두가 비단과 말을 공물로 바치고 책력을 받아갔다. 보척보록을 완성하였다. 수첩된 자는 215인이며 왕에 봉해진 자가 30인이다. 종전과 척전을 설치하고 모두에게 골고루 나누어 주었다.'(丁未 安藏九年 春正月 乙丑朔 受朝於西都鸞坮溫殿雪奚柔然山胡杜洛周爾朱榮高歡 等皆獻貢帛馬受曆 宝戚宝籙成受牒者二百十五人 封王者三十人 置宗田戚田以周其給)

이는 광개토왕 때부터 고구려 위상이 절대적으로 강화되어 황제인

태왕^{太王} 아래에 수십 명의 후왕^{侯王}을 따로 두었다는 얘기가 된다. 오늘날로 치자면 태왕은 대통령이며 왕은 각 도의 도지사인 셈이다.

중원왕조 왕명 관작 수여 이유

그렇다면 고구려왕이 옛 중원왕조의 왕명을 수여한 이유는 무엇일까? 일찍이 최치원은 '고구려와 백제의 전성기에는 백만 강병을 두고 남으로 오^吳, 월^越을 침범하고 북으로 유^幽, 연^燕, 제^齊, 노^魯를 뒤흔들어 중국의 커다란 고민거리가 되었다.'(高麗百濟 全盛之時 强兵百萬 南侵吳越 北撓

幽燕齊魯 爲中國巨蠹-『삼국사기』
〈열전〉 최치원)고 자신의 문집에
밝힌다. 이는 과거 중원왕조인
오, 월, 유, 연, 제, 노의 대륙
땅에 대해 고구려(백제 포함)가
어떤 식으로든 영향력을 행사
한 역사적 사실에 대한 증언
이다. 바로 이점이 고구려가

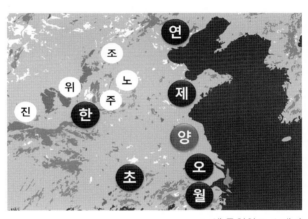

▲ 옛 중원왕조 소재지

대륙 옛 중원왕조의 왕명 관작을 수여한 배경으로 이해된다.

우리는 불행하게도 『삼국사기』가 기록한 고구려 역사만을 강요받고 있다. 『삼국사기』는 이런 기록을 철저히 배격하고 삭제한다. 그래서 우리가 아는 고구려는 중원왕조의 지배를 받아 온 동방의 작은 소국에 불과하다. 또한 실제 황제국을 표방하며 중원왕조와 대등 또는 우위에 있었던 거대제국 고구려는 아예 우리 머릿속에 없는 것이다.

『삼국사기』는 정말로 나쁜 역사서다.

| 안장왕의 무덤 傳동명왕릉 |

▲ 傳동명왕릉 [평양 역포구역]

평양시 역포구역 제령산 서쪽 기슭에 고구려 시조 동명왕의 능으로 전해지는 무덤이 있다. 「傳동명왕릉」(북한 국보)이다. 무덤은 기단돌무지무덤과 돌방흙무지무덤이 결합된 형태로 평양 천도 이후 가장 이른 시기에 만들어진 무덤(기단돌방흙무지무덤)이다. 주변에는 과거 「진파리고분군」(동명왕릉고분군)으로 불린 20여 기의 무덤이 소재한다.

傳동명왕릉 구조

무덤은 한 변 길이 22m인 정방형으로 높이는 8.15m다. 아래 하단부에 1.5m의 돌기단을 쌓은 위에 봉토를 올린다. 내부 구조는 널길→앞방→이음길→널방의 두칸방무덤이다. 널길은 앞부분과 천장이 심하게 파손되었고 앞방은 동서 양벽에 작은 감실龕室이 딸려 있다. 널방은 동서 4.21m 남북 4.18m 높이 3.88m의 크기다. 44개의 가공한 돌로 정밀하게 쌓아 만들고 돌

▲ 傳동명왕릉 전경

틈사이는 석회를 발라 메꾼다. 널방의
천장은 평행고임(5단)이다. 유물은 대
부분 도굴된 탓에 일부 흔적물만 출
토한다. 금제널못, 은제널못, 청동제
못, 꽃무늬장식품, 원형장식품, 떨잠
(비녀), 금제구슬, 청동실, 청동제머리
핀 등이다. 특히 꽃무늬장식품과 떨

▲ 傳동명왕릉 내부모습

잠은 순금제금관과 귀고리가 있었을 것으로 추정되어 왕릉급 무덤임을
강하게 시사한다.

　무덤내부에서 눈길을 끄는 것은 단연코 벽화
다. 처음 이 무덤이 발견된 일제강점기만 해도 벽
화가 없는 것으로 알려졌으나 1970년대 동명왕릉
내부를 재조사하면서 무덤내부 벽면에서 일정한
간격으로 열과 행을 이루며 그려진 100여 송이
연꽃을 확인한다. 연꽃은 지름 12㎝인 보라색 바
탕의 붉은 자색으로 활짝 핀 모습이며 무덤 전체
에 대략 640송이가 그려진 것으로 추정된다.

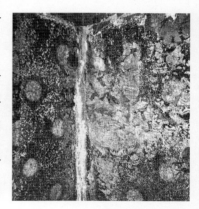
▲ 연꽃송이 벽화

傳동명왕릉의 기록과 역사

　그렇다면 傳동명왕릉은 언제부터 동명왕릉으로 알려져 왔을까? 현
재 남아있는 가장 이른 시기의 기록은 고려말 이승휴가 남긴 『제왕운
기』다. 여기서 동명왕의 무덤을 평양의 용산묘龍山墓라고 기록하고 있다.
조선초에 편찬된 『세종실록』〈지리지〉에는 '동명왕 무덤은 부의 동남쪽
30리쯤 되는 중화中和의 경계 용산龍山에 있다.'고 적고 있다. 이로 미루어
보아 적어도 조선시대에는 평양 중화군에 동명왕릉이 소재한다는 믿음

이 있어 왔음을 알 수 있다.

특히 조선 세종은 고구려, 백제, 신라 등 삼국의 시조묘를 세우라는 명을 내린다. 이에 1429년(세종11) 동명왕의 사당을 세우고 제사를 지내며 동명왕 무덤은 국가차원의 관리를 받기 시작한다. 선조는 임진왜란으로 역대 왕들의 능묘가 훼손되자 이를 잘 관리하도록 명하면서 평양의 기자묘와 동명왕 무덤도 살피도록 평안도 관찰사에게 당부하기도 한다. 이후 숙종, 영조로 이어지면서 동명왕릉의 수리 관리가 지속적으로 이루어진다. 그리고 고종은 공식적으로 동명왕릉東明王陵이라 명하고 대대적인 개수공역改修工役을 실시하며 사당도 정비한다. 동명왕릉의 중수는 일제강점기에도 이루어진다. 1917년 동명왕릉의 소재지 중화군수와 평안남도 장관 그리고 조선총독부의 총독까지 참여하여 중수한다.

▲ 傳동명왕릉과 주변일대 [조선고적도보]

최근에는 1974년 북한이 발굴조사한다. 무덤앞 절터에서 팔각형 목탑지, 회랑, 10여 채의 건물지 등과 함께 정릉사定陵寺의 단서가 되는 '高句麗', '寺', '定', '定陵' 등의 명문이 있는 기와편과 토기편이 수습한다. 무덤 서쪽 400m 지점에서는 『동국여지승람』의 진주지眞珠池로 추정되는 연못도 조사한다. 이러한 발굴성과를 바탕으로 북한은 이 무덤을 동명왕릉으로 명명한다. 1994년 다시 한 번 대대적으로 개건改建하여 오늘의 모습으로 단장하며 성역화 작업을 마친다.

傳동명왕릉의 인식과 평가

그렇다면 傳동명왕릉은 정말로 동명왕의 무덤일까?

북한학계는 실제 동명왕릉으로 추정한다. 그 이유로 평양 일대에서 다른 고분에서는 볼 수 없는 화려한 연꽃무늬 벽화가 이 무덤의 위상이 최고 수준의 증거라는 점을 들고 있다. 또 다른 근거로 동명왕릉이 속한 진파리고분군의 다른 무덤들이 모두 동명왕릉을 향하고 있는 배치가 동명왕릉이 시조 동명왕의 능다운 품격을 갖추고 있다는 점을 중시한다. 그리고 '定陵' 글자가 새겨진 그릇과 기와가 출토되어 정릉사로 불린 사찰이 무덤 앞에 건립되어 원찰의 역할을 한다는 점도 시조릉으로 보는 중요한 근거로 삼는다. 또한 당시에 이처럼 능사를 갖춘 왕릉급 고분은 傳동명왕릉이 유일하다는 점 역시 이 무덤이 특별한 위상을 갖는 무덤임을 반영한다.

이에 반해 남한학계는 다소 부정적이다. 가장 큰 이유는 문헌기록과 무덤양식이 합치되지 않는 점을 든다. 『삼국사기』〈고구려본기〉를 보면 장수왕 이후 안장왕, 평원왕, 영류왕 등이 졸본(홀본)에 가서 시조사당始祖廟에 제사를 올린 기록이 나온다. 이를 보면 동명왕의 무덤은 여전히 졸본에 있음이 분명하다. 또한 무덤양식은 집안의 돌무지무덤과 평양의 돌방흙무지무덤의 결합양식을 보이고 있어 평양 천도 이후 가장 이른 시기에 만든 무덤이기 때문이다. 그래서 대안으로 장수왕이나 문자명왕의 무덤으로 보는 시각도 존재한다. 다만 일부에서는 동명왕의 허묘墟墓로 보기도 하나 무덤 안에서 금제 관장식과 관못이 출토되어 실제 관이 안치된 무덤일 가능성이 커 보여 결코 허묘가 될 수 없다.

傳동명왕릉이 동명왕릉이 된 이유는 고구려 후기 수도인 평양지역이 또 하나의 건국지라는 인식이 생기면서 동명왕릉이 평양에 있다는 전승이 만들어 진다. 그래서 실제 동명왕(추모왕)을 장사지낸 장소인 용산의 명칭도 자연스레 옮겨온다. 이러한 인식은 조선에 들어 특히 세종 때부터 확고히 자리 잡으면서 하나의 정설로 굳어져 내려온다.

傳동명왕릉은 안장왕의 무덤

傳동명왕릉은 누구의 무덤일까? 『고구려사략』에 무덤주인의 기록이 명확히 나온다. 〈안장대제기〉다.

> 안장13년(531년) 5월, 상이 황산행궁에서 붕하였다. 춘추 55세다. **우산 장옥원에 장사지내고 안장릉이라 이름하였다.** 안종화황제로 추존하였다.
> 安藏十三年 五月 上崩於黃山行宮春秋五十五 葬於牛山葬玉之原 名曰安藏陵 追尊爲安宗和皇帝

▲ 진파리고분군

무덤주인은 우산牛山에 장사지낸 안장왕이다. 우산은 지금의 제령산으로 과거 고려 때부터 불러온 평양의 용산龍山이다. 특히 평양일대 왕릉급 무덤들 중에서 평지가 아닌 산중에 무덤을 쓴 경우는 傳동명왕릉이 소재한 「진파리고분군」 일대가 유일하다. 또한 기록의 장옥원葬玉原은 '옥玉(진주)에 장례를 지낸 언덕'을 말한다. 『고려사』〈지리지〉 평양 조에 '동명왕 무덤은 서경유수부의 동남쪽 중화中和의 경계 용산龍山에 있다. 속칭 진주묘眞珠墓라고 한다.'는 기록이 있다. 옥玉은 주옥珠玉 즉 진주眞珠를 말한다. 이 무덤을 속칭 '진주묘眞珠墓'라 칭한 것과 정확히 일치한다. 특히 〈안원대제기〉는 우산에 5층의 안장탑을 세운 사실도 전한다.

『고구려사략』〈안원대제기〉. '정사 대장7년(537년) 춘정월, 상이 우산릉(안장릉)에 가서 안장대제를 올리고 한왕(각태자) 부부를 위안하였다. 3월, 안장탑을 5층으로 우산에 세웠다.'(丁巳 大藏七年 春正月 上如牛山陵 行安藏大祭 以慰漢王夫妻 三月 立安藏搭五層于牛山)

안장탑을 세운 장소는 정릉사定陵寺 자리로 추정된다. 정릉사 가람배치는 〈1탑3금당〉의 전형적인 고구려 양식이다. 중앙의 탑을 중심으로 좌·우측과 뒷쪽에 각각 금당이 위치한다. 중앙 탑지(탑터)는 기단 너비 20.4m, 한 변

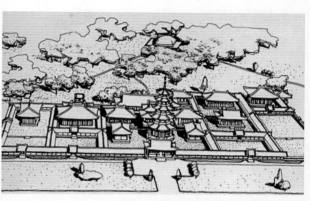

▲ 傳동명왕릉(위)과 정릉사(아래) 조감도

길이 8.4m의 8각으로 확인된다. 좌우 금당을 압도하는 웅장한 규모의 '8각5층목탑'이 세워졌을 것으로 추정된다. 현재 북한은 원래 탑지보다 규모가 작은 '8각7층석탑'으로 복원해 놓고 있다.

삼국의 가람배치는 각기 다르다. 고구려는 〈1탑 3금당〉, 백제는 〈1탑 1금당〉, 신라는 〈2탑 1금당〉이다.

「傳동명왕릉」은 우산牛山(용산)에 묻힌 안장왕의 무덤이다.

| 평양 한왕묘 무덤주인 |

▲ 경신리1호분 [평안남도 평성]

평안남도 평성시 경신리에서 동남쪽으로 12km 떨어진 대동강 북쪽 기슭의 작은 언덕에 「경신리1호분」이 있다. 전체 모양은 돌무지무덤의 기단부와 돌방흙무지무덤이 결합한 형태다. 아래 기단부는 돌을 둘러싼 방형이며 한 변 길이 54m다. 기단 윗부분은 원형의 흙무지무덤으로 전체 높이는 12m다. 기단부 위쪽에 널길羨道과 돌방石室이 있다. 돌방은 가로 3.5m, 세로 3.3m, 높이 3.5m다. 돌방천장 구조는 평행고임(2단) 위에 삼각고임(2단)은 얹은 평행삼각고임(4단)이다.

> 경신리고분군은 경신리1호분을 중심으로 **주변 일대에 30여 기의 소형 석실묘가 분포**한다. 특히 경신리1호분 서북쪽에는 18기가 밀집되어 있다.

한왕묘로 불린 경신리1호분

경신리1호분은 평양일대 고구려고분 중 가장 규모가 큰 대형급 무덤이다. 1909년과 1911년, 일제 식민사학자 세키노 타다시關野貞에 의해 두 차례 발굴조사(도굴)된 아픈 상처를 가지고 있다. 문제는 경신리1호분이 아주 오래전부터 「한왕묘漢王墓」 또는 「황제묘皇帝墓」로 불려온 점이다. (*강동군 읍지『吳州志』에는 동천왕묘로 기록) 왕릉급 무덤임은 분명하나 중원왕조 한漢의 황제묘를 연상시켜 불편하기 짝이 없다.

한왕묘는 안장왕의 장자 각태자 무덤

경신리1호분은 누구의 무덤일까? 단서는 오래전부터 구전口傳되어 온 한왕묘 명칭에서 찾을 수 있다. 『고구려사략』에 한왕漢王에 봉해진 인물이 명확히 나온다. 〈안원대제기〉다.

계축 대장3년(533년) 정월, 각태자가 글을 올려 동궁자리를 내려 놓으며 아뢰길 "신은 성격이 나태하고 돌아다니며 놀기를 좋아하니 마땅치 않습니다. 강호에 머무르기로 뜻을 세웠습니다. **신의 자식 평성(양원왕)은 학문을 좋아하고 예의가 바릅니다. 동궁자리를 그 아이에게 물려주길 청하옵니다.** 그리해 주시면 신은 마음 편히 병을 돌보며 구름 밖에서 한가로이 살겠습니다."하니 상은 그의 성품이 지나치게 맑고 차가운지라 애써 말릴 수 없었다. **평성을 동궁으로 삼고 각태자를 한왕으로 고쳐 봉하여 그 지위는 동궁(평성)보다 높게 하였다.**

癸丑 大藏三年 春正月 恪太子上書自辞東宮 曰臣性懶散好遊不宜 有爲志在江湖 臣子平成好學守禮請東宮之位傳之 而臣欲晏居養疾逍遙雲外 上知其有淸寒之僻而不可力止乃以平成爲東宮 改封恪爲漢王位吊宮上

한왕묘 무덤주인은 안장왕의 장자인 각恪태자다. 각태자는 안장왕 사후 동생 안원왕이 즉위하면서 531년(안원3) 동궁(태자)에 봉해진다. 다시 말해 각태자는 작은아버지 안원왕에게 왕위를 양보하고 대신 동궁이 된다. 그런데 각태자는 2년 후인 533년(안원5) 동궁자리마저 자신의 아들 평성平成(양원왕)에게 넘긴다.

▶ 발굴 장면 [조선고적도보]

▲ 널방 내부 [조선고적도보]

이때 안원왕은 각태자를 한왕^{漢王}에 봉하며 서열은 동궁보다 높게 한다.

「경신리1호분」(한왕묘)은 각태자의 무덤이다. 각태자가 한왕에 봉해졌기에 한왕묘라는 명칭이 오래전부터 구전되어 온다.

경신리1호분 돌방 바닥에 시신(목관)을 안치한 관대(널받침)가 3매 놓여 있다. 크기(cm)는 좌대(260×96), 중대(230×76), 우대(200×70) 순이다. **좌대는 한왕 각태자**며, 중대와 우대는 각태자 부인의 관대다. 『고구려사략』에 이들 부인이 나온다. **중대는 한왕 정비 경안(慶安)공주**며, **우대는 한왕귀빈 선완(宣婉)**이다.

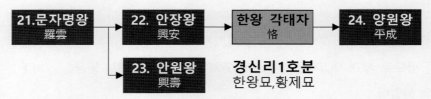

21.문자명왕 羅雲	→	22. 안장왕 興安	→	한왕 각태자 恪	→	24. 양원왕 平成
	→	23. 안원왕 興壽		경신리1호분 한왕묘,황제묘		

▲ 한왕 각태자 계보도

평양 한왕묘(경신리1호분)는 『삼국사기』가 기록하지 않은 왕이 되지 못한 비운의 후계자 각^恪태자의 무덤이다.

| 안원왕의 시작과 끝 |

안원왕(23대)은 이름이 보연寶延 또는 흥수興壽며 안장왕의 동생이다. 『삼국사기』는 안장왕이 '대를 이어받을 아들이 없어'(無嗣子) 동생인 안원왕에게 왕위를 넘겼다고 설명한다. 그러나 『고구려사략』에는 안장왕의 아들이 여럿 나온다. 초운楚雲왕후가 낳은 각恪을 비롯하여 령鈴, 석奭, 흘忔, 변忭 등 5명이다. 따라서 대를 이어받을 아들이 없다는 『삼국사기』 기록은 잘못이다.

> 『삼국사기』는 아들이 아닌 동생이 왕위를 승계할 경우 전임 왕의 '아들이 없다'라고 기록하는 경우가 종종 있다. 이는 **중국사서가 전후(前後) 왕의 혈통관계를 모를 경우 무조건 부자관계로 설정하는 필법과 하등 다를 바가 없다.** 『삼국사기』 의도를 이해하기 어렵다.

안원왕 즉위, 왕실내 궁중쿠데타

무슨 이유일까? 『삼국사기』는 무슨 연유로 안장왕이 대를 이어받을 아들이 없다고 기록한 것일까? 당연히 상응하는 이유가 있어야 한다. 『고구려사략』과 『신라사초』 기록이다.

『고구려사략』 〈안원대제기〉	제는 휘가 보연이고 자는 흥수다. 명치제의 둘째 아들이며 모친은 경태후다. 용모가 수려하고 예의범절이 바르며 기사도 뛰어났다. 신장은 7척 5촌이다. 도량이 크고 무술에 통달하며 또한 능히 뜻을 받들어 모실 줄도 알았다. **명치제는 평소 제**(안원왕)**와 대행**(안장왕)**에게 "너희는 형제간에 전위하라. 마음이 하나이면 비록 몸이 나눠 있어도 두 사람이 아니다."**일렀고 이로써 대행은 항상 제와 함께 기거하고 같은 것을 먹고 마시며 의복도 똑같으니 쌍둥이처

『고구려사략』 〈안원대제기〉	럼 행동하였다. 대행이 병을 앓을 땐 제가 항상 곁을 극진히 지키며 지극함이 이를 데 없었다. 죽음이 임박하자 초운황후에게 무릎 꿇고 새보를 바치라 명하였다. 이에 보연이 천자의 위에 올랐다. **연호를 대장^{大藏}으로 바꿨다. 후에 세종경황제^{世宗景皇帝}로 높여졌다.** 帝諱宝延 字興壽 明治帝之第二子也 母曰鯨太后也 美容儀 善騎射 身長七尺五寸 有大量 通武術 亦能逢迎上意 明治常謂帝及大行曰 汝兄弟互相傳位 一心而分體 非兩人也 以是 大行起居常與帝 同飲食衣服 一如孿出 大行有疾 帝常侍側 極盡無所不至 臨崩 命楚雲皇后跪上璽宝 乃登祚 改元大藏 後尊爲世宗景皇帝
『신라사초』 〈금천대제 법흥진왕기〉 (법흥왕)	18년(531년) 백해 5월, 고구려 군주 흥안(안장왕)이 병으로 죽어 총애하는 동생 보연이 즉위하였다. **처음에 보연의 어머니가 흥안과 사통하고 흥안을 옹립하였다. 그런 연유로 흥안은 보연을 태자로 삼았다. 이제 와서 보연의 어머니는 색이 쇠하니 흥안은 고준의 딸을 맞아들여 총애하고 보연을 폐하고자 하였다. 보연이 고준의 딸과 화통하여 말하길 "나의 형은 늙었는데 어찌 나를 세우지 않는가?" 고준의 딸이 이를 받아들여 보연을 세우고 흥안을 유폐시켜 마침내 죽었다고 한다.** 十八年 白亥 五月 麗君興安病殂 寵弟宝延立 初宝延之母與興安私通 而擁立興安 故興安以宝延爲太子 至是宝延母色衰 而興安得高峻女寵之 欲廢宝延 宝延乃私通于高峻女曰 吾少兄老 何不立我 高峻女許 乃立宝延 而幽興安 遂殂云

그런데 두 기록은 내용 자체가 완전히 다르다. 『고구려사략』은 안원왕이 형제간에 전위하라는 아버지 문자명왕의 유명에 따른 정상적인 왕위승계를 전하는 반면, 『신라사초』는 여성문제가 개입되어 안원왕이

형 안장왕을 유폐시켜 죽게 만든 비정상적인 왕위승계로 설명한다.

어느 기록이 역사적 사실일까? 먼저 『고구려사략』 기록을 살펴보면 문자명왕의 형제간(흥안-보연) 전위 유명은 지극히 불확실한 미래다. 비록 흥안(안장왕)이 형이지만 동생 보연(안원왕)이 먼저 사망할 수도 있기 때문이다. 따라서 『고구려사략』 기록은 안원왕(보연)의 즉위 명분을 만들기 위해 개작改作하였을 가능성이 높다. 다만 두 사람은 이복형제지간(*흥안 모→연淵태후, 보연 모→경鯨태후)임에도 불구하고 상당히 가깝게 지낸 점은 사실로 보인다.

『신라사초』 기록이 역사적 사실에 가깝다. 흥안(안장왕)은 보연(안원왕)의 어머니 경태후와 사통한 덕에 그녀의 도움을 받아 왕위에 오른다. 그리고 보연을 태자로 삼아 경태후의 공을 보상한다. 문제는 이후에 발생한다. 안장왕은 고준의 딸을 새로이 부인으로 맞이하며 경태후를 멀리한다. 그러자 이번에는 보연이 형수인 고준高峻의 딸과 사통한다. 어머니 경태후를 버린 안장왕에 대한 복수심리가 발동한다. 결국 보연은 왕위마저 빼앗고 안장왕을 유폐시켜 죽인다.

『일본서기』〈계체기〉는 당시 상황을 짤막하게 기록한다. '25년(531년) 10월, 고구려가 그 왕 안安을 살해하였다.'(二十五年 十月 高麗弑其王安) 고구려왕 안安은 안장왕(흥안)이다. 『일본서기』조차 안장왕이 살해당했다고 증언한다.

안장왕에서 안원왕으로 이어지는 왕위승계는 비정상적이다. 왕실내 치정癡情관계가 얽히고 설킨 궁중쿠데타다.

안원왕 사망, 귀족세력의 권력싸움

안원왕은 15년간(531~545)을 재위하고 545년 사망한다. 그런데 안원왕의 죽음에 얽힌 흥미로운 내용이 『일본서기』〈흠명기〉에 나온다.

'6년(545년), 이 해 고구려가 크게 어지러워 죽임을 당한 자가 많았다. 『백제본기』에 이르길 '12월 갑오에 고구려 세군과 추군이 궁문에서 싸웠는데 북을 치면서 전투를 벌였다. 세군이 패하고 군사를 해산하지 않은 지 사흘이 되자 세군의 자손을 모두 사로잡아 죽였다. 무술에 맥국의 향강상왕이 죽었다.'(六年 是歲 高麗大亂被誅殺者衆『百濟本紀』云 十二月甲午 高麗國細群與麤群戰于宮門伐鼓戰鬪 細群敗不解兵三日盡捕誅細群子孫 戊戌狛鵠香岡上王薨也)

> 『일본서기』가 인용한 『백제본기』는 백제인이 기록한 백제의 역사서다. 『일본서기』는 소위 「백제3서」인 『백제기(百濟記)』, 『백제신찬(百濟新撰)』, 『백제본기(百濟本紀)』 등을 상당부분 인용한다. 660년 백제 멸망 이후 당시 일본으로 망명한 백제 지식인들이 일본으로 가져간 것으로 추정되는 백제 역사서. 720년 편찬된 『일본서기』는 「백제3서」를 기초로 하고 있다. 「백제3서」는 현존하지 않는다.

545년(안원15) 고구려에 내분이 발생한다. 추군細群집단과 세군麤群집단이 궁궐(궁문)에서 혈투를 벌인다. 추군이 승리하고 세군의 자손은 모두 죽임을 당한다. 이때 향강상왕香岡上王도 죽는다. 향강상왕(곡향강상왕/안강상왕)은 안원왕이다. 안원왕은 추군과 세군 두 집단의 권력다툼 과정에서 희생된다.

> 추군과 세군의 내전은 당시 지배층의 분열양상을 보여주는 대표적인 사례다. 이들 귀족집단은 장수왕의 평양천도이후 세력기반이 위축된 위나암성의 기성귀족세력과 장수왕의 천도를 지지한 평양성계의 신진귀족세력간의 권력다툼으로 이해한다. 위나암성계가 문자명왕 말기부터 다시 중앙정계의 변수로 등장하며 평양성계와의 대립한다. 안장왕은 위나암성계(세군)와 정치적 타협을 모색하던 가운데 평양성계(추군)에 의해 피살당한 것으로 추정된다.

그런데 『고구려사략』은 안원왕의 죽음을 다르게 기술한다. 〈안원대제기〉다.

15년(545년) 3월 을묘일 초하루, 상의 병이 점점 위독해져 경진일에 붕하였다. 동궁(평성태자)이 손가락의 피를 내어 입에 흘려 넣으니 다시 살아났다. 덕양후에게 옥새와 어보를 전하게 하였다. 색을 밝히지 말고 선정을 베풀며 **장례는 검소하게 치르라 유명을 남기고 붕하였다.** 동궁이 우두전에서 즉위하였다.

乙丑大藏十五年 三月 乙卯朔 上疾彌篤庚辰崩 東宮以指血注口回生 命德陽后 傳璽宝 而戒勿嗜色善政儉葬而崩 東宮卽位於牛頭殿

　안원왕은 병이 위독해져 결국은 회복하지 못하고 사망한다.

　안원왕 죽음의 진실은 무엇일까? 어느 기록이 역사적 사실일까? 『일본서기』와 『고구려사략』이 상반된 결과를 내놓고 있음에도 두 기록을 겹쳐보면 하나의 흐름이 감지된다. 안원왕은 두 귀족집단(추군/세군)의 내전에 직간접적으로 관여하다 급병(화병) 내지는 큰 부상을 당해 자리보전하게 되고 결국 회복하지 못하여 사망한 것으로 추정된다.

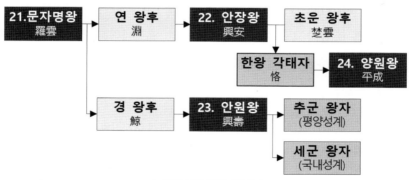

▲ 문치시대 왕의 계보도

안원왕의 뒤를 이은 사람은 양원왕 평성(平成)이다. **평성은 안원왕의 조카다. 안원왕의 형인 안장왕의 아들 각(恪)태자가 낳은 아들**이다. 『삼국사기』는 평성을 안원왕의 장자로 설정한다.

　안원왕의 시작과 마지막은 비정상적인 상황으로 얼룩져 있다.

| 양원왕과 귀족연립정권 |

양원왕(24대)은 이름이 평성平成이며 재위기간은 545년~559년까지 15년간이다. 『삼국사기』는 양원왕을 '안원왕의 장자'(安原王長子)로 기록하나 이는 잘못된 설정이다. 양원왕은 각태자의 장자며 안원왕의 조카다. 『삼국사기』는 '태어나면서 총명하고 지혜로우며 장성해서는 남달리 호방하다.'(生而聰慧 及壯 雄豪過人)고 평한다. 전형적인 군주의 재목이다.

재위초기 흔들리는 왕권

그러나 양원왕은 재위초기 귀족세력간의 권력다툼에 휘말린다. 아버지 안원왕을 죽음에 이르게 한 추군(평양성계)과 세군(위나암성계) 두 귀족집단이 다시 한 번 혈전을 벌이며 왕권을 위협한다. 때는 양원왕 즉위 이듬해인 546년(양원2)이다. 『일본서기』는 추군세력이 승리하여 세군세력 2천여를 죽였다고 기록한다. 한 마디로 세군세력은 추군세력에 의해 멸문지화를 당한다. 특히 기록은 내전의 배경을 설명한다. 두 세력집단이 각기 후원하는 어린 왕자를 왕위에 앉히기 위한 권력싸움이다.

『일본서기』〈흠명기〉. '7년(546년), 이 해 고구려가 크게 어지러워 무릇 싸우다 죽은 자가 2천여였다. 『백제본기』에 이르길 고구려가 정월 병오에 중부인의 아들을 왕으로 세웠는데 나이는 8세다. 맥왕(양원왕)에게는 3인의 부인이 있다. 정부인은 아들이 없고 중부인이 세자를 낳았는데 그의 외할아버지가 추군이다. 소부인도 아들을 낳았는데 그의 외할아버지는 세군이다. 맥왕의 질병이 심해지자 세군과 추군이 각각 그 부인의 아들들을 세우고자 하였다. 그리하여 세군의 죽은 자는 2천여다.'(七年 是歲 高麗 大亂凡鬪死者二千餘『百濟本紀』云 高麗以正月丙午 立中夫人子爲王年八歲 狛王有三夫人 正夫人無子 中夫人生世子 其舅氏麤群也 小夫人生子 其舅氏細群也 及狛王疾篤 細群麤群各欲立其夫人之子 故細群死者二千餘人也)

당시 상황이 『삼국사기』〈열전〉 거칠부 편에 나온다. 551년(양원7) 고구려 고승 혜량^{惠亮}이 신라로 망명하면서 남긴 말이다. '지금 우리나라(고구려) 정사가 어지러워 멸망할 날이 멀지 않았다.'(今我國政亂滅亡無日) 혜량이 신라 거칠부에게 고구려 상황을 전하는 장면이다. 내전에서 승리한 추군세력중심의 귀족집단이 양원왕의 왕권을 압도하며 정사를 좌지우지한다.

귀족연립정권의 성립

같은 연장선상에서 당시 귀족세력의 권력이 얼마나 대단한지를 단적으로 보여주는 기록이 있다. 『구당서』〈이역열전〉 고구려 편이다.

그 나라 관직은 대대로가 가장 높으며 1품에 비견된다. 국사를 총괄하며 3년에 한 번씩 바꾸는데 만약 그 직을 잘 수행하는 자는 연한에 구애받지 않는다. 교체하는 날에 만약 서로 승복하지 않으면 모두 군대를 이끌고 서로 공격하여 이기는 자가 그 자리를 차지한다. 왕은 단지 궁문을 닫고 스스로 지킬 뿐 제어하지 않는다.

其官大者號大對盧比一品 總知國事三年一代若稱職者不拘年限 交替之日或不相祗服皆勒兵相攻勝者爲之 其王但閉宮自守不能制御

국사를 총괄하는 최고관직 대대로^{大對盧}의 설명이 이채롭다. 3년 임기제인 대대로는 왕이 임명하는 것이 아니라 귀족세력간의 각축의 결과로 결정된다. 왕은 그저 궁궐을 지킬 뿐이다.

『주서』〈이역열전〉 고구려. '대관은 대대로며, 그 다음은 태대형, 대형, 소형, 의사사, 오졸, 태대사자, 대사자, 소사자, 욕사, 예속, 선인 그리고 욕살등 무릇 13관등이 있어 나라 안팎의 일을 나누어 담당한다. 대대로는 강약에 따라 서로 싸워서 빼앗아 스스로 차지하며 왕의 서품이나 임명은 없다.'(大官有大對盧 次有太大兄 大兄 小兄 意侯奢 烏拙 太大使者 大使者 小使者 褥奢 翳屬 仙人 并褥薩凡十三等 分掌內外事焉 其大對盧 則以彊弱相陵奪而自爲之 不由王之署置也)

대대로 관직의 경쟁적 독점화 현상은 여러 유력한 귀족세력간의 타협과 연립을 모색한 일종의 '귀족연립정권'으로 이해한다. 다시 말해 대대로 관직을 유력 귀족세력들 사이에서 3년마다 선임(또는 중임)하는 형태로 운영하여 귀족세력중심의 지도체제가 확립된다. 고구려의 전성기는 왕권王權이 아닌 신권臣權의 시대다.

한강유역 소실

양원왕은 재위 중기인 551년(양원7) 서북쪽의 돌궐(투르크계)과 남쪽의 신라로부터 동시에 공격을 받는다. 돌궐이 신성과 백암성을 침입하자 양원왕은 즉각 군사 1만을 보내 물리치고 1천여의 머리를 벤다. 그러나 신라와의 전투는 일방으로 패한다. 돌궐을 막기 위해 고구려군의 주력을 서북쪽에 집중 투입한 것이 패착이다. 신라는 이 틈을 이용하며 한강유역의 고구려 10개 군郡을 급습하여 탈취한다.

『삼국사기』 양원왕. '7년(551년) 가을9월, 돌궐이 신성을 포위하였으나 승리하지 못하자 군대를 이동하여 백암성을 공격하였다. 왕이 장군 고흘에게 병사 1만을 주어 그들을 물리치고 1천여의 머리를 베었다. 신라가 침공하여 10개 군을 빼앗았다.'(七年 秋九月 突厥來圍新城不克 移攻白巖城 王遣將軍高紇 領兵一萬拒克之 殺獲一千餘級 新羅來攻取十郡)

이는 고구려의 뼈아픈 영토 소실이다. 그러나 신라는 이를 계기로 한강유역을 차지한다. 한반도 동남방의 약소국 신라가 처음으로 한반도 중심지역으로 진출한다.

양원왕은 재위 15년째인 559년 3월 사망한다. 사망 두 해 전인 557년(양원13) 옛 고구려 수도 환도성(요녕성 해성)에서 간주리干朱理가 반란을 일으키나 처형당한다. 간주리는 평양출신의 지방관인지 아니면 환도성의 토호인지 알 수 없으나 귀족세력간 계속된 권력다툼의 연장선에서 발생한 사건이다.

양원왕 시기 고구려는 신권(귀족연립정권)이 왕권을 압도한 시대다.

| 평원왕과 평양 장안성 천도 |

평원왕(25대)은 이름이 양성陽成이며 양원왕의 장자다. 재위기간은 559년~590년까지 32년간이다. 557(양원13)에 태자가 되며 양원왕의 뒤를 이어 즉위한다. 평원왕은 왕실내 혼란과 지배층의 동요 없이 정상적으로 왕위를 승계한다. 『삼국사기』는 평원왕이 '담력이 있고 말타기와 활쏘기를 잘 하였다.'(有膽力 善騎射)고 적는다. 고구려인의 전형적인 기질을 갖춘 군주다.

> 평원왕(平原王)의 이름은 양성(陽成)이고 양원왕(陽原王)의 이름은 평성(平成)이다. 그러나 한자의 대비로 본다면 **평원왕은 평성이고 양원왕은 양성이 어울린다. 혹여 두 왕의 이름과 시호가 서로 뒤바뀐 것은 아닐까?**

외교와 내치

평원왕은 고구려 문치시대의 마지막 왕이다. 쇠락의 길로 접어든 고구려를 일시적으로나마 부흥시킨 군주다. 특히 군사역량을 집중적으로 강화시킨 점은 훗날 수隋의 4차에 걸친 대규모 침공을 모두 막아내는 원동력으로 작용한다. 좀 더 구체적으로 살펴보면 이렇다. 첫째 평원왕은 계속된 왕통의 흔들림을 바로 잡는다. 565년(평원7) 장자 원元(영양왕)을 태자에 봉하여 왕위승계를 명확히 한다. 둘째 실추된 왕실의 권위를 재확립한다. 평원왕은 559년(평원1) 즉위하자마자 시조 추모왕의 사당에 친히 제사를 지낸다. 셋째 민생을 적극 살펴 백성의 지지를 확보한다. 2가지 사형죄를 범한 중죄인을 제외하고 모두 풀어주는 대사면을 단행한다. 이를 통해 적잖은 노동력을 확보한다. 563년(평원5) 큰 가뭄이 들자 스스로 음식 섭취를 줄이고 산천에 기우제를 지낸다. 백성에게 스스로 모범을 보인다. 571년(평원13) 궁궐 공사 중에 메뚜기떼가 발생하고 날씨

마저 가물자 공사를 중단시킨다. 581년(평원23) 여름철 서리와 우박으로 곡식이 큰 피해를 입자 몸소 백성을 찾아 위로하고 구제한다. 583년(평원25) 급하지 않은 공사는 부역을 줄이고 군과 읍에 사람을 보내 농사와 양잠을 적극 권장한다. 모두 민생정치를 실현한 내용이다.

　평원왕은 중원왕조에 대한 견사외교를 강화한다. 남북조 왕조들과 두루 교섭관계를 유지하며 고구려의 안정을 도모한다. 560년(평원2) 북조의 북제로부터 「사지절영동이교위요동군공고구려왕」을, 577년(평원19) 북주로부터 「개부의동삼사대장군요동군개국공고구려왕」을 각각 받는다. 또한 562년(평원4) 남조의 진으로부터 「영동장군」의 관작도 받는다. 견사횟수는 북제 3회, 북주 1회, 진 6회다. 재위 초반기에는 주로 남조인 진에 치중한다. 그러나 북주를 계승한 수(581~619)가 등장하면서 견사외교는 변화한다. 재위 후반기인 581년(평원23) 수로부터 「대장군요동군공」의 관작을 받으며 북조인 수에 집중한다. 견사횟수는 7회다. 583년(평원25) 한 해에는 3회를 견사하기도 한다.

> 평원왕은 야마토(일본)에도 사신을 파견한다. 『일본서기』〈흠명기〉다. '31년(570년) 7월, 임자 초하루 고구려 사신이 근강에 도착하였다. 허세신원과 길사적구를 보내 난파진을 출발하여 협협파산에서 배를 끌고 와 식선을 장식하고, 근강의 북쪽 산에 가서 맞이하였다. 마침내 산 뒤쪽의 고위관에 인도하여 들이고 동한판상직자마려와 금부수대석을 보내 지키게 하였다. 또 **상락관에서 고구려 사신에게 연회를 베풀었다.**'(三一年 七月 壬午朔高麗使到于近江 遣許勢臣猿與吉士赤鳩發自難波津 控引船於狹狹波山 而裝飾船 乃往迎於近江北山 遂引入山背高威舘 則遣東漢坂上直子麻呂 錦部首大石以爲守護 更饗高麗使者於相樂舘)

　특히 평원왕은 수의 급성장을 예사롭지 않게 판단한다. 수는 589년(평원31) 남조의 진陳을 무너뜨리고 중원을 통일한다. 한漢이후 삼국시대, 5호16국시대, 남북조시대를 거치며 370여 년간 분열된 중원이 수隋에 의해 재통일된다. 590년(평원32) 평원왕은 진의 멸망소식을 듣고 군사훈련과 군량미 비축 등 군사력 강화에 힘쓴다. 수의 침공에 적극 대비한다.

평양 장안성 천도

평원왕은 586년(평원28) 수도를 평양에서 장안성長安城으로 천도한다. 평양은 427년(장수15) 장수왕이 천도한 지금의 대성산성大城山城(평양시 대성구역) 일대로 안학궁安鶴宮이 주변에 소재한다. 장안성은 대성산성 남서쪽 20km 위치한 지금의 북한 평양성(평양시 중심구역)이다. 외성,

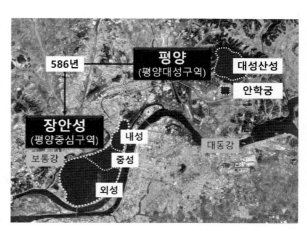

▲ 장안성 천도

중성, 내성을 갖춘 평지성과 산성이 결합된 형태로 전체면적은 1,185만㎡며 성벽길이는 2.3km다.

장안성은 552년(양원8) 양원왕이 처음 공사를 시작하여 586년(평원28) 평원왕이 완공하기까지 꼬박 35년이 소요된다. 공사기간이 장기화된 점은 평원왕이 백성의 공역부담을 최대한도로 줄였기 때문이다. 평원왕의 애민정신을 읽을 수 있는

▲ 평양성벽석각(丙戌,566년) [1928년]

또 하나의 사례다. 물론 귀족세력의 반발 또한 당연히 있을 것으로 본다. 그러나 대성산성과 장안성은 지리적으로 가깝다. 먼 거리가 아닌 만큼 귀족세력의 경제적 피해는 적을 것이다. 다만 두 지역의 지형을 보면 대성산성은 주변에 하천이 없다. 이에 반해 장안성은 대동강을 끼고 있다. 대동강은 활발한 물류 이동을 제공한다.

장안성의 천도는 정치적인 이유보다 경제적 필요가 배경이다.

평강공주와 바보온달

▲ 온달·평강상 [아차산성]

　마지막으로 바보온달과 평강공주 이야기다. 『삼국사기』〈열전〉 온달 편에 자세한 내용이 나온다. 지체 높은 왕족 신분의 평강공주가 아버지 평원왕의 반대를 무릅쓰고 천한 신분의 온달에게 시집을 간다. 평강공주는 온달을 잘 인도하여 바보 온달을 장군 온달로 만든다. 온달은 578년(평원20) 북주가 요동을 침공할 때 배산전투에서 전공을 세워 대형(제3관등) 관등을 받고 또한 평원왕의 사위(부마)로 인정받는다. 이후 영양왕(26대) 때 신라에게 빼앗긴 영토를 되찾기 위해 전투에 참여했다가 아단성阿旦城에서 화살에 맞아 사망한다.

> 아단성은 아차성(阿且城)이라고도 한다. 서울시 광진구와 구리시에 걸쳐있는 지금의 아차산성(峨嵯山城)이다. **충북 단양의 온달산성(옛 성산고성)으로 보는 견해도 있다.**

　평강공주는 신분격차를 깨고 온달은 신분상승을 이룬다. 당시는 엄격한 신분사회다. 왕족, 귀족, 평민, 노비 등의 계급이 명확히 구분되고 계급간 이동은 불가능하다. 온달은 평민계층이다. 평원왕은 전격적으로 온달을 발탁하여 중용한다. 이는 계급을 초월하여 인재를 널리 구한 경우다. 평원왕이 특별히 온달을 발탁한 배경에는 당시 귀족세력의 권력 독점에 대한 견제도 작용했을 것으로 추정된다.

　평원왕은 문치시대 후반기 대내외적으로 국가역량을 강화하여 미래를 대비한 군주다.

| 안원왕과 양원왕의 무덤을 찾아서 |

평양시 심석구역(舊 평남 대동군 시족면) 광대산 남쪽 기슭에 고구려 왕릉으로 추정되는 무덤이 2개 있다. 「토포리대총」과 「호남리사신총」이다. 두 무덤은 안학궁지(평양시 대성구역)에서 동쪽으로 각각 5.9㎞, 7.9㎞ 떨어져 있으며 두 무덤간 거리는 2㎞다.

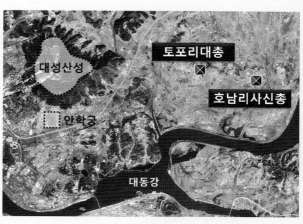

▲ 토포리대총과 호남리사신총 [평양 심석구역]

토포리대총은 안원왕의 무덤

토포리대총(평양대총)은 한 변 길이 29.7m의 방형 기단 위에 높이 7.9m의 봉분을 쌓은 기단돌방흙무지무덤(기단석실봉토묘)이다. 봉분의 규모만 놓고 본다면 傳동명왕릉(한변길이 22m)보다 월등히 크며, 장군총(한변길이 33m)보다 다소 작다. 1916년 일제 조선총독부의 오가와 게이키치小川敬吉가 발굴 조사한다. 특히 이 일대는 토포리대총을 중심으로 토포리남총(5호분) 등 크고 작은 무덤 20여 기가 밀집되어 있다. 주요 재원이다.

▲ 토포리고분군

토포리 대총		규모(m) 길이×너비×높이	특징
내부	돌방(石室)	3.0×2.7×3.5	판석, 벽면 회칠
	널받침(棺臺)	2매	
	천장	-	평행삼각고임 (2단+2단)
외부	널길(羨道)	12.8 (널문:1.2×2.0)	중앙
출토 유물	사이장경호, 보주형 뚜껑, 삼족반, 채문반 철제관정, 궁형철구, 철도자, 좌금구 석침, 석제각		

▲ 토포리대총 널길, 전경, 무덤입구

　　토포리대총은 독특한 면이 있다. 돌방 및 천장에 벽화장식이 없으며 돌방에 이르는 널길(연도)이 유난히 길다(12.8m). 특히 평양일대 왕릉급 무덤 중에서 벽화가 없는 무덤은 무덤주인의 비정상적인 죽음과 관련된다. 예를 들어 연개소문에게 시해당한 영류왕의 강서소묘에도 일체 벽화가 없다. 또한 널길이 긴 것은 널길 중간에 별도의 방(앞방)을 만들려다 중지한 것으로 보인다. 무덤주인의 위상에 의문이 간다.

　　토포리대총의 조성 시기는 6세기 중반정도로 이해한다. 이에 해당하는 왕은 안장왕의 뒤를 이은 안원왕(531~545)뿐이다. 안원왕은 안장왕의 이복동생으로 말년에 추군과 세군의 귀족세력 다툼에 희생된다. 특히 벽면을 회칠로 마감한 것 또한 안원왕의 비정상적인 죽음과 연관되어 보인다.

「토토리대총」의 무덤주인은 안원왕이다. 돌방내 관대 2매는 안원왕과 제1왕후 덕양德陽이며, 딸린무덤陪塚 2기는 안원왕의 제2왕후 화양華陽과 제3왕후 청하淸河의 무덤이다. 두 왕후는 북위北魏 출신 공주다.

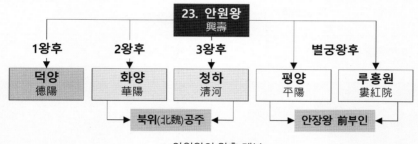

▲ 안원왕의 왕후 계보

호남리사신총은 양원왕의 무덤

호남리사신총(북한 국보 제26호)은 한 변 길이 40.0m의 방형 기단 위에 높이 4.0m의 봉분을 덮은 기단돌방흙무지무덤이다. 같은 양식의 토포리대총과 비교하여 넓이(면적)는 월등히 크나 높이는 낮다. 1916년 일제 조선총독부의 오가와 게이키치小川敬吉가 발굴 조사한다. 현재 호남리사신총(1호), 호남리금사총(4호) 등을 비롯하여 4기가 존재한다. 주요 재원이다.

▲ 호남리고분군

호남리 사신총	규모(m) 길이×너비×높이		특징
내부	돌방(石室)	3.0×3.6×3.0	판석, 사신도 벽화
	널받침(棺臺)	1매	
	천장	-	평행삼각고임 (2단+3단)
외부	널길(羨道)	2.4 (널문:1.3×2.0)	중앙
출토유물	토기 파편, 쇠못		

▲ 호남리사신총 널길, 전경, 무덤내부

호남리사신총은 돌방 4벽의 벽면에 사신도 벽화가 그려져 있어 붙여진 이름이다. 사신도는 청룡(동), 백호(서), 주작(남), 현무(북)다. 다만 사신

청룡(동벽)　　백호(서벽)　　주작(남벽)　　현무(북벽)

▲ 호남리사신총 사신도

도는 화법이 고졸^{古拙}하고 사신의 형태도 고식^{古式}이다. 이는 고구려 말기(6세기 중기)에 제작된 왕릉급 무덤인 강서대묘, 강서중묘의 화려한 사신도와는 현격한 차이를 보인다. 호남리사신총의 사신도는 가장 이른 시기에 제작된 사신도다. 특히 사신도 외에는 다른 여타의 벽화가 없는 것도 특징 중의 하나다. 호남리사신총의 조성 시기는 6세기 초다.

「호남리사신총」의 무덤주인은 양원왕이다. 딸린무덤^{陪塚} 2기는 훗날 양원왕의 왕후가 된 숙^俶공주과 은^銀공주의 무덤으로 추정된다. 두 공주는 부녀지간으로 각태자(양원왕 아버지)의 부인과 딸이다. 양원왕은 자신의 계모(숙공주)와 이복 여동생(은공주)을 왕후로 맞이하는 특이한 이력을 갖는다. 딸린무덤 2기가 사신총(양원왕)에서 다소 떨어져 위치한 것도 이러한 특수 관계를 반영한 배치로 볼 수 있다.

『고구려사략』〈안원대제기〉. '임자 대장2년(532년) 5월, **숙공주를 평성**(훗날 양원왕)**의 처로 삼았다.** 공주는 16세다. 평성은 15세인데 키가 공주보다 컸고 공주는 평성보다 볼기가 컸다. 서로 자신의 키가 크거나 볼기가 큰 것을 자랑하며 지려하지 않았다. … **숙은 각의 딸이고 은공주 소생이다. 각은 평성을 후사로 삼아 장차 대위**(왕)**를 물려주고자 하였다.**'(以俶公主妻平成 公主宝齡十六 平成十五 身長於公主 公主臀大於平成 相誇其長大而不下 … 俶恪女銀公主出也 恪以平成爲嗣 將傳大位計耳) '계축 대장3년(533년) 춘정월, **은공주를 동궁**(평성)**정비로 삼았다.**'(銀公主爲東宮正妃)

「토포리대총」은 안원왕의 무덤이고, 「호남리사신총」은 양원왕의 무덤이다.

| 금동불상과 금동판에 새긴 연호 |

자금까지 발견된 여러 고구려 금동불상은 규모가 소형이고 광배 뒷면에 명문이 새겨 있는 공통점이 있다. 특히 명문은 금동불상의 제작 시기를 가리키는 년도를 연호와 간지로 명확히 표기한다.

영강7년명 금동불상 광배

▲ 영강7년명 주형광배

「영강7년명^{永康七年銘}주형광배」(조선력사중앙박물관 소장)는 1947년 평남 평양 평천리 폐사지에서 출토된 금동불상이다. 불상은 없고 높이 21cm의 광배만 존재한다. 광배 뒷면 하단에 7행 54자가 새겨 있다. 명문은 이렇다.

> 영강^{永康}7년 세차 갑▨에 돌아가신 어머니를 위하여 미륵존상을 만들어 복을 빌다. 바라건대 돌아가신 분의 신령으로 하여금 깨달음의 세계로 나아가 미륵님의 삼회 설법을 만나서, 첫 설법 때 무생의 법리를 깨닫고 구경을 염하여 보리를 이루게 해 주소서. 만일 죄업이 있으면 이 발원으로 일시에 소멸되게 하옵고, 수희하는 모든 이들도 이 소원과 같게 하소서. (*원문 그림 참조)

돌아가신 어머니를 위해 미륵존상을 만들어 발원을 소망하는 내용이다. 불상을 만든 시기는 영강7년이다. 다만 아쉽게도 영강7년에 해당하는 간지는 일부가 마멸되어 명확하지 않다. 영강은 누구의 연호일까?

영강의 한자는 永(길 영)과 康(편안할 강)이다. 永은 광개토왕의 연호 永樂(영락)과 맥을 같이하며 康은 장수왕이 북위로 받은 시호 康(강)과 같다. 영강 연호를 사용한 왕은 광개토왕과 장수왕의 위업을 동시에 계승한 왕이다. 이에 해당하는 왕은 장수왕의 뒤를 이은 문자명왕 뿐이다.

특히 명문에 나오는 간지를 보면 앞글자는 '甲'자로 판독되나 뒷글자는 완전히 떨어져 나가 확인 자체가 불가능하다. 영강7년의 간지는 '甲▨'이다. 문자명왕 시기 甲자로 시작하는 간지는 갑술甲戌, 갑신甲申, 갑오甲午 등이다. 갑술(498년)은 문자명왕 재위 7년이고, 갑신(508년)은 재위 17년이며, 갑오(514년)는 재위 23년이다. 3개 간지 중 마지막 갑오는 재위말기인 탓에 가능성이 적으며 재위초기 갑술과 재위중기 갑신이 유력하다.

갑술을 적용하면 영강 연호의 사용은 재위원년이다. 문자명왕은 492년 즉위하면서 곧바로 영강 연호를 제정한 것으로 볼 수 있다. 또한 갑신을 적용하면 영강 연호의 사용은 재위 11년인 502년부터다. 그런데 이 시기와 관련하여 『태백일사』〈고구려국본기〉에 중요한 역사적 기록이 하나 있다. '문자호태열제는 연호를 명치로 개원하였다. 11년(502년)에 제, 노, 오, 월의 땅이 우리에게 속하였다. 이에 이르러 나라의 강역이 점점 커졌다.'(文咨好太烈帝 改元明治 十一年齊魯吳越之地屬我 至是國疆漸大) 문자명왕은 즉위하면서 명치明治 연호로 개원하며, 재위 11년(502년)에 중원의 제齊, 노魯, 오吳, 월越의 땅을 복속하며 고구려 강역을 확장시킨다. 대륙 땅의 복속은 영강 연호 제정의 직접적인 계기다. 선대 광개토왕과 장수왕이 벌인 지속적인 정복사업의 파편들이 문자명왕에 의해 하나의 완성체로 종결된다.

「영강永康」은 정복사업 완성을 선포한 문자명왕의 연호다.

경4년명 금동불상

▲ 경4년명 삼존불 입상

「경4년명^{景四年銘}금동삼존불입상」(호암미술관 소장)은 1930년 황해도 곡산군 화촌면 연산리에서 출토된 삼존불상이다. 간지 신묘년 글자 때문에 「신묘명금동삼존불입상」으로도 불린다. 높이 15.5cm며 광배 뒷면에 8행 67자의 명문이 새겨 있다. 명문의 내용을 정리하면 이렇다.

遇値願共賤須
彌諸亡造奴四
勒佛師无阿年
所善父量王在
願知母壽阿辛
如識生像五卯
是等一人比
　値心躯善丘
　　中共知道
　　常諸識
　　　　那
　　　　婁

▨경^景4년 신묘에 비구^{比丘}와 선지식^{善知識} 등 5인이 함께 무량수불 1구를 만들다. 원하건대 돌아가신 스승과 부모님이 여러 부처님들을 항상 만나 뵙기를 기원하며 또한 선지식 등은 미륵불 뵙기를 기원합니다. 소원이 이와 같으니 모두 함께 한 곳에 태어나 부처님 뵙고 불법을 듣게 하옵소서. (*원문 그림 참조)

그런데 명문에 언급된 불상을 만든 시기인 '경4년^{景四年}'과 이에 해당하는 간지 '신묘년^{辛卯年}'이 나온다. 명문의 신묘년은 불상의 양식 등을 고려하면 평원왕 재위 13년인 571년으로 보는 견해가 지배적이다. 문제는 '경4년'이다. '景'자는 연호를 말하는 듯 한데 연호를 외자로 쓴 전례가 없기 때문이다. 그래서 '▨景' 또는 '景▨'로 보기도 한다.

북한 역사학자 손영종은 '景'을 '白+宣'(백선)으로 글자를 나누어 판독하나 '景'자 위아래로 어떠한 간격도 없기에 **한 글자를 두 글자로 나누어 읽는 것은 무리다.**

'景'은 연호가 맞을까? 또한 맞다면 평원왕의 연호로 보아야 할까? 의외의 단서가 〈안원대제기〉에 나온다. 즉위전사다

제는 휘가 보연이고 자는 흥수다. 명치제(문자명왕)**의 둘째 아들이며 모친은 경태후다.** 용모와 예의범절이 아름답고 말 탄 채 활쏘기도 잘하였다. 신장은 7척 5촌이다. 도량이 크고 무술에 통달하였으며 또한 능히 윗사람의 뜻을 받들어 모실 줄도 알았다. … 안장왕이 죽음이 임박하자 초운황후에게 명하여 무릎을 꿇고 상에게 새보를 바쳤다. **이에 등조하며 대장으로 개원하였다. 후에 세종경황제로 존하였다.**

帝諱宝延字興壽 明治帝之第二子也 母曰鯨太后也 美容儀善騎射 身長七尺五寸 有大量通武術亦能逢迎上意 … 至臨崩 命楚雲皇后跪上璽宝 乃登祚改元大藏 後尊爲世宗景皇帝

문자명왕의 둘째 아들인 안원왕이 즉위하면서 연호를 대장^{大藏}으로 개원하고 후에 세종경황제^{世宗景皇帝}로 존호된 내용이다.(*안장왕은 문자명왕의 첫째 아들, 연호는 안장) 안원왕을 세종경황제로 존호를 추존한 왕은 평원왕으로 추정된다. 평원왕은 자신을 경황제^{景皇帝}로 칭하면서 선대 안원왕, 양원왕 두 왕에게도 경황제의 존호를 올린 것으로 판단된다. 아마도 평원왕의 존호는 '○종경황제'일 것이다. 이는 이전 안장왕이 선대 장수왕, 문자명왕을 효황제^{孝皇帝}로 추존한 선례에서 확인된다.

『고구려사략』〈안장대제기〉. '안장원년(519년) 기해 4월, **장수황제를 고조효무황제로, 명치황제를 태종효문황제로, 조다태자를 인종효숙황제로, 경태자를 선종효양황제로** 추존하고 모두에게 대제를 올렸다.'(己亥安藏元年 四月 追尊 長壽皇帝爲高祖孝武皇帝 明治皇帝爲太宗孝文皇帝 助多太子爲仁宗孝肅皇帝 鯨太子爲仙宗孝讓皇帝 皆行大祭) 존호에 '**孝**' 자가 공통으로 들어간다. 모두 효황제들이다.

불상 명문의 景은 평원왕의 연호가 아니라 존호다. 또한 '경4년'이 신묘년(571년)이니 평원왕이 경황제 존호를 사용한 경원년^{景元年}은 평원 왕 재위 10년인 568년이다. 평원왕의 연호는 『태백일사』〈고구려국본

기>에 정확히 나온다. '평강상호태열제는 담력이 있고 기사에 능하니 곧 주몽의 기풍이 있었다. 대덕으로 개원하고 치교에 밝았다.'(平岡上好太烈帝 有膽力善騎射乃有朱蒙之風 改元大德治敎休明) 바로 대덕^{大德}이다.

「경^景」과 「대덕^{大德}」은 평원왕의 존호와 연호다.

▨화3년명 금동판

「▨화3년명▨^{和三年銘}고구려금동판」(조선력사중앙박물관 소장)은 1988년 6

▲ ▨화3년명 금동판

월 함경남도 신포리 오매리 절골^{寺谷}유적의 건물지에서 출토된 고구려 유물이다. 금동판 뒷면에 못이 붙어 있어 불탑이나 불교전각에 고정시켜 사용한 것으로 추정된다. 앞부분은 깨어져 없어지고 뒷부분만 남아 있는 금동판은 길이 41.5cm 너비 18.5cm다. 현재 확인된 명문은 12행의 113자 정도다. 특히 마지막 11행~12행에 금동판의 제작 시기가 적혀 있다. '▨和三年 歲次 丙寅 二月卄六日 ▨戌朔 記首' 즉 '▨화3년 세차 병인년인 2월 26일 ▨술 삭에 기록하다.' 그런데 연호인 '▨和'와 제작날짜인 '▨戌'은 금동판의 윗 끝부분에 새겨 있는데 자획의 일부가 떨어져 나가 명확한 판독이 쉽지 않다. 북한은 ▨和와 ▨戌을 각각 太和(태화)와 甲戌(갑술)로 보고 양원왕 재위 2년인 546년(병인년)으로 추정한다.

그러나 양원왕의 연호 太和(태화)는 大和(대화)로 판독해야한다. 이는 앞서 살펴본 평원왕의 존호 景에서 단서를 찾을 수 있다. 양원왕의 뒤를 이은 평원왕은 존호 景을 사용하면서 선대 안원왕의 존호도 景으로 높인다. 마찬가지로 양원왕 존호 역시 景일 것이다. 안원왕→양원왕→평원왕으로 이어지는 3대 왕의 존호는 공히 景인 셈이다. 특히 3대 왕은 시호에 '原'자 공통으로 들어간다. 연호 또한 안원왕은 大藏(대장), 평원왕은 大德(대덕)으로 '大'자가 들어간다. 따라서 양원왕의 연호는 太和(태화)가 아닌 大和(대화)일 개연성이 매우 높다.

금동판의 연호 「대화大和」는 양원왕의 연호다.

고구려 태왕의 연호

지금까지 문헌 기록과 유물의 명문을 통해 확인된 고구려 태왕(고국원왕~보장왕)의 연호는 아래와 같다.

대	태왕	연호 [존호]	근거
16	고국원왕	영화 永和	·『고구려사략』, 안악3호분 묵서
17	소수림왕	-	
18	고국양왕	융복 隆福	·『고구려사략』
19	광개토왕	영락 永樂	·《광개토왕릉비》
20	장수왕	건흥 建興 장수 長壽 [孝] 연수 延壽 연가 延嘉	·「건흥명 불상광배」, 『태백일사』 ·『고구려사략』 ·「연수명 서봉총 은합」 ·「연가명 불상」
21	문자명왕	명치 明治 [孝]· 영강 永康	·『고구려사략』, 『태백일사』 ·「영강명 불상광배」
22	안장왕	안장 安藏 [和]	·『고구려사략』
23	안원왕	대장 大藏 [景]	·『고구려사략』
24	양원왕	대화 大和 [景]	·「대화명 금동판」 (신포출토)

25	평원왕	대덕 大德 [景]	· 『태백일사』, 「경명 불상」
26	영양왕	홍무 弘武	· 『태백일사』
27	영류왕	-	
28	보장왕	개화 開化	· 『태백일사』

1963년 길림성 집안의 국내성내 고구려 건물터에 발견된 '태녕4년명(太寧四年銘)' 권운문 와당이 있다. 명문은 '太寧四年太歲▨▨閏月六日己巳造吉保子宜孫'이다. 일반적으로 태녕은 동진 명제(사마소)의 연호로 이해한다. 다만 명제의 태녕 연호 사용 기간은 3년간(323.3 ~ 326.1)이다. 윤달을 적용하면 명제의 태녕4년은 존재하지 않는다. 이런 까닭에 북한 학계는 태녕을 소수림왕의 연호로 보기도 한다.

　　이들 연호는 나름의 특징을 갖는다. 첫째는 연호의 사용 시기다. 국강國罡을 표방하며 고구려의 천하지배관이 정립된 고국원왕 때부터 시작된 점이다. 둘째는 연호 명칭의 일관성이다. 전반기는 주로 '永'자가 중심이고 후반기는 '大'자 중심이다. '永'자는 고구려의 영속성을 강조한 것이라면 '大'자는 고구려의 우월성을 표출한 것이다. 셋째는 장수왕 때부터 연호와 별도로 존호가 사용된 점이다. 열제烈帝(황제) 칭호가 추가로 도입되며 이에 걸맞는 존호 또한 만들어 진다.

　　이제 남은 소수림왕과 영류왕의 연호도 어떤 유물의 퍼즐 조각을 통해 우리의 품안에서 되살아 나기를 기대해 본다.

7 수당과의 패권전쟁, 멸망

| 영양왕과 고수전쟁 |

　　『조선왕조실록』에 1456년(세조2년) 3월 집현전 직제학 양성지梁誠之 (1415~1482)가 편의便宜 24개 사事에 대해 세조에게 상소를 올린다. 이 중에는 전대 왕과 재상을 제사지내야 한다는 내용이 들어 있다. 〈세조실록〉이다.

> 신이 그윽이 명의 제사와 직장을 보니, 관원을 보내어 역대의 군상을 제사하는데 대뢰로써 쓰니 심히 성거입니다. 본조는 역대의 군왕이 도읍하였던 곳에서 산제하는 데도 혹은 당연히 제사지내야 할텐데 제사하지 않는 것이 있고 혹은 배향한 대신이 없어 흠전된 것 같으니, 바라건대 매년 봄·가을로 동교에서 전조선왕 단군, 후조선왕 기자, 신라 시조, 태종왕, 문무왕, **고구려 시조, 영양왕,** 백제 시조, 고려 태조, 성종, 현종, 충렬왕 이상 12위를 합제하고, 신라 김유신, 김인문, **고구려 을지문덕,** 백제 흑치상지와 근일에 정한 전조의 배향 16신과 한희유, 나유, 최영, 정지 등을 배향하게 하소서.
>
> 臣竊觀大明諸司職掌 遣官祭歷代君相 用以大牢 甚盛擧也 本朝以歷代君王散祭所都 而或有當祭不祭者 又或無配享大臣 似爲欠典 乞每年春秋於東郊 合祭前朝鮮王檀君 後朝鮮王箕子 新羅 始祖 太宗王 文武王 高句麗 始祖 嬰陽王 百濟 始祖 高麗 太祖 成宗 顯宗 忠烈王 以上十二位 以新羅 金庾信 金仁問 高句麗 乙支文德 百濟 黑齒常之 近日所定前朝配享十六臣及 韓希愈 崔瑩 鄭地 等配享

　　양성지가 배향을 건의한 전대 왕은 모두 12명이다. 고구려 왕은 시조 추모왕과 영양왕 두 사람이며, 신하는 을지문덕이다. 그렇다면 조선은 배향의 대상으로 전대 왕 중에 영양왕을 포함시켰을까?

수의 명줄을 끊은 영양왕

　　영양왕은 360여년 만에 중원을 재통일한 신흥왕조 수隋와 흥망을 함께한 군주다. 수는 4차례에 걸쳐 대대적으로 고구려를 침공하지만 영양왕은 수의 공격을 모두 막아내고 승리한다. 이로 인해 수는 패배의 후유증을 극복하지 못하고 38년(581~618)만에 멸망한다. 수의 명줄을 끊은 사람이 바로 영양왕이다.

『통전』 고구려 전. '**고구려 땅은** 후한대에 사방 2천리고 위대에 이르러 남북이 점점 줄어들어 겨우 1천여 리나 **수대에 이르러서는 점점 커져 동서 6천리에 이르렀다.**'(其地後漢時方二千里 至魏南北漸狹纔千餘里 至隋漸大東西六千里) 『통전』은 **고구려 영토가 수 시기에 최대라고 설명**한다. **바로 영양왕 때**다.

영양왕(26대)은 이름이 원元(대원)이며 평원왕의 장자다. 565년(평원7) 태자가 되어 아버지 평원왕의 치세를 보좌한다. 『삼국사기』는 '풍채가 준수하고 쾌활하며 제세안민을 스스로의 임무로 삼았다.'(風神俊爽 以濟世安民自任)고 기록한다. 세상을 구제하고 백성을 편안하게 하는 일은 군주의 로망roman이다. 그러나 안타깝게도 영양왕은 제세안민濟世安民의 왕도정치王道政治를 실현하지 못한다.

영양왕의 아버지 평원왕은 수가 중원을 통일하자 군사력 증강에 힘쓴다. 수의 공격에 적극 대비한다. 이전 중원은 남북조로 양분되어 있어 고구려는 이들 남북조와의 적절한 등거리 견사遣使외교를 통해 중원왕조의 공격을 억제한다. 그러나 수의 등장으로 견사외교의 한계가 드러난다. 수가 힘의 우위를 앞세워 변심할 수 있기 때문이다. 그럼에도 영양왕은 전임 평원왕이 해왔던 것처럼 견사외교에 주력한다. 수문제隋文帝(고조 양견)는 영양왕이 즉위하자 「상개부의동삼사요동군공고구려왕」 관작을 수여하고 영양왕은 이에 화답하여 감사를 표시한다. 이어 영양왕은 2차례(영양3/영양8) 수에 견사한다. 그러나 상황은 엉뚱하게 변한다.

영양왕에게 있어 수와의 대결은 피할 수 없는 운명이다.

| 1차 고수전쟁과 강이식 |

598년(영양9) 영양왕은 전격적으로 수를 공격한다. 영양왕의 선제 공격으로 고수^{高隋}(고구려-수)전쟁의 서막이 오른다.

『삼국사기』 기록의 문제점

『삼국사기』가 전하는 1차 고수전쟁의 전말이다.

> 9년(598년), 왕이 말갈 군사 1만 여를 거느리고 요서를 침공하였으나 영주총관 위충이 우리 군사를 물리쳤다. 수문제가 이 소식을 듣고 크게 화를 내며 한왕 양(양량)과 왕세적 등을 모두 원수로 임명하여 육군과 수군 30만을 거느리고 고구려를 치게 하였다. 6월, 수문제가 조서를 내려 왕(영양왕)의 관작을 박탈하였다. 한왕 양의 군대가 유관(임유관)에 도착하였을 때 장마로 인하여 군량미의 수송이 이어지지 못하였다. 이로 말미암아 군량 떨어지고 또한 전염병이 돌았다. 주라후의 수군은 동래(산동반도 등주)에서 바다를 건너 평양성으로 오다가 풍랑을 만나 선박이 거의 유실되거나 침몰하였다.
>
> 九年 王率靺鞨之衆萬餘 侵遼西 營州摠管韋冲擊退之 隋文帝聞而大怒 命漢王諒王世積並爲元帥 將水陸三十萬來伐 夏六月 帝下詔黜王官爵 漢王諒軍出臨渝關 値水潦 餽轉不繼 軍中乏食 復遇疾疫 周羅睺自東萊泛海 趣平壤城 亦遭風 舡多漂沒

598년(영양9) 영양왕이 먼저 수를 공격한다. 말갈 1만을 보내 요서를 공격하지만 수의 영주총관 위충^{韋冲}에게 패한다. 그런데 수문제^{隋文帝}(양견)는 이 소식을 듣자마자 곧바로 육군과 수군 30만을 동원하여 고구려를 공격한다. 양^諒(양량)과 왕세적^{王世積}의 육군은 유관에 도착하나 장마로 인하여 군량미 지원을 못 받은 상태에서 전염병까지 돌아 퇴각하고, 주라후^{周羅睺}의 수군은 바다 건너 평양성으로 향하다가 풍랑을 만나 선박이 유실 또는 침몰한다.

『삼국사기』기록은『수서』고구려 전에도 나온다.『삼국사기』가『수서』기록을 차용한다. 그러나 이 기록은 몇 가지 문제점을 안고 있다. 첫째는 영양왕이 선제 공격한 명분과 이유에 대한 설명이 없다. 둘째는 영양왕이 선제 공격을 하여 패했음에도 불구하고 수는 곧바로 30만 대군을 동원한다. 앞뒤가 맞지 않다. 셋째는 수의 30만 대군에 대항하여 싸운 고구려군의 실체가 없다. 수의 육군은 장마로, 수군은 풍랑으로 자멸한다. 수는 고구려군과 싸워 패한 것이 아니라 자연적인 불가항력과 싸워 패한다. 선뜻 이해하기 어렵다.

『조선상고사』의 1차 고수전쟁 전말

신채호는『삼국사기』가『수서』기록을 일방으로 차용하여 1차 고수전쟁의 사건 전말을 소략^{疏略} 또는 왜곡시켰다고 강하게 비판한다.『조선상고사』다.

영양대왕은 모욕적인 글을 받고 분노하였다. 대왕은 신하들을 불러 답변 서한을 준비시켰다. **이때 강이식**^{姜以式}**이 "이 같이 모욕적이고 무례한 글에 대해서는 붓으로 답할 게 아니라 칼로 답해야 합니다." 말하면서 개전을 주장하였다.** 이 말을 반긴 대왕은 강이식을 병마원수^{兵馬元帥}로 삼고 정예병 5만과 함께 임유관을 향하도록 하였다. 그는 또 예족(*『수서』말갈)군 1만을 보내 요서지방을 침공하여 수의 군대를 유인하게 하는 한편, 거란군 수천을 보내 바다 건너 산동을 치게 하였다. 이로써 양국의 1차 전쟁이 개시되었다. 이듬해(598년) 고구려군은 요서를 공격하였다. 고구려군은 수의 요서총관인 장충^{張沖}과 접전을 벌이다가 거짓으로 패하는 척하며 임유관으로 물러났다. 그러자 수문제는 한왕^{漢王} 양량^{楊諒}을 행군도총관으로 삼고 30만 대군과 함께 임유관으로 가도록 하고 주라후^{周羅睺}를 수군총관으로 삼아 바다로 나가게 하였다. 주라후는 공개적으로는 평양으로 향하는 것처럼 했지만 실은 양곡 선박을 인솔하고 요해^{遼海}(발해)로 들어갔다. 양량의 군대에 군량을 대줄 목적이었다. 강이식은 수군을 보내 바다에서 바다를 건너 평양성으로 오다가 풍랑을 만나 선박이 거의 유실되거나 침몰하였다.

九年 王率靺鞨之衆萬餘 侵遼西 營州摠管韋冲擊退之 隋文帝聞而大怒 命漢王諒王世積並爲元帥 將水陸三十萬來伐 夏六月 帝下詔黜王官爵 漢王諒軍出臨渝關 値水潦 餽轉不繼 軍中乏食 復遇疾疫 周羅睺自東萊泛海 趣平壤城 亦遭風 舡多漂沒

　　신채호가 『대동운해』와 『서곽잡록』을 인용하여 밝힌 1차 고수전쟁의 전말이다. 앞의 『삼국사기』 기록과는 상당한 차이를 보인다. 『삼국사기』가 수의 시각이라면 『조선상고사』는 고구려의 시각에서 정리한 기록이다.

　　먼저 영양왕이 선제 공격한 이유다. 영양왕은 수문제로부터 모욕적인 새서^{璽書}(옥쇄가 찍힌 국서)를 받고 분노한다. 이는 영양왕이 선제 공격을 감행한 직접적인 배경이다. 강이식^{姜以式}이 나온다. 『삼국사기』가 기록하지 않은 고구려 장수다. 1차 고수전쟁을 승리로 이끈 주인공이다. 특히 "붓으로 답할 게 아니라 칼로 답해야 한다."는 강이식의 말이 인상적이다. 고구려 장수의 기개가 하늘을 찌른다.

　　새서 일부가 『삼국사기』 평원왕 기록에 실려 있다. 수문제는 고구려가 굴복하지 않으면 영양왕을 교체시킬 것이며 또한 고구려를 무력으로 정벌하겠다고 겁박한다. 노골적인 선전포고다. 당연히 영양왕은 분개한다. 새서는 수문제가 영양왕을 자극하기 위한 심리전술로 고구려를 공격하기 위한 명분 쌓기다. 이에 앞서 수문제는 중원을 통일한 후 서둘러 주변국을 복속한다. 북으로는 돌궐과 토욕혼, 남으로는 베트남 등이 수에 굴복한다. 그러나 고구려는 다르다. 영양왕은 수에 견사외교를 하면서도 복속은 거부한다. 이에 수문제는 고구려 정벌을 결심하고 30만 대군을 준비한다. 그리고 영양왕을 자극하는 새서를 보낸다.

　　영양왕은 새서를 받기 전에 수의 침공계획을 사전에 입수한다. 그리고 치밀한 전략과 전술을 수립하고 수를 선제 공격한다. 공격이 최상의 방어다. 먼저 예족(말갈)과 거란의 군사를 보내 공격하게 하고 곧바로 병마원수 강이식이 이끄는 정예병 5만의 주력군이 뒤따른다. 강이식은 수의 요서총관 장충張沖(『삼국사기』 영주총관 위충)과 맞닥뜨려 거짓으로 패한척하고(전략적 후퇴) 임유관臨渝關(『삼국사기』 유관)으로 물러난다. 그리고 수의 30만 대군을 고구려 영토안으로 끌어들인다. 때마침 장마와 풍랑으로 수군의 전투력은 급격히 약화된다. 고구려에게는 호기다. 강이식은 수군을 유수渝水(요하, 『삼국사기』 요수)로 끌어들여 역공을 펼친다. 고구려군의 공격을 받은 수군은 전멸하다시피 한다. 이때 살아 돌아간 자가 열에 하나라고 『수서』는 기록한다. 고구려의 완벽한 대승인 「유수대첩」이다.

수군은 강이식의 계략에 말려들어 고구려 영토 깊숙이 들어왔다가 대패한다. 다만 장마와 풍랑의 자연적 악재는 수군에게 겹친 또 하나의 불운이다.

▲ 1차 고수전쟁 (유수대첩)

1차 고수전쟁 이후의 상황

이후 상황이 『삼국사기』에 나온다. 『수서』를 차용한 기록이다. '9년 (598년) 9월, 왕은 두려워하여 사신을 보내어 사죄의 표문을 올렸다. 표문에서 왕은 자신을 요동분토신遼東糞土臣이라고 칭하였다. 수문제가 그때서야 군대를 철수하고 처음과 같이 대우하였다.'(九年 九月 王亦恐懼 遣使謝罪 上表稱遼東糞土臣某 帝於是罷兵 待之如初) 영양왕이 수문제에게 표문을 보내 사죄한 내용이다.

요동분토신遼東糞土臣은 '요동땅의 똥덩어리 신하'다. 참으로 역겨운 비하卑下의 표현이다. 그런데 이 기록은 앞뒤가 뒤바뀌어 있다. 패자가 승자에게 머리를 숙이는 것이 보편적 상식인데 엉뚱하게도 승자인 영양왕이 패자인 수문제에게 오히려 사죄한다. 영양왕이 표문을 올린 기록만 있을 뿐 표문의 내용은 아예 없다. 실제로 영양왕이 표문을 올린 것이지 또한 그 표문은 사죄의 내용인지 더구나 요동분토신과 같은 극단적인 비하의 표현을 정말로 사용한 것인지 온통 의문투성이다. 원래 중국사서는 상내약외詳內略外의 춘추필법을 철저히 준용한 기록이다. 따라서 『수서』 기록은 그럴 수 있다고 넘길 수 있지만 『삼국사기』가 이를 무비판적으로 수용한 것은 참으로 이해하기 어렵다.

강이식 장군의 무덤은 **중국 요녕성 무순시 장당향 고려영자촌 원수림**(元帥林)에 있다. 현재 무덤은 봉분과 묘비는 파괴되어 확인하기 어려운 상태로 비석을 세운 거북좌대만 남아있다. 1930년 강씨 문중에서 이곳을 방문했을 때 묘비에 '고구려병마원수강공지총(高句麗兵馬元帥姜公之塚)'이 새겨 있었다고 전한다.

▲ 묘비석 거북좌대 [일제강점기]

유수대전에서 대패한 수문제는 두 번 다시 고구려를 침공하지 않는다. 아니 침공하지 못한다. 고구려에 대한 두려움 때문이다. 이후 양국은 표면적으로는 전쟁 없는 평화 시기를 10여 년간 유지된다. 그러나 그 평화는 수양제가 등장하면서 끝난다.

「유수대첩」은 수양제의 콧대를 꺾은 고구려의 위대한 승리다.

| 2차 고수전쟁과 을지문덕 |

수양제^{隋煬帝}는 수문제의 둘째 아들로 이름은 양광^{楊廣}이다. 600년(영양11) 형 양용^{楊勇}의 태자자리를 뺏은 후 604년(영양15) 아버지 수문제마저 살해하고 2대 황제에 오른다.

> 수양제는 패륜 뿐 아니라 폭정을 일삼은 역대 중원왕조 최악의 군주다. 대토목공사를 일으켜 백성들의 노동력을 극단적으로 착취한다. 대운하 건설이 대표적이다. 북쪽의 황하와 남쪽의 양자강(양쯔강)을 연결한 대운하는 진시황의 만리장성에 버금가는 대공사다. '복수복족(福手福足)'이란 말이 있다. '복 받은 팔과 다리'라는 뜻인데 수양제의 토목공사에 동원되어 죽느니 차라리 스스로 팔이나 다리를 잘라 노역을 피하고자한 백성들의 처지에서 유래한다.

영양왕, 수양제의 입조 요구 거부

612년(영양23) 수양제는 고구려 정벌을 공식적으로 천명한다. 표면적인 이유는 수양제의 입조 요구를 영양왕이 거부한 데서 출발한다. 그러나 이는 어디까지나 명분일 뿐 수양제는 처음부터 고구려를 멸할 몽상을 갖고 있다. 수양제의 몽상을 촉발시킨 상징적인 사건이 607년(영양18) 발생한다. 수양제는 고구려 침공에 앞서 돌궐을 복속시켜 뒷단속을 철저히 할 목적으로 돌궐을 친히 방문하는데 뜻밖에도 이 자리에서 고구려 사신과 맞닥뜨린다. 고구려 사신은 돌궐과 우호관계를 맺기 위해 영양왕이 파견한 사신이다. 수양제는 속내를 숨기고 고구려 사신에게 영양왕의 입조를 재차 요구한다.

▲ 고구려 사신 모사도 [아프로시압 궁전벽화]

그러나 영양왕은 입조하지 않는다. 이미 1차 고수전쟁에서 수를 대패시킨 영양왕이다. 결코 수양제에게 굴복하지 않으며 굴복할 이유도 없다. 결국 영양왕과 수양제 두 사람은 돌아올 수 없는 루비콘^{Rubicon}강을 건넌다. 폭주기관차가 되어 서로를 향해 질주한다. 수양제는 육군을 좌12군, 우12군 등 총 24군으로 편성한다. 전투 병력은 1백13만3천8백이다.(*외형적으로 2백만) 군량 수송과 병장기의 보급을 맡은 지원 병력은 2백26만이다.(*전투 병력의 2배) 대략 육군만 3백40만이다. 당시 고구려의 인구는 3백만~4백만 정도로 추정되어 고구려 전체 인구에 맞먹는 대규모 병력을 수양제는 준비한다. 여기에 수군^{水軍}이 추가된다. 숫자에 대한 기록은 없으나 수군 규모 또한 상당할 것으로 추정된다.

> 수양제는 멀고 가까움을 따지지 않고 나라 전체에서 군사를 징집한다. 전쟁도구와 군수물자는 주로 하남, 회남, 강남 등 남쪽지방에서 조달한다. **최종 집결지는 탁군**(하북성 베이징 일대)이다. **징집 군사를 포함하여 전쟁도구 및 군수물자를 집결시키는 데에만 꼬박 1년 가까이를 소요**된다.

　그러나 수양제는 막상 출병을 앞두고 불안한 기색을 드러낸다. 자신의 측근 유질^{庾質}에게 전쟁의 승패여부를 묻는다. 유질은 필승을 예상하면서도 수양제의 친정은 반대한다. 만약 실패하면 수양제의 위엄이 손상된다는 이유다. 그러나 수양제는 유질의 간언을 듣지 않고 자신이 직접 대군을 이끌고 출정한다.(『자치통감』기록) 수의 대군은 하루에 1군씩 고구려를 향해 출발한다. 먼저 출발한 군대가 40리를 가면 또 다음 군대가 출발한다. 24군이 모두 출발하는데 만 무려 40일이 소요된다. 총 행군길이가 1천여 리에 달한다.

2차 고수전쟁의 전개과정

　고구려군의 1차 방어선은 요하다. 영양왕은 요하를 등지고 수군과 대적하는 것은 위험부담이 크다고 판단한다. 일단 요하 서쪽을 수군에게 내어 준다. 612년(영양23) 2월, 수군이 요하 서쪽에 도착하여 진을 친다. 그러나 요하는 수심이 깊고 강폭이 넓어 무턱대고 건널 수 있는 강이 아니다. 수양제는 3개의 부교(임시교량)를 설치한다. 그런데 부교가 1장 丈 정도 짧아 동쪽 언덕에 닿지 않는다. 이를 지켜보던 고구려군이 일제히 공격하여 수군을 격퇴시킨다. 수양제는 다시 부교를 길게 늘려 설치하고 드디어 요하를 건넌다. 이어 요하 동쪽 언덕에서 큰 전투가 벌어지고 고구려군은 1만의 사상자를 내고 물러난다. 수양제는 승세를 타고 곧장 요동성遼東城으로 진격한다. 요동성은 요동반도 중심에 위치한 당시 고구려 서쪽지방의 정치, 군사, 행정의 중심지다. 고구려가 요동성을 잃는 것은 이 지역 전체를 수에 넘겨주는 것과 마찬가지다.

612년(영양23) 5월, 수양제는 요동성을 포위한다. 고구려군은 성문을 굳게 닫고 농성전籠城戰을 펼친다. 뜻밖에 요동성이 강하게 저항하자 수양제는 애가 닳는다. 두 달이 지나자 수양제는 휘하 장수들을 모아놓고 목을 벨 수 있다고 으름장을 놓으며 독려하지만 요동성은 요지부동이다. 수양제는 아예 요동성 서쪽 몇 십리에 임시 궁전을 짓고 공격을 지휘한다. 그럼에도 수양제는 끝내 요동성을 함락시키지 못한다. 수양제는 요동성에서 단단히 발목을 잡힌다.

이즈음 내호아來護兒가 이끄는 수군은 산동반도를 출발하여 곧장 바다를 건너 대동강 하구에 도착한다. 그리고 대동강을 거슬러 올라가 평양성으로부터 60여리 되는 지점에서 고구려군의 저지를 격파하고 본격적으로 평양성 공격을 준비한다. 이때 부총관 주법상周法尙이 육군이 도착하지 않았다며 평양성 공격을 만류하나 내호아는 이를 무시하고 정예병 수만을 뽑아 곧장 평양성으로 진격한다. 평양성 외성을 탈취하고 약탈에 여념이 없는 사이 고구려 복병이 내호아를 기습한다. 고구려가 평양성 외성을 내준 것은 일종의 유인작전이다. 혼비백산한 내호아는 간신히 대동강으로 달아난다. 승기를 잡은 고구려군은 내호아를 계속해서 추격하나 주법상이 합류하는 바람에 더 이상의 추격을 멈춘다. 대동강 하구로 퇴각한 내호아는 이러지도 저러지도 못한다.

수양제는 요동성 함락이 어렵게 되자 작전을 바꾼다. 교착상태에 빠진 요동성 공격은 계속 진행하되 따로 평양성을 공격을 명한다. 수양제는 30만5천의 별동대를 편성하고 우문술을 대장으로 삼아 100일 치의 식량을 준다. 100일내로 평양성을 함락하고 나머지 식량은 자체 조달하라는 극약 처방이다. 수양제는 보급부대 마저 따로 두지 않는다. 이로 말미암아 별동대 군사들은 무게를 감당하지 못하고(*1인당 3섬, 79kg) 아예 식량을 땅에 묻는 경우도 발생한다. 별동대가 압록강 근처에 도착했을 때는 이미 군사들은 기근에 시달리는 상태다.

을지문덕과 살수대첩

이 대목에서 우리 역사는 또 한 분의 위대한 전쟁영웅의 탄생을 준비한다. 1차 고수전쟁의 영웅이 강이식이라면 2차 고수전쟁의 영웅은 단연코 을지문덕乙支文德이다. 을지문덕은 「살수대첩」과 한 몸이다. 살수대첩은 청천강에서 수양제의 별동대를 격멸시킨 대사건이다. 살수대첩 하나로 2차 고수전쟁의 승패는 사실상 결판난다.

30만5천의 별동대 파견 소식을 접한 영양왕은 을지문덕에게 전권을 맡긴다. 이때 고구려 방어선은 압록강이다. 영양왕은 먼저 수군의 동태를 살피기 위해 을지문덕에게 거짓 항복하게 한다. 을지문덕은 수군 진영에 들어가 수군이 군량지원을 못 받아 기아에 허덕이고 있다는 사실을 간파한다. 수군 진영을 빠져나온 을지문덕은 과감한 작전을 구사한다. 굶주려 죽게 만드는 아사餓死작전이다. 을지문덕은 싸우다가 패하는 척하면서 수군을 계속해서 유인한다. 하루에 7번을 싸워 모두 져주기도 한다. 압록강을 내주고 이어 청천강도 내주며 수군을 내륙 깊숙이 끌어들인다. 물론 을지문덕은 져주면서 청야전술^{清野戰術}을 전개한다. 을지문덕은 수군의 식량이 될 수 있는 쌀 한 톨 남기지 않고 모두 불태운다.

수군 별동대는 평양성 밖 30리에 도달한다. 평양성이 목전이다. 그러나 거기까지다. 우문술은 평양성을 공격할 엄두도 못낸다. 굶주림과 짙은 고립감이 별동대를 엄습한다. 이때 을지문덕이 우중문에게 보낸 한 편의 시가 별동대 본영에 전달된다.

神策究天文	그대의 신기한 전력은 하늘의 이치를 알았고
妙算窮地理	기묘한 계책은 땅의 이치마저 통달하였도다.
戰勝功旣高	싸움에 이겨 공이 높으니
知足願云止	만족할 줄 알고 이제 그만 멈춤이 어떠한가!

을지문덕의 시는 칭송이 아니라 경고다. 한마디로 살고자 한다면 당장 물러가라는 뜻이다. 우문술은 을지문덕의 유인책에 걸려든 것을 뒤늦게 깨닫는다. 그러나 너무 늦는다. 우문술은 을지문덕의 경고대로 살길을 찾아야 한다. 퇴각만이 유일한 길이다. 우문술이 퇴각을 시작하자 영양왕은 즉각 을지문덕에게 공격명령을 하달한다. 을지문덕은 퇴각하는 수군을 틈을 주지 않고 강하게 밀어붙인다. 그리고 살수(청천강)에 다다른다. 『삼국사기』다.

23년(612년) 7월, 우문술의 군대가 살수(청천강)에 이르러 강을 절반쯤 건널 때 우리 군사가 그들의 후위부대를 공격하였다. 이때 적장 우둔위장군 신세웅이 전사하였다. 그러자 여러 부대가 한꺼번에 무너져 걷잡을 수 없었다. 수의 장졸은 압록강까지 4백5십리를 하루걸러 도주하였다. 천수사람 왕인공의 후군이 우리의 군대를 막았다. 내호아는 우문술이 패했다는 소식을 듣고 물러났다. 다만 위문승의 군대만이 온전하였다. 처음 9군이 요동에 도착했을 때는 30만5천이었는데 요동성으로 돌아갔을 때는 2천7백 뿐이었다. 수는 수만의 군사와 장비들 모두 잃었다.

秋七月 至薩水 軍半濟 我軍自後擊其後軍 右屯衛將軍辛世雄戰死 於是 諸軍俱潰 不可禁止 將士奔還 一日一夜 至鴨綠水 行四百五十里 將軍天水王仁恭爲殿擊我軍却之 來護兒聞述等敗 亦引還 唯衛文昇一軍獨全 初 九軍度遼 凡三十萬五千 及還至遼東城 唯二千七百人 資儲器械巨萬計 失亡蕩盡

　　『삼국사기』가 전하는 「살수대첩」이다. 후퇴하던 우문술의 별동대 주력이 살수를 도하하여 강의 중간에 이를 즈음 을지문덕은 신세웅의 후위부대를 격살한다. 후위가 무너지자 살수를 도하하던 별동대 주력은 무방비상태가 되고 을지문덕은 이들을 총공격하여 격멸시킨다. 마치 양식장에 갇혀있는 수많은 물고기를 망태그물로 걷어 올리는 격이다. 살수에서 목숨을 건진 일부 수군 장졸은 허겁지겁 도망가기에 바쁘다. 살수에서 압록강에 이르는 4백5십리(≒180Km)의 길을 하루 만에 독파한

▲ 2차 고수전쟁 (살수대첩)

다. 모두 마라톤 선수다. 처음 30만5천이 와서 2천 7백이 살아 돌아간다. 생존율은 0.009%, 100명 중 1명 정도다.

수양제는 패배를 인정하고 퇴각한다. 『삼국사기』는 그해(612년) 7월, '수양제가 크게 화를 내며 우문술 등을 쇠사슬에 묶어 돌아갔다.'(帝大怒 鎖繫述等 癸卯引還)고 기록한다.

「살수대첩」은 승리가 예견된 일방의 게임이다.

▲ 수양제 양광

| 을지문덕과 살수대첩의 진실 |

을지문덕은 고수전쟁의 하이라이트^{highlight}를 장식한 구국의 영웅이다. 살수대첩 한 방으로 수양제의 무모한 야심을 무력화시킨다.

을지문덕 출신에 대하여

『삼국사기』는 을지문덕이 자질이 침착하고 굳세며 지모가 있고 또한 겸하여 글도 잘 지었다고 소개하며 그 가문의 내력이 전해지지 않아 알 수 없다고 한다.(乙支文德 未詳其世系 資沈鷙有智數 兼解屬文-〈열전〉을지문덕) 그러나 『해동명장전』(조선후기, 홍양호)에 을지문덕의 출신지가 나온다. 평양 석다산石多山이다. 석다산은 평남 증산군 석다리에 소재한다. 이곳에는 을지문덕이 글을 읽고 무술훈련을 연마한 이야기가 전해온다.

을지문덕은 안장왕 시기 활약한 을밀선인 후손이다. 을지는 을씨에서 분화한 성씨다. 고구려 을씨의 원조는 대무신왕 시기 우보를 지낸 을두지乙豆智다. 고국천왕과 산상왕 시기의 국상 을파소 역시 선조다. 고수전쟁 당시의 을지문덕의 관등이나 직책이 알려져 있지 않다. 그럼에도 여러 정황으로 보아 5부(동/서/남/북/내)의 수장인 욕살褥薩로서 수도(평양)방위사령관의 직책을 겸하였을 것으로 추정된다.

살수대첩의 진실

살수대첩은 수군을 수장水葬시킨 사건이다. 우리는 을지문덕이 살수 위쪽에 물막이를 미리 설치해 놓고 수군이 살수를 건널 즈음 물막이를 터트려 일시에 수군 전체를 수장시킨 것으로 알고 있다. 초등학교 시절 선생님이 전해준 가슴 뭉클한 이야기다. 그러나 정작 『삼국사기』에는 물막이를 이용한 수장에 대해서 언급 자체가 없다.

『신증동국여지승람』 평안도 안주목 불우 조의 칠불사七佛寺 창건설화다.

칠불사는 북성 밖에 있다. 전하길 수隋의 군사가 강가에 늘어서서 강을 건너려고 하였으나 배가 없었다. 그런데 문득 7인의 승려가 강가에 와서 이 중 6인의 승려가 옷을 걷어 올리고 건너자 수의 군사가 이를 보고 물이 얕은 줄 알고 다투어 강을 건너다 물에 빠져 죽었다. 시체가 강에 가득하여 강물이 흐르지 않았다. 절을 짓고 칠불사라 명하고 7인의 승려처럼 7개의 돌을 세워 놓았다.(*원문 우측 참조)

▲『신증동국여지승람』 칠불사

7명의 승려가 홀연히 나타나 수군을 강물로 유인하여 모두 빠져 죽게 한 내용이다. 얕은 강물과 물에 빠져 죽었다는 표현이 서로 연결되지 않는다. 어떤 인위적인 수단이 개입된 것처럼 보인다. 그럼에도 시체가 강에 가득하여 강물이 흐르지 않을 정도다. 만약 물막이를 이용한 수장이라면 시체 대부분은 강하류로 떠내려가 황해 바닷속으로 사라졌을 것이다. 이 또한 모순이다.

> 현재 칠불사터는 평남 안주시 서북쪽 강변에 있다. 7명의 승려가 수군을 유인하여 강을 건너던 **오도탄**(誤渡灘-잘못 건너간 여울)이 근처에 있으며 또한 이때 몰살된 수군의 시체가 쌓여 이루어진 섬으로 전해지는 **골적도**(骨積島)도 있다.

물막이를 이용한 수공水攻작전은 만들어진 역사일 개연성이 높다. 이유는 이렇다. ㉮ 당시 기술로는 물막이 공사가 쉽지 않다. ㉯ 통신이 발달하지 않아 제 때에 물막이를 터트리기 어렵다. ㉰ 한 번에 물막이를 터트릴 만한 폭약과 같은 수단이 당시에는 없다. ㉱ 『삼국사기』를 비롯하여 중국기록 어디에도 물막이 이야기는 없다. ㉲ 살수(청천강)는 30만이 수장될 만큼 크고 깊은 강이 아니다.

다만 우리 전쟁사에서 수공水攻의 사례는 있다. 고려의 강감찬姜邯贊이 요遼군을 공격할 때 등장한다. 강감찬은 흥화진(평북 의주)에서 소가죽으로 만든 물막이 둑을 터뜨려 소배압의 요군을 저지한다. 이를 근거로 부풀려진 것이 강감찬의 수공작전 이야기다. 이후 귀주대첩龜州大捷 자체까지도 수공으로 완성된다. 마찬가지로 을지문덕의 살수대첩도 그 이야기가 덧씌워져 수공설화로 발전한 듯 보인다.

▲ 을지문덕 살수대첩 기록화 [출처 : 키노스타]

살수대첩의 실체는 수공작전으로 보기 어렵다. 어떤 학자는 수군이 부교(임시 다리)를 설치하여 건너다가 을지문덕에게 당한 것으로 설명한다. 그러나 이 역시 어울리지 않는다. 칠불사 창건설화의 '시체가 강에 가득하여 강물이 흐르지 않았다'는 표현이 단서다. 다시 말해 수군은 살수 안에서 몰살당한다. 이는 고구려군이 강변 양쪽(남북)을 점유하고 동시에 협공하지 않으면 이러한 결과가 나올 수 없다. 마치 물구덩이에 수군을 몰아넣고 일제히 공격하는 모양새다.

을지문덕의 평가

을지문덕을 가장 높게 평가한 사람은 단재 신채호다.

대개 동서고금에 역사나 야담이 많지만 그 중 전쟁을 하면서 **적은 군사로 큰 군사를 물리침**에 을지문덕만한 사람이 있었는가? **약한 세력으로 강한 세력을 대적함**에 을지문덕만한 사람이 있었는가? 한 나라의 대신으로 **백만 대군의 적진에 들어가 정탐함**에 을지문덕만한 사람이 있었는가? 안으로는 정치와 교화에 힘쓰고 밖으로서는 적국을 방어하여 한 몸으로 **장수와 재상의 직을 겸임하며 행동에 있어 여유 있고 동요됨 없음**이 을지문덕만한 사람이 있었는가?

1908년 발표한 단재의 『을지문덕』(전기소설)에 소개된 내용이다. 신채호는 을지문덕을 '대동의 4천년 역사에서 첫 번째로 손꼽을 수 있는 위인'(大東四千載第一大偉人-『을지문덕』의 원제목)으로 평가하며, "을지문덕만한 사람이 있었는가?"하고 강하게 반문한다. 일제강점기 신채호는 민족자존과 독립정신을 일깨우고자 을지문덕을 롤모델로 삼는다. 이와 같은 후대의 찬사와 평가에도 불구하고 정작 을지문덕은 살수대첩 이후로 우리 역사기록에서 사라진다. 이유는 알 수 없으나 을지문덕의 활약상을 더 이상 접할 수 없어 아쉬움으로 남는다.

> 일제강점기인 1935년, 동아일보 10월 1일~3일자 연재기사에 김준연(金俊淵)의 답사기가 실려 있다. 이에 따르면 **을지문덕의 무덤은 평남 강서군의 현암산 동쪽 기슭**에 있다고 한다. 또한 김준연은 을지문덕의 후손 돈종각(頓宗珏)씨도 만났는데 돈(頓)씨는 을지문덕의 15세손 을지수(乙支邃), 을지달(乙支達), 을지원(乙支遠) 등 3형제가 **고려 묘청의 난 때 의병을 일으켜 관군을 도운 공로로 돈산(頓山)에 봉해져서 돈씨를 사성**(賜姓)받는다.

| 3차, 4차 고수전쟁 |

2차 고수전쟁에서 참패한 수양제는 고구려 정벌에 대한 몽상을 버리지 못한다. 613년(영양24) 다시 군사를 징집하고 군량미와 군수물자를 징발하여 탁군(베이징 근처)에 집결시킨다.

수양제는 영양왕에게 호되게 당했음에도 여전히 객기를 부리며 고구려 정벌 의지를 불태운다. 측근 곽영郭榮이 신하들에게 맡겨 달라 청해도 이를 무시해 버린다.(『삼국사기』 영양왕) 3차 고수전쟁이 시작된다.

3차 고수전쟁, 양현감의 반란

613년(영양24) 3월, 수양제는 고구려 공격을 명령한다. 이번에는 30만을 동원한다. 이전 113만(*지원병력 포함 3백만)에 비하면 적은 규모이나 이 역시 고구려가 대적할 수 있는 숫자는 아니다. 영양왕에게는 여전히 상대하기 버거운 병력이다. 수양제는 작전에 변화를 준다. 을지문덕에게 패한 우문술을 다시 기용해 별동대를 조직하여 곧장 압록강을 건너 평양성으로 직행하고, 바다를 건너오는 내호아의 수군과 합세하라고 명령한다. 그리고 자신은 이전과 마찬가지로 요하를 건너 요동성으로 향한다.

요하를 건넌 수양제는 여기에서도 작전의 변화를 준다. 요동지역에 산재한 고구려의 여러 성들을 분산, 공격하여 전선의 다각화를 꾀한다. 먼저 왕인공이 이끌던 선봉대가 요하를 건너 신성을 함락한다. 그리고 요동지역에 산재해 있는 고구려의 여러 성들에 대한 지원을 봉쇄한다. 이에 따라 고구려 성들은 자체 역량으로 수의 공격을 막아내야 하는 어려움에 직면한다. 이어 수양제는 주력을 이끌고 요동성에 집결한다. 요동성은 수양제가 2차 전쟁 때 수많은 공을 들였음에도 결국은 함락시키

지 못한 성이다. 수양제는 요동성에 맹공을 퍼붓는다. 20여 일간 치열한
공방전이 벌어진다. 이때 수가 사용한 무기들이 『삼국사기』에 나온다.

첫째는 비루飛樓다. 성벽 높이로 만든 원두막 같은 누각(통나무집)이
다. 지붕은 소가죽을 씌워 화살이나 창이 뚫지 못하게 하여 성벽에 접
근하여 공격하는 무기다. 둘째는 동차童車다. 오늘날 장갑차와 유사하
다. 통나무 상자에 네 바퀴를 달아 성벽에 접근한 후 쇠망치 등을 이용
해 성벽을 파괴하는 무기다. 셋째는 운제雲梯

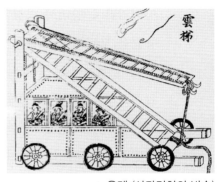

▲ 운제 (사다리차와 비슷)

다. 오늘날 이사 때 사용하는 사다리차와 유
사하다. 동차에 사다리를 연결하여 성벽에 접
근한 다음 사다리를 펼쳐 성벽을 넘는 데 사
용하는 무기다. 넷째는 지도地道다. 땅굴 파는
기계다. 사면을 철갑으로 두른 채 성벽에 접
근하여 두더지처럼 성벽 밑을 파는 무기다.

수양제는 무기들을 이용하여 줄기차게 요동성을 공격한다. 이에 맞
서 고구려군도 필사적으로 대항한다. 일부 성벽이 무너지면 오히려 성
밖으로 뛰쳐나가 기습하여 무너뜨리고 재빨리 돌아와 무너진 성벽을
신속히 복구한다. 수양제는 온갖 수단과 방법을 동원해도 요동성을 함
락하지 못하자 이번에는 어량대도魚梁大道를 만든다. 어량대도는 백만 개
의 흙포대로 요동성의 높이와 동일하게 쌓은 큰 둑길이다. 전체 모양이
물고기와 같다하여 붙여진 이름이다. 수양제는 어량대도를 이용하여
요동성을 직접 공격할 계획이다. 또한 팔륜누차八輪樓車를 만든다. 성보
다 훨씬 놓은 8개 바퀴달린 고공수레다. 어량대도와 요동성 성벽 사이
를 오가며 군사들을 운반하고 공격하는 다목적 용도의 무기다.

수양제가 다양한 신무기를 활용하여 집중적으로 요동성을 공략함에
따라 요동성의 고구려군은 동요한다. 그러나 뜻밖의 사건이 발생하며

수양제의 계획은 수포로 돌아간다.

군수물자 조달의 책임자인 예부상서 양현감^{楊玄感}이 수의 본국에서 반란을 일으킨다. 또한 고관의 자제들도 반란에 가담한다. 뒤통수를 얻어맞은 수양제는 분노와 두려움이 교차한다.

양현감의 반란은 수양제의 자업자득^{自業自得}이다. 무리한 고구려 정벌을 단행하면서 백성이 도탄에 빠진다. 백성의 불만이 하늘을 찌른다. 양현감은 군량미와 병장기를 수양제에게 보내지 않고 모아두었다가 의용군을 모집하여 반란을 일으킨다. 수많은 백성이 반란군에 동조한다.

수양제로서는 선택의 여지가 없다. 고구려 정벌보다 양현감 반란 진압이 먼저다. 이제 수양제는 영양왕이 아닌 양현감과 싸워야 한다. 이때 측근인 병부시랑(국방부차관) 곡사정^{斛斯政}이 수양제를 배신하고 고구려로 망명한다. 곡사정은 양현감과 절친한 사이인데 수양제의 보복이 두려워 고구려로 도망친다. 그날 밤 수양제는 모든 병장기와 군수물자를 그대로 놔두고 황급히 퇴각한다. 은밀히 요동을 빠져 나간다.

이렇게 해서 3차 고수전쟁은 막을 내린다. 우문술의 별동대는 압록강을 건너가 보지도 못하고 퇴각하며, 내호아의 수군도 고구려 땅을 밟지 못하고 해상에서 물러난다. 영양왕으로서는 또 한 번의 위기를 넘긴다.

4차 고수전쟁, 입조 요구

본국으로 돌아간 수양제는 반란군을 진압하고 양현감을 붙잡아 주살한다. 그리고 이듬해인 614년(영양25) 2월, 또다시 고구려 정벌을 선포하고 군사를 징집한다. 그러나 이번에는 출발부터 삐그덕거린다. 징집에 반대하는 소요와 반란이 나라 전체로 번진다. 수양제가 조서를 내려 고구려 정벌을 논의케 하는데 신료들은 조서를 따르지 않고 일제히 입을 닫아 버린다. 무언의 반대다. 그럼에도 수양제는 고구려 정벌을 강행한다. 614년(영양25) 3월, 또 다시 대규모 군대를 출동시킨다. 4차 고수전쟁이다.

　614년(영양25) 7월, 수양제는 회원진懷遠鎮에 도착한다. 탁군을 떠나온 지 4개월째다. 그 사이 도망병이 속출하는 등 군 기강이 무너져 행군속도가 무척 더디다. 회원진은 지금의 요녕성 북진北鎮 근처다. 요하 서쪽으로 옛 고구려의 발원지다. 추모왕의 도읍지 의무려산(홀승골성)이 북진 서쪽에 있으며 고구려 초기에는 이 일대가 고구려의 중심지다. 2차 고수전쟁 때인 612년(영양23) 요하 서쪽이 통째로 수양제에게 넘어가면서 고구려의 지배에서 벗어난다. 그런데 수양제는 회원진에 머무르며 더 이상 전진하지 않는다. 요하도 건너지 않는다. 정작 고구려 정벌을 위해 출진하지만 양현감과 같은 내부의 반란을 의식하지 않을 수 없다. 대신 수양제는 내호아의 수군을 출정시킨다. 내호아는 요동반도 끝자락에 상륙하여 고구려의 비사성(대흑산산성, 요녕성 대련)을 함락한다. 이어 수양제는 고구려에 사신을 보낸다. 3차 전쟁 때 고구려로 망명한 곡사정을 돌려 달라 요구한다. 그리고 영양왕이 항복의 사를 밝히고 수양제에게 입조하면 군대를

▲ 비사성 [요녕성 대련]

물리겠다는 조건을 제시한다. 그러나 비사성 하나 빼앗겼다고 해서 항복할 영양왕이 아니다. 요하조차 건너오지 못하는 수양제의 처지를 누구보다 잘 아는 영양왕이다. 그러나 고구려 내부에서 문제가 발생한다. 수양제의 제의를 놓고 주전파主戰派와 주화파主和派로 의견이 갈린다. 주화파에 무게가 더 실린다. 사실 고구려의 사정도 어렵기는 수와 별반 다르지 않다. 해마다 거듭되는 전쟁으로 고구려의 군사력과 경제력도 상당히 약화된 상태다. 비록 평원왕 때 군사력을 증강한 탓에 지금까지는

수의 공격을 막아냈지만 앞으로는 장담할 수 없다. 더구나 계속되는 전쟁으로 백성의 삶은 피폐하다. 영양왕은 중대 결단을 내린다. 수양제의 제의를 받아들인다. 또한 망명해온 곡사정을 돌려보내고 사신을 파견하여 항복의사도 밝힌다. 수양제는 그해(614년) 8월 회원진에서 군대를 철수시킨다. 이로써 4차 고수전쟁도 막을 내린다.

『태백일사』〈고구려국본기〉. '홍무25년(614년) 양광(수양제)은 또 다시 동쪽으로 침략해 왔다. 먼저 장병을 보내 비사성을 여러 겹으로 포위하자 관병이 이에 맞섰으나 승리하지 못하였다. 바야흐로 **평양을 습격하려하니 제(영양왕)가 소식을 듣고 출병을 늦추며 먼저 곡사정을 되돌려 보내는 계략을 썼다.** 때마침 조의 일인(一仁)이 자원하여 따라가기를 청하니 함께 보내 양광에게 표를 올렸다. **양광이 배에서 표를 손에 들고 읽는데 절반도 채 읽기 전에 일인이 소매 속에서 작은 활을 꺼내 급히 쏘아 가슴을 맞혔다. 양광은 놀라 자빠져 실신하였다. 우상 양명(羊皿)이 서둘러 양광을 업게 하여 작은 배로 갈아타고 후퇴하였다. 회원진에 명을 내려 병력을 철수시켰다.**'(弘武二十五年 廣又復東侵 先遣將兵 重圍卑奢城 官兵戰不利 將襲平壤 帝聞之 欲圖緩兵執遣斛斯政 適有皁衣 一仁者 自願廳從而偕到 獻表於楊廣 廣於舡中 手表而讀未半 遽發袖中小弩 中其胸廣驚到失神 右相羊皿 使負之 急移於小船而退 命懷遠鎭撤兵) **영양왕의 항복의사 표시는 수양제를 잡기위한 계책**이다.

고수전쟁 이후의 전개 상황

수양제는 영양왕의 입조를 요구한다. 그러나 영양왕은 수양제가 고구려 사신을 억류하고 입조를 독촉하지만 입조만큼은 거부한다. 수양제는 또다시 고구려를 정벌하겠다고 으름장을 놓는다. 그러나 이는 어디까지나 공허한 겁박이다. 수양제는 전쟁의 후유증으로 걷잡을 수 없이 와해되며 수를 지키지 못한다. 도처에서 반란이 일어나며 수양제가 감당할 수 있는 임계치臨界値를 넘어선다. 결국 618년(영양29) 수양제는 자신의 부하인 우문화(우문술 아들)에게 살해되고 수의 운명도 수양제의 죽음과 함께한다.

그해 9월 영양왕도 사망한다. 재위 29년째다. 국가의 명운을 걸고 서로 한 치의 물러섬이 없던 수양제와 영양왕 두 사람은 같은 해에 명을 달리한다. 아이러니컬한 역사의 한 장면이다. 제세안민의 왕도정치를 꿈꾼 영양왕은 결국 그 꿈을 실현하지 못한다. 그러나 영양왕은 거대제국 수의 쓰나미공격을 고구려 백성과 혼연일체가 되어 꿋꿋이 막아낸다. 백성의 삶을 편안케 만들지는 못했지만 백성의 자긍심을 무한히 일깨워준 영양왕이다. 만약 이때 고구려가 무너졌다면 한반도 전체가 중국 영토로 편입됐을 것이다. 영양왕이야말로 우리 역사의 영속성을 유지시킨 참으로 위대한 수성군주다.

영양왕의 무덤은 평안북도. 남포시 강서구역 삼묘리에 소재한 강서3묘 중 강서중묘(江西中墓)로 추정된다. 봉분은 지름 45.45m, 높이 약 7.78m다. 묘실 구조는 남벽 중앙에 달린 2단의 널길과 평면이 방형인 널방으로 이루어졌으며, 천장은 평행 고임천장이다. 벽화는 널방네 벽과 천장에 그렸다. 남벽 입구 좌우 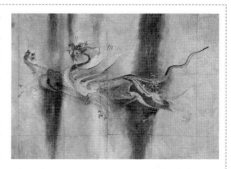 에는 주작을, 다른 세 벽에는 청룡 · 백호 · 현무가 세련된 수법으로 그린다. 천장 고임돌에는 인동무늬, 천장 덮개돌의 중앙에 연화무늬, 남과 북에는 봉황, 동에 일상, 서에 월상, 그리고 네 모서리에는 인동무늬가 담겨 있다.

영양왕은 한반도를 중원왕조로부터 지켜낸 위대한 군주다.

| 고구려 역사서 『유기』의 행방 |

　　영양왕은 600년(영양11) 태학박사 이문진李文眞에게 역사서 편찬을 명한다. 이때 이문진은 기존의 『유기留記』 100권을 참조하여 『신집新集』 5권으로 정리한다. 『삼국사기』가 딱 한 번 언급한 고구려 역사서 『유기』의 존재다.

> 『삼국사기』 영양왕. '11년(600년) 춘정월, 왕이 태학박사 이문진에게 옛 역사를 요약하여 5권의 『신집』을 만들라 명하였다. **건국 초기에 처음 문자를 사용하였을 때 어떤 사람이 사적을 기록한 100권의 책을 쓰고 이것을 『유기』라 하였는데 이때에 와서 이를 정리하고 수정하였다.'**(十一年 春正月 詔太學博士李文眞約古史爲新集五卷 國初始用文字時 有人記事一百卷 名曰留記至是刪修)

고구려 역사서 『유기』와 『대경』

　　『유기』는 어떤 역사서일까? 『고구려사략』에 고구려 역사서 편찬에 대한 기록이 나온다. 광개토왕(19대) 때인 398년(광개토8) 춘春태자가 『유기』 70권과 『대경代鏡』을 개수改修 편찬하며, 이후 장수왕(20대) 때인 443년(장수11) 유학자 왕문王文 등이 개정판을 내고, 안장왕(22대) 때인 519년(안장1) 『유기』와 『대경』을 보완 편찬한다.

> 8년(398년) 무술 9월, 춘태자가 개수 『유기』 70권을 바치니 상이 황금 100근을 하사하였다. 춘태자는 효성으로 해태후를 섬기면서 천을비와 함께 『유기』와 『대경』을 개수하느라 10여 년을 파묻혀 보냈다. 나라 안의 악행과 악습을 없애고 조종 열위께서 하신 여러 훌륭한 말씀과 이루신 업적을 드높이는 일은 가히 정경으로 삼을 만하다. ☜ 〈영락대제기〉
>
> 八年 戊戌 九月 春太子上改修留記七十卷 上賜黃金百斤 春太子孝事 解太后而與妃天乙沈潛 留記代鏡十餘年而改修之 去國惡 彰祖烈多好言達事 可爲政鏡 時年三十九

11년(443년) 계미 9월, 해태자, 황태자, 왕문 등이 『유기』 70권을 수찬하니, 상이 이르길 "우리 역사 모두가 이처럼 보경宝鏡이거늘 하필이면 『춘추』와 『사기』를 읽어야겠소!" 하였다. ☜ 〈장수대제기〉

十一年 癸未 九月 蟹太子晃太子王文等 修留記七十卷 上 曰 我國之史皆是宝鏡也 何必讀春秋史記哉

원년(519년) 기해 5월, 수경원에 태학사를 두고 『대경』과 『유기』를 수찬케 하였다. 이로써 선덕과 성훈을 널리 드러나게 하였다. ☜ 〈안장대제기〉

元年 己亥 五月 置修鏡院太學士 纂修代鏡留記碑銘 以彰先德聖勳

　　『유기』는 광개토왕 때에 70권으로 개수 정리된 후 왕들의 치세를 거듭하면서 30권이 추가되어 영양왕(26대) 때에는 100권에 이른다.

　　『대경』은 또 무엇일까? 역대 왕의 치세기록이다. '경鏡'은 '실록實錄'과 같다. 예를 들어 조선의 세종대왕 치세를 정리한 『세종실록』이 있듯이 『대경』은 고구려 역대 왕의 치세를 각각 따로 정리한 『○○경』이다. 『고구려사략』에 따르면 시조 추모왕의 『추모경』이 있으며, 초기 3대왕(추모왕/유류왕/대주류왕)의 치세를 별도로 정리한 『삼대경三代鏡』이 있다. 이후 역대 왕의 『대경』은 계속해서 편찬된다.

> '鏡'은 거울, 비추다, 밝히다 등의 뜻이다. 사서명칭을 '경'이라 한 점은 **역사를 후대의 본보기로 삼고자하는** 고구려인의 역사관을 반영한 것이다. **고구려는 사서명칭까지도 남달랐던 위대한 제국**이다.

　　『유기』는 역대 왕의 『대경』을 집대성하여 정리한 고구려판 『조선왕조실록』이다.

『유기』와 『대경』의 행방

그렇다면 방대한 역사기록인 『유기』와 『대경』은 모두 어디로 갔을까? 가장 큰 원인은 사적史籍을 불태운 분서焚書 행위다. 전하는 바에 따르면 당唐의 이적李勣(이세적)은 고구려를 멸한 후 평양에서 고구려 사적을 모두 분서하며, 후백제 견훤 역시 패망하면서 완산(전주)에서 삼국의 서적을 분서한 것으로 알려져 있다.

> 이덕무 『천장관전서』의 『기년아람』 서문. **"당의 이적(李勣)이 고구려를 평정하고는 동방의 모든 서적을 평양에다 모아놓고 우리나라의 문물이 중국에 뒤지지 않는 것을 시기하여 모두 불태웠으며, 신라 말엽에 견훤이 완산을 점령하고는 삼국의 모든 서적을 실어다 놓았는데** 그가 패망하게 되자 **모두 불타 재가 되었으니 이것이 3천년 동안 두 번의 큰 재앙이다."** [이만운(李萬運)의 말 인용]

또 하나는 『삼국사기』의 소극적이고 부실한 편집이다. 『조선왕조실록』은 김부식이 이것저것 주워 모아 『삼국사기』를 편찬한 점을 지적하며 세조가 이를 보완하여 새로이 삼국 역사서를 편집(편찬)하려다 실패한 사실을 적고 있다. 특히 신채호는 역대의 병화兵禍보다 김부식의 사대주의가 사적을 불태웠다고 지적한다.

> 『조선왕조실록』〈성종실록〉 147권 성종13년(1482년) 10월 9일 갑술 기록. '지사 서거정이 아뢰길 "우리 동방에서는 기자가 봉국을 받은 이후로 연대는 비록 오래 되었지마는 문적이 전해 오지 않았습니다. 그 사이에 **신라가 1천년을 지내고 고구려가 7백년을 지내며 백제가 6백년을 지냈는데 하나도 전해 오는 서책이 없으므로 김부식이 주워 모아 『삼국사』를 찬술한 것입니다. 우리 세조께서 일찍이 유신에게 명하여 편집하도록 했으나 이루지 못하였습니다.** 『전한서』 『후한서』 『통감』과 같은 서책은 비록 저장된 것이 없더라도 중국에서 이를 구할 수가 있지만 본국의 역사는 가령 전하는 것이 없다면 어디로부터 얻을 수가 있겠습니까? 마땅히 먼저 인출할 것은 『삼국사』입니다.' (*원문 생략)

그럼에도 역사기록은 반드시 남는다. 의도적인 분서이든 병화에 의한 소실이든 또는 정치적 고려에 의한 파괴이든 간에 역사기록의 생명력은 결코 사라지지 않는다.

『고구려사략』은 『유기』와 『대경』의 일부

『고구려사략』은 『유기』와 『대경』의 일부 기록이다. 일제강점기 남당 박창화朴昌和 선생이 일본 왕실도서관에서 필사해온 고구려 역사서다. 고구려 중심사관으로 편집된 고구려인이 직접 쓴 순수 기록이다. 특히 『고구려사략』은 『삼국사기』의 단편적인 기록을 보다 상세히 기술한다. 『삼국사기』가 나무의 기둥이라면 『고구려사략』은 나무의 줄기와 이파리에 해당한다. 다만 아쉬운 점은 『고구려사략』이 국내에서 발견되지 않고 있는 점이며 일본이 따로 보관하고 있다는 사실이다.

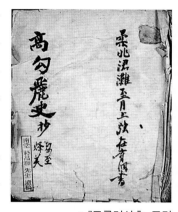

▲ 『고구려사초』 표지

2001년 서지학자 박상국의 조사에 따르면 일본 왕실도서관이 소장하고 있는 우리 고서는 639종 4,678권이다. 이 중 **일본이 강탈해간 사실이 확인된 '조선총독부 기증' 도장이 찍힌 661권은 우선적으로 반환**해야한다.

일본에게 명령한다. 즉각 『고구려사략』 원본을 돌려보내라.

| 영류왕과 고당전쟁 |

영류왕(27대)은 이름이 건무建武며 영양왕의 이복동생이다. 재위기간은 618년~642년까지 25년간이다. 영양왕이 죽자 곧바로 즉위한다.

영류왕과 당태종

그런데 영류왕은 태자에 책봉된 사실이 없다. 즉위할 당시는 태자가 아닌 왕자의 신분이다. 이는 당시 고구려 지배층 내에 영류왕을 지지 또는 후원하는 별도 세력의 존재를 암시한다. 바로 영류왕을 옹립한 세력이다.

단서는 4차 고수전쟁이다. 이 전쟁은 고구려가 수양제의 항복제의를 받아들이면서 종결된다. 이때 영양왕을 압박하여 수양제의 항복제의를 수용하도록 강요한 세력이 있다. 주화파다. 이들은 이후 영양왕과 주전파를 제압하고 고구려 정계를 장악한다. 영양왕이 사망할 즈음에는 이들의 권력이 영양왕을 압도한다.

영류왕은 즉위하자마자 수를 무너뜨리고 새로 건국한 당唐과의 관계개선에 적극 나선다. 선대 영양왕의 대결정책을 버리고 과감히 화해정책을 선택한다. 영류왕은 고수전쟁으로 단절된 중원왕조에 대한 견사외교를 다시 시작한다.

영류왕은 재위기간 동안 11차례 당에 사신을 파견한다. 특히 622년(영류5) 당고조(이연)의 요청으로 고수전쟁 때 포로로 잡은 1만 여의 중국인을 돌려준다. 624년(영류7) 당고조로부터 「상주국요동군공고구려국왕」의 관작을 받으며, 625년(영류8) 불교와 노자의 교리를 당에 요청한다. 영류왕은 전후 복구가 우선이고 당고조는 내부 수습이 먼저다. 그러나 626년(영류9)부터 상황이 급변한다.

　　당고조 둘째 아들 이세민이 626년(영류9) 7월, 「현무문의 변」을 일으켜 태자인 형 이건성과 동생 이원길을 죽이고 태자자리를 쟁취한 후 당고조로부터 황위를 물려받아 즉위한다. 당태종(2대)이다. 역대 황제 중 최고의 성군으로 불리며 청淸의 강희제와 종종 비교되기도 한다. 당태종이 다스린 시기를 「정관貞觀의 치治」라 부른다. 그러나 당태종은 은연중 고구려에 대한 야심을 드러낸다. 『삼국사기』 영류왕이다. '24년(641년), 황제가 말하길 … 내가 수만 군사를 출동시켜 요동을 공격하면 필시 그들은 총력으로 요동을 구원하러 올 것이다. 이때 수군을 동래에서 출발시켜 바다로부터 평양을 향하게 하고 수륙군이 합세하면 고구려를 점령하기 어렵지 않다. 다만 산동의 여러 고을이 전쟁의 상처가 회복되지 않아 내가 그들의 수고를 원치 않을 뿐이다.'(二十四年 帝曰 … 吾發卒數萬 攻遼東 彼必傾國救之 別遣舟師出東萊 自海道趨平壤 水陸合勢 取之不難 但山東州縣 凋瘵未復 吾不欲勞之耳)

　　고구려에 파견된 당 사신 진대덕陳大德이 귀국하여 고구려에서 환대받은 사실과 정탐한 내용을 보고하는 자리에서 당태종이 한 말이다. 당태종은 마음만 먹으면 얼마든지 고구려를 정벌할 수 있다고 자신한다.

> 수양제와 당태종 두 사람은 혈육을 죽이고 황위를 찬탈한 공통점을 가진다. 그러나 성격은 전혀 다르다. **수양제가 앞뒤를 가리지 않고 일방으로 밀어붙이는 저돌형**이라면, **당태종은 돌다리도 두들겨보고 건너는 신중형**이다.

　　631년(영류14) 고구려를 자극하는 사건이 발생한다. 당태종은 장손사長孫師를 시켜 고구려가 세운 경관京觀(전승기념물)을 허물어 버린다. 이에 영류왕과 고구려조정은 당태종의 침공을 예감한다.

천리장성은 네트워크장성

　　영류왕은 선제적 방어에 나선다. 당이 침공을 예상하여 장성을 쌓아 방어선을 구축한다. 『삼국사기』 영류왕이다. '14년(631년) 춘2월, 왕이 백성을 동원하여 장성을 쌓았다. 이 성은 동북쪽 부여성에서 시작하여 서남쪽 바다에 이르기까지 1천여 리다. 16년 만에 완성하였다.'(十四年 春二月 王動衆築長城 東北自扶餘城 西南至海千有餘里 凡一十六年畢功)

▲ 천리장성 추정도

천리장성을 쌓은 목적은 당의 침입을 막기 위한 대비다. 당시 고구려와 당은 요하를 경계로 동과 서로 나눈다. 따라서 천리장성의 위치는 요하를 연하는 동쪽지역이다. 시작점은 동북쪽의 부여성이다. 부여성은 위나암성(요녕성 철령)이다. 이어 남쪽의 신성(요녕성 무순), 개모성(요녕성 심양), 요동성(요녕성 요양), 백암성(요녕성 등탑), 안시성(요녕성 해성), 건안성(요녕성 개주) 등으로 이어지는 라인이다. 다만 '서남쪽 바다에 이르는'(西南至海) 곳을 개주(건안성)가 아닌 대련(비사성)까지 연장하여 보기도 하나, 비사성(대련)은 육군이 아닌 수군의 침공을 막기 위해 쌓은 성이어서 천리장성 구축의 본래 목적과는 차이가 난다. 특히 비사성까지라면 천리장성은 1천리(≒400km)가 아닌 1천5백여 리(≒600km)의 장성이 된다.

부여성을 《광개토왕릉비》에 나오는 동부여의 수도 여성(餘城) 즉 길림성 길림의 용담산성으로 보는 견해도 있다. 그러나 여성은 천리장성 구축 목적과 맞지 않다.

천리장성은 부여성(위나암성)에서 건안성까지다. 다만 천리장성은 중원의 만리장성처럼 하나의 성벽으로 연결된 고고학적 증거는 없다. 따라서 천리장성의 실제성에 다소 의문이 든다. 천리장성의 축조기간은 16년이다. 이 기간 동안에 1천여 리를 직접 연결하는 성을 쌓는다는 자

체가 불가능하다. 수십만의 인력과 수많은 물자가 동시에 투입해야 하
는 실로 엄청난 대규모 공사다.

　천리장성은 기존의 거점성들을 중심으로 적의 침공이 예상되는 침
투로에 소규모 요새 또는 보루를 두어 거점성과의 유기적 연결체계를
강화하여 방어의 효율성을 극대화한 일종의 「네트워크식 장성」이다. 대
륙의 만리장성이나 오늘날의 휴전선처럼 개미새끼 한 마리도 들어올
수 없는 형태와는 다르다.

천리장성은 **태조왕 시기 후한과 접
하는 국경선에 구축한 방어용 '요서
10성'과 성격이 같다.** 당시 태조왕
은 후한의 침략에 대비하여 북쪽 자
몽으로부터 연산산맥에 연하는 축
선을 따라 구려, 거란, 하양, 개마,
구리, 하성, 고현, 남구, 서안평 등
10성을 주요 거점에 쌓는다. **전체
거리는 3백여㎞로 7백5십리에 해
당한다.** 태조왕의 요서10성 구축은
초기 고구려 강역이 어느 정도인지
를 규정하는 가늠자다.

　642년(영류25) 10월, 영류왕은 사망한다. 연개소문이 쿠데타를 일으켜
영류왕과 주화파세력을 전원 척살하고 정권을 잡는다. 영류왕의 화해
정책이 막을 내리고 대신 당과의 대결을 선택한다. 다시 한 번 고구려는
전쟁의 소용돌이 속으로 빠져든다.

　고구려 천리장성은 「네트워크식 장성」이다.

| 연개소문의 유혈쿠데타 |

642년 10월, 세상을 뒤흔든 경천동지^{驚天動地}의 충격적인 사건이 고구려에서 발생한다. 고구려의 핵심 관료와 귀족 180여 명이 연회장에서 전원 살해당한다. 연개소문^{淵蓋蘇文}이 쿠데타를 일으킨다.

연개소문의 쿠데타는 전형적인 유혈쿠데타다. 통상적으로 쿠데타는 핵심인물 몇 명을 죽이고 나머지는 구금 후 경중에 따라 형벌을 주거나 회유하는 방식의 '풀뽑기'식 쿠데타다. 그러나 연개소문은 마치 일망타진하듯이 반대파 모두를 한꺼번에 척살하는 '밭갈이'식 쿠데타를 단행한다.

연개소문 출신과 쿠데타의 전말

쿠데타 전말이 『구당서』〈동이열전〉 고구려 편에 상세히 나온다.

정관16년(642년)에 서부대인 연개소문이 섭직하며 왕을 범하려 하자 여러 대신들이 건무(영류왕)와 의논하여 그를 죽이고자 하였다. 일이 사전에 누설되자 소문은 부병을 모두 불러 모아 군병을 사열한다고 말하고 아울러 성 남쪽에다 주찬을 성대히 준비해 놓았다. 여러 대신들이 모두 와서 보게 하였는데 소문이 군사를 시켜 대신들을 모조리 죽였다. 죽은 자가 1백여다. 이어 창고를 불사르고 왕궁으로 달려가 건무를 죽인 다음 건무의 아우인 대양의 아들 장(보장왕)을 왕으로 세웠다. 스스로 막리지에 오르니우리의 병부상서 겸 중서령에 해당하는 관직이다. 이로부터 국정을 마음대로 하였다. 소문의 성은 천씨. 수염이 고슴도치 같고 몸집이 거대하며 다섯 자루의 칼을 차고 다녔다. 주위 사람들은 감히 그를 올려다보지 못하였다.

이 기록은 연개소문의 출신을 비롯하여 쿠데타의 배경과 전개과정,

결과 등을 소개하고 이어 연개소문의 성씨와 남다른 외모 등을 추가로 설명한다.

먼저 ㉮ 연개소문의 출신이다. 기록은 연개소문을 서부대인으로 소개한다. 서부출신이다. 그러나 『신당서』는 연개소문의 아버지가 동부대인 대대로^{大對盧}(1관등)로 나온다. 연개소문은 동부출신이다. 『삼국사기』역시 동부출신으로 기록한다. 어느 쪽이 맞다고 단정할 수 없으나 동부출신에 무게를 둔다.

㉯ 연개소문이 쿠데타를 일으킨 배경이다. 먼저 연개소문이 영류왕을 제거하려 하자 이를 눈치 챈 영류왕이 여러 대신들과 규합하여 연개소문을 제거할 계획을 세운다. 그러나 이 계획은 연개소문에게 누설되어 역으로 연개소문이 선수를 친다. 연개소문은 대신들을 열병식과 연회행사에 초대한다. 『삼국사기』 기록을 보면 이 해(642년)에 연개소문은 천리장성 축조의 책임자로 발령받는다. 열병식과 연회는 연개소문이 임지로 떠나기 전에 벌인 고별행사다. 대신들 입장에서 보면 연개소문을 중앙정계에서 축출한 모양새이니 부담 없이 초대에 응한 것으로 보인다. 연개소문의 마지막 모습을 직접 보고 즐기는 자리다.

㉰ 쿠데타의 전개과정이다. 기록은 대신들을 살해한 장소가 열병식장인지 아니면 연회장인지 다소 불분명하다. 『신당서』는 연회장으로 기록하고 있어 열병식이 끝난 이후 실질적인 살육이 시작된다. 이어 연개소문은 창고를 불태우고 궁궐로 들어가 영류왕마저 살해한다. 연개소문이 살해한 대신들은 반대파다. 신흥제국 당과의 대결보다 화친을 선택한 주화파다. 이들은 4차 고수전쟁 때 영양왕을 압박하여 수양제의 항복제의를 수용하게 만든 세력이다. 이후 영류왕을 옹립하고 조정 권력을 장악하면서 훈구화된 대당온건세력이다. 이에 반해 연개소문은 대당강경노선을 견지한 주전파며 또한 신진파다. 결국 연개소문의 쿠

데타는 대당정책을 놓고 노선을 달리하며 대립한 결과물이다.

㉱ 쿠데타의 결과다. 대양^{大陽}의 아들 장^藏(보장왕)을 왕위에 세우고 자신은 막리지에 올라 국정을 총괄한다. 이로써 연개소문의 쿠데타는 종결된다.

> 영류왕에게는 환권(桓權)이라는 이름을 가진 태자가 있다. 『삼국사기』를 보면 640년 (영류23) 영류왕이 환권태자를 당에 보내 조공하고 또 자제들을 당의 교육기관인 국학에 입학을 청한 기록이 있다. 이후 환권태자의 기록은 더 이상 나오지 않아 **연개소문이 영류왕을 시해할 때 함께 살해된 것으로 추정**된다. 또한 일본의 고대 씨족 족보인 『신찬성씨록』에는 고마(高麗)씨 가문의 시조인 영류왕의 아들 복덕(福德)이 나온다. 환권태자의 동생이다.

연개소문의 성씨

㉲ 연개소문의 성씨다. 우리는 흔히 연개소문을 연^淵씨로 안다. 그러나 앞의 『구당서』 기록은 천^泉씨로 설명한다. 『신당서』에는 연개소문이 '스스로 물속에서 태어났다고 하여 사람들을 현혹시켰다.'(自云生水中 以惑衆)는 표현이 있다. '淵(연못 연)'이나 '泉(샘 천)' 둘 다 물과 연결된다. 『삼국사기』 역시 천씨다. 〈열전〉 개소문 편에 '개소문[혹은 개금이다]은 성이 천씨다.'(蓋蘇文[或云蓋金] 姓泉氏)로 기록한다. 그럼에도 『삼국사기』는 무슨 연유인지 연개소문을 표기할 때 성씨를 생략하고 개소문(또는 소문)의 이름만 사용한다. 연개소문이 정말로 연씨인지 의문스럽다.

연개소문의 성씨에 대해서 처음으로 관심을 가진 사람은 안정복이다. 『동사강목』에 적은 『신라기』의 '고구려 귀신 연정토가 신라에 내항하였다.'(高句麗貴臣淵淨土來降)는 기록과 『통고』의 '정토는 소문의 동생이다.'(淨土蘇文之弟)는 기록을 근거로 삼아 연개소문의 성씨를 연씨로 제시한다. 또한 중국사서가 연씨를 천씨로 바꿔 기록한 것은 당고조 이연^{李淵}의 이름과 겹쳐 이를 의도적으로 기휘^{忌諱}(꺼리어 피함)한 것이라고 부연한다. 안정복의 주장은 현재의 정설이다.

그러나 연개소문의 아들 남생男生의 묘지명(1923년, 하남성 북망산 출토)이 세상에 알려지면서 연개소문의 성씨 문제가 다시 한 번 주목을 받는다. 묘지명에는 연남생이 아닌 천남생으로 나온다. 또한 묘지명은 '멀리 계보를 살펴보면 본래 천에서 나왔으니 신께 의지해 복을 받았고 태어난 곳을 따라 족속의 이름을 붙였다.'(遠系出於泉 既托神以隰祉遂因生以命族)고 적는다. 泉을 성씨로 삼은 배경설명이다. 이로 미루어 보아 당시 연개소문의 성씨는 중국기록과 마찬가지로 천씨일 가능

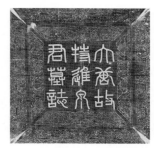

▲ 《천남생묘지명》 뚜껑돌

성이 높다. 다만 淵이나 泉, 둘 다 물과 연관되므로 이는 음차의 편의적 선택으로 이해한다. 결과적으로 연씨와 천씨 둘 다 사용해도 무방하다. 『일본서기』는 연개소문을 '이리가수미伊梨柯須彌'로 표기한다.

마지막으로 ㉻ 연개소문의 외모와 행동이다. 수염이 고슴도치 같고

이리가수미(伊梨柯須彌)는 伊梨+柯須彌로 나눌 수 있다. 伊梨는 성이고 柯須彌는 이름이다. 연개소문의 또 다른 이름은 개금(蓋金)이다. 즉 柯須彌는 蓋金이다. 『일본서기』는 백제 개로왕(蓋鹵王)을 가수리군(加須利君)으로 표기한다. 蓋鹵는 加須利다. 따라서 柯須(加須)는 蓋에 대응한다. 伊梨는 泉(淵)의 방훈(方訓)인 於乙(얼)이라고 한다. **伊梨柯須彌는 泉**(淵)**蓋金**이다.

몸집이 거대하다. 전형적인 무인의 기골이다. 백성이 무서워 할만도 하다. 특히 다섯 자루의 칼을 몸에 지니고 다녔다는 표현이 인상적이다.

중국의 전통연극은 경극京劇이다. 짙은 화장과 화려한 복장을 한 배우들이 노래, 대사, 동작 등을 연출하는 일종의 형식연극이다. '패왕별회覇王別姬'(*초패왕 항우와 우미인의 이별을 그린 작품)는 널리 알려진 대표작이다. 그런데 이들 경극 중에 연개소문이 등장하는 작품이 있다. '독

▶ 연개소문 [중국 경극]

▲『고사』莫利支飛刀對箭

목관獨木關’, ‘분하만汾河灣’, ‘어니하淤泥河’ 등이다. 이들 작품의 줄거리는 비슷하다. 당태종 이세민이 연개소문에 쫓겨 위기에 처하자 설인귀가 나타나 구해주는 내용이다. 보통 연개소문과 설인귀가 주연이고 당태종은 조연이다. 연개소문은 푸른빛의 얼굴 화장을 하고 다섯 자루의 칼을 찬 무술이 뛰어난 인물이면서도 또한 잔인하고 사납고 포악한 인물로 묘사된다. 연개소문은 중국인들에게 있어서 무섭고 두려운 존재다.

연개소문의 평가

전통적으로 연개소문에 대한 평가는 부정적이다. 왕을 죽이고 전횡을 일삼아 나라를 기울게 한 역신逆臣이다. 이는 중국사서(『구당서』/『신당서』)가 취한 극단적인 평가다.『삼국사기』평가도 크게 다르지 않다. 고구려 역사에서 왕을 시해한 신하는 3명이다. 창조리는 봉상왕을, 명림답부는 차대왕을, 그리고 연개소문은 영류왕을 시해한다.『삼국사기』〈열전〉에 이들 3명이 모두 나오는데 창조리와 명림답부는 충신으로 연개소문은 역신으로 분류한다.

김부식은 연개소문에게 역신의 누명을 씌워 우리 역사 앞에 무릎을 꿇린다. 이는 신라에 대한 배려 때문이다. 연개소문은 쿠데타 직후에 신라 김춘추의 예방을 받는데 김춘추가 자신과 연합하여 백제를 치자고 제안한다. 연개소문은 거절한다. 이후 김춘추는 왜국으로 달려가고 또 당으로 달려가 당태종 앞에 무릎을 꿇고 애원하여 ‘나당연합’을 성사시킨다. 신라입장에서 보면 연개소문은 한마디로 ‘나쁜 사람’이다.

조선사회도 연개소문의 평가는 부정적이다. 유교적 관점에서 왕을 시해하는 것은 만고의 대역죄다. 그러나 일제강점기에 들어서 연개소문은 나라와 민족을 구한 '구국의 영웅'으로 재평가된다. 특히 신채호는 『조선상고사』를 통해 연개소문을 '우리 역사의 위대한 혁명가'로 평가한다. 같은 맥락에서 박은식(백암)은 '독립 자주의 정신과 대외 경쟁의 담략을 지닌 우리 역사상 제1인자'로, 문일평(호암)은 '천고의 영걸^{英傑}'로 연개소문을 높게 평가한다.

> 『조선상고사』 연개소문 평가. '기존 역사가들은 '성공했나 실패했나' 또는 '흥했나 망했나'는 기준으로 사람의 우열을 판단하거나 유교적 윤리관으로 사람의 시시비비를 판단하였다. 연개소문의 경우에는 본인은 성공했지만 불초한 자식들이 유업을 제대로 지키지 못하였다. 그래서 **춘추필법을 흉내 내는 사람들은 연개소문을 배척하고 연개소문을 흉적으로 몰며 모독과 치욕을 가했다.**… (중략) … 하지만 연개소문은 다르다. 그는 **봉건 세습적인 호족 공화제를 타파하고 정권을 한 곳에 집중함으로써 분권적인 국면을 통일적인 상태로 바꾸었다. 또 반대파는 군주든 호족이든 불문하고 죄다 소탕하였다.** 그는 영류왕을 비롯해서 수백의 관료들을 주살하였다. 또한 침략해온 당 태종을 격파하였을 뿐 아니라 이를 추격하여 중국 전역을 진동시켰다. 그는 **혁명가의 기백을 가지는 데 그치지 않고 혁명의 능력과 지략까지 갖추었다고 봐야 한다.'**

현재의 평가는 부정과 긍정이 다소 복합적으로 얽혀있다. 고구려 멸망의 책임이 있고 자신의 안위를 위해 반역을 저질러 함부로 대신들을 해쳐 나라의 기반을 무너뜨린 역적이라는 부정적 평가와 당과의 대치에 있어서 결코 굴욕적인 아닌 자주적 외교를 펼친 점과 또한 전쟁에서 승리를 이끌어낸 훌륭한 리더쉽을 가진 지도자라는 긍정적 평가다.

연개소문은 충신일까? 역신일까? 아니면 혁명가일까? 반역자일까?

| 연개소문과 당태종 |

　　연개소문은 집권하자마자 신라 김춘추의 예방을 받는다. 김춘추가 신라와 연합하여 백제를 멸망시키자고 제안한다.

> 당시 신라와 백제는 최악의 대치상황이다. 연개소문이 집권한 그해 642년 8월, 신라와 백제는 대야성(경남 합천)에서 혈전을 벌인다. 이 전투에서 의자왕은 1만의 군사를 동원하여 대야성을 함락하고 당시 성주인 김춘추의 사위 김품석과 딸 고타소를 죽인다. 이 사건으로 김춘추의 분노는 극에 달하고 백제를 멸망시킬 결심을 굳힌다. 그리고 곧장 연개소문에게로 달려간다.

　　그러나 신라 진흥왕(24대)이 빼앗아간 한강유역의 옛 고구려 영토 반환문제를 놓고 벌인 협상은 결렬되고 김춘추는 연개소문의 추적을 간신히 따돌리고 고구려를 탈출한다. 잔뜩 기대한 고구려와의 연합은 물건너가고 오히려 적개심만 키운다. 이후 김춘추는 당으로 달려가 애원하다시피 당태종을 설득하여 648년(보장7) 나당연합을 성사시킨다. 나당연합에는 당태종과 김춘추의 동상이몽同床異夢이 작동한다. 당태종은 어차피 고구려와 한판 붙을 요량이면 신라로부터 군사적 도움을 받는 격이니 손해 볼 것이 없고, 김춘추 또한 신라 단독으로 삼국통합(통일)을 달성할 수 없다면 당의 군사적 도움이 절대적으로 필요하다. 동상이몽에는 누이 좋고 매부 좋은 양국의 실리적 계산이 깔린다.

　　643년(보장2) 연개소문은 당에 사신을 파견하여 도교를 구한다. 당태종은 도교의 도사道士들과 노자의 『도덕경』을 보내준다. 이는 일종의 탐색전이다. 연개소문은 자신이 먼저 손을 내밀어 당태종의 의중을 살피고, 당태종 또한 연개소문이 내민 손을 일단은 잡는다.

　　그러나 당태종은 은연중 본심을 드러낸다. 『삼국사기』 보장왕이다.

2년(643년) 6월, 당태종이 묻길 "연개소문은 자신의 왕을 죽이고 국정을 휘두르고 있는데 이는 실로 참을 수 없는 일이다. 오늘 우리 병력으로 고구려를 빼앗는 것은 어렵지 않다. 다만 백성을 힘들게 하고 싶지 않으니 거란과 말갈에게 그들을 치게 하고자 하는데 어떠한가?" 장손무기가 답하길 "연개소문은 자신의 죄가 크다는 것을 알고 우리가 죄를 엄하게 물을 것이 두려워 견고한 수비를 하고 있습니다. **폐하께서 먼저 인내하면 연개소문은 방심하게 될 것이며 또한 반드시 교만하고 나태해져서 죄는 더욱 커질 것입니다. 이렇게 된 연후에 토벌하여도 늦지 않을 것입니다.**" 당태종이 "좋다." 하였다.

二年 閏六月 唐太宗曰 蓋蘇文弑其君 而專國政 誠不可忍 以今日兵力 取之不難 但不欲勞百姓 吾欲使契丹靺鞨擾之 何如 長孫無忌曰 蘇文自知罪大 畏大國之討 嚴設守備 陛下姑爲之隱忍 彼得以自安 必更驕惰 愈肆其惡 然後討之 未晚也 帝曰 善

▲ 당태종 이세민

고구려 사신이 당에 머무는 동안 당태종이 측근 장손무기長孫無忌와 주고받은 대화다. 당태종이 고구려 정벌 의사를 내비치자 장손무기가 아직은 때가 아니라는 이유를 들어 반대한다. 당태종은 장손무기의 의견을 군말 없이 수용한다. 바로 이점이 당태종의 강점이다. 아마도 수양제라면 황제의 의지를 꺾었다하여 장손무기를 벌하였을 것이다. 그러나 당태종은 신중하다. 또한 신하들의 의견을 경청하고 이를 수용할 줄 아는 도량이 있다.

이처럼 연개소문의 집권초기에는 당과의 관계가 비교적 원만하다. 그러나 연개소문과 당태종의 관계가 틀어지는 문제가 발생하며 결국 고구려와 당은 대결국면으로 전환된다.

> **연개소문과 당태종 사이가 틀어진 것은 신라문제 때문**이다. 그러나 『신당서』 장엄 (蔣儼) 전을 보면 당태종은 한 차례 더 사신을 보내 연개소문을 회유한 것으로 나온다. 이때 연개소문은 당 사신 장엄을 아예 토굴에 가둬버린다. 이 사건이 결정적인 도화선이다.

　　644년(보장3) 당태종은 고구려에 사신을 파견하여 신라를 공격하지 말라는 협박성 서신을 보낸다. 이때 연개소문은 군사를 이끌고 신라의 2개 성을 공격하고 있다가 급히 돌아와 당 사신을 만난다. 당태종의 서신을 본 연개소문은 고구려가 신라를 공격하는 것은 어디까지나 신라에 빼앗긴 영토를 되찾는 일이라며 앞으로도 싸움은 계속될 것이라고 당 사신에게 일갈한다. 한마디로 제3자인 당은 간섭하지 말라는 경고성 발언을 날린다. 이에 당 사신은 귀국하여 당태종에게 이를 보고하고 당태종은 연개소문이 자신의 말을 듣지 않는다며 즉각 고구려 정벌 준비를 지시한다.

▲ 경극 독목관
(설인귀 : 연개소문)

　　고당전쟁의 시작에는 연개소문과 당태종의 힘겨루기가 있다.

| 1차 고당전쟁과 양만춘 |

644년(보장3) 11월, 당태종은 육군과 수군 총 50만의 대규모 원정군으로 고구려 공격을 명령한다.

> 1차 고당전쟁에 동원된 당군 숫자를 두고 『구당서』는 육군 6만, 수군 4만3천 등 총 10만4천으로, 『신당서』는 육군 10만, 수군 7만 등 총 17만으로 기록한다. 그러나 개별 전투에 참가한 당군 숫자를 고려하면 **당군은 전투병력만 최소 50~60만 정도로 추산된다.** 중국기록은 당태종이 연개소문에게 패한 사실이 부끄러웠는지 당군 숫자를 확 줄인다. 이것은 만들어진 역사의 폐단이다.

요동도행군대총관 이세적을 선봉군 총사령관에 임명하고 육군 20여 만을 주어 먼저 요동을 향하게 한다. 그리고 자신은 친정군 20만을 이끌고 뒤따른다.(*6도행군 36만이 추가) 이때 평양도행군대총관 장량의 수군 10만(*상륙군 4만3천 포함)은 1천척의 함선에 승선하고 등주(산동반도 북단)를 출발한다. 1차 고당(고구려-당)전쟁이 막이 오른다.

해가 바뀌어 645년(보장4) 유성(요녕성 조양)을 출발한 이세적의 선봉대는 처음 회원진(요녕성 북진 근처)으로 향하다가 갑자기 방향을 틀어 110km 동북쪽에 위치한 통정진通定鎭에 집결한다. 통정진은 지금의 요녕성 신민新民이다. 요하와 유하가 만나는 지점이다 이 지역은 강폭이 좁고 수심이 얕아 도하가 수월하다. 회원진은 요하 중류에 위치한다. 고수전쟁 때 수양제가 전초기지로 삼은 곳이다. 요하 하류는 강폭이 넓고 수심도 깊다. 또한 강가는 온통 늪지대로 요택遼澤이라 불리던 지역이다. 대규모 군대의 도하는 매우 어렵다. 수양제는 고구려를 침공할 때 요하 중류를 이용한다. 이를 잘 알고 있는 당태종은 이세적의 선봉부대를 회원진이 아닌 통정진으로 이동시켜 도하의 위험부담을 제거한다. 이는 고구려 입장에서 보면 혀를 찔린 격이다. 고구려 방어부대 주력은 요하 중류 지역에 배치했을 공산이 크다.

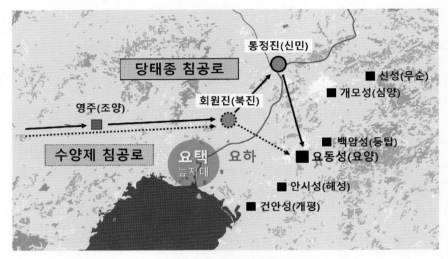

▲ 수양제와 당태종의 침공로 차이

요하를 건넌 이세적은 선봉대를 3갈래로 나눈다. 이세적 자신은 6만의 군사로 현도성으로 향하고, 이도종에게 6만을 주어 신성을 공격하게 하며, 또 장검에서 역시 6만의 군사로 건안성을 치게 한다.

요동성은 고구려 요동지역의 중심이다. 고수전쟁 때 수양제가 여러 차례 맹공을 퍼부었음에도 끝내 함락시키지 못한 난공불락의 철옹성이다. 수양제는 요동성을 먼저 공격하여 고구려의 예봉銳鋒을 꺾고 이어 주변성들을 축차적으로 함락하는 전략을 쓴 반면 당태종은 요동성을 제외한 주변성들을 먼저 함락한 후 마지막으로 요동성에 집중하는 전략을 세운다.

이세적의 기습을 받은 현도성(5월 5일)이 쉽게 함락된다. 이도종은 신성을 공격하다 실패하자 방향을 돌려 인접 개모성(5월 26일)을 함락한다. 장검은 요하 남쪽 건안성을 공격하나 함락시키지 못한다. 이 시기 장량의 수군도 요동반도 끝자락에 위치한 비사성(5월 31일)을 함락한다. 요동지역 고구려 성들이 줄줄이 무너진다.

당태종은 요동성 공격을 명령한다. 요동성은 과거 동천왕이 천도한 옛 수도인 평양성(요녕성 요양)이다. 특히 요동성은 고구려 요동지역의 거점이라는 전략적 중요성도 있지만 무엇보다도 고구려의 뿌리와 정신이 살아 숨 쉬는 상징적 중요성이 더 큰 장소다.

> 『삼국사기』 보장왕. '4년(645년), 요동성 안에는 주몽사당이 있다. 사당에는 쇠사슬 갑옷과 날카로운 창이 있는데 망령되게도 이전 **연(燕)시대에 하늘이 내려준 것이라 한다.** 사태가 긴박해지자 미녀를 치장시켜 부신(婦神,추모왕을 지아비로 섬기는 여신)으로 삼았다. 무당이 말하길 "주몽께서 기뻐하시니 성은 반드시 온전할 것이다."고 하였다.'(城有朱蒙祠 祠有鎖甲銛矛妄言前燕世天所降 方圍急飾美女以婦神 巫言朱蒙悅城必完) 요동성 안에 추모사당이 소재한다. 요동성이 옛 수도 평양성이라는 증거다. 다만 『삼국사기』는 갑옷과 창을 두고 하늘이 내려주었다고 하여 '망령되게도(妄言)'라는 표현을 쓴다. 참으로 어이없다.

이에 연개소문은 사태의 심각성을 깨닫고 신성과 국내성의 보병과 기병 4만을 요동성에 급파한다. 요동성 인근에서 이세적과 이도종의 당군과 맞닥뜨린 고구려군은 처음에는 당군을 물리치며 기세를 올리나 결국에는 패배한다. 드디어 당태종이 친정군을 이끌고 요하를 건너 요동성 인근에 도착한다.

당태종은 요동성에 맹공을 가한다. 수백 겹으로 요동성을 포위하고 12일 간 밤낮으로 공격한다. 그러나 요동성은 끄떡없다. 이때 당의 신무기가 등장한다. 오늘날의 대포와 유사한 발차拔車(포차)다. 발차에서 발사된 커다란 돌맹이가 3백보를 날아가 성벽을 때리자 요동성이 무너져 내린다. 고구려군은 신속히 나무로 만든 임시 성책을 세워 무너진 성벽을 복구한다. 그리고 또 10일을 버틴다. 그러나 강풍이 불며 요동성은 최악의 상황으로 내몰린다. 당태종은 화공법火攻法을 사용하고 결국 요동성은 불타며 함락된다.

▲ 『무경총요』 포차

『삼국사기』는 요동성전투로 죽은 자가 1만, 포로는 군사 1만과 백성 4만이며 그리고 양곡 50만 섬을 당태종이 탈취했다고 기록한다.(死者萬餘人 見捉勝兵萬餘人 男女四萬口 糧五十萬石)

요동성이 함락되자 인접한 백암성(요녕성 등탑) 성주 손대음孫代音이 당에 투항하며 백암성을 통째로 당태종에게 넘긴다. 이제 요동지역에 남아 있는 고구려 성은 안시성과 건안성뿐이다. 당태종은 두 성의 공격 우선순위를 놓고 작전회의를 연다. 당태종은 건안성을 먼저 칠 생각인데 이세적이 안시성을 놓아두고 건안성을 먼저 치면 안시성으로부터 후미를 급습당할 수 있고 또한 보급로마저 끊길 수 있다며 안시성을 먼저 치자고 제안한다. 당태종은 이세적의 의견을 받아들이고 안시성을 겹겹이 포위한다.

이즈음 연개소문은 요동성 함락소식을 듣고 급히 고연수(북부 욕살)와 고혜진(남부 욕살)에게 15만(말갈병 포함) 대병력을 주어 요동에 파견한다. 그런데 두 장수는 지구전을 펼치라는 평양의 지시를 어기고 들판에서 당군과 정면 대결한다. 고구려군은 당군의 유인전술에 말려들어 3면이 포위당하며 대패한다. 결국 고연수와 고혜진은 제대로 싸워보지도 못하고 당태종에게 투항한다. 이제 홀로 남은 안시성은 외부로부터 지원을 받을 수 없는 고립무원에 빠진다.

이 시점에서 고당전쟁의 영웅인 안시성 성주 양만춘楊萬春이 등장한다. 그런데 『삼국사기』나 중국기록에는 양만춘의 이름이 나오지 않는다. 대신 송준길의 『동춘당선생별집』과 박지원의 『열하일기』 등에서 확인된다. 우리는 정사正史가 아닌 야사野史를 통해 양만춘의 이름을 발견한다. 기록에 따르면 양만춘은 연개소문이 쿠데타를 일으켰을 때 연개소문에게 동조하지 않은 것으로 나온다. 이로 미루어 보아 양만춘은 연개소문에게 매우 껄끄러운 존재다. 이는 양만춘이 중앙정계의 인물이 아닌 변방의 일개 성주라는 사실로 알 수 있다. 이런 연유로 당태종 역시 양만춘의 존재를 잘 알지 못했을 것으로 추정된다. 당태종이 안시성을 먼저 선택한 이유다. 당태종은 건안성을 먼저 쳤다가 혹시나 안시성으로부터 뒷덜미를 잡힐까봐 안시성을 먼저 공격한다. 그러나 그 미혹迷惑으로 당태종의 야심은 수포로 돌아간다. 우리는 안시성 전투를 통해 『삼국사기』가 외면한 또 한분의 위대한 영웅을 가슴속에 새기게 된다.

안시성 전투는 7월 5일부터 시작한다. 안시성을 끝내 함락시키지 못한 당태종이 퇴각을 결정한 날이 9월 18일이니 양만춘과 당태종은 70일 이상 혈투를 벌인다. 안시성 전투의 핵심은 토산土山(흙으로 쌓은 산)이다. 당태종은 60일 동안 총인원 50만을 동원하여 안시성보다 높게 토산을 쌓는다. 이는 과거 수양제가 요동성을 함락시키기 위

▲ 양만춘 안시성전투 기록화 [박창돈 作]

해 흙포대를 쌓은 어량대도와 유사하다. 결국 당태종도 수양제의 전철을 밟는다. 그러나 토산은 짧은 기간에 쌓다보니 견고하지 못하다. 양만춘은 바로 이 허점을 꿰뚫어보고 당태종이 어렵게 쌓은 토산을 일거에 무너뜨린다. 토산이 무너지면서 수만의 당군이 흙속에 매몰된다. 양만춘은 무너진 토산마저 점령한다. 이제 당태종에게는 선택의 여지가 없다.

> 일설에는 당태종이 안시성 전투 중에 날아온 화살에 맞아 한쪽 눈을 잃었다고 하고 또 양만춘이 쏜 화살에 맞았다고도 한다. 확인할 수 없는 내용이다.

당태종은 철군을 명령한다. 양만춘은 성루에 올라 퇴각하는 당태종에게 정중히 작별의 예를 표한다. 당태종은 답례로 겹실로 짠 비단 1백필을 남긴다.(城主登城拜辭 帝嘉其固守 賜縑百疋以勵事君) 양만춘을 인정할 수밖에 없다. 이로써 1차 고당전쟁은 막을 내린다.

▲ 1차 고당전쟁과 안시성전투

　『삼국사기』 편찬자는 양만춘을 영웅호걸로 평가한다. 다만 이름을 알 수 없어 애석하다고 한다.(甚可惜也) 그러나 우리는 영웅호걸의 이름이 양만춘이라는 사실을 너무나도 잘 안다.

> 『삼국사기』 사론(史論). '당태종은 어질고 명철하여 보기 드문 뛰어난 황제다. 난을 평정하기는 탕(湯)왕과 무(武)왕에 견줄만하고 이치에 통달하기는 성(成)왕이나 강(康)왕과 비슷하며 병법에는 기묘한 전술이 무궁하여 가는 곳마다 대적할 상대가 없었다. 그러나 **동방 정벌로 모든 공이 안시성에서 무너졌으니 그 성주야말로 비상한 호걸이라고 이를 만하다.** 그러나 역사 기록에는 그의 이름이 전하지 않는다. 이는 양자(楊子)가 이른바 '제(齊)와 노(魯)의 대신은 역사에 그 이름이 전해지지 않는다.'한 것과 다름 없으니 **애석한 일이다.**' (*원문 생략)

　적어도 이 순간만큼은 『삼국사기』 편찬자보다 행복하다.

| 2차 고당전쟁과 연개소문 |

649년(보장8) 4월, 당태종은 사망한다. 645년(보장4) 1차 고당전쟁에서 패한지 4년이 되는 해다. 당태종은 죽기 직전에 요동정벌을 중지하라는 유언을 남긴다.(遺詔罷遼東之役-『삼국사기』)

당태종의 뒤를 이어 당고종(3대) 이치李治(당태종의 9자)가 즉위한다. 당고종은 아버지 당태종의 유언을 지킨다. 649년~654년까지 6년 동안 양국의 군사대결은 중지된다. 그러나 655년(보장14) 당고종은 고구려 공격을 개시한다. 신라의 구원요청에 따른 공격으로 귀단수(혼하)에 침입하나 곧바로 물러난다. 이어 당은 658년(보장17) 적봉진을, 659년(보장18) 횡산橫山과 석성石城을 침입한다. 모두 소규모 국지전이다. 그러나 661년(보장20) 상황은 급변한다. 당고종이 대규모 군사를 동원하여 고구려를 침공한다. 다시 전면전이 시작된다. 2차 고당전쟁이다.

이 시기 백제는 나당연합의 집중 공격을 받는다. 660년(보장19) 소정방의 당 13만과 김유신의 신라 5만이 동서로 협공하여 백제 수도 사비성을 함락하고 이어 웅진성으로 피신한 백제 의자왕마저 항복하면서 백제는 멸망한다. 7백년 찬란한 역사와 문화를 지켜온 한반도의 한 축이 역사 밖으로 밀려난다. 이때 당고종과 신라 무열왕(29대, 김춘추)은 나당연합을 결성하면서 밀약을 맺는다. 먼저 백제를 멸하고 이후 고구려를 멸하는 선제후려先濟後麗다. 신라는 백제를 원하고 당은 고구려를 원한다. 나당연합은 두 나라가 철저히 이득을 취한 완벽한 거래다.

661년(보장20) 당고종은 6개 부대 44만으로 고구려를 침공한다. 6개 부대는 소사업의 부여도행군, 정명진의 누방도행군, 계필하력의 요동도행군, 소정방의 평양도행군, 임아상의 패강도행군, 방효태의 옥저도행군 등이다. 그런데 당고종은 전통적인 침공방식인 요하를 건너 요동을 경유하고 이어 압록강을 건너 평양으로 직행하는 육군 주력이 아닌 수군을 이용하여 바다건너 직접 평양을 공격하는 새로운 방식을 선택한다.

이유는 두 가지다. 첫째는 당의 수군력이 강화된다. 당은 백제를 멸망시키기 위해 13만 대군을 동원한다. 이때 수많은 함선이 제작되고 실전경험이 풍부한 수군 또한 확보한다. 둘째는 군량미를 포함한 보급품은 신라가 담당한다. 따라서 당고종은 전통적인 침공방식을 고집하며 군이 요동지역에서 힘을 뺄 필요가 없다. 곧바로 평양으로 직행할 수 있는 최적의 요건이 조성된다.

당고종은 소사업과 정명진 2개 부대는 전통방식대로 요하를 건너 요동지역에 투입하고, 계필하력 부대는 수군을 이용해 압록강 하류지역을 장악한다. 그리고 나머지 소정방, 임아상, 방효태 등 3개 부대는 역시 수군을 이용해 대동강 하류에 상륙하여 곧바로 평양을 공격한다. 이들 3개 부대가 당의 실질적인 주력이다. 요동에 투입한 소사업, 정명진 2개 부대는 요동지역의 고구려 주력군을 묶어놓기 위한 일종의 미끼며 계필하력 부대는 평양에서 요동에 이르는 고구려군의 보급로를 차단한다.

그해(661년) 8월, 소정방, 임아상, 방효태 등 3개 부대가 대동강 하류에 먼저 상륙한다. 당의 기습에 고구려 해안방어는 일시에 무너지고 당군은 평양 공격을 준비한다. 이 시기 소사업, 정명진 2대 부대도 요하를 건넌다. 9월, 계필하력 부대가 압록강 하류에 상륙한다. 연개소문은 급히 아들 남생에게 정병 수만을 주어 당군을 저지하나 남생은 계필하력에게 대패하여 3만 군사를 잃고 겨우 몸만 피신한다. 계필하력 부대는 평양을 향해 남진을 서두른다. 이처럼 개전초기에는 당의 3개 방면 기습공격으로 고구려는 수세에 몰린다. 특히 고구려 주력군이 대부분 요동지역에 집중된 상태고 평양과 요동의 중간지대인 압록강 하류를 계필하력 부대가 점령하면서 평양은 완전히 고립된다. 하지만 뜻밖의 변수가 발생하며 전쟁 양상은 전혀 다른 방향으로 전개된다.

그해(661년) 10월, 철륵鐵勒(투르크)의 회흘(위구르)부족이 대규모 반란을 일으켜 당의 수도 장안을 위협하는 긴급 사태가 발생한다. 당고종은 급히 철륵도행군 부대를 편성하여 대응하나 오히려 대패하며 더 큰 위기에 봉착한다. 이에 당고종은 고구려 공격에 투입한 요동의 소사업 부대와 압록강 하류의 계필하력 부대를 급히 회군시킨다.(*계필하력 철륵 출신) 이로 인해 평양을 포위하고 있던 소정방, 임아성, 방효태 등 3개 부대는 계필하력 부대가 철군하면서 군량미 등 군수물자 보급이 끊긴다. 갑작스레 상황이 역전되어 당의 부대는 오히려 고구려 한가운데 버려져 고립된다. 전세가 완전히 역전된다. 소정방은 다급히 신라에 군량미를 요청한다. 12월, 김유신은 쌀 4천섬을 가지고 경주를 출발한다.

해가 바뀌어 662년(보장21) 2월, 연개소문은 대반격을 시작한다. 각지에 흩어진 고구려 군사를 모아 고립된 당의 부대에 총공세를 가한다. 연개소문의 지휘아래 고구려군은 임아상과 방효태 부대를 몰살시킨다. 임아상은 행방불명되고 방효태 부대는 사수(대동강)에서 전멸한

▲ 연개소문 사수대첩 기록화 [정영렬 作]

다. 「사수대첩」이다. 이때 김유신은 임아상과 방효태 부대가 연개소문에게 패하여 전멸한 직후 평양 인근에 도착한다. 소정방에게 군량미를 인계한다. 그러나 소정방은 군량미를 받고도 철군을 결정한다. 더 이상 연개소문에게 대항하다가는 남아있는 자신의 부대마저 몰살당할 수 있다는 두려움 때문이다. 이로써 2차 고당전쟁은 막을 내린다.

『삼국사기』 보장왕이다. '21년(662년) 춘정월, 당의 좌효위장군백주자 사옥저도총관 방효태가 연개소문과 사수에서 싸웠다. 그의 군대가 전멸 하였고 방효태도 아들 13인과 함께 죽었다. 소정방은 평양을 포위했으나 마침 큰 눈이 내려 포위를 풀고 물러났다. 이처럼 당은 전후의 전쟁에서 매번 큰 성과 없이 물러갔다.'(二十一年 春正月 唐左驍衛將軍白州刺史沃沮道 摠管龐孝泰 與蓋蘇文戰於蛇水之上 擧軍沒 與其子十三人 皆戰死 蘇定方圍平壤 會大雪 解而退 凡前後之行 皆無大功而退)

▲ 2차 고당전쟁과 사수대첩

『삼국사기』는 당의 패배를 강하게 비판한다. '매번 큰 성과 없이 물러 났다'(皆無大功而退)고 호되게 나무란다. 당의 침공은 처음부터 잘못되었 다고 꼬집는다. 또한 고구려에는 분명히 연개소문이 있었다고 증언한다.

『삼국사기』가 모처럼 자주적인 역사관을 피력한다.

| 3차 고당전쟁과 고구려 멸망 |

666년(보장25) 연개소문이 사망한다. 집권 25년째다. 645년 1차 고당전쟁을 승리로 이끌며 당태종을 무릎 꿇리고 또한 662년 2차 고당전쟁을 통해 당고종의 코를 납작하게 만든 고구려의 절대중심이 파란만장한 생을 마감하며 역사에서 퇴장한다.

> **연개소문의 사망년도**는 기록마다 차이가 난다. 『삼국사기』는 666년이고, 『일본서기』는 664년이다. 연개소문의 무덤은 **함경북도 북진읍 동림산 남쪽의 운산군 구봉산**에 소재한 것으로 전해진다.

연개소문에게는 3명의 아들이 있다. 남생, 남건, 남산이다. 연개소문은 첫째인 남생에게 막리지 관직을 물려주며 형제간 관직을 놓고 다투지 말 것을 유언한다.

> 『일본서기』〈천지기〉. '3년(664년) 10월, 이 달에 고구려의 대신 개금(연개소문)이 죽었다. 그는 자신의 아들들에게 유언하길 **"너희 형제는 물과 물고기처럼 화합하여 작위를 둘러싸고 다투지 마라. 만약 그렇지 못하면 반드시 이웃 나라의 웃음거리가 될 것이다."**하였다.'(三年 十月 高麗大臣盖金終於其國 遣言於兒等曰 汝等兄弟和如魚水 勿爭爵位 若不如是必爲隣唉)

그러나 연개소문의 유언은 지켜지지 않는다. 남생이 막리지가 된 후 여러 성을 순행하는 사이 둘째 남건이 보장왕을 움직여 막리지 관직을 탈취하며 무혈쿠데타를 일으킨다. 그리고 군사를 출동시켜 형 남생 토벌에 나선다. 연개소문의 유언은 공염불空念佛이 된다. 당시 남생은 국내성에 있다가 남건이 자신을 토벌하러 온다는 소식을 듣고 지지자들과 함께 당으로 망명해 버린다.

> 연개소문의 동생 연정토(淵淨土)도 남건의 쿠데타에 반발하여 고구려 남쪽지방의 12개 성 700호(3,543명)을 이끌고 신라로 투항한다. 고구려는 연개소문 사후 후계다툼으로 집권세력이 분열하며 당과 신라로 투항하는 어처구니없는 상황이 전개된다.

이 사건은 당고종을 자극한다. 2차 고당전쟁에서 연개소문에게 패하여 절치부심切齒腐心하던 당고종에게 뜻밖의 호박이 덩굴째 굴러온다. 이제 고구려에는 연개소문이 없다. 당고종은 고구려 정벌카드를 다시 꺼낸다.

666년(보장25) 12월, 이세적을 요동도행군대총관으로 임명하고 전쟁준비에 박차를 가한다. 그리고 이듬해인 667년(보장26) 9월, 요하를 건너 신성을 함락한다. 3차 고당전쟁이 본격적으로 막이 오른다.

그러나 이 전쟁은 처음부터 고구려가 질 수밖에 없다. 당으로 망명한 남생이 고구려의 모든 군사정보를 당에 제공한다. 요동지역 16개 성이 일거에 항복하며 당의 수중에 떨어진다. 남건은 당에 빼앗긴 요동지역을 수복하기 위해 20만 대군을 모집하여 요동에 급파한다. 고구려군의 주력이다. 그러나 금산에서 당의 설인귀에게 대패하며 고구려 군사력은 사실상 와해된다. 이때 설인귀는 북쪽의 부여성과 주변 40여 성도 함락한다. 압록강 이북의 서쪽 고구려 땅이 모두 당에 복속된다.(*안시성은 함락시키지 못함) 그런데 당고종은 공격의 고삐를 죄지 않고 압록강에서 머뭇거린다.

이때 요동지역을 순찰하고 돌아온 가언충賈言忠이 당고종에게 솔깃한 보고를 한다. 『삼국사기』 보장왕이다.

27년(668년) 2월, 시어사 가언충이 임무를 받들고 요동에서 돌아왔다. …『고구려비기』에 '9백년에 못 미쳐 마땅히 80세의 대장이 멸망시킨다.'는 말이 있습니다. 고씨가 한漢 때에 나라를 세워 지금 9백년이 되었고 이적(이세적)의 나이가 80세입니다. … 이번 원정이 마지막이 될 겁니다.
二十七年 二月 侍御史賈言忠奉使自遼東還 … 高句麗秘記曰 不及九百年 當有八十大將 滅之 高氏自漢有國今九百年 勣年八十矣 … 是行不再擧矣

가언충은 『고구려비기高句麗秘記』에 수록된 9백년 역사의 고구려가

80세의 대장에게 멸망당한다는 참위讖緯(예언)를 전하며 80세 대장은 바로 당군 총사령관인 이적李勣(이세적)임을 지목한다.

『고구려비기』는 참위서(讖緯書)다. 『당회요』에 '천년에 못 미쳐 80세 노장이 와서 멸망시킨다.'(不及千年 當有八十老將來滅之)는 기록이 있다. 이는 『삼국사기』의 '9백년에 못 미쳐 80세 대장이 와서 멸망시킨다.'(不及九百年 當有八十大將滅之)는 기록과 비슷하다. 『당회요』는 '천년-노장'이고, 『삼국사기』는 '9백년-대장'이다. 『삼국사기』 기록은 『신당서』를 인용한 것으로 『구당서』에 나오지 않는다. 당의 이세적을 특별히 미화하기 위해 『구당서』에 없는 내용을 『신당서』를 편찬할 때 『당회요』 기록을 개서(改書)해서 삽입한 것으로 추정된다.

당고종은 가언충의 보고에 잔뜩 고무된다. 지금이야말로 고구려 정벌의 마지막 기회라고 확신한다. 668년(보장27) 1월, 당고종은 유인궤를 요동도부대총관으로 삼아 추가로 병력을 파견한다. 유인궤는 이세적의 본대에 합류하고 당군은 곧장 압록강 전선을 돌파하며 파죽지세로 평양을 향해 남진한다. 때맞춰 김흠순과 김인문이 이끄는 신라군도 북진한다. 668년(보장27) 6월, 신라군은 고구려 남쪽지역의 12개 성을 함락한다. 그리고 9월 초에 북진하여 평양 인근에 주둔하고 있는 당군과 합세한다.

나당연합군은 한 달 가까이 평양성을 포위한다. 연개소문의 셋째 아들 남산이 수령 98명을 데리고 성 밖으로 나와 항복하고 연개소문의 둘째 아들 대막리지 남건은 계속 항전한다. 그러나 승려 신성信誠의 배신으로 성문이 열리고, 668년(보장27) 9월, 보장왕과 남건은 당군에 붙잡히며 평양성이 함락된다. 이로써 3차 고당전쟁은 끝나며 7백년 고구려 역사가 대단원의 막을 내린다.

고구려 멸망후 후속조치와 신라의 한계

668년, 당은 평양성을 함락하고 안동도호부安東都護府를 설치한다. 일제강점기 조선총독부와 같은 군정통치기관이다. 당고종은 설인귀를

'검교안동도호(총독)'에 임명하고 당군 2만을 주둔시킨다. 그리고 기존의 고구려 행정구역 5부 176성을 9도독부, 42주, 100현의 당의 행정구역으로 개편하여 당에 협조적인 부역자 중심으로 도독, 자사, 현령 등의 지방관을 임명한다. 또한 원천적으로 저항을 봉쇄하기 위해 당의 통치에 반대할 만한 2만8천2백호를 추려내어 당의 서부와 남부 지역인 강서성 일대 및 감숙성과 청해성 등에 강제 이주시킨다.

▲ 3차 고당전쟁과 고구려 멸망

　신라는 고구려 멸망이후 당이 취한 행위를 지켜만 본다. 바로 이점이 신라의 한계다. 나당연합은 당이 중심이고 신라는 보조다. 당은 전투병력을 동원하고 신라는 군사물자를 지원하는 시스템이다. 당은 660년 백제 멸망이후 백제에 웅진도독부熊津都督府를 설치하여 직접 통치한다. 또한 신라에는 계림도독부鷄林都督府를 따로 설치하여 신라마저 지배하려는 야욕을 보인다. 이때 신라는 당의 일방적 행위에 대해 일절 대항하지 못한다. 나당연합의 합의사항인 백제 땅은 신라가 갖고 고구려 땅은 당이 갖는 조건이 있음에도 당의 강압은 신라를 압도한다. 그나마 고구려는 신라의 개입여지가 아예 없다. 나당연합의 합의에 고구려 영토는 당의 소유다.

> 백제 수복운동은 660년~663년까지 3년에 걸쳐 체계적으로 전개된다. 야마토(일본)에 가있는 왕족 풍장(부여풍)을 귀국시켜 왕으로 옹립하고 백제를 재건한다. 수도를 정하고(주유성/피성) 백성으로부터 세금을 걷으며 국가체제를 갖춘다. 그러나 **수복군 내의 내분과 야마토의 마지막 구원군이 백강구**(동진강하구)**전투에서 나당연합군에게 대패**하면서 백제 수복운동 역시 막을 내린다.

  우리는 신라의 삼국통합(통일)을 나당연합의 결과물로 이해한다. 그러나 나당연합은 삼국통합의 전부가 아니며 하나의 과정일 뿐이다. 나당연합은 백제와 고구려의 멸망까지만 적용된다. 이후 신라는 8년간 (668~676)에 걸쳐 당과 처절한 사투를 벌인다. 신라가 중심이 되어 옛 백제, 고구려 백성 모두가 하나로 똘똘 뭉쳐 당에 대항한다. 그리고 삼국의 합동군은 675년 9월, 매소성(경기 연천) 전투와 676년 11월, 기벌포(충남 장항) 해전에서 승리하며 한반도에서 당을 완전히 축출한다.

▲ 매소성전투 기록화 [오승우 作]

  중원왕조 당의 축출은 삼국 백성이 하나로 똘똘 뭉쳐 우리 강토 한반도를 지켜낸 위대한 승리다.

| 평양 강서3묘의 무덤주인 |

▲ 강서3묘 소재지

평안남도 강서군(강서면 삼묘리) 너른 벌판에 「강서3묘」인 대묘, 중묘, 소묘 등 3기의 왕릉급 무덤이 있다. 무덤양식은 잘 다듬은 화강암 판석으로 돌방과 널길(연도)을 만든 고구려 굴식돌방무덤으로 외형(봉분)은 흙으로 쌓아 올린 방형의 흙무지무덤이다. 다만 동일 양식의 왕릉급 무덤인 傳동명왕릉(안장왕), 경신리1호분(한왕 각태자), 토포리대총(안원왕), 호남리사신총(양원왕) 등과 다른 점은 봉분 하단의 석축기반부가 없는 점이다. 강서3묘의 조성 시기는 7세기 초 중엽으로 추정된다.

강서대묘

▲ 강서대묘 전경

강서대묘는 봉분의 지름 51.60m, 높이 8.86m로 3묘 중 가장 규모가 크다. 일제강점기인 1912년 세키노 타다시關野貞가 발굴조사한다. 벽화는 회칠을 하지 않은 돌벽의 4면에 사신도四神圖를 그렸다. 천장은 평행삼각고임으로 고임돌에는 인동忍冬, 당초^{唐草}(초롱), 연화^{蓮花}(연꽃) 등의 무늬와 비천^{飛天}, 신선^神^仙, 서조^{瑞鳥}, 기린 등을, 천장 덮개돌에는 용이 있다. 특히 바닥의 널받침^{棺臺}은 2매로 부부용으로 추정된다. 주요 재원이다.

▶ 강서대묘 돌방 내부 투시도

강서대묘		규모(m) 길이×너비×높이	특징
내부	돌방(石室)	3.17×3.12×3.51	판석(화강암) 4벽 : 사신도
	널받침(棺臺)	2매	부부용
	천장	-	평행삼각고임 인동, 당초, 연화무늬
외부	널길(羨道)	3.0 (널문:1.8×1.7)	중앙

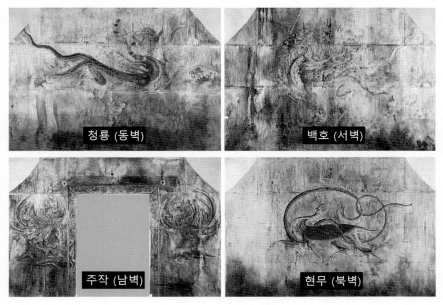

▲ 강서대묘 사신도 (청룡, 백호, 주작, 현무)

강서중묘

▲ 강서중묘 전경

　강서중묘는 강서대묘 뒤에 위치하며 봉분의 지름은 45.45m, 높이는 7.78m다. 벽화는 돌방 4벽과 천장에 있다. 사신도는 남벽 입구 좌우에 주작을, 다른 3벽에는 청룡·백호·현무를 세련된 수법으로 그렸다. 천장은 평행고임으로 고임돌에는 인동무늬, 천장 덮개돌에는 중앙에 연화무늬, 남과 북에는 봉황, 동에는 일상日像, 서에는 월상月像 그리고 네 모서리에 인동무늬 등이다. 주요 재원이다.

강서중묘	규모(m) 길이×너비×높이		특징
내부	돌방(石室)	3.29×3.11×2.55	판석(화강암) 4벽 : 사신도
	널받침(棺臺)	-	
	천장	-	평행고임(2단) 인동,당초,연화무늬
외부	널길(羨道)	3.5 (널문:1.8×2.0)	중앙

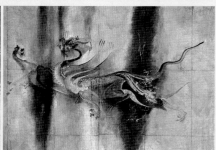

▲ 강서중묘 사신도 (청룡,백호)

강서소묘

강서소묘는 중묘 우측에 위치하며 봉분의 지름은 40.90m, 높이는 6.80m다. 강서3묘 중에 가장 규모가 작다. 소묘의 특징은 무덤내부에 벽화는 일체 없는 점이다. 하다 못해 돌방, 천장 면에 회칠의 흔적도 없어 벽화는 처음부터 따로 그리지 않은 것으로 보인다. 천장은 평행삼각고임이

▲ 강서소묘 전경

다. 특히 바닥에는 널받침棺臺이 없으며, 널길과 돌방 입구에 각각 돌문을 세워 폐쇄한 점이 눈에 띤다. 주요 재원이다.

강서소묘		규모(m) 길이×너비×높이	특징
내부	돌방(石室)	3.50×3.36×3.50	판석(화강암) 벽화없음
	널받침(棺臺)	-	
	천장	-	평행삼각고임 벽화없음
외부	널길(羨道)	2.4 (널문:1.8×2.0)	중앙

▲ 강서소묘 내부

강서3묘의 무덤주인

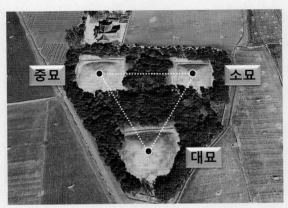

▲ 강서3묘 배치도

강서3묘의 무덤 배치를 보면 앞쪽(남쪽)에 대묘, 뒷쪽(북쪽)에 중묘, 소묘가 좌우에 위치하며 전체적으로 역삼각형을 형성한다. 혈통(*부자, 형제 관계)을 고려한 무덤 배치다. 대묘의 무덤주인 단서는 사신도의 세련미다. 대묘의 사신도는 호남리사신총(*양원왕 무덤)의 사신도보다 다소 세련된다. 이는 무덤주인이 양원왕의 뒤를 이은 평원왕일 가능성을 높인다. 따라서 대묘의 무덤주인을 평원왕(25대)으로 본다면 중묘는 평원왕의 뒤를 이은 영양왕(26대), 소묘는 영류왕(27대)일 것이다. 영양왕과 영류왕은 평원왕의 아들이다.

백제의 경우도 부자, 형제 관계를 고려하여 무덤 배치를 한 고분이 있다. 웅진시대 조성된 왕가묘역 송산리고분군(충남 공주)이다. 이 중 **5호분, 6호분, 무령왕릉**은 역삼각형의 무덤 배치다. 5호분은 곤지(昆支)왕, 6호분은 동성왕(모대), 무령왕릉은 무령왕(사마)의 무덤이다. 동성왕과 무령왕은 곤지왕의 아들이며, 어머니가 다른 이복형제다. 6호분 아래 29호분은 동성왕의 동생 모지(牟支)의 무덤이다.

소묘는 일체 벽화가 없다. 이는 소묘 주인공의 비정상적인 죽음과 관련된다. 영류왕은 연개소문의 유혈쿠테타에 의해 살해당하며 실각한다. 마찬가지로 토포리대총(*안원왕 무덤)의 경우도 벽화가 없다. 안원왕은 후계자 문제를 둘러싼 추군과 세군의 귀족간의 세력다툼에 의해 실각한다. 특히 소묘는 시신을 안치한 널받침이 확인되지 않는다. 이는 연개소문이 영류왕을 살해한 후 시신을 여러 토막으로 잘라 도랑에 버렸다(入宮弑王 斷爲數段 棄之溝中-『삼국사기』〈열전〉 연개소문)는 기록과 연관된다. 소묘는 처음부터 시신없는 무덤일 가능성이 존재한다. 또한 무덤 입구를 틀어막은 돌문이 2매인 점도 특이하다. 무덤 내부를 이중으로 봉쇄하고 있다. 다만 소묘를 영류왕이 아닌 영류왕의 동생 대양으로 보는 견해도 있다. 대양왕(*추존)은 보장왕의 아버지다. 그러나 대양왕의 사망시기는 기록이 없어 알 수 없으며, 대양왕의 무덤에 벽화를 담지 않을 이유나 근거는 존재하지 않는다.

▲ 강서3묘 무덤주인 관계도

「강서3묘」는 혈통관계(부자,형제)를 고려하여 조성한 무덤이다. 「대묘」는 평원왕, 「중묘」는 영양왕, 「소묘」는 영류왕이다.

| 고구려 수복운동의 좌절 |

　　고구려 멸망 이후 벌어진 영토와 주권을 되찾는 일련의 군사활동을 '수복운동'이라고 한다. 고구려 수복운동은 크게 3가지이다. 첫째는 669년, 검모잠劍牟岑이 한성(남평양, 황해 재령)을 근거지로 삼아 왕족 안승安勝을 왕으로 옹립하고 당에 대항한 사건이다. 그러나 검모잠의 수복운동은 안승이 검모잠을 죽이며 싱겁게 끝난다. 이후 안승은 신라에 투항하여 신라 문무왕(30대)으로부터 '고구려왕'(*보덕왕)의 책봉을 받고 금마저(전북 익산)에 정착한다.

안승의 출신에 대한 설은 여러 가지다. 『삼국사기』〈고구려본기〉는 고구려 왕의 서자이고, 〈신라본기〉는 연개소문의 동생 연정토(淵淨土) 아들이다. 『자치통감』에는 보장왕의 외손으로 나온다. 『동국여지승람』은 단지 종실(宗室)로 기록한다.

▲ 고구려 수복운동

　　둘째는 670년, 고연무高延武가 신라 설오유薛烏儒와 함께 연합하여 2만 군사로 요동지역 진공작전을 펼친 사건이다. 초기에는 당군 휘하의 말갈족 부대를 격파하기도 하나 당군의 대대적인 반격을 받고 후퇴한다. 셋째는 안시성을 포함한 요동지역의 항전이다. 안시성은 고구려 멸망시까지 당이 함락시키지 못한 요동지역의 유일한 성이다. 항전한 장수 이름은 기록이 전해지지 않아 알 수 없으나 양만춘의 후예로 추정된다. 당에 끝까지 항전하다가 671년 함락된다. 이후 잔존세력이 672년 백수산과 673년 호로하에서 전투를 벌인 기록도 있다.

　고구려 수복운동의 토대는 매우 취약하다. 수복운동의 구심점인 왕족은 당에 투항하거나 신라로 망명한다. 고구려 지배층 역시 당에 전향하거나 부역자로 전락한다. 일부는 신라로 넘어간다. 그렇다면 민중봉기를 기대해야 하는데 이 역시 불가능하다. 계속된 전쟁은 상상을 초월하는 인명손실을 가져온다. 멸망당시 고구려 전체인구가 3백5십만 정도니 충분히 예상할 수 있다. 그나마 저항할 수 있는 백성 수십만(*2만8천2백호)이 당으로 끌려간다. 고구려는 멸망과 동시에 저항의 동력마저 모두 소진한다.

고구려 멸망 이후 대략 2천여의 고구려인이 일본으로 망명한다. 일본조정은 대보3년(703년) 고구려 왕족(보장왕 서자) 현무약광(玄武若光)에게 고려왕(高麗王-고마노고시키)씨를, 천평승보2년(750년) 광개토왕의 5대손 배내복덕(背柰福德)의 후손에게 고려조신(高麗朝臣-고마노아손)씨를 각각 하사한다. 현무약광의 자손은 대대로 고마신사(高麗神社-사이타마현)의 궁사(宮司)를 맡아 오늘날까지 이어온다.

　고구려 수복운동은 찻잔 속의 미풍이다.

| 고선지의 활약과 유민의 한계 |

고구려 유민의 후예 중에 당에서 활약한 고선지^{高仙芝}가 있다. 고선지는 『구당서』와 『신당서』의 〈열전〉에 소개될 정도로 비중하게 다룬 인물이다.(*『자치통감』 기록에도 나옴) 『삼국사기』는 기록을 남기지 않아 아쉽다. 고선지의 아버지는 고사계^{高舍雞}로 고구려 유민출신이다.

고선지의 활약

고선지는 721년 20세에 당의 유격장수가 되어 토번국(티베트)세력을 격파하며 처음으로 이름을 알린다. 고선지의 활동영역은 주로 서역이

▲ 알프스를 넘는 한니발 [목판화]

다. 고선지가 파미르^{Pamir}고원을 넘은 사건은 카르타고^{Carthago}의 한니발^{Hannibal}이 알프스산맥을 넘은 사건과 비교될 정도로 유명하다.

고선지는 5차에 걸쳐 서역원정을 단행한다. 1차는 741년 파미르(달해부), 2차는 747년 파키스탄(소발률국), 3차는 750년 사마르칸트(갈사국)와 타슈겐트(석국) 등이다. 이 공로로 고선지는 제후국 왕이 받을 수 있는 「개부의동삼사」(1관등)의 관작을 받는다. 마지막 4차 원정은 751년 탈라스^{Talas}

다. 그러나 고선지는 압바스^{Abbās}왕조의 이슬람군에게 패하며 서역원정은 끝난다. 이후 755년 안녹산의 반란을 진압하는 토벌군의 부원수에 임명되어 수도 장안을 반란군으로부터 지키는데 공을 세우지만 부하의 모함을 받고 참수당한다.

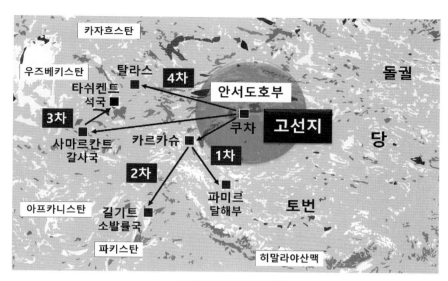

▲ 고선지 장군의 서역 원정

유민의 한계

백제유민 출신 중에는 흑치상지黑齒常之가 있다. 『삼국사기』〈열전〉에 수록된 인물이다. 백제 수복운동을 배신한 전적은 있으나 당으로 건너 가 승승장구한다. 특히 북쪽 돌궐 제압에 공을 세우는데 흑치상지 역시 훗날 반란에 연유된 모함을 받고 참수당한다. 고선지와 흑치상지는 유 민 출신이라는 점과 마지막에는 모함을 받아 참수당한 공통점이 있다. 토사구팽兎死狗烹의 전형이다.

유민의 한계는 우리 역사의 또 다른 아픔이다.

부록

| 집안, 평양 일대 주요 고구려무덤 피장자 |

| 찾아보기 |

| 집안, 평양 일대 주요 고구려무덤 피장자 |

■ 집안 일대 고구려무덤 (A~D)

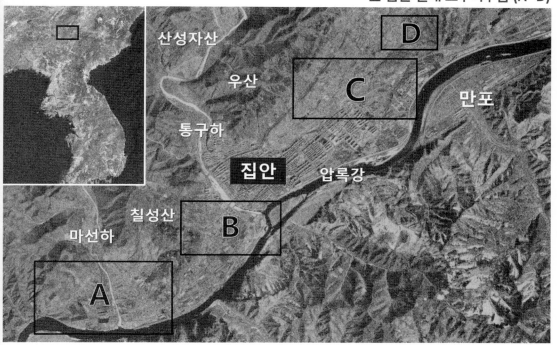

■ 평양 일대 고구려무덤 (E~H)

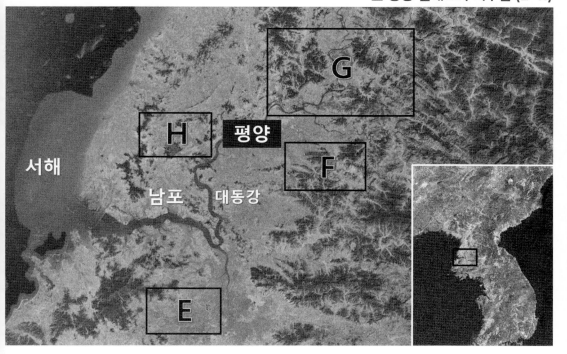

■ A구역 : 마선구무덤떼

주태후릉
마선구626호

조황 해현릉
마선구2100호

집안고구려비

천양왕후릉
마선구2378호

고국원왕릉
서대총

마선하

고국양왕릉
천추총

마선구무덤떼

압록강

■ B구역 : 칠성산무덤떼

통구성
국내성

통구하

월왕 용덕릉
칠성산871호

압록강

칠성산

제왕 춘태자릉
칠성산211호

칠성산무덤떼

우산하무덤떼

우산하무덤떼 동쪽

G

평성

각태자릉
경신리1호분

단군릉

안원왕릉
토포리대총

대성산성
안학궁

평양

양원왕릉
호남리사신총

대동강

평양 심석구역, 평성

H

영양왕릉
강서중묘

영류왕릉
강서소묘

모용진묘
덕흥리무덤

강서군

평원왕릉
강서대묘

평안남도 강서군

| 찾아보기 |